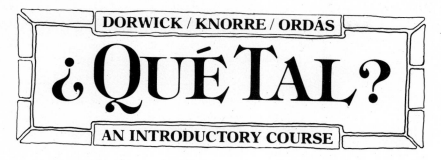

DORWICK / KNORRE / ORDÁS

¿QUÉ TAL?

AN INTRODUCTORY COURSE

An abridged version of *Puntos de partida*

Thalia Dorwick

Marty Knorre, *University of Cincinnati*

Ruth Haglund Ordás, *University of California, Davis*

Random House *New York*

This book was developed for Random House by Eirik Børve, Inc.

First Edition
987654321

Library of Congress Cataloging in Publication Data
Dorwick, Thalia, 1944–
¿Qué tal?: an introductory course.

English and Spanish
"An abridged version of Puntos de partida."
Includes index.
1. Spanish language—Grammar—1950–   . I. Knorre, Marty.
II. Ordás, Ruth Haglund, 1939–   III. Puntos de partida. IV. Title.
PC4112.D68 1983   468.2'421   82-21434
ISBN 0-394-33099-4
Manufactured in the United States of America

Text and cover design by Dare Porter/Graphic Design, San Francisco
Cover art by Dare Porter/Graphic Design, San Francisco

The cover design is based on early Spanish tiles. The rooster, a good luck symbol, is from an earthenware ceiling tile from Paterna, made at Valencia about A.D. 1500. The background tile is a wainscot panel attributed to Valladares. The fleur-de-lys symbol within the book is actually a segment of this tile.

Grateful acknowledgment is made for use of the following material: **Page 77** Reprinted by permission of the artist, Mingote; **166** © PIB/Copenhagen; **195** Don Tobin, © King Features Syndicate 1977/78; **197** Courtesy of AVIACO AIRLINES; **227** *La codorniz*, Madrid, 28 July 1968; **250** *Temas*, 30 August 1979; **261** © PIB/Copenhagen; **265** *ABC Domingo*, Madrid, 15 July 1979; **309** *La codorniz*, Madrid, 28 July 1968; **310** *Blanco y negro*, Prensa Española, Madrid, 30 August 1974; **368** © A.L.I. Press Agency, Brussels; **418** Don Tobin, © King Features Syndicate, 1977/78; **421** *The 1970's: Best Political Cartoons of the Decade*, McGraw-Hill, New York, 1981; **446** Reprinted by permission of the artist, Mingote.

PREFACE

¿Qué tal? An Introductory Course is an abridged version of *Puntos de partida: An Invitation to Spanish.* It is a first year program that emphasizes the four skills considered essential to a communicative approach to language learning. Each chapter has a cultural and/or practical theme, and grammar is introduced and practiced within that context. Each concept is drilled thoroughly, and, in cases where one concept builds on another, the first concept is reviewed before presentation of the second.

¿Qué tal? was written with students in mind, to help them learn how to learn a language and to give them the opportunity to use and enjoy their newly acquired language skills.

Organization

The main text begins with six mini-lessons, the **Pasos preliminares,** which introduce students to the sounds of Spanish and to the text, and which provide students with a preliminary vocabulary that they can use immediately for self-expression. Thirty grammar chapters follow, organized in this manner:

1. **Vocabulario: Preparación,** which presents and practices the thematic vocabulary that will be emphasized in the rest of the chapter

2. **Pronunciación** (in the first six chapters), which continues the presentation of the sounds of Spanish begun in the **Pasos preliminares**

3. **Minidiálogos y estructura,** generally two to three grammar points per chapter. Each grammar point is introduced by a mini-dialog or cartoon, followed by exercises that progress from controlled to open-ended.

4. **Un paso más:** in odd-numbered chapters, consists of an activity or activities that emphasize conversation, creativity, and humor; in even-numbered chapters, a cultural reading with guided writing exercises

5. **Vocabulario,** the chapter vocabulary list, which includes all active words and expressions that are new to the chapter

The text concludes with **Paso final: Preparaciones para un año en el extranjero,** which focuses on aspects of student life abroad.

Additional features of importance include the following:

- **¿Recuerda Ud.?** Brief review sections that provide a link between previously studied grammar points and new material that builds on them. Answers to the brief review exercises are included in Appendix 1.

- **Un poco de todo** Review sections that follow every fifth chapter. Answers are provided in Appendix 2.

- **Study Hints** Give students specific advice on how to acquire language skills: how to learn vocabulary, how to use a bilingual dictionary, and so on. The Hints are placed at logical points throughout the text.

Supplementary Materials

¿Qué tal? may be used most successfully with any of the following components:

1. The *Workbook,* by Professors Alice and Oswaldo Arana (California State University, Fullerton), which provides additional practice with vocabulary and grammatical structures through a variety of written drills, including controlled and open-ended exercises, guided compositions, and activities. Review charts are also included.

2. The *Lab Manual* and *Tape Program,* by Professor María Sabló Yates (Central Michigan University), which offers pronunciation practice, listening comprehension exercises, dictations, pattern practice, and question-answer sequences; a *Tapescript* is available.

3. The *Instructor's Manual,* which contains chapter-by-chapter teaching suggestions and hints, supplementary exercises for developing listening and speaking skills, variations and follow-ups on text exercises, answers to all controlled exercises in the text, one sample quiz per chapter, and sample tests for every five chapters.

Authors

Dr. Thalia Dorwick is the coordinator of the project (text and supplementary materials) and the author of the grammar explanations and most of the exercises and minidialogs; she also served as project editor. Dr. Marty Knorre (University of Cincinnati) is the author of the activities and **Study Hints** and many of the exercises, and is coauthor of the Instructor's Manual. Ruth Ordás (University of California, Davis) is the coordinator of the text and the author of many of the **Vocabulario: Preparación** sections, the **¿Recuerda Ud.?** sections, and many exercises and minidialogs; she is also the coauthor of the Instructor's Manual. The cultural readings and the writing exercises that accompany them were written by the late Dr. William F. Ratliff (Marquette University).

While the authors are responsible primarily for their own sections of the book, all of them participated actively in the creation of the final manuscript, helping each other to realize their ideas.

¿Qué tal? is dedicated to the memory of Bill Ratliff, whose friendship and professionalism were an inspiration to the coauthors.

Acknowledgments

The majority of the material in *¿Qué tal?* is taken from *Puntos de partida*, developed by the authors in consultation with over seventy coordinators of Spanish courses throughout the United States. The publishers would like to thank those instructors again for participating in a series of surveys, the results of which greatly influenced the scope, content, and format of *Puntos de partida*, and, thus, of *¿Qué tal?*.

The authors of *¿Qué tal?* are especially indebted to Dr. William H. Heflin, Jr. (University of Tennessee) and Professor Fabián Álvarez Samaniego (University of California, Davis) for their suggestions and guidance during the planning stages of the text. They also gratefully acknowledge the inspiration for several minidialogs in the work of Dr. Walter Lusetti (Oregon State University) and Dr. Francisco R. Ferrán (Oregon State University at Corvallis [emiritus]), and the work of Dr. M. Stanley Whitley (West Virginia University) as inspiration for some of the **Pronunciación** sections.

Many other individuals as well deserve our thanks and appreciation for their help and support. Among them are the persons who, in addition to the coauthors, read the manuscript to help ensure its linguistic and cultural authenticity and pedagogical accuracy: Alice Arana (United States), Oswaldo Arana (Perú), María Sabló Yates (Panamá), and María José Ruiz Morcillo (España). We would also like to acknowledge the help of the following individuals who read sections of the manuscript: Aristóbulo Pardo (Colombia), Paul Figure (Chile), Begoña Zubiri (España), and Felix Menchacatorre (España).

Special thanks are also due to Axelle Fortier, whose superb artwork makes our ideas come alive; to Mark Accornero, for his help in selecting and singing the songs that appear in the tape program; to Dare Porter, for his lovely cover and clear, functional, and attractive design; to Roberta Spieckerman, creative and dedicated photo researcher; to our production team at Random House, Karen Judd and Marian Hartsough; to Pamela Evans, whose in-house editorial support was invaluable; to Deborah Sicking, for preparing the end vocabularies. Last but not least, special thanks to Eirik Børve, who inspired the project, and to Lesley Walsh and Kevin O'Hare, who helped to carry it through to completion.

CONTENTS

PASOS PRELIMINARES

Estudiantes de la Universidad Nacional Autónoma de México.

¿Qué tal? is one way of saying *How are you?* in Spanish. As a textbook, its purpose is to provide you with a way to begin to learn the Spanish language and to become more familiar with the many people here and abroad who use it.

Language is the means by which humans communicate with one another. To learn a new language is to acquire another way of exchanging information and of sharing your thoughts, concerns, and opinions with others. *¿Qué tal?* will help you use Spanish to communicate in various ways: to understand Spanish when others speak it, to speak it yourself, and to read and write it. This text will also help you to communicate in Spanish in nonverbal ways—via gestures and through an awareness of cultural differences. *¿Qué tal?,* however, can only show you where to start. Look around you in your own community and across the country, and you will see that Spanish is not only a "foreign" language but a "living" language used extensively in the United States today.

Pasos preliminares (*first steps*) is an introductory chapter that will get you started in Spanish and orient you to the format of *¿Qué tal?*

PASO UNO

Saludos° y expresiones de cortesía   *Greetings*

1. ANA: Hola, José.
   JOSÉ: ¿Qué tal, Ana?
   ANA: Así así. ¿Y tú?
   JOSÉ: ¡Muy bien! Hasta mañana, ¿eh?
   ANA: Adiós.

2. SR. ALONSO: Buenas tardes, señorita López.

  SRTA. LÓPEZ: Muy buenas, señor Alonso. ¿Cómo está?

  SR. ALONSO: Bien, gracias. ¿Y usted?

  SRTA. LÓPEZ: Muy bien, gracias. Adiós.

  SR. ALONSO: Hasta luego.

3. PROFESORA: ¿Cómo se llama usted?

  MARÍA: Me llamo María Sánchez.

¿**Qué tal?** and ¿**Y tú?** are expressions used in informal situations with people you know well, on a first-name basis. ¿**Cómo está?** and ¿**Y usted?** are used to address someone with whom you have a formal relationship. ¿**Cómo se llama usted?** is used in formal situations. ¿**Cómo te llamas?** is used in informal situations, for example, with other students.

---

1. ANA: *Hi, José*. JOSÉ: *How are you doing, Ana?* ANA: *So-so. And you?* JOSÉ: *Fine! See you tomorrow. OK?* ANA: *Bye.* **2.** MR. ALONSO: *Good afternoon, Miss López.* MISS LÓPEZ: *'Afternoon, Mr. Alonso. How are you?* MR. ALONSO: *Fine, thanks. And you?* MISS LÓPEZ: *Very well, thanks. Good-bye.* MR. ALONSO: *See you later.* **3.** PROFESSOR: *What's your name?* MARÍA: *My name is María Sánchez.*

Otras expresiones útiles°		*useful*
buenos días	good morning (used until the midday meal)	
buenas tardes	good afternoon (used until the evening meal)	
buenas noches	good evening, good night (used after the evening meal)	
señor (Sr.)	Mr., sir	
señora (Sra.)	Mrs., ma'am	There is no standard Spanish equivalent for *Ms.* Use
señorita (Srta.)	Miss	**Sra.** or **Srta.,** as appropriate.
gracias	thanks, thank you	
muchas gracias	thank you very much	
de nada	you're welcome	

Práctica

A. Practice dialogs 1 through 3 several times with other students, using your own names.

B. How many different ways can you respond to the following greetings?

1. Buenas tardes.
2. Adiós.
3. ¿Qué tal?

4. Hola.
5. ¿Cómo está?
6. Buenas noches.

7. Muchas gracias.
8. Hasta mañana.
9. ¿Cómo se llama usted?

C. If the following persons met or passed each other at the given times, what would they say to each other?

1. Mr. Santana and Miss Pérez, at 5:00 P.M.
2. Mrs. Ortega and Pablo, at 10:00 A.M.
3. Ms. Hernández and Olivia, at 11:00 P.M.
4. you and a classmate, just before your Spanish class

El alfabeto español

There are thirty letters in the Spanish *alphabet* (**alfabeto**)—four more than in the English alphabet. The **ch, ll,** and **rr** are considered single letters even though they are two-letter groups; the **ñ** is the fourth extra letter. The letters **k** and **w** appear only in words borrowed from other languages.

Listen carefully as your instructor pronounces the names listed with the letters of the alphabet.

Letters	Names of letters	Examples		
a	a	*A*ntonio	*A*na	la *A*rgentin*a*
b	be	*B*enito	*B*lanca	*B*olivia
c	ce	*C*arlos	*C*ecilia	*C*áceres
ch	che	Pan*ch*o	Con*ch*a	*Ch*ile
d	de	*D*omingo	*D*olores	*D*urango
e	e	*E*duardo	*E*lena	*e*l *E*cuador
f	efe	*F*elipe	*F*rancisca	*F*lorida
g	ge	*G*erardo	*G*loria	*G*uatemala
h	hache	*H*éctor	*H*ortensia	*H*onduras
i	i	*I*gnacio	*I*nés	*I*bi*z*a
j	jota	*J*osé	*J*uana	*J*alisco
k	ka	(*K*arl)	(*K*ati)	(*K*ansas)
l	ele	*L*uis	*L*ola	*L*ima
ll	elle	Gui*ll*ermo	Gui*ll*ermina	Sevi*ll*a
m	eme	*M*anuel	*M*aría	*M*éxico
n	ene	*N*oé	*N*ati	*N*icaragua
ñ	eñe	*Í*ñigo	Bego*ñ*a	Espa*ñ*a
o	o	*O*ctavio	*O*livia	*O*vied*o*
p	pe	*P*ablo	*P*ilar	*P*anamá
q	cu	Enri*q*ue	Ra*q*uel	*Q*uito
r	ere	Álva*r*o	Cla*r*a	el Pe*r*ú
rr	erre *or* ere doble	*R*afael	*R*osa	Monte*rr*ey
s	ese	*S*alvador	*S*ara	*S*an Juan
t	te	*T*omás	*T*eresa	*T*oledo
u	u	Ag*u*stín	L*u*cía	*U*r*u*g*u*ay
v	ve *or* uve	*V*íctor	*V*ictoria	*V*enezuela
w	doble ve, ve doble, *or* uve doble	Os*w*aldo	(*W*ilma)	(*W*ashington)
x	equis	*X*avier	*X*imena	E*x*tremadura
y	i griega	Pela*y*o	*Y*olanda	Paragua*y*
z	zeta	Gon*z*alo	Esperan*z*a	*Z*arago*z*a

Práctica

A. The letters listed below represent the Spanish sounds that are the most different from their English counterparts. You will practice the pronunciation of these letters in up-coming sections of *¿Qué tal?* For the moment, pay particular attention to their pronunciation when you see them. Can you match the Spanish spelling with its equivalent pronunciation?

Spelling	**Pronunciation**
C **1. ch**	**a.** like the *g* in English *garden*
d **2. g before e or i; also j**	**b.** similar to *dd* of *caddy* or *tt* of *kitty* when pronounced
h **3. h**	very quickly
a **4. g before a, o, or u**	**c.** like *ch* in English *cheese*
e **5. ll**	**ch.** like Spanish **b**
g **6. ñ**	**d.** similar to a "strong" English *h*
7. r	**e.** like *y* in English *yes* or like the *li* sound in *million*
f **8. r at the beginning of**	**f.** a trilled sound, several Spanish *r*'s in a row
a word or **rr** in the	**g.** similar to the *ny* sound in *canyon*
middle of a word	**h.** never pronounced
ch **9. v**	

B. Spell your own name, using the Spanish alphabet, and listen as your classmates spell their names. Try to remember as many of their names as you can.

C. Identify as many of your classmates as you can, using the phrase **Te llamas _____** (*Your name is _____*). Then spell the name in Spanish.

> **MODELO**   Te llamas María: eme a ere i a.

D. Use the Spanish alphabet to spell these U.S. place names, all of which are of Hispanic origin: **Toledo, Los Ángeles, Texas, Montana, Colorado, El Paso, Florida, Las Vegas, Amarillo, San Francisco.** Pronounce the names in Spanish before you begin to spell them.

E. Think of several other U.S. place names of Hispanic origin and spell them aloud, using the Spanish alphabet. Your classmates should give the place names that you spell.

Cognados

Many Spanish and English words are similar or identical in form and meaning. These related words are called *cognates* (**cognados**). Spanish and English share so many cognates because a number of words in both languages are derived from the same Latin root words and also because Spanish and English are "language neighbors," especially in the southwestern United States. Each language has borrowed words from the other and adapted them to its own sound system. Thus, the English word *leader* has become Spanish **líder,** and Spanish **el lagarto** (*the lizard*) has become English *alligator.* The existence of so many cognates will make learning some Spanish vocabulary words easier for you and increase the number of words that you can recognize immediately. Many cognates are used in the **Pasos preliminares.** Don't try to memorize all of them—just get used to the sound of them in Spanish.

Here are some Spanish adjectives (words used to describe people, places, and things) that are cognates of English words. Practice the pronunciation of them, imitating your instructor.

cruel	diligente	horrible
interesante	imposible	eficiente
legal	excelente	prudente
superior	impresionante	popular
normal	emocional	sentimental
fascinante	independiente	inferior
valiente	inteligente	intelectual
liberal	responsable	terrible
importante	natural	elegante
rebelde	paciente	indiferente

Práctica

A. Describe Don Juan, the famous lover, in simple Spanish sentences that begin with **Don Juan es** (*is*)**...** or **Don Juan no es** (*is not*)**....**

B. Think of a well-known person—real or imaginary—and describe him or her. Try to describe as many qualities of the person as you can. For example:

El presidente es/no es... or **Jane Fonda es/no es...**

C. What kind of person are you? Describe yourself, using these phrases:

Yo soy (*I am*)**...**   **Yo no soy** (*I am not*)**...**

PASO DOS

Más expresiones de cortesía

por favor	please (also used to get someone's attention)
perdón	pardon me, excuse me (to ask forgiveness or to get someone's attention)
con permiso	pardon me, excuse me (to request permission to pass by or through a group of people)

Práctica

What are these people saying: **¿con permiso?**, **¿perdón?**, or **¿por favor?**

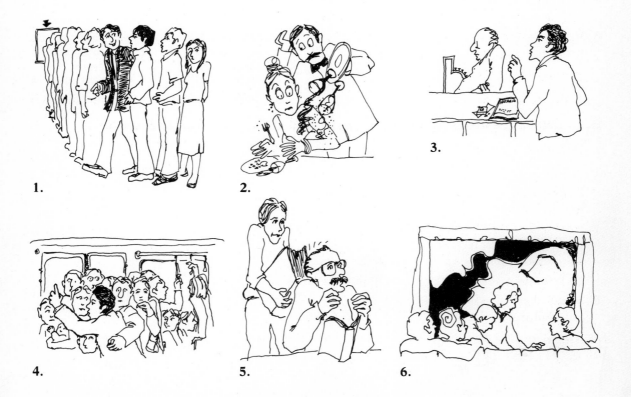

1.

2.

3.

4.

5.

6.

Pronunciación: las vocales *a, e, i, o, u*

Unlike English vowels, which can have many different pronunciations or may be silent, Spanish vowels are always pronounced, and they are almost always pronounced in the same way. Spanish vowels are always short and tense. They are never drawn out into a *u* or *i* glide as in English *go* (*gou*) or *may* (*mai*). The English *uh* sound or schwa (which occurs in all unstressed vowels: c*a*nal, wait*e*d, at*o*m) does not exist in Spanish.

Spanish vowel sounds	
a	pronounced like the *a* in *father,* but short and tense
e	pronounced like the *e* in *they,* but without the *i* glide
i	pronounced like the *i* in *machine,* but short and tense[1]
o	pronounced like the *o* in *home,* but without the *u* glide
u	pronounced like the *u* in *rule,* but short and tense

Práctica

A. Pronounce the following Spanish syllables, being careful to say each vowel with a clipped pronunciation.

1. ma fa la ta pa   **3.** mi fi li ti pi   **5.** mu fu lu tu pu   **7.** su mi te so la

2. me fe le te pe   **4.** mo fo lo to po   **6.** mi fe la tu do   **8.** se tu no ya li

B. Pronounce the following words, paying special attention to the vowel sounds.

1. hasta   tal   nada   mañana
    natural   normal   fascinante

2. me   qué   Pérez   usted
    rebelde   excelente elegante

3. así   señorita   así así   permiso
    diligente imposible terrible

4. yo   con   cómo   noches
    profesor   señor   horrible

5. uno   usted   tú   mucho
    Perú   Lupe   Úrsula

---

[1] The word **y** (*and*) is also pronounced like the letter **i.**

Más cognados

Although some English and Spanish cognates are spelled identically (*idea, general, gas, animal, motor*), most will differ slightly in spelling: *position*/**posición**, *secret*/**secreto**, *student*/**estudiante**, *rose*/**rosa**, *lottery*/**lotería**, *opportunity*/**oportunidad**, *exam*/**examen**.

The following exercises will give you more practice in recognizing and pronouncing cognates. Remember: don't try to learn all of these words. Just get used to the way they sound.

¿Cuántos (*how many*) cognados hay en esta (*this*) foto de un escritorio público de Veracruz, México? ¿Qué (*what*) es un escritorio público? ¿Hay escritorios públicos en los Estados Unidos?

Práctica

A. Pronounce each of the following cognates and give its English equivalent.

NACIONES: Rusia, Japón, Italia, Francia, España, el Brasil, la China, el Canadá

PERSONAS: líder, profesor, actriz, artista, político

LUGARES (*places*): restaurante, café, museo, garaje, banco, hotel, oficina, océano, parque

CONCEPTOS: libertad, dignidad, declaración, contaminación

COSAS (*things*): teléfono, fotografía, sofá, televisión, radio, bomba, novela, diccionario, dólar, lámpara, yate

ANIMALES: león, cebra, chimpancé, tigre, hipopótamo

COMIDAS Y BEBIDAS (*food and drink*): hamburguesa, cóctel, patata, café, limón, banana

DEPORTES (*sports*): béisbol, tenis, vólibol, fútbol

INSTRUMENTOS MUSICALES: guitarra, piano, clarinete, trompeta, violín

B. Pronounce these cognates and identify the category to which they belong, using the following sentences.

Es un lugar (concepto, animal, deporte, instrumento musical).[2]
Es una nación (persona, cosa, comida, bebida).[2]

MODELO   Japón. Es una nación.

1. calculadora	8. limonada	15. turista	22. vino
2. burro	9. elefante	16. rancho	23. saxofón
3. *sándwich*	10. refrigerador	17. serpiente	24. tren
4. golf	11. universidad	18. chocolate	25. acordeón
5. México	12. montaña	19. básquetbol	26. autobús
6. actor	13. terrorista	20. la Argentina	27. estación
7. clase	14. Cuba	21. democracia	28. hospital

Los números 0–15

Canción infantil

Dos y dos son cuatro,
cuatro y dos son seis,
seis y dos son ocho,
y ocho dieciséis.

0	cero	4	cuatro	8	ocho	12	doce
1	uno (un, una)	5	cinco	9	nueve	13	trece
2	dos	6	seis	10	diez	14	catorce
3	tres	7	siete	11	once	15	quince

Note that the number *one* has several forms in Spanish. **Uno** is the form used in counting. **Un** is used before masculine singular nouns, **una** before feminine singular nouns: ***un señor**, *una* **señora**.

---

[2]The English equivalent of these sentences is: *It is a place (concept . . .). It is a nation (person . . .)*. Note that Spanish has two different ways to express *a (an)*: **un** and **una**. All nouns are either masculine (*m.*) or feminine (*f.*) in Spanish. **Un** is used with masculine nouns, **una** with feminine nouns. You will learn more about this aspect of Spanish in grammar section 1, Singular nouns: Gender and articles.

A children's song Two and two are four, four and two are six, six and two are eight, and eight (makes) sixteen.

Práctica

A. Count off in order, with each person in turn giving the next number; then count off by two's. Count off backward from 15, then backward by two's.

B. Practique los números.

1. 4 señoras	**6.** 1 clase (*f.*)	**11.** 8 dólares
2. 12 noches	**7.** 7 hoteles	**12.** 5 guitarras
3. 1 café (*m.*)	**8.** 11 tardes	**13.** 1 león (*m.*)
4. 9 profesores	**9.** 15 estudiantes	**14.** 3 flautas
5. 14 días	**10.** 13 teléfonos	**15.** 1 idea (*f.*)

C. Problemas de matemáticas: + (y) − (menos) = (son)

MODELO   2 + 2 = 4 → *Dos y dos son cuatro.*
             4 − 2 = 2 → *Cuatro menos dos son dos.*

1. 2 + 4 = ?	**6.** 5 + 4 = ?	**11.** 1 + 4 = ?
2. 3 + 7 = ?	**7.** 1 + 13 = ?	**12.** 1 − 1 + 3 = ?
3. 11 + 1 = ?	**8.** 15 − 2 = ?	**13.** 8 + 7 = ?
4. 3 + 8 = ?	**9.** 9 − 9 = ?	**14.** 13 − 9 = ?
5. 9 + 6 = ?	**10.** 15 − 8 = ?	**15.** 2 + 3 + 10 = ?

(handwritten: es o son 2)

Gustar

To indicate that you like something in Spanish, say **Me gusta** _____, the equivalent of *I like* _____. To indicate that you don't like something, use **No me gusta** _____. Use the question **¿Te gusta** _____? to ask a classmate if he or she likes something.

In the following exercises, you will use the word **el** to mean *the* with masculine nouns and **la** with feminine nouns. Don't try to memorize which nouns are masculine and which are feminine. Just get used to using the words **el** and **la** before nouns.

Práctica

A. Indicate whether you like the following things.

MODELO   ¿la universidad? → *(No) Me gusta la universidad.*

1. ¿la clase de español? ¿la música popular? ¿la música clásica?
2. ¿el océano? ¿el parque? ¿la cafetería?

3. ¿la actriz Brooke Shields? ¿el actor Burt Reynolds? ¿el presidente de los Estados Unidos (*USA*)? ¿el profesor (la profesora) de español?

4. ¿estudiar (*to study*)? ¿estudiar español? ¿esquiar (*to ski*)? ¿jugar (*to play*) al tenis? ¿jugar al fútbol? ¿jugar al golf? ¿jugar a la lotería?

5. ¿beber (*to drink*) vino? ¿beber café? ¿beber té? ¿beber Coca Cola? ¿beber chocolate?

B. Ask a classmate if he or she likes the following things.

> **MODELO** ¿la clase de español? →
> *¿Te gusta la clase de español?*
> *Sí, me gusta la clase de español. (No, no me gusta la clase de español.)*

1. ¿comer (*to eat*) tacos? ¿comer hamburguesas? ¿comer en la cafetería? ¿comer en un restaurante?

2. ¿hablar (*to speak*) español? ¿hablar francés? ¿hablar inglés? ¿hablar por (*on the*) teléfono?

3. ¿tocar (*to play*) la guitarra? ¿tocar el piano? ¿tocar el violín?

Spanish as a world language

Although no one knows exactly how many languages are spoken around the world, linguists estimate that there are between 3,000 and 6,000. Spanish, with 238 million native speakers, is among the top five languages. It is the national language in Spain, in all of South America except Brazil and Guyana, in most of Central America, in Mexico, in Cuba, and in the Dominican Republic—in approximately twenty countries in all.

Like all languages spoken by large numbers of people, Spanish varies from region to region. The Spanish of Madrid is different from that spoken in Mexico City or Buenos Aires, just as the English of London differs from that of Chicago or Dallas. Although these differences are most noticeable in pronunciation ("accent"), they are also found in vocabulary and special expressions used in different geographical areas. In Great Britain one hears the word *lift,* but the same apparatus is called an *elevator* in the United States. What is called an **autobús** (*bus*) in Spain may be called a **guagua** in the Caribbean. While such differences are noticeable, they result only rarely in misunderstandings among native speakers, since the majority of structures and vocabulary are common to the many varieties of each language.

PASO TRES

Los días de la semana°   *Days of the week*

lunes	Monday	**viernes**	Friday
martes	Tuesday	**sábado**	Saturday
miércoles	Wednesday	**domingo**	Sunday
jueves	Thursday		

el lunes, el martes...	on Monday, on Tuesday . . .
Hoy es viernes.	Today is Friday.
Mañana es domingo.	Tomorrow is Sunday.
el fin de semana	(on) the weekend

Práctica

A. ¿Qué día es hoy? (*What day is today?*) ¿Qué día es mañana? Si (*if*) hoy es sábado, ¿qué día es mañana? Si hoy es jueves, ¿qué día es mañana? ¿Si hoy es miércoles? ¿viernes?

B. ¿Qué día fue ayer (*was yesterday*)? (Ayer fue...) Si hoy es sábado, ¿qué día fue ayer? ¿Si hoy es lunes? ¿miércoles?

C. Choose items from each column to indicate what you like to do—or don't like to do—on different days of the week.

MODELO   El lunes me gusta estudiar.

el lunes		estudiar
el miércoles	(no) me gusta	dormir tarde (*to sleep late*)
el sábado		comer en un restaurante
el fin de semana		comer en la cafetería
		comer en casa (*at home*)
		jugar al tenis (golf, vólibol, _____)
		ir al cine (*to go to the movies*)
		ir al bar (al parque, al museo, _____)

Pronunciación: los diptongos

Two successive weak vowels (**i, u**) or a combination of a strong vowel (**a, e,** or **o**) and a weak vowel (**i** or **u**) are pronounced as a single syllable, forming a *diphthong* (**diptongo**).

Práctica

Pronounce the following words, paying special attention to the diphthongs.

1. historia   secretaria   gracias   estudiante   Cecilia

2. bien   Oviedo   eficiente   ciencias   paciente

3. secretario   inferior   adiós   diccionario   Antonio

4. Eduardo   el Ecuador   Guatemala   Managua   Nicaragua

5. buenos   cruel   Manuel   Venezuela   luego

Los números 16–30

16 dieciséis	21 veintiuno	26 veintiséis
17 diecisiete	22 veintidós	27 veintisiete
18 dieciocho	23 veintitrés	28 veintiocho
19 diecinueve	24 veinticuatro	29 veintinueve
20 veinte	25 veinticinco	30 treinta

The numbers 16 to 19 and 21 to 29 can be written as one word (**dieciséis... veintiuno**) or as three (**diez y seis... veinte y uno**). Note, also, that the number **veintiuno** becomes **veintiún** before masculine nouns and **veintiuna** before feminine nouns: **veinti*ún* señores, veinti*una* señoras.**

Práctica

A. Practique los números.

1. 23 guitarras
2. 18 museos
3. 17 jirafas
4. 26 autobuses
5. 21 señoras (*f.*)
6. 28 teléfonos
7. 30 días
8. 16 ceros
9. 29 oficinas
10. 25 naciones
11. 21 cafés (*m.*)
12. 15 estudiantes

B. Problemas de matemáticas

1. $22 + 3 = ?$
2. $14 + 4 = ?$
3. $16 - 0 = ?$
4. $29 - 2 = ?$
5. $13 + 15 = ?$
6. $18 + 9 = ?$
7. $8 + 17 = ?$
8. $23 - 13 = ?$
9. $28 - 6 = ?$
10. $30 - 17 = ?$
11. $28 - 5 = ?$
12. $7 + 19 = ?$

C. You have asked a clerk the prices of three different models or brands of something you want to buy. In each case you want to buy the least expensive model. What is the price of the item you finally select?

1. tres pesos, trece pesos, treinta pesos
2. dieciocho dólares, veintiocho dólares, ocho dólares
3. veintidós pesos, doce pesos, quince pesos
4. dieciséis pesetas, catorce pesetas, diecisiete pesetas
5. veintiún dólares, veintisiete dólares, veintinueve dólares
6. once pesetas, veintiuna pesetas, veintisiete pesetas

Now make up five similar sets of prices, and present them orally to your classmates, who will select the lowest price.

Hay

The word **hay** expresses both *there is* and *there are* in Spanish. **No hay** means *there is not* and *there are not*.

Hay treinta estudiantes en la clase.	*There are thirty students in the class.*
No hay un tigre en la clase.	*There isn't a tiger in the class.*

Práctica

A. ¿Hay tres días en una semana? ¿Hay catorce días? ¿Hay nueve días? ¿Cuántos (*how many*) días hay en una semana? ¿Cuántos días hay en un fin de semana?

B. ¿Hay clase de español el domingo? ¿Hay clase de español el viernes? ¿Hay una sesión de laboratorio el miércoles? ¿Hay un examen el lunes?

C. ¿Hay un elefante en la clase hoy? ¿Hay una jirafa? ¿Cuántos estudiantes hay en la clase hoy? ¿Hay tres profesores o un profesor?

D. Hay muchos edificios (*many buildings*) en una universidad. En la universidad de usted, ¿hay...? ¿una cafetería? ¿un teatro? ¿un cine (*movie theatre*)? ¿un laboratorio de lenguas? ¿un bar de estudiantes? ¿una clínica? ¿un hospital? ¿un museo? ¿muchos (*many*) estudiantes? ¿muchos departamentos? ¿muchos profesores?

Hay muchos estudiantes de herencia hispana en las universidades de los Estados Unidos. Aquí (*here*) unos estudiantes conversan en el campus del *Bronx Community College.*

© 1980 Laimute E. Druskis / Taurus Photos

¿Qué hora es?° (parte 1)

What time is it?

Es la una.

Son las dos.

Son las cinco.

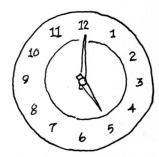

Es la una $\begin{cases} \text{y cuarto.} \\ \text{y quince.} \end{cases}$

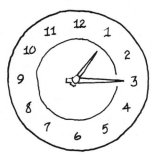

Son las dos $\begin{cases} \text{y media.} \\ \text{y treinta.} \end{cases}$

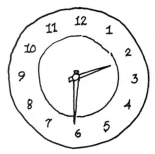

Son las cinco y diez.

Son las ocho y veinticinco.

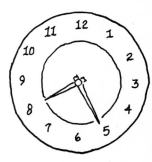

In telling time, one says **Es la una,** but **Son las dos (las tres, las cuatro,** and so on). Note that from the hour to the half-hour, Spanish, like English, expresses time by minutes or a portion of an hour to the hour.

Otras expresiones útiles	
de la mañana	A.M., in the morning
de la tarde (noche)	P.M., in the afternoon (evening)

Práctica

A. ¿Qué hora es?

1. 1:00	**4.** 7:30	**7.** 3:15	**10.** 2:10
2. 6:00	**5.** 1:30	**8.** 4:15	**11.** 5:25
3. 11:00	**6.** 10:30	**9.** 9:15	**12.** 12:18

B. ¿Qué hora es? ¿De la mañana, de la tarde o de la noche?

1. 3:20 P.M.	**3.** 9:10 A.M.	**5.** 4:15 A.M.
2. 5:07 P.M.	**4.** 11:14 P.M.	**6.** 10:04 P.M.

C. La excursión es a (*at*) _____.

1. 2:19 P.M.	**4.** 7:30 A.M. on Monday
2. 8:15 A.M.	**5.** 10:15 A.M. on Saturday
3. 9:00 P.M.	**6.** at 3:15 P.M. on Wednesday

D. How would the following people greet each other if they met at the indicated time? Create a brief dialog for each situation.

1. el profesor Martínez y Gloria, a las diez de la mañana
2. la Sra. López y la Srta. Luna, a las cuatro y media de la tarde
3. usted y su (*your*) profesor(a) de español, en la clase de español
4. Jorge y María, a las once de la noche

Hispanics in the United States

The impact of Spanish is not limited to other countries. The Spanish language and people of Hispanic descent have been an integral part of life in the United States for centuries, and Hispanics are currently the fastest growing cultural group in this country.

People of Hispanic origin were among the first colonizers of what is now the United States, and descendants of those early settlers live in all parts of this country today. Large groups of more recent arrivals can be found in New York (where there is a large Puerto Rican community), in Florida (the home of many Cubans and Central Americans), and in the Southwest, especially in California and Texas (where Mexican-Americans are the dominant Hispanic group). There has also been a substantial increase in the number of Hispanics in

Where U.S. Hispanics Are
Based on 1976 census, released in 1979
(in thousands)

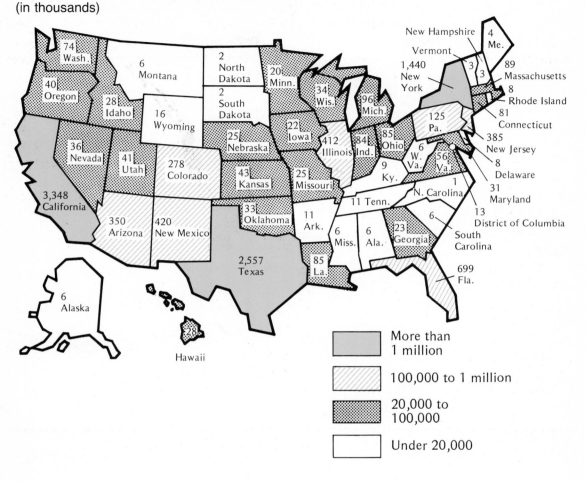

☐ (grey)	More than 1 million
☐ (diagonal)	100,000 to 1 million
☐ (dotted)	20,000 to 100,000
☐ (white)	Under 20,000

areas not usually thought of as having large Hispanic populations—Minneapolis-St. Paul, Seattle, and New Orleans, to name only a few.

Hispanics in the United States come from many different ethnic and social backgrounds. Their rich cultural heritage has helped to shape many aspects of life in this country, and they will continue to have considerable impact on daily life, culture, and business in the United States. Clearly our second language, Spanish will be increasingly important in the future as a language for communication and commerce both in this country and abroad.

PASO CUATRO

Los meses y las estaciones del año°[4]   *Months and seasons of the year*

se(p)tiembre		marzo	
octubre	el otoño	abril	la primavera
noviembre		mayo	
diciembre		junio	
enero	el invierno	julio	el verano
febrero		agosto	

© 1981 Peter Menzel / Stock, Boston

Walter D. Hartsough

En España las estaciones ocurren en los mismos (*same*) meses que en los Estados Unidos porque (*because*) las dos naciones están en el hemisferio norte. Hace mucho frío (*it's very cold*) en los Pirineos (España) en el mes de diciembre. En el hemisferio sur las estaciones ocurren al revés. En el mes de enero, cuando hace frío en muchas partes de los Estados Unidos, hace calor (*it's hot*) en las playas de Sud América.

Práctica

A. ¿Cuáles son (*which are*) los meses de otoño? ¿los meses de primavera? ¿los meses de verano? ¿los meses de invierno?

---

[4]Note the plural forms of the definite article: **el → los, la → las.**

B. What months or seasons do you associate with the following? ¿el béisbol? ¿el tenis? ¿el fútbol? ¿el básquetbol? ¿el golf? ¿las vacaciones? ¿el amor (*love*)? ¿los exámenes finales?

C. Choose items from each column to indicate what you like to do—or don't like to do—in different seasons.

en otoño		esquiar
en primavera	(no) me gusta	visitar lugares (*places*) diferentes
en verano		jugar al béisbol (al _____)
en invierno		ir (*to go*) de vacaciones
		estudiar
		comer (*to eat*) en el parque
		hacer *camping* (*to go camping*)
		regresar (*to return*) a las clases

Pronunciación: stress and written accent marks

In the words **visitar, papá, kilómetro,** and **diferente,** the italicized vowel is stressed (more prominent than the others). In Spanish, stress is predictable from the written form of the word.

1. If a word ends in a *vowel*, *n*, or *s*, stress normally falls on the next-to-the-last syllable.

ma*ña*na	*lla*mo	*cla*se	*Lo*ren	*lu*nes	*mar*tes

2. If a word ends in any other consonant, stress normally falls on the last syllable.

prac*ti*car	doc*tor*	espa*ñol*	us*ted*	ac*triz*	ac*tor*

3. Any exception to these two rules will bear a written accent mark on the stressed vowel.

*Ló*pez	per*dón*	te*lé*fono	*dó*lar	ca*fé*	na*ción*

4. When one-syllable words have accents, it is to distinguish them from homonyms (other words that sound like them). For example: **sí** (*yes*) and **si** (*if*).

5. Interrogative words and exclamatory words carry a written accent on the stressed vowel. For example: **¿Cómo?** (*how?*), **¿qué (hora)?** (*what [time]?*), **¡cómo no!** (*of course!*).

Práctica

A. Pronounce the following words, paying special attention to word stress. You will not know the meaning of all of these words, but saying them will help you to focus totally on stress.

1. hija	alto	bajo	primo	madre	padre
grande	hermana	bonito	pequeño	sobrina	alegre
trabajan	buscan	cantan	enseñas	hablas	pagas
2. pagar	comprar	desear	regresar	mujer	trabajador
libertad	universidad	papel	español	general	sentimental
3. práctico	matrícula	romántico	simpático	antipático	diálogo
así así	Ramón	nación	perdón	adiós	francés
lápiz	Gómez	Pérez	Ramírez	Jiménez	López

B. Indicate the stressed vowel of each word in the following list. Give the rule that determines the stress of each word.

1. examen	**5.** libertad	**9.** compramos	**13.** matrícula
2. lápiz	**6.** nación	**10.** hombre	**14.** general
3. necesitar	**7.** hermana	**11.** peso	**15.** plástico
4. perezoso	**8.** compran	**12.** mujer	**16.** sobrinos

Los números 31–100

31	treinta y uno	36	treinta y seis	50	cincuenta
32	treinta y dos	37	treinta y siete	60	sesenta
33	treinta y tres	38	treinta y ocho	70	setenta
34	treinta y cuatro	39	treinta y nueve	80	ochenta
35	treinta y cinco	40	cuarenta	90	noventa
				100	cien

Beginning with the number 31, Spanish numbers are not written in combined form; **treinta y uno, cuarenta y dos, sesenta y tres,** and so on, must be three separate words. Numbers formed with **uno** have masculine and feminine forms: **treinta y un señores, cuarenta y una señoras,** and so on. **Cien** is used in counting and before nouns: **cien señoritas, cien años.**

Práctica

A. Count off in order, with each person in turn giving the next number. Then count off by five's, then by ten's, then backward from 100 by one's, by two's, by five's, and by ten's.

B. Problemas de matemáticas

1. $30 + 50 = ?$	**4.** $99 - 39 = ?$	**7.** $77 + 23 = ?$
2. $100 - 40 = ?$	**5.** $32 + 58 = ?$	**8.** $78 - 36 = ?$
3. $45 + 45 = ?$	**6.** $84 - 34 = ?$	**9.** $88 - 28 = ?$

C. It is inventory time at the local discount store. The following items are in stock. Read the list to your supervisor, who will write it down.

1. 100 radios
2. 71 refrigeradores (*m.*)
3. 87 enciclopedias
4. 31 pianos (*m.*)
5. 41 novelas (*f.*)

6. 79 sofás
7. 91 calculadoras (*f.*)
8. 54 lámparas
9. 63 diccionarios
10. 34 globos

11. 100 estéreos
12. 76 trombones
13. 75 saxofones
14. 92 guitarras
15. 56 esquís

¿Qué hora es? (parte 2)

Son las dos { menos cuarto. / menos quince.
Es la una y cuarenta y cinco.

Son las ocho menos diez.
Son las siete y cincuenta.

Son las once menos veinte.
Son las diez y cuarenta.

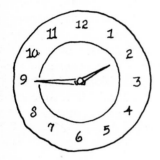 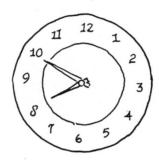 

From the half-hour to the hour, Spanish expresses time in two ways: by subtracting minutes or a portion of an hour from the next hour or by adding minutes to the hour.

Son las tres menos diez. = Son las dos y cincuenta.

Otras expresiones útiles

Es la una menos cuarto en punto.	It's exactly 12:45. (It's 12:45 on the dot.)
¿A qué hora?	At what time?
¿A las once y cincuenta de la noche?	At 11:50 P.M.?

Práctica

A. ¿Qué hora es? ¿De la mañana, de la tarde o de la noche?

1. 2:45 P.M.
2. 8:45 A.M.
3. 5:45 A.M.
4. 7:50 P.M.
5. 4:35 P.M.
6. 6:31 A.M.
7. 10:55 P.M.
8. 11:40 A.M.

B. ¿A qué hora es la excursión? ¡La excursión es _____!

1. at 3:45 P.M. exactly
2. at 7:40 A.M. sharp
3. at 4:45 P.M. exactly

4. at 6:50 A.M. on Wednesday
5. at 5:30 P.M. on Sunday
6. at 8:55 P.M. on Tuesday

C. Ask a classmate what time the following events or activities take place. He or she will answer according to the cue or will provide the necessary information.

> MODELO   la clase de español (10:00 A.M.) →
> *¿A qué hora es la clase de español?*
> *Es a las diez de la mañana... ¡en punto!*

1. la clase de francés (1:45 P.M.)
2. la sesión de laboratorio (3:10 P.M.)
3. la excursión (8:50 A.M.)

4. el concierto (7:30 P.M.)
5. _____ (programa de televisión)

Now ask what time your partner likes to perform these activities. He or she should provide the necessary information.

> MODELO   estudiar español →
> *¿A qué hora te gusta estudiar español?*
> *Me gusta estudiar español a las ocho de la noche.*

1. comer (*to eat*)
2. mirar (*to watch*) la televisión

3. jugar al vólibol
4. ir (*to go*) a la cafetería

The geography of the hispanic world (part 1)

Latinoamérica, Hispanoamérica, and **Iberoamérica** are some of the terms used to refer to the area that extends from the Rio Grande (or **Río Bravo,** as it is known in Mexico) to Cape Horn (**Cabo de Hornos**). Travelers in Latin America encounter a great variety of physical features and climates.

Although much of Latin America lies within the tropical zone, the climate is not tropical everywhere. Climate and temperatures vary considerably with elevation. Many of the large cities are located at high altitudes, where the climate is mild, with little variation in temperature throughout the year. Mexico City is at 7,800 feet; Bogotá, Colombia, at 8,500 feet; Cuzco, the ancient capital of the Incas, at 11,200 feet; and La Paz, at 11,900 feet. Seasons are marked mainly by changes in rainfall.

There are, however, areas of Latin America that are typically tropical in climate, including parts of Mexico and most of Central America, the vast Amazon River basin, and a portion of the northeastern coast of Brazil.

Uruguay, a large portion of Paraguay, and almost all of Argentina and Chile are in the South Temperate Zone. Chile, with its 2,650-mile coastline, has deserts in the north and fjords and glaciers in the extreme south. The geography of Argentina includes tropical zones in the north, immense pampas, and a windswept tableland that extends beyond the Strait of Magellan to Tierra del Fuego.

Compared with the Northern Hemisphere, the seasons of the year are reversed in the Southern Hemisphere. When it is winter in the United States, it is summer in Argentina, and vice versa. For this reason, Christmas and New Year's Day are summertime holidays for most South Americans.

Spain, located in the North Temperate Zone like the United States, does not experience that reversal of seasons. But Spaniards, especially those who live in the capital city of Madrid, see their weather go from one extreme to another: **nueve meses de invierno y tres de infierno.** Even though it is a small country when compared to the vast expanses of many Latin American nations, Spain nonetheless demonstrates considerable geographical variety: from snowy mountains and a rather humid climate in the north to the dry climate of the central plateau and the famous sunny coasts of the south.

En Monterey hay mucha niebla. NIEBLA
Siempre está nublado. NUBLADO

PASO CINCO

El tiempo

¿Qué tiempo hace?	What's the weather like?
Hace (mucho) frío/calor.	It's (very) cold/hot.
Hace (mucho) viento/sol.	It's very windy/sunny.
Hace fresco.	It's cool.
Hace (muy) buen/mal tiempo.	It's (very) nice/bad weather.
Hay mucha contaminación.	There's a lot of pollution.
Llueve.	It rains. It is raining.
Nieva.	It snows. It is snowing.

Hay mucha nieve.
There's a lot of snow.
Hay mucha lluvia.

Práctica

A. ¿Qué tiempo hace hoy? ¿Qué tiempo hace en invierno? ¿en primavera? ¿Qué tiempo hace en enero? ¿en septiembre? ¿en mayo? ¿en agosto?

B. Hoy es un día terrible.... Complete the phrases on the left in a logical manner with words or phrases from the right.

Hoy hace _____. (mucha) contaminación, (mucho) sol, fresco, (mucho) calor, (muy) mal
Hoy hay _____.   tiempo, (mucho) frío, nieva, llueve, (mucho) viento
Hoy _____.

C. ¿Qué tiempo hace en _____?

  1. ¿California?   **3.** ¿el desierto?   **5.** ¿Colombia?   **7.** ¿Chicago?

  2. ¿Nueva York?   **4.** ¿la Argentina?   **6.** ¿las montañas?   **8.** ¿Miami?

D. ¿Qué tiempo te gusta más (*most*)? ¿y qué estación? Complete las oraciones.

Me gusta cuando (*when*) _____. Por eso (*that's why*) me gusta más el/la _____.

Pronunciación: *d*

Spanish **d** has two basic sounds. At the beginning of a phrase or sentence, or after **n** or **l**, it's pronounced as a stop [d] (similar to English *d* in *dog*), by putting the tip of the tongue against the back of the upper teeth. In all other cases, it is pronounced as a fricative [đ], that is, like the *th* sound in English *they* and *another*.

Práctica

A. Pronounce the following words, following the indications in brackets.

[d] ¿dónde?	el doctor	el dinero	el domingo
[đ] radio	la doctora	mucho dinero	este domingo
[d] diez	debe	dos	doscientos
[đ] adiós	comida	usted	libertad

B. Pronounce the following words, paying special attention to the letter **d.**

días	de nada	prudente	diligente	independiente
don	¿adónde?	dólar	dignidad	doce
dieciocho	media	diciembre	humildad	doble

Los números 100 y más

100	cien (ciento)	700	setecientos
101	ciento uno	800	ochocientos
200	doscientos	900	novecientos
300	trescientos	1.000	mil
400	cuatrocientos	2.000	dos mil
500	quinientos	1.000.000	un millón
600	seiscientos	2.000.000	dos millones

Ciento is used in combination with numbers from 1 to 99 to express the numbers 101 through 199: **ciento, ciento dos, ciento setenta y nueve,** and so on. **Cien** is used in counting and before numbers greater than 100: **cien mil, cien millones.**

Mil means *one thousand* or *a thousand*. It is always used to express the year:

1984   mil novecientos ochenta y cuatro
1762   mil setecientos sesenta y dos

Note the use of a period in Spanish where English uses a comma: **1.254.300.**

Práctica

A. Practique los números.

1. 2, 12, 20, 200
2. 3, 13, 30, 300
3. 4, 14, 40, 400

4. 5, 15, 50, 500
5. 6, 16, 60, 600
6. 7, 17, 70, 700

7. 8, 18, 80, 800
8. 9, 19, 90, 900
9. 1, 10, 100, 1.000, 1.000.000

B. Practique los números.

1. 930
2. 115
3. 240
4. 670

5. 863
6. 101
7. 750
8. 385

9. 7.354
10. 5.710
11. 2.486
12. 1.001

13. 2.600.000
14. 6.500.000
15. 14.000.000
16. 25.000.000

C. Say the following years in Spanish. To which description does each year correspond?

1. 1492
2. 1776
3. 1945
4. 2001
5. 1963
6. 1984
7. ___?___

a. el año de mi nacimiento (*my birth*)
b. la Declaración de la Independencia
c. el asesinato de John F. Kennedy
ch. Cristóbal Colón descubre América.
d. la bomba atómica
e. una película (*movie*) famosa
f. la novela de George Orwell
g. este (*this*) año

La fecha

¿Cuál es la fecha de hoy?	What is today's date?
(Hoy es) el primero de abril.	(Today is) the first of April.
(Hoy es) el cinco de febrero.	(Today is) the fifth of February.
el doce de mayo de 1920	May 12, 1920

Primero is used to express the first day of the month; **dos, tres,** and so on, are used for other days.

Práctica

A. ¿Qué día de la semana es el 12 de noviembre? ¿el 1 (20, 16, 21, 24, 19, 28, 29)?

B. Express the following dates in Spanish. Begin with **el.**

   1. March 7   **3.** June 5   **5.** September 19, 1985   **7.** January 31, 1660
   2. December 1   **4.** August 24   **6.** May 3, 1842   **8.** July 4, 1776

C. ¿Cuál es la fecha de mañana? ¿Cuál es la fecha de hoy? ¿Cuál es la fecha de su cumpleaños (*your birthday*)? (Mi cumpleaños es...)

D. When do we celebrate . . . ?

   1. ¿el Día de la Raza (*Columbus Day*)?
   2. ¿el Día del Año Nuevo (*New Year's Day*)?
   3. ¿el Día de los Enamorados (de San Valentín)?
   4. ¿el Día de la Independencia?
   5. ¿el Día de los Inocentes (*April Fools'*)?
   6. ¿la Navidad (*Christmas*)?

The geography of the hispanic world (part 2)

¿En cuántas (*how many*) naciones de la América Central se habla español? ¿Cuántos millones de habitantes hay en México? ¿en Guatemala? ¿en El Salvador? ¿en las otras naciones?

¿En cuántas naciones de Sudamérica se habla español? ¿Se habla portugués en el Brasil? ¿Cuántos millones de habitantes hay en Venezuela? ¿en Chile? ¿en las otras naciones?

¿Cuántos millones de habitantes hay en España? No se habla español en Portugal. ¿Qué lengua se habla allí?

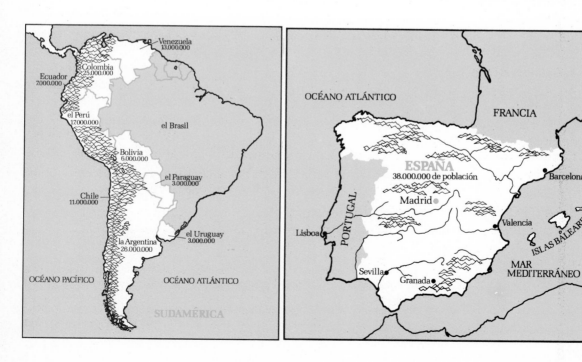

PASO SEIS

Modismos con tener°

Idioms[5] with to have

tener (19, 22) años	to be (19, 22) years old
¿Cuántos años tienes?	How old are you?
Tengo 21 años.	I'm 21 years old.
tener calor/frío	to be hot/cold
¿Tienes frío?	Are you cold?
No. Tengo calor.	No. I'm hot.
tener hambre/sed/sueño	to be hungry/thirsty/sleepy
tener prisa	to be in a hurry
tener razón	to be right
no tener razón	to be wrong

tener miedo - to fear

Práctica

A. React to the following words and phrases by using a related **tener** idiom.

MODELO   un *sándwich* → *Tengo hambre.*

1. una Coca Cola
2. una hamburguesa
3. un suéter
4. un café
5. las dos y media de la mañana
6. el mes de agosto
7. el mes de diciembre
8. una tortilla
9. el verano
10. dos y dos son siete

B. Complete the following sentences in a logical manner, using an appropriate **tener** idiom.

1. Son las once menos uno. La clase de español es a las once. Estoy (*I am*) en el autobús. ¡Tengo _____!
2. Es mi cumpleaños (*birthday*). Tengo _____.

---

[5]An *idiom* (**modismo**) is a group of words that has meaning to speakers of a language but does not necessarily appear to make sense when examined word by word. Idiomatic expressions are often different from one language to another. For example, in English, *to pull Mary's leg* usually means *to tease her,* not *to grab her leg and pull it.* In Spanish *to pull Mary's leg* is **tomarle el pelo a María** (literally, *to take Mary's hair*).

3. Sí, Buenos Aires es la capital de España. ¡Ay, no ____!
4. ¡Hasta luego! ¡Me voy! (*I'm leaving!*) ¡Tengo ____!
5. ¿Cuántos ____? ¿Veinticinco?

C. Ask a classmate questions based on the following words. He or she will answer according to the cue or will provide the necessary information.

MODELO   prisa (no) → *¿Tienes prisa?*
                          No, no tengo prisa.

1. frío (calor)   **2.** hambre (sí)   **3.** años   **4.** sueño (no)   **5.** sed (sí)   **6.** razón (no)

Pronunciación: *r, r/rr*

Spanish has two **r** sounds, one of which is called a *flap*, the other a *trill*. The rapid pronunciation of **tt** and **dd** in the English words *Betty* and *ladder* produces a sound similar to the Spanish flap **r:** the tongue touches the alveolar ridge (behind the upper teeth) once. (Compare this sound to that of Spanish stop [d], in which the tongue touches the back of the upper teeth.)

Although English has no trill, when people imitate a motor, they are producing the Spanish trill, which is a rapid series of flaps. The trilled **r** is written **rr** between vowels (**carro, correcto**) and **r** at the beginning of a word (**rico, rosa**). Any other **r** is pronounced as a flap.

Be careful to distinguish between the flap **r** and the trilled **r.** A mispronunciation will often change the meaning of a word—for example, **pero** (*but*)/**perro** (*dog*).

Práctica

A. Pronounce the following words, paying special attention to the flap **r.**

| *inglés:* | cotter | meter | total | motor | potter | ladder |
| *español:* | cara | mire | toro | moro | para | Lara |

B. Pronounce the following words, all of which contain the sound of the trilled **r.**

| rico | ropa | roca | Raúl | radio | rebelde |
| redondo | real | corro | carro | corral | barra |

C. Pronounce the following words, paying special attention to the contrast between the flap **r** and the trilled **r.**

1. coro/corro   **3.** pero/perro   **5.** ahora/ahorra   **7.** cero/cerro
2. coral/corral   **4.** vara/barra   **6.** caro/carro

D. Pronounce the following phrases. The flap **r** and the trilled **r** are mixed together.

1. el nombre correcto
2. un corral grande
3. una norteamericana
4. Puerto Rico

5. rosas hermosas
6. una persona rica
7. Marcos y Carlos
8. el perro en el corral

9. unos errores raros
10. un carro caro
11. pero un perro
12. Rosa y Ramón

Repaso

A. With a classmate, take turns reading and reacting to the following statements. Make incorrect statements correct.

MODELO   Dos y dos son nueve. →
No tienes razón. Dos y dos son cuatro.

1. Ciento cincuenta y ciento cincuenta son trescientos.
2. Cuatrocientos y trescientos son ochocientos.
3. Un millón y dos millones son tres millones.
4. Me llamo Carlos.
5. Cuatro mil menos dos mil son seis mil.
6. En el mes de enero hace calor.
7. ¿Los meses de verano? Junio, julio y agosto.

8. Hay treinta y un días en febrero.
9. Si hoy es lunes, mañana es viernes.
10. Tienes cuarenta y seis años.
11. Son las once de la mañana. ¡Buenas noches!
12. Te gusta la clase de español.
13. La clase de español es a las diez de la noche.
14. Hoy hace mucho frío.

B. Describe the following pictures. Be sure to include: **la estación del año, la fecha, la hora, el tiempo.** Also tell how each person feels, using **tener** idioms. Invent the details.

1.   2.   3.   4.   5.   6.

Mandatos° y frases útiles para la clase   *Commands*

Here are some phrases that you will hear and use frequently during class. Don't try to memorize all of them. You will learn to recognize them with practice.

Los estudiantes

Practice saying these sentences aloud. Then try to give the Spanish as you look at the English equivalents.

Tengo una pregunta.	I have a question.
¿Cómo se dice «*page*» **en español?**	How do you say "page" in Spanish?
Otra vez, por favor. No entiendo. (No comprendo.)	(Say that) again, please. I don't understand.
No sé (la respuesta).	I don't know (the answer).
Cómo no.	Of course.

Los profesores

After you read these Spanish sentences, cover the English equivalents and say what each expression means.

¿Hay preguntas?	Are there any questions?
Escuche.	Listen.
Repita.	Repeat.
Lea (en voz alta).	Read (aloud).
Escriba.	Write.
Conteste en una oración completa, por favor.	Answer in a complete sentence, please.
Dígale (Pregúntele) a otro estudiante _____ .	Tell (Ask) another student _____ .
Dé la respuesta correcta.	Give the right answer.
Abra el libro, por favor, en la página _____ .	Open your book, please, to page _____ .

Práctica

Your instructor will say the following commands and questions. Respond with an appropriate action or rejoinder.

1. Abra el libro en la página 20.
2. ¿Hay preguntas?
3. Repita la oración: Tengo hambre.
4. Escriba: Hola. ¿Qué tal?
5. Escuche.
6. Lea una oración.
7. Conteste en una oración completa: ¿Qué tiempo hace hoy?
8. Pregúntele a otro estudiante: ¿Cómo te llamas?
9. Dé la respuesta correcta: ¿Hace calor en invierno?
10. Dígale a otro estudiante: ¡Hola!

«¿Hay preguntas?» «Sí, tengo una pregunta, profesora.»

VOCABULARIO: PASOS PRELIMINARES

Although you have used many words in this preliminary chapter of *¿Qué tal?* the following words are the ones considered to be active vocabulary. Be sure that you know all of them before beginning **Capítulo 1.**

SALUDOS Y EXPRESIONES DE CORTESÍA

Buenos días. Buenas tardes. Buenas noches.
Hola. ¿Qué tal? ¿Cómo está?
Así así. (Muy) Bien.
¿Y tú? ¿Y usted?
Adiós. Hasta mañana. Hasta luego.
¿Cómo te llamas? ¿Cómo se llama usted? Me llamo _____.
señor (Sr.) señora (Sra.) señorita (Srta.)
(Muchas) Gracias. De nada.
Por favor. Perdón. Con permiso.

LOS NÚMEROS

cero, uno, dos, tres, cuatro, cinco, seis, siete, ocho, nueve, diez, once, doce, trece, catorce, quince, dieciséis, diecisiete, dieciocho, diecinueve, veinte, treinta, cuarenta, cincuenta, sesenta, setenta, ochenta, noventa, cien(to), doscientos, trescientos, cuatrocientos, quinientos, seiscientos, setecientos, ochocientos, novecientos, mil (dos mil), un millón (dos millones)

GUSTAR

¿Te gusta _____? Sí, me gusta _____. No, no me gusta _____.

LOS DÍAS DE LA SEMANA

lunes, martes, miércoles, jueves, viernes, sábado, domingo, el fin de semana

¿QUÉ HORA ES?

es la..., son las..., y cuarto, y media, en punto, de la mañana (tarde, noche), ¿a qué hora?, a la(s)..., menos cuarto

LAS ESTACIONES DEL AÑO

el otoño, el invierno, la primavera, el verano

LOS MESES DEL AÑO

enero, febrero, marzo, abril, mayo, junio, julio, agosto, se(p)tiembre, octubre, noviembre, diciembre

¿QUÉ TIEMPO HACE?

Hace (mucho) frío/calor/viento/sol. Hace fresco. Hace (muy) buen/mal tiempo. Hay mucha contaminación. Llueve. Nieva.

¿CUÁL ES LA FECHA DE HOY?

Es el primero de abril. Es el doce de mayo de 1985.

MODISMOS CON TENER

tener _____ años, calor, frío, hambre, prisa, razón, sed, sueño
¿Tienes calor? Sí, tengo calor.

OTRAS PALABRAS ÚTILES

sí (*yes*), no (*no*), si (*if*), mañana (*tomorrow*), hoy (*today*), (no) hay (*there is/are* [*not*]), es (*is*),
y (*and*), en (*in*), de (*of*), a (*to*, at [*with time*])

Introduction to *¿Qué tal?*

¿Qué tal? is divided into thirty brief chapters. Each chapter has its own theme—university life here and abroad, travel, foods, and so on. Important vocabulary and expressions related to the themes are included in **Vocabulario: Preparación. Pronunciación** will introduce you to more aspects of the Spanish sound system.

The grammar section, **Minidiálogos y estructura,** contains brief dialogs that introduce new grammar points and exercises on the grammar. Many of the exercises will help you to express yourself creatively in Spanish by answering questions, describing pictures and cartoons, completing sentences, and so on. Throughout the grammar sections, the word **¡Ojo!** (*watch out!*) will call your attention to areas where you should be especially careful when using Spanish.

The final section in each chapter, **Un paso más** (*one more step*), contains activities and cultural readings in alternating chapters. In **Vocabulario** you will find a complete list of all new (active) words for the chapter.

Every five chapters, there is a review section called **Un poco de todo** (*a little of everything*) in which you can test your knowledge of what you have learned up to that point. The answers to the **Un poco de todo** exercises are in Appendix 1. Another kind of review section that is scattered throughout the text is called **¿Recuerda Ud.?** (*Do you remember?*). These brief sections will help you to review grammar points you have already studied before you learn new grammar based on those points. The answers to the exercises in **¿Recuerda Ud.?** are in Appendix 2.

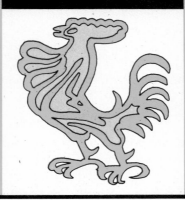

CAPÍTULO·1

LA UNIVERSIDAD

VOCABULARIO: PREPARACIÓN

LUGARES / *PLACES* **la biblioteca** / *the library* **la clase** / *the class* **la librería** / *the bookstore* **la oficina** / *the office* **la universidad** / *the university*

PERSONAS / *PEOPLE* **la cliente** / *the client (female)* **la consejera** / *the counselor (female)* **el consejero** / *the counselor (male)* **el dependiente** / *the clerk (male)* **el profesor** / *the instructor (male)* **la profesora** / *the instructor (female)* **la secretaria** / *the secretary (female)* **el secretario** / *the secretary (male)*

A. Identifique las cosas (*things*) y las personas.

1. En la clase

la profesora _____
la estudiante _____
el papel _____
el lápiz _____
el bolígrafo _____
la mesa _____

2. En la biblioteca

el libro _____
el diccionario _____
el cuaderno _____
el bolígrafo _____ *la pluma*
la mesa _____
el estudiante _____

3. En la librería

el lápiz _____
el cuaderno _____
el bolígrafo _____
el dinero _____
el dependiente _____
la cliente _____

4. En la oficina de la universidad

la secretaria _____
el consejero _____
la consejera _____
la mesa _____
el diccionario _____

B. ¿Hombre o mujer? (*Man or woman?*)

MODELO   ¿La consejera? → *mujer*

1. ¿El profesor? 3. ¿El secretario? 5. ¿La dependienta? 7. ¿El consejero?
2. ¿La estudiante? 4. ¿El estudiante? 6. ¿El cliente? 8. ¿La secretaria?

C. Asociaciones. Which words in the box do you associate with the numbered words on the left?

1. la persona   4. el libro
2. la cosa   5. el papel
3. el lugar   6. la estudiante

la universidad	el profesor	la consejera
la oficina	el diccionario	la librería
el dinero	la clase	la biblioteca

Study Hint: Learning New Vocabulary

Vocabulary is one of the most important tools for successful communication in a foreign language. What does it mean "to know vocabulary"? And what is the best way to learn vocabulary?

1. *First, carefully study the words in the vocabulary list. If a word is a cognate or shares a root with an English word, be especially aware of differences in spelling and pronunciation. For example, note that **clase** is spelled with only one **s**; that there is no **th** in **matemáticas**; and that **ciencias** does not begin with an **s**. Keep in mind that an "almost but not quite perfect" spelling may lead to a miscommunication: **libro** (book) versus **libra** (pound); **mesa** (table) versus **mes** (month); **el consejero** (male counselor) versus **la consejera** (female counselor). You* also need to remember which words require **el** and which require **la** to express the, as well as which words require a written accent—**lápiz, bolígrafo,** for example—and where the accent occurs.

2. *After studying the list, cover the English and give the English equivalent of each Spanish word.*

3. *When you are able to give the English without hesitation and without error, reverse the procedure; cover the Spanish and give the Spanish equivalent of each English word. Write out the Spanish words (using **el** or **la** where appropriate) once or several times and say them aloud.*

4. *Vocabulary lists and flash cards can be helpful tools in learning new vocabulary, and they are especially useful as a review or as a self-test.*

5. *Rote memorization, however, is only part of the learning process. Using new vocabulary to communicate requires practicing that vocabulary in context. What do you associate with this word? When might you want to use it? Create a context—a place, a situation, a person or group of people—for the vocabulary that you want to learn or use a context from the text. The more associations you make with the word, the easier it will be to remember. Practice useful words and phrases over and over—thinking about their meaning—until you can produce them automatically. You may find it useful to "talk to yourself," actually saying aloud the words you want to learn.*

PRONUNCIACIÓN:
c, q

The letter **c** before **e** and **i** produces an [s] sound: **cinco, once.**[1] Unlike English words ending in *-tion,* Spanish **-ción** words are not pronounced "*-shun.*"

Before a consonant (**clase**) or before the vowels **a, o,** and **u** (**catorce, cosa, cuarto**), the letter **c** produces a [k] sound, but without the aspiration (small puff of air) that the [k] sound has at the beginning of a word in English. The letter combination **qu** (which occurs only before the letters **e** and **i**) is also pronounced as [k] in Spanish: **qué, quince.**

Práctica

A. Pronounce the following words, following the indications in brackets.

[s]	César	once	cero	doce	diciembre
	emigración	nación	estación	doscientos	pronunciación
[k]	caso	carro	cosa	Cuco	Carmen
	qué	ataque	Quito	Quico	conquistador

B. Pronounce the following words, paying special attention to the pronunciation of **c** and **qu.**

cómo	conquista	cinco	doce	cuatro
trece	cuarto	conquistador	cien	miércoles
calor	quince	contaminación	quinina	coche

MINIDIÁLOGOS Y ESTRUCTURA

En *la clase: el* primer *día*

PROFESORA: ...y para mañana, es necesario traer *los libros* de texto, *papel, un cuaderno* y *un diccionario.*

ANA: Perdón, *profesora,* pero... ¿ya hay *libros* para esta *clase* en *la librería?*

---

[1]In many parts of Spain, the letter **c** before **e** and **i** is pronounced like *th* in English *thin.*

PROFESORA: Creo que sí.
ANA: ¿Y *diccionarios?*
PROFESORA: ¿No hay en *la librería?*
PEDRO: Sí, hay... pero *el problema* es *el precio.*

1. Para mañana es necesario traer _____ .
2. Hay _____ *y* _____ *en la librería.*
3. El problema con (with *) los diccionarios es* _____ .

1

Singular nouns: Gender and articles

A *noun* (**sustantivo**) is a word that is the name of a person, place, thing, or idea. In English, nouns can be masculine, feminine, or neuter.

Masculine: man, grandfather, boy
Feminine: woman, grandmother, girl
Neuter: yard, tree, love

In Spanish, all nouns are either masculine or feminine in *gender* (**género**). This is a purely grammatical feature of nouns; it does not mean that Spanish speakers perceive things or ideas as having masculine or feminine attributes.

	Singular nouns and articles			
	Masculine nouns		**Feminine nouns**	
Definite articles	**el** hombre	*the man*	**la** mujer	*the woman*
	el libro	*the book*	**la** mesa	*the table*
Indefinite articles	**un** hombre	*a (one) man*	**una** mujer	*a (one) woman*
	un libro	*a (one) book*	**una** mesa	*a (one) table*

In class: the first day. INSTRUCTOR: . . . *and for tomorrow, it's necessary to bring the textbooks, paper, a notebook, and a dictionary.* ANA: *Pardon me, ma'am [professor], but . . . are there books for this class in the bookstore already?* INSTRUCTOR: *I think so.* ANA: *And (what about) dictionaries?* INSTRUCTOR: *Aren't there any in the bookstore?* PEDRO: *Yes, there are . . . but the problem is the price.*

La herencia india es de gran
importancia en los murales que
adornan las paredes (*walls*) de
muchos edificios públicos del
mundo latinoamericano. Aquí unos
estudiantes estudian en la biblioteca de la Universidad de Morelos,
Cuernavaca, México.

Charles Marden Fitch/Taurus Photos

A. Nouns that refer to male beings and most nouns that end in
-o are *masculine* (**masculino**) in gender: **hombre** (*man*), **libro**
(*book*).

Nouns that refer to female beings and most nouns that end
in **-a, -ión, -tad,** and **-dad** are *feminine* (**femenino**): **mujer**
(*woman*), **fiesta** (*party*), **nación** (*nation*), **libertad** (*liberty*), **universidad** (*university*).

¡OJO! *A common exception is the word* **día,** *which ends in* **-a** *but
is masculine in gender:* **el día.** *Many words ending in* **-ma** *are
also masculine:* **el programa, el drama, el problema,** *and so on.*

*Nouns that have other endings and that do not refer to either
male or female beings may be masculine or feminine. Their gender must be memorized:* **el lápiz, la clase,** *and so on.*

B. In English, *the* is the *definite article* (**artículo definido**). In Spanish, the definite article for masculine singular nouns is **el;** for feminine singular nouns it is **la.**

C. In English, the *singular indefinite article* (**artículo indefinido**) is *a* or *an.* In Spanish, the indefinite article, like the definite article, must agree with the gender of the noun: **un** for masculine nouns, **una** for feminine nouns. **Un** and **una** can also mean *one* as well as *a* or *an.* Context determines the meaning.

D. Some nouns that refer to persons indicate gender according to the following patterns:

If masculine ends in **-o,** the feminine ends in **-a:**			
el niñ**o**	*the boy*	→ **la** niñ**a**	*the girl*
el amig**o**	*the friend* (male)	→ **la** amig**a**	*the friend* (female)

If masculine ends in a consonant, the feminine has a final **-a:**			
el profeso**r**	*the professor* (male)	→ **la** profeso**ra**	*the professor* (female)

Many other nouns that refer to people have a single form. Gender is indicated by the article: **el estudiante, la estudiante; el cliente** (*the male client*), **la cliente** (*the female client*). A few nouns that end in **-e** have a feminine form that ends in **-a: el dependiente** (*the male clerk*), **la dependienta** (*the female clerk*).

E. Since the gender of all nouns must be memorized, it is best to learn the definite article along with the noun; that is, learn **el lápiz** rather than just **lápiz.** The definite article will be given with nouns in vocabulary lists in this book.

Práctica

A. Dé (*give*) el artículo definido.

1. consejero	**4.** libertad	**7.** dinero	**10.** día
2. biblioteca	**5.** niña	**8.** nación	**11.** intención
3. hombre	**6.** clase	**9.** problema	**12.** realidad

Dé el artículo indefinido.

13. momento	**16.** noche	**19.** mujer	**22.** preparación
14. consejera	**17.** papel	**20.** dependiente	**23.** tarde
15. cuaderno	**18.** día	**21.** universidad	**24.** programa

B. Cambie (*change*): artículo definido → artículo indefinido

artículo indefinido → artículo definido

1. el diccionario	**4.** la mañana	**7.** un día	**10.** una clase
2. la dependienta	**5.** el bolígrafo	**8.** un niño	
3. el profesor	**6.** una universidad	**9.** una librería	

C. Give the male or female counterpart of each of the following persons.

MODELO   Marta, la secretaria → Pablo, *el secretario*
Carlos, un niño   → Carlota, *una niña*

1. Carmen Castellano, la profesora → César Cárdenas, _____
2. Camilo, un estudiante   Conchita, _____
3. Juan Luis, el dependiente   Juanita, _____
4. Josefina, una amiga   Jorge, _____
5. Jorge, un consejero   Cecilia, _____

2

Nouns and articles: Plural forms

		Singular	Plural	
		Plural nouns and articles		
Definite	**Nouns ending in a vowel**	**el** libro **la** mesa	**los** libros **las** mesas	*the books* *the tables*
	Nouns ending in a consonant	**la** universidad **el** papel	**las** universidades **los** papeles	*the universities* *the papers*
Indefinite		**una** mesa **un** papel	**unas** mesas **unos** papeles	*some tables* *some papers*

A. Spanish nouns that end in a vowel form plurals by adding **-s**. Nouns that end in a consonant add **-es**. Nouns that end in the consonant **-z** change the **-z** to **-c** before adding **-es: lápiz →
lápices.**

B. The definite and indefinite articles also have plural forms:
el → los, la → las, un → unos, una → unas. Unos and **unas**
mean *some, several* or *a few.*

El café y el bar tienen (*have*) tanta
(*as much*) importancia para los estudiantes hispanos como la biblioteca y las clases. Unos estudiantes
universitarios de Ávila, España,
toman café y conversan por la
tarde.

© 1980 Eric Kroll/Taurus Photos

C. In Spanish, the masculine plural form of a noun is used to
refer to a group that includes both males and females.

    los amig**os**   *the friends* (both male and female)
    los extranjer**os**   *the foreigners* (males and females)

Práctica

A. Dé la forma plural.

1. la mesa	**5.** un cuaderno	**9.** la fiesta
2. el libro	**6.** un lápiz	**10.** el cliente
3. el amigo	**7.** una extranjera	**11.** el lugar
4. la oficina	**8.** un bolígrafo	**12.** la persona

Dé la forma singular.

13. los profesores	**16.** unas tardes	**19.** las cosas
14. las secretarias	**17.** unos lápices	**20.** los precios
15. las niñas	**18.** unos papeles	**21.** los libros de texto

B. Which of the words listed to the right might be used to refer to the person(s) named to the
left?

1. Ana María: consejero mujer dependiente estudiante
2. Tomás: niño consejera profesor secretaria
3. Margarita y Juan: extranjeros amigos hombres estudiantes

C. ¿Cómo se dice en español?

1. the students (*male and female*)
2. some universities
3. a clerk (*female*)

4. the foreigners
5. the secretaries (*male*)
6. some professors (*female*)

D. How many objects can you identify in this picture of a student's room? Begin each sentence with **hay,** and use the indefinite article with each noun that you mention.

    Hay un(a) _____ en el cuarto (*room*).

E. Identifique las personas, las cosas y los lugares.

    MODELO   Hay _____ en _____. → Hay *un libró* en *la mesa.*

1.

2.

3.

4.

5.

UN PASO MÁS

Actividades

	4 de octubre	5 de octubre
8:00	Matemáticas I	Matemáticas I
9:00	Biblioteca	
10:00		Matemáticas II
11:00	↓	
12:00		
1:00	Profª García	librería bolígrafo (Pedro)
2:00	Biblioteca	diccionario
3:00		
4:00	↓	Cálculo III
6:00		
	Cóctel - director	Fiesta - estudiantes extranjeros

A. El profesor distraído. Although he is an excellent teacher, Professor Ramírez is more than a bit absent-minded. Today, October 4, is the beginning of a new academic year, and he is particularly confused about what he has to do. Use the schedule given here to help Profesor Ramírez get to the right place at the right time.

    MODELO   PROFESOR RAMÍREZ: Hoy hay un cóctel (*cocktail party*) a las seis con los estudiantes extranjeros.
                     USTED: Sí, hay un cóctel, pero con el director.

1. La clase de Matemáticas I es a las 6:00 de la tarde.
2. Mañana tengo una cita (*appointment*) con la profesora García a la una.
3. Hoy por la noche (*at night*) hay una fiesta para los estudiantes extranjeros.
4. Mañana la clase de Matemáticas II es a las 11:00 de la mañana.
5. Mañana es necesario comprar (*to buy*) un diccionario y un lápiz para Pedro.

Now, with a classmate, invent several other mistakes made by Professor Ramírez and correct them.

B. The **Universidad de Salamanca** is an old and famous Spanish university. In addition to its regular course of studies for native students, it offers a number of **cursos para extranjeros.**

Cursos Internacionales de Verano - Universidad de Salamanca
HOJA DE INSCRIPCION

Acompañar 3 fotografías tamaño pasaporte

Por favor, escriba con letra de imprenta

Apellido (Nom, last name)
Nombre (Prénom, first name)
Nacionalidad
Lugar de nacimiento
Fecha de nacimiento — Día, Mes, Año
Dirección actual (Present adress)
Residencia habitual (Home adress)
Profesión (Ocupation)

ENVIESE ESTA HOJA DE INSCRIPCION A (SEND THIS APPLICATION TO): **CURSOS INTERNA-CIONALES DE VERANO. PATIO DE ESCUELAS MENORES. UNIVERSIDAD DE SALAMANCA**

CURSOS OFRECIDOS (¹)
I. Curso de lengua y cultura españolas: Julio   Agosto
  a) Iniciación
  b) Medio
  c) Superior
II. Curso intensivo de lengua española:
  a) Iniciación
  b) Medio
  c) Superior
III. Curso Superior de filología:

INSCRIPCIONES OPCIONALES
             Colegio   Familia   No desea
¿Alojamiento?¹ . . . .
¿Abono piscina?² . . . . . .
¿Seguro médico?² . . . . . .
¿Actividades culturales?² . . . .
¿Clases de guitarra?² . . . . .
¿Bailes regionales?² . . . . .
¿Ha asistido a los Cursos de esta Universidad en años anteriores? . . .

(1) Ponga una cruz en el recuadro que convenga (Write an X in the apropiate box)
(2) Póngase SI o NO en el recuadro correspondiente. (Write in SI or NO in the corresponding box)

By looking at the form from the **Universidad de Salamanca,** match these English words with their Spanish equivalents.

1. size
2. please print
3. nationality
4. place of birth
5. month
6. beginning/elementary level
7. intermediate level
8. advanced level
9. lodging (note: **colegio** = dormitory)
10. medical insurance

a. alojamiento
b. nacionalidad
c. tamaño
ch. Por favor, escriba con letra de imprenta
d. iniciación
e. mes
f. superior
g. seguro médico
h. medio
i. lugar de nacimiento

Now ask another student for the required information. You don't need to ask complicated questions. To find out the other student's last name, simply ask, **¿Apellido?** making your voice rise at the end.

La Universidad de Salamanca (España) es vieja (*old*) y famosa. Ofrece cursos para españoles y cursos para extranjeros. Aquí, delante de (*in front of*) la entrada principal, hay una estatua de Fray Luis de León, poeta místico español del siglo (*century*) XVI.

© Peter Menzel

VOCABULARIO

SUSTANTIVOS

el/la amigo/a friend
la **biblioteca** library
el **bolígrafo** pen
la **clase** class
el/la cliente client
el/la consejero/a counselor
la **cosa** thing
el **cuaderno** notebook
el/la dependiente/a clerk
el **día** day
el **diccionario** dictionary
el **dinero** money
el/la estudiante student

el/la extranjero/a foreigner
la **fiesta** party
el **hombre** man
el **lápiz** (*pl.* **lápices**) pencil
la **librería** bookstore
el **libro** book
el **libro de texto** textbook
el **lugar** place
la **mesa** table
la **mujer** woman
el/la niño/a child; boy/girl
la **oficina** office
el **papel** paper
la **persona** person

el **precio** price
el **problema** problem
el/la profesor(a) professor
el/la secretario/a secretary
la **universidad** university

PALABRAS Y EXPRESIONES ÚTILES

con with
en on
o or
para for
pero but

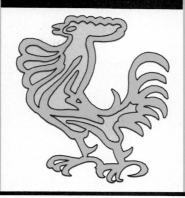

CAPÍTULO 2

LAS MATERIAS

VOCABULARIO: PREPARACIÓN

la ingeniería

las matemáticas

las ciencias naturales

las ciencias sociales

la historia

las lenguas

la sicología

LAS LENGUAS / *LANGUAGES* **el alemán** / *German* **el español** / *Spanish* **el francés** / *French* **el inglés** / *English* **el italiano** / *Italian* **el ruso** / *Russian*

A. Asociaciones. Which words in the box do you associate with the numbered words on the left? As you will see, many university subjects are close cognates of English.

1. las ciencias naturales
2. la sicología
3. el español
4. el inglés
5. las lenguas
6. las ciencias sociales
7. las matemáticas
8. las humanidades[1]

la química	la zoología	la astronomía
las novelas	el italiano	el ruso
la personalidad	la filosofía	la sociología
el cálculo	el álgebra	los números
los animales	las plantas	el francés
los dramas	la medicina	la historia
la ingeniería	la biología	la economía
el alemán	la antropología	la política

B. Identifique los libros.

MODELO   *Los insectos de Norteamérica* →
          Es para una clase de ciencias (biología).

1. *Cálculo*
2. *Romeo y Julieta*
3. *México en crisis*
4. *¿Qué tal?*
5. *Skinner y Freud*
6. *La Revolución y los zares*
7. *Mein Kampf*
8. *La electricidad*

9. *La ingeniería civil*
10. *Los microbios*
11. *Los conquistadores*
12. *La familia*
13. *Las tribus primitivas de Australia*
14. *201 Italian Verbs*
15. *La grammaire française*
16. *Cómo usar el telescopio*

C. ¿Qué estudias? (*What are you studying?*) The right-hand column lists a number of university subjects. Tell about your academic interests and those of other people by creating sentences using one word or phrase from each column.

(No) Estudio ——.
(No) Deseo estudiar ——.
(No) Necesito estudiar ——.
—————— estudia .
(estudiante)

español, francés, inglés, italiano, ruso, alemán
arte, filosofía, literatura, música
ciencias políticas, historia, sicología, sociología
biología, física, ingeniería, matemáticas, química

---

[1]In a Hispanic university, the courses that we in the United States call *humanities* would be in **la Facultad de Filosofía y Letras** (*the School of Philosophy and Letters*).

PRONUNCIACIÓN:
j, g

Spanish **j** never has the sound of English *j*, as in *Jane* or *John*. In some dialects it is like English [h], but in most parts of the Spanish-speaking world, it has a rougher sound—a fricative—that is produced by tightening the throat muscles. To make it, articulate a [k] sound, but with a light friction in the airflow instead of stopping it: **taco/Tajo, carro/jarro.**

Spanish **g** before **e** or **i** is pronounced like the **j: general, página.** Spanish **g** before **a, o,** or **u** is pronounced like the **g** in English *go,* [g], at the beginning of a phrase or sentence or after **n: gas, gorila, gusto, inglés.** Elsewhere it is pronounced with a very light friction, [g̶]: **el gas, el gorila, el gusto.**

Práctica

Pronounce the following words, paying special attention to the pronunciation of **j** and **g.**

1. taco/Tajo vaca/baja cura/jura roca/roja carro/jarro
2. jueves jirafa adjetivo extranjero mujer
   junio julio consejero Juan Juana
3. general generoso inteligente geografía geología
   región religión sicología biología ingeniería
4. [g] grande tengo gusto gracias golf gramática
5. [g̶] amiga amigo diálogo telegrama pagar la gramática

MINIDIÁLOGOS Y ESTRUCTURA

¿Recuerda Ud.?

You have already learned several Spanish subject pronouns, as well as some important information about their use. Review what you *know by responding to the following greetings, asking the speaker how he or she is.*

1. ¡Hola! ¿Qué tal?
2. Buenas tardes. ¿Cómo está?

3

Subject pronouns

Singular		Plural	
yo	*I*	**nosotros, nosotras**	*we*
tú	*you* (familiar)	**vosotros, vosotras**	*you* (familiar)
usted (Ud.)	*you* (formal)	**ustedes (Uds.)**	*you* (formal)
él	*he*	**ellos**⎫	
ella	*she*	**ellas**⎭	*they*

The *subject* (**sujeto**) of a sentence is the word or group of words about which something is said or asserted. Usually the subject indicates who or what performs the action of the sentence: *The **girl** threw the ball*.

Indicate the subjects in the following sentences:

1. Olga is going to write a letter.
2. The car ran off the road.
3. Have Jack and Joyce arrived yet?
4. Love conquers all.

A *pronoun* (**pronombre**) is a word used in place of a noun: ***She*** [*the girl*] *threw the ball*. What English pronouns would you use in place of the subjects in the preceding four sentences?

Spanish subject pronouns are used as follows:

A. Several subject pronouns have masculine and feminine forms: **nosotros, nosotras; vosotros, vosotras; ellos, ellas.** The masculine plural form is used to refer to a group of males and females.

B. Note that, in general, the English subject pronoun *it* has no equivalent in Spanish: **Es para la clase** (*It is for the class*).

C. Spanish has two different words for *you* (singular): **tú** and **usted. Usted** is generally used to address persons with whom the speaker has a formal relationship. Use **usted** with people whom you call by their title and last name (**Sr. Gutiérrez, profesora Hernández**) or with people you don't know very well. Students generally address their teachers with **usted.** In some parts of the Spanish-speaking world, children use **usted** with their parents in order to show respect.

Tú implies a familiar relationship. Use **tú** when you would address a person by his or her first name, with close friends or relatives, and with children and pets. Students usually address each other as **tú.** If you are unsure about whether to use **tú** or **usted,** it is better to use **usted.** The native speaker can always suggest that you call him or her **tú** if that form is more appropriate.

D. The plural of **usted** is **ustedes.** In Latin America, as well as in the United States, **ustedes** also serves as the plural of **tú.** In Spain, however, the plural of **tú** is **vosotros/vosotras,** which is used when speaking to two or more persons whom you would call **tú** individually.

E. Usted and **ustedes** are frequently abbreviated in writing as **Ud.** or **Vd.** and **Uds.** or **Vds.,** respectively. **¿Qué tal?** will use **Ud.** and **Uds.**

Práctica

A. What subject pronoun would you use to speak about the following persons?

1. yourself
2. two men
3. a female child
4. yourself (*m.*) and a female friend
5. yourself (*f.*) and a female friend
6. your uncle Jorge
7. your aunts Ana and Elena

B. What subject pronoun would you use to speak to the following persons?

1. una profesora
2. unos consejeros
3. un niño
4. unas amigas
5. un dependiente
6. un estudiante
7. mamá

C. What subject pronoun would you substitute for each of the following persons?

1. Eva
2. Luis
3. Fausto y yo (*m.*)
4. tú (*m.*) y Cecilia (*in Latin America? in Spain?*)
5. Graciela y yo (*f.*)

4

Present tense of *-ar* verbs

Una fiesta para los estudiantes extranjeros

CARLOS: ¿No *desean* Uds. bailar?
ALFONSO: ¡Cómo no! Yo *bailo* con Mary. Ella *habla* inglés.
TERESA: Yo *hablo* francés y *bailo* con Jacques.
CARLOS: Y yo *bailo* con Gretchen.
GRETCHEN: Sólo si *pagas* las cervezas. ¡*Bailas* muy mal!

Who made—or might have made—each of the following statements?
1. Yo bailo con Jacques.
2. Yo hablo inglés.
3. Yo hablo alemán.
4. Nosotros hablamos francés.
5. Yo bailo con Alfonso.
6. ¡Yo no bailo mal!

Hablar: *to speak*			
Singular		**Plural**	
yo	habl**o**	nosotros/as	habl**amos**
tú	habl**as**	vosotros/as	habl**áis**
Ud.		Uds.	
él }	habl**a**	ellos }	habl**an**
ella		ellas	

Infinitives and personal endings

A *verb* (**verbo**) is a word that indicates an action or a state of being: *We* **run.** *The house* **is** *in San Antonio.* The *infinitive* (**infinitivo**) of a verb indicates the action or state of being with no reference to who or what performs the action or when it is done (present, past, or future). In English the infinitive is

---

A party for foreign students CARLOS: *Don't you want to dance?* ALFONSO: *Of course! I'll dance with Mary. She speaks English.* TERESA: *I speak French and I'll dance with Jacques.* CARLOS: *And I'll dance with Gretchen.* GRET- CHEN: *Only if you buy (pay for) the beers. You dance very badly!*

Hoy en día muchas mujeres reciben una preparación profesional en los países hispanos. Esta (*this*) estudiante estudia arquitectura en la Universidad Rafael Landívar, Ciudad de Guatemala, Guatemala.

David Mangurian/Inter-American Development Bank

indicated by *to: **to** run, **to** be*. In Spanish all infinitives end in **-ar, -er,** or **-ir.** The regular **-ar** verbs, like **hablar,** are the first and largest group of Spanish verbs.

To *conjugate* (**conjugar**) a verb means to give the various forms of the verb with their subjects: *I speak, you speak, he (she, it) speaks, we speak, you speak, they speak.* In the English present tense, the conjugated forms of regular verbs vary little; there are only two forms: *speak* and *speaks.*

In Spanish, however, there are six forms, as shown in the conjugation of **hablar.** All regular Spanish verbs are conjugated by adding *personal endings* (**terminaciones personales**) that reflect the person doing the action. These are added to the *stem* (**raíz** or **radical**). The stem of a regular verb is the infinitive minus the infinitive ending: **hablar → habl-.**

The following personal endings are added to the stem of all regular **-ar** Spanish verbs: **-o, -as, -a, -amos, -áis, -an.** Note that the vowel **-a** appears in all present tense endings except the first person singular, **yo hablo.**

Important **-ar** verbs in this chapter include:

bailar	to dance	**hablar**	to speak, talk
buscar	to look for	**necesitar**	to need
cantar	to sing	**pagar**	to pay (for)
comprar	to buy	**regresar**	to return (*to a place*)
desear	to want	**tomar**	to take; to drink
enseñar	to teach	**trabajar**	to work
estudiar	to study		

¡OJO! *In Spanish the meaning of the English word* for *is included in the verbs* **pagar** *(*to pay for*) and* **buscar** *(*to look for*).*

As in English, when two Spanish verbs are used in sequence and there is no change of subject, the second verb is usually the infinitive.

Necesito **trabajar.**   *I need to work.*
Desean **bailar** también.   *They want to dance too.*

English equivalents for present tense

In both English and Spanish, conjugated verb forms also indicate the *time* or *tense* (**tiempo**) of the action: *I run* (present), *I ran* (past).

The present tense forms of Spanish verbs have three English equivalents.

hablo	*I speak*	Simple present tense
	I am speaking	Present progressive to indicate an action in progress
	I do speak	Emphatic present to give special emphasis

In Spanish, the present tense forms can also be used to indicate near future actions.

Hablo con Juan mañana.   *I'll speak with John tomorrow.*

¿Estudiamos por la noche?   *Shall we study at night?*

[*Práctica A*][2]

Use and omission of subject pronouns

In English, a verb must have an expressed subject (a noun or pronoun): *he/she/the train returns.* In Spanish, an expressed subject is not required; verbs are accompanied by a subject only for the sake of clarity, emphasis, or contrast.

1. *Clarification.* When the context does not make the subject clear, the subject pronoun is expressed: ***usted/él/ella* habla; *ustedes/ellos/ellas* hablan.**

---

[2]This reference is a regular feature of the grammar sections of *¿Qué tal?* It means that you are now prepared to do Exercise A in the **Práctica** section.

2. *Emphasis.* Subject pronouns are used in Spanish to emphasize the subject when in English you would stress it with your voice.

Yo hablo bien.   *I* (not he, not you) *speak well.*

3. *Contrast.* Contrast is a special case of emphasis. Subject pronouns are used to contrast the actions of two individuals or groups.

Ellos hablan mucho; **nosotros** hablamos poco.   *They talk a lot; **we** talk little.*

Negation

A Spanish sentence is made negative by placing the word **no** before the conjugated verb. No equivalent for the English words *do* or *does* is necessary.

El señor **no** habla inglés.   *The man doesn't speak English.*

No, **no** necesitamos dinero.   *No, we don't need money.*

¡**OJO!** *Notice the repetition of the word **no** in the previous sentence. The first **no** expresses the English word* no, *and the second **no** expresses the English word* not (don't).

[*Práctica B, C, D, E, F*]³

Práctica

A. Dé Ud. frases nuevas según las indicaciones. (*Give new sentences according to the cues.*)

1. —En la clase de español ¿quién (*who*) estudia español?
—*Ud.* estudia español. (*nosotros, yo, ellos, Jacinto, tú, vosotras*)
2. —¿Quién necesita un lápiz?
—*Ella* necesita un lápiz. (*yo, Eugenio y tú, tú, nosotras, Ada, vosotros*)
3. —¿Quién toma Coca Cola en una fiesta?
—*Clara* toma Coca Cola. (*tú, Ud., él, Uds., Elena y yo, vosotras*)
4. —¿Quién canta y baila en una fiesta?
—*Tú* bailas y cantas. (*nosotros, los amigos, Uds., Irene y Diego, yo, vosotros*)

B. Exprese en forma negativa.

1. Necesito el dinero.
2. Ellos cantan en ruso.
3. Paula desea tomar una cerveza.
4. Yo trabajo todas las noches (*every night*).
5. Ud. enseña muy bien.

³You are now prepared to do the rest of the **Práctica** section.

Un profesor de biología de la
Universidad Nacional de Santo
Domingo habla animadamente
durante una conferencia (*lecture*).

Rogers/Monkmeyer Press Photo Service

C. Form complete sentences by using one word or phrase from each column. The words and
phrases may be used more than once, in many combinations. Be sure to use the correct
form of the verbs. Make any of the sentences negative if you wish.

> **MODELO**   Jorge y yo regresamos por la noche.
> Ud. trabaja en una oficina.

Jorge y yo		comprar	las cervezas
Ud.	(no)	regresar	francés
tú		buscar	la biblioteca
yo		trabajar	en una oficina
el dependiente		enseñar	por la noche
Uds.		pagar	lápices en la librería
		desear	hablar bien el español
		necesitar	trabajar más
			estudiar más
			comprar unos cuadernos

D. ¿Cómo se dice en español?

1. We work in an office.

2. *She* teaches Italian; *he* teaches Russian.

3. They're not buying the notebook.

4. John won't pay for the pens tomorrow.

5. *You* (*fam. s.*) are looking for the bookstore.
6. He's singing, but she's working.

E. Tell what these people are doing. Note that the definite article is used with titles—**el señor, la señora, la señorita, el/la profesor(a)**—when talking about a person.

1. La Srta. Martínez _____ .   **2.** Los estudiantes _____ .   **3.** La estudiante _____ .

4. La profesora Gil _____ .   **5.** El Sr. Valdés   **6.** El cliente _____ .   **7.** Los estudiantes _____ .

F. Preguntas. Conteste en oraciones completas.
1. ¿Ud. estudia mucho o poco? ¿Estudia Ud. en la librería o en la biblioteca? ¿Canta Ud. muy bien o muy mal? ¿Toma mucho o poco? ¿Regresa a casa (*home*) por la tarde o por la noche?
2. ¿Uds. estudian español? ¿Hablan español en clase? ¿Hablan inglés en la clase de español? ¿Desean hablar español muy bien?
3. ¿El/la profesor(a) _____ habla español? ¿Enseña español? ¿Trabaja en una oficina de la universidad? ¿Un secretario trabaja aquí (*here*) en la clase?
4. ¿La universidad paga la matrícula (*registration fees*)? ¿Los estudiantes necesitan pagar la matrícula? ¿los libros de texto? ¿Necesitan comprar lápices? ¿un diccionario? ¿Compran libros de texto en la biblioteca?

5
Asking *yes-no* questions

En una universidad: la oficina de matrícula

ESTUDIANTE: Necesito una clase más. *¿Hay sitio* en la sicología 2?

CONSEJERO: Imposible, señorita. No hay.

ESTUDIANTE: *¿Hay un curso* de historia o de matemáticas?

CONSEJERO: Sólo por la noche. *¿Desea Ud. tomar* una clase por la noche?

ESTUDIANTE: Trabajo por la noche. Necesito una clase por la mañana.

CONSEJERO: Pues... ¿qué tal el francés 10? Hay una clase a las diez de la mañana.

ESTUDIANTE: *¿El francés 10?* Perfecto. Pero, *¿no es necesario tomar* primero el francés 1?

1. *¿Necesita la señorita dos clases más?*
2. *¿Hay sitio en la sicología 2?*
3. *¿Hay cursos de historia o de matemáticas por la mañana?*
4. *¿A qué hora es la clase de francés 10?*
5. *¿Cuál (what) es el problema con la clase de francés 10?*

There are two kinds of questions: information questions and yes/no questions. Questions that ask for new information or facts that the speaker does not know often begin with interrogative words such as *who, what,* etc. Yes/no questions, however, are those that require a simple *yes* or *no* answer.

Do you speak French? → No, I don't (speak French).

Rising intonation

A common way to form yes/no questions in Spanish is simply to make your voice rise at the end of the question.

At a university: the registration office STUDENT: *I need one more class. Is there space in Psychology 2?* COUNSELOR: *Impossible, Miss. There's no room.* STUDENT: *Is there a history or math class?* COUNSELOR: *Only at night. Do you want to take a night course?* STUDENT: *I work at night. I need a class in the morning.* COUNSELOR: *Well . . . what about French 10? There's a class at 10 in the morning.* STUDENT: *French 10? Perfect. But, isn't it necessary to take French 1 first?*

Statement:

Ud. trabaja aquí todos los días.
You work here every day.

El niño regresa a casa hoy.
The boy is returning home today.

Question:

¿Ud. trabaja aquí todos los días?
Do you work here every day?

¿El niño regresa a casa hoy?
Is the boy returning home today?

There is no Spanish equivalent to English *do* or *does* in questions. Note also the use of an inverted question mark (¿) at the beginning of questions.

Another way to form yes/no questions is to invert the order of the subject and verb, in addition to making your voice rise at the end of the question.

Statement:

Ud. trabaja aquí todos los días.

El niño regresa a casa hoy.

Question:

¿Trabaja **Ud.** aquí todos los días?

¿Regresa **el niño** a casa hoy?

Una maestra (*grade school teacher*)
de Guayaquil, Ecuador, da una
clase sobre los animales.

Práctica

A. Forme dos preguntas, según el modelo.

> **MODELO**   Irma habla español. → *¿Habla Irma español?*
>
> → *¿Irma habla español?*

1. Ud. regresa a clase mañana.
2. Elvira busca un cuaderno también.
3. Ramón toma cerveza.
4. Ud. paga hoy.

5. Uds. enseñan ingeniería aquí.
6. Ellos bailan todos los días.
7. Ella trabaja mañana.

B. Ask the questions that led to the following answers. Follow the model.

> **MODELO**   Sí, bailo con Guillermo. → *¿Baila Ud. con Guillermo?*
> → *¿Bailas (tú) con Guillermo?*

1. No, no regreso a casa hoy.
2. Sí, estudiamos mucho.
3. Sí, ella habla muy bien.

4. No, no trabajo aquí todos los días.
5. Sí, busco el diccionario.
6. No, no necesitamos un lápiz.

C. Ask another student the following questions about what he or she is going to do tomorrow.

1. ¿Pagas la matrícula mañana?
2. ¿Compras el texto en la librería mañana?
3. ¿Tomas cerveza en clase?

4. ¿Deseas bailar en clase?
5. ¿Regresas a clase?

D. Now ask your Spanish professor the preceding questions. Begin each question with «**Profesor(a)** _____.» Remember to use **usted.**

E. Preguntas. Conteste en oraciones completas.

1. ¿Quién (*who*) enseña la clase mañana? ¿Los estudiantes enseñan la clase mañana? ¿la consejera? ¿el rector (*president*) de la universidad? ¿el presidente de México?
2. En una fiesta, ¿qué (*what*) desean Uds. hacer (*to do*)? ¿Desean Uds. estudiar? ¿pagar? ¿cantar? ¿trabajar? ¿bailar con el/la profesor(a)?

F. Entrevista. Interview another student by asking the following questions—or any others that occur to you—without taking notes. Then present as much of the information as you can to your classmates. (Use the **tú** form when speaking to another student.)

> **MODELO**   David estudia literatura, trabaja en *McDonald's* y baila mucho.

1. ¿Estudias matemáticas? ¿literatura? ¿sicología? ¿química?
2. ¿Deseas estudiar ciencias naturales? ¿ciencias sociales? ¿ingeniería?
3. ¿Estudias en casa (*at home*) o en la biblioteca?
4. ¿Por la mañana tomas café o té?
5. ¿Trabajas? ¿Dónde (*where*)?
6. ¿En una fiesta bailas o sólo hablas?
7. ¿En una fiesta tomas cerveza, vino o Coca Cola?

UN PASO MÁS

Lectura cultural

Los gestos° *gestures*

Hablamos con la boca° y también con el cuerpo°. Cada° *mouth / body / Each*
nacionalidad expresa una parte de su° personalidad con los *its*
movimientos del cuerpo, con los gestos. Los italianos son
famosos porque° hablan con las manos°; los ingleses, por *because / hands*
lo general°, no usan muchos gestos. Aquí hay unos gestos **por...** *generally*
hispánicos.

1. No.

2. Dinero

3. Así así.

4. ¿Tomamos algo°?
something

5. Un momentito.

6. Es tacaño°.
tight, stingy

Comprensión

A. Put the following words in order. Don't change the form of the words.

1. y / la / hablamos / boca / con / cuerpo / el
2. los / la / gestos / personalidad / expresan
3. las / manos / hablan / con / los / italianos
4. no / gestos / usan / ingleses / muchos / los

B. As one of your classmates or your instructor makes one of the gestures, write or say in Spanish its verbal equivalent.

Describe how we talk by forming original sentences with one word or phrase from each column.

yo		hablo	mucho
los profesores	(no)	habla	poco
los estudiantes		hablamos	con las manos
el/la consejero/a		hablan	demasiado (*too much*)
el señor ____ [4]			por teléfono (todos los días)
la señorita/señora ____			en clase (todos los días)
nosotros los americanos			ahora (*now*)
____ y yo			mañana
los hombres/las mujeres			con ____
____			____

VOCABULARIO

VERBOS

bailar to dance
buscar to look for
cantar to sing
comprar to buy
desear to want
enseñar to teach
estudiar to study
hablar to speak, talk
necesitar to need
pagar to pay (for)
regresar to return (*to a place*)
  regresar a casa to go home
tomar to take; to drink
trabajar to work

SUSTANTIVOS

el alemán German
la cerveza beer
las ciencias sciences
el curso course
el español Spanish
el francés French
la historia history
la ingeniería engineering
el inglés English
el italiano Italian
la lengua language
las matemáticas mathematics
la materia subject (*school*)
la matrícula registration (fees)
el ruso Russian
la sicología psychology

PALABRAS Y EXPRESIONES ÚTILES

aquí here
bien well
en at
mal badly
más more
mucho much, a lot
muy very
poco little; a little bit
por (la mañana, etcétera) in (*the morning, etc.*)
pues... well . . .
sólo only
también also
todos los días every day

[4]These lines will be a regular feature of this type of exercise in *¿Qué tal?* They indicate that you may supply your own information, if you wish.

CAPÍTULO·3

LA FAMILIA

VOCABULARIO: PREPARACIÓN

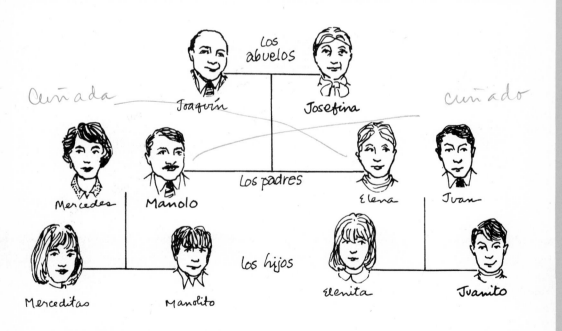

LOS PARIENTES / *RELATIVES* **la madre (mamá)** / *mother (mom)* **el padre (papá)** / *father (dad)* **la hija** / *daughter* **el hijo** / *son* **la hermana** / *sister* **el hermano** / *brother* **la esposa** / *wife* **el esposo** / *husband* **la abuela** / *grandmother* **el abuelo** / *grandfather* **la nieta** / *granddaughter* **el nieto** / *grandson* **la prima** / *cousin (female)* **el primo** / *cousin (male)* **la tía** / *aunt* **el tío** / *uncle* **la sobrina** / *niece* **el sobrino** / *nephew*

A. ¿Quiénes son? (*Who are they?*) Identifique las relaciones entre (*between*) los parientes.

   1. Los parientes de **Juanito:**

MODELO   Manolo es <u>*el tío*</u> de Juanito y Mercedes es <u>*la tía.*</u>

      a. Juan es _____ y Elena es _____ .
      b. Joaquín es _____ y Josefina es _____ .
      c. Manolito es _____ y Merceditas es _____ .

   2. Los parientes de **Josefina:**

      a. Joaquín es _____ de Josefina.
      b. Manolo es _____; Elena es _____ .
      c. Merceditas es _____ y Manolito es _____ .

   3. Los parientes de **Manolo:**

      a. Mercedes es _____ de Manolo.
      b. Elenita es _____ y Juanito es _____ .
      c. Elena es _____ .

B. ¿Quiénes son? Identifique los miembros de cada (*each*) grupo, según el modelo.

MODELO   los hijos → *el hijo y la hija*

1. los abuelos	**3.** los hermanos	**5.** los tíos
2. los padres	**4.** los nietos	**6.** los sobrinos

C. Imagine that you are **Juanito** or **Elenita.** Identify the members of your family, according to the drawing on page 67.

MODELO   Mi padre se llama (*is called*) Juan.

D. Now describe the members of your own family, using the same model.

PRONUNCIACIÓN:
b/v

Some sounds, such as English [b], are called stops because, as you pronounce them, you briefly stop the flow of air and then release it. Other sounds, such as English [f] and [v] or Spanish **j,** pronounced by pressing the air out with a little friction, are called fricatives.

   In Spanish the pronunciation of the letters **b** and **v** is identical. At the beginning of a phrase or sentence—that is, after

© Peter Menzel

La familia de la América Latina es, con frecuencia, grande y extendida. Estos (*these*) padres de Bogotá, Colombia, preparan a sus cuatro hijos para la foto.

a pause—or after **m** or **n**, the letters **b** and **v** are pronounced just like the English stop [b]. Everywhere else they are pronounced like the fricative [ƀ], pronounced by creating friction when pressing the air through the lips. This sound has no equivalent in English.

Práctica

Pronounce the following words and phrases, following the indications in brackets.

1. [b]   Vicente   viernes   bien   buenos   bailar
              también   hambre   sombrero   hombre   invierno
2. [ƀ]   nueve   libro   universidad   problema   novecientos
3. [b/ƀ]   bien/muy bien   busca/Ud. busca
              bailas/tú bailas   en Venezuela/de Venezuela
              en verano/de verano

MINIDIÁLOGOS Y ESTRUCTURA

6

Present tense of *ser*

En la oficina de la profesora Castro

PROFESORA CASTRO: ¿*Es* éste el examen de Ud., Sr. Bermúdez?

RAÚL BERMÚDEZ: *Es* posible. ¿*Es* el examen de Raúl Bermúdez o de Jaime Bermúdez? *Somos* hermanos.

PROFESORA CASTRO: *Es* de Jaime Bermúdez, y *es* un suspenso.

RAÚL BERMÚDEZ: Pues *es* el suspenso de Jaime. ¡Yo *soy* Raúl!

1. ¿*Con quién habla Raúl Bermúdez?*
2. ¿*Raúl y Jaime son primos?*
3. ¿*Es Jaime profesor o estudiante?*
4. ¿*Es el examen de Raúl o de Jaime?*

There are two Spanish verbs that mean *to be:* **ser** and **estar.** They are not interchangeable in any given context; the meaning that the speaker wishes to convey determines their use. In this section you will learn the forms of the irregular verb **ser** and some of its uses. You have already used forms of the verb **ser** in telling time (**Pasos tres y cuatro**).

Ser: *to be*			
yo	**soy**	nosotros/as	**somos**
tú	**eres**	vosotros/as	**sois**
usted		ustedes	
él	**es**	ellos	**son**
ella		ellas	

In Professor Castro's office PROFESSOR: *Is this your exam, Mr. Bermúdez?* RAÚL: *It's possible. Is it Raúl Bermúdez's exam or Jaime Bermúdez's? We're brothers.* PROFESSOR: *It's Jaime Bermúdez's, and it's an F.* RAÚL: *Well, the F is Jaime's. I'm Raúl!*

Uses of **ser**

A. Ser is used to link the subject of a sentence to a NOUN.

Alicia y yo somos **amigos.**   *Alicia and I are friends.*
Cecilia es **profesora.**   *Cecilia is a professor.*

Note that in Spanish the indefinite article is not used after **ser** before unmodified (undescribed) nouns of profession.

[*Práctica A*]

B. Ser is used to express NATIONALITY; **ser** with **de** (*from*) is used to express national ORIGIN.

Juan es **peruano.**   *Juan is Peruvian.*
Somos **de los Estados**   *We're from the United States.*
  Unidos.
El dependiente es **de**   *The clerk is from Cuernavaca.*
  Cuernavaca.

[*Práctica B*]

C. Ser with **de** is used to express the MATERIAL something is made of.

La mesa es **de madera.**   *The table is (made) of wood.*
El coche es **de metal.**   *The car is (made) of metal.*

[*Práctica C*]

Con frecuencia los miembros de una familia hispana pasan los fines de semana juntos (*together*). Esta (*this*) familia española hace un *picnic* en la Casa del Campo, un parque grande (*large*) de Madrid. Los naipes (*playing cards*) que usan son diferentes de los naipes usados en los Estados Unidos, pero son típicos de España.

© 1979 Bernard Pierre Wolff/Photo Researchers, Inc.

D. Ser with **para** is used to tell WHOM SOMETHING IS FOR.

La comida es **para Andrés.**   *The food is for Andrés.*
El regalo es **para usted.**   *The present is for you.*

[*Práctica D*]

E. Ser is used to form many IMPERSONAL EXPRESSIONS.

Es importante estudiar.   *It's important to study.*
No **es necesario** trabajar   *It's not necessary to work*
todos los días.   *every day.*

Note the use of the infinitive after impersonal expressions.

[*Práctica E, F, G, H, I*]

Práctica

A. Dé Ud. frases nuevas según las indicaciones.

—¿Quién es estudiante?
—*Ana* es estudiante. (*yo, Mario y Juan, Uds., Lilia y yo, tú, vosotros*)

B. ¿De dónde son? (*Where are they from?*)

Francia	Italia	Inglaterra (*England*)
México	los Estados Unidos	Alemania (*Germany*)

1. John Doe   3. Graziana Lazzarino   5. Claudette Moreau
2. Karl Lotze   4. María Gómez   6. Timothy Windsor

C. ¿De qué son estos objetos? (*What are these objects made of?*) ¿de metal? ¿de plástico? ¿de madera? ¿de papel?

1. el dinero   4. el cuaderno   7. el refrigerador
2. el lápiz   5. el bolígrafo   8. la guitarra
3. el libro   6. la mesa   9. la fotografía

D. ¿Para quién son estas cosas? Conteste según el modelo.

MODELO   el cuaderno / la profesora → *El cuaderno es para la profesora.*

1. la comida / los hijos   5. la fiesta / Evangelina
2. los papeles de la matrícula / la secretaria   6. la cerveza / nosotros
3. el regalo / Uds.   7. el coche / la esposa
4. el dólar / la sobrina   8. los exámenes / Ud.

E. Preguntas. Conteste en oraciones completas.

1. ¿Es importante hablar español en la clase? ¿Es necesario hablar inglés? ¿Es posible tomar cerveza? ¿Es necesario trabajar mucho?
2. En una fiesta, ¿es posible bailar? ¿cantar? ¿Es necesario pagar las bebidas (*drinks*)? ¿pagar la comida? ¿Es necesario tomar mucho?

F. Form complete sentences by using one word or phrase from each column.

el miércoles			para Ernesto
el diccionario			un día de la semana
los tíos			un coche
yo	(no)	eres	de Chile
Uds.		soy	hermanas
Carla y yo		es	una materia
tú		son	de papel
la fiesta		somos	de San Francisco
el invierno			consejeros
Ohio			un estado (*state*)
la sicología			una estación del año
_____			de los Estados Unidos
			_____

G. ¿Quiénes son, de dónde son y dónde trabajan ahora (*now*)?

> MODELO   Teresa: actriz / de Madrid / en Cleveland →
> *Teresa es actriz. Es de Madrid. Trabaja en Cleveland ahora.*

1. Carlos Miguel: doctor / de Cuba / en Milwaukee
2. Maripili: extranjera / de Burgos / en Miami
3. Mariela: dependienta / de Buenos Aires / en Nueva York
4. Juan: artista[1] / de Lima / en Los Ángeles

H. Exchange information with your classmates about yourself and where you are from.

> MODELO   Yo soy Carlos. Soy estudiante. Soy de Garfield Heights. ¿Quién eres?

I. Can you identify the following figures—past and present—of the Spanish-speaking world? Tell what each person is known for and where he or she is from, using the lists to the right as a guide.

Eva Perón	artista	Cuba
Roberto Clemente	soldado	México
Fidel Castro	conquistador/conquistadora	España
Hernán Cortés	actor/actriz	la Argentina
Pablo Neruda	político/política	Puerto Rico
Rita Moreno	atleta	Chile
Salvador Dalí	poeta	los Estados Unidos
Emiliano Zapata		
Cantinflas		
Lee Trevino		
Guillermo Vilas		

---

[1]A number of professions end in **-ista** in both masculine and feminine forms. The article indicates gender: **el/la artista, el/la dentista.**

Study Hint: Learning Grammar

Learning a language is similar to learning any other skill; knowing about *it is only part of what is involved. Consider how you would acquire another skill, swimming, for example. If you read all the available books on swimming, you will probably become an expert in* talking *about swimming and you will know what you* should *do in a pool. Until you actually get into a pool and practice swimming, however, you will probably not swim very well. In much the same way, if you memorize all the grammar rules but spend little time* practicing *them, you will not be able to communicate very well in Spanish.*

As you study each grammar point in **¿Qué tal?***, you will learn how the structure works; then you need to put your knowledge into practice. First, read the grammar discussion, study and analyze the examples, and pay special attention to any* **¡OJO!** *sections, which will call your attention to problem areas. Then begin to practice, doing the exercises carefully. When you are certain that your answers are correct, practice doing each exercise several times until the answers sound and "feel" right to you. As you do each item, think about what you are conveying and the context in which you could use each sentence, as well as about spelling and pronunciation. As you work through each exercise sequence, the exercises become more open-*ended, and there may be more than one right answer.

Always remember that language learning is cumulative; that is, you are not finished with a grammar point when you go on to the next chapter. Even though you are now studying the material in Chapter 3, you must remember how to conjugate **-ar** *verbs and how to form* yes/no *questions, for example, because Chapter 3 builds on what you have learned in Chapters 1 and 2, just as all subsequent chapters build on the material leading up to them. A few minutes spent each day reviewing "old" topics will increase your confidence—and success—in communicating in Spanish.*

7

Possession with *de*

1. *¿De quién es el coche?*
2. *¿Es posible estacionarse* (to park) *aquí?*

No todas las familias hispanas son grandes. Esta madre vive con su hija en las afueras (*outskirts*) de Santiago, Chile. La familia, como muchas familias modernas, tiene (*has*) televisor. Hoy en día la influencia de la televisión es tan grande (*as great*) en el mundo hispano como en el resto del mundo.

In English *possession* (ownership) is expressed by an apostrophe and the letter *s* (*'s*). In Spanish possession is expressed by the word **de** (*of*). There is no *'s* in Spanish.

Es el dinero **de Carla.**	*It's Carla's money.*
Son los abuelos **de Jorge.**	*They're Jorge's grandparents.*
¿De quién es el examen?	*Whose exam is it?*

Práctica

A. ¿De quién son estas cosas?

> MODELO   el coche / Carlos → *¿De quién es el coche?*
> *Es el coche de Carlos.*

1. la Coca Cola / Jesús   **3.** las pesetas / Rodrigo   **5.** la clase / Lorenzo
2. la idea / Paquita   **4.** el cuaderno / Soledad   **6.** el regalo / Antonia

B. Aquí, la familia de Luisa. ¿Quiénes son los parientes de Luisa?

> **MODELO**   Alfonso es el abuelo de Luisa.

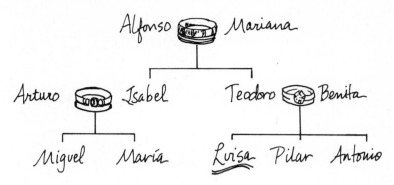

8

Contractions *del* and *al*

A *contraction* (**contracción**) is the joining of two words that may also be said or written separately. In English, contractions are optional: *Pam **is not/isn't** a student. They **are not/aren't** here.*

In Spanish there are only two contractions, and they are obligatory. **De** and **el** contract to **del,** and **a** and **el** contract to **al.** No other articles contract with **de** or with **a.**

Es la casa **del** niño.	*It is the child's house.*
Es la casa **de los** niños.	*It is the children's house.*
Regreso **al** hospital mañana.	*I'll go back to the hospital tomorrow.*
Regreso **a la** librería mañana.	*I'll go back to the bookstore tomorrow.*

Práctica

A. Dé Ud. frases nuevas según las indicaciones.

   1. —¿De quién son estas cosas?
      —Es *la peseta* del hombre. (*el coche, la casa, el peso, el bolígrafo, la comida*)
   2. —¿De quién es el libro?
      —Es el libro *del niño.* (*la mujer, los abuelos, el tío, las nietas, el primo Juan*)
   3. —Marcos necesita regresar a muchos lugares. ¿Adónde regresa Marcos mañana?
      —Mañana Marcos regresa a *la biblioteca.* (*el mercado, el hotel, la librería, el hospital, la casa del abuelo, la casa de la tía*)

B. ¿Cómo se dice en español?

1. It's the husband's problem.
2. It's the relatives' home.

3. They're the children's parents.
4. It's the child's (*m.*) food.

C. Identifique según el modelo.

MODELO   Tejas (estado) → *Tejas es un estado de los Estados Unidos.*

1. viernes (día)
2. otoño (estación)

3. Florida (estado)
4. diciembre (mes)

5. lunes (día)
6. enero (mes)

D. ¿Cuál (*what*) es la capital del estado de Colorado? ¿del estado de Nuevo México? ¿del estado de Arizona? ¿del estado de Montana? ¿del estado de Nevada? ¿del estado de Florida? ¿del estado de California?

Sacramento   Denver   Phoenix   Carson City
Tallahassee   Helena   Santa Fe

E. ¿Por qué (*why*) necesita Ud. regresar a estos lugares?

1. Mañana regreso a la universidad porque (*because*) _____.
2. En España siempre (*always*) regreso al Hotel Fénix porque _____.
3. Regreso al baile (*dance*) porque _____.
4. El doctor regresa al hospital todos los días porque _____.
5. Mañana regreso al/a la _____.

UN PASO MÁS
Actividades

A. ¿Una familia típica? Describa la familia del dibujo (*cartoon*).

1. ¿Es grande (*big*) o pequeña (*small*) la familia?
2. ¿Cuántas (*how many*) hijas hay? ¿Cuántos hijos? ¿Cuántos hijos hay en total?
3. ¿Trabaja mucho el papá? ¿Es serio el papá? ¿Es arrogante? ¿Es indiferente?
4. ¿Estudian mucho los hijos? ¿Son muy serios los hijos? ¿Hablan mucho con el padre?
5. ¿Es esta (*this*) familia similar a una familia de los Estados Unidos? En la opinión de Ud., ¿de dónde es la familia? ¿Es una familia típica de allí (*there*)?

B. Entre parientes y amigos. Among family members and friends, nicknames are used just as frequently in Spanish as in English. They are often shortened forms of the name, sometimes based on the first part, sometimes on the last. For example, **Natividad** becomes **Nati** and **Enrique** becomes **Quique** or **Quico.** Other nicknames differ quite a bit from the formal name, as when **José** becomes **Pepe.**

Compound first names are very common among Hispanics. Women having compound names beginning with **María** are frequently called by their second names, by nicknames, or by compound nicknames. For example, **María del Pilar** may be called **Pilar, Pili,** or **Maripili.**

You have received postcards from a number of your Hispanic friends, and each of them has signed only his or her nickname (given in the left-hand column). Find the formal first name of each from the list in the right-hand column.

1. Pepa *Josefa*   Francisca
2. Berto *Alberto*   Francisco
3. Merche o Mercha   María Teresa
4. Paco o Pancho *Franc.* Mercedes
5. Paca o Pancha *Franc.* Josefa
6. Teresa, Tere o Maritere *M. T.*   María de la Concepción
7. Lola *Dolores*   Guillermo
8. Concha *Mercedes*   Alberto
9. Memo o Guille   Dolores

Guillermo

VOCABULARIO

VERBOS

ser (*irreg.*) to be

SUSTANTIVOS

el/la **abuelo/a** grandfather/
   grandmother
los **abuelos** grandparents
la **bebida** drink
la **casa** house
el **coche** car
la **comida** food
el/la **esposo/a** husband/wife
el **estado** state
los **Estados Unidos** United
   States

el **examen** exam
la **familia** family
el/la **hermano/a** brother/sister
el/la **hijo/a** son/daughter
los **hijos** children
la **madera** wood
la **madre (mamá)** mother
   (mom)
el/la **nieto/a** grandson/grand-
   daughter
el **padre (papá)** father (dad)
los **padres** parents
el/la **pariente/a** relative
el/la **primo/a** cousin
el **regalo** present, gift

el/la **sobrino/a** nephew/niece
el/la **tío/a** uncle/aunt

**PALABRAS Y EXPRESIONES
ÚTILES**

ahora now
de from
¿de dónde es Ud.? where are
   you from?
¿de quién? whose?
¿dónde? where?
porque because
¿quién? who?

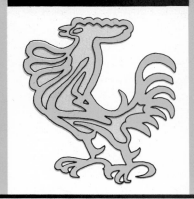

CAPÍTULO·4

LOS AMIGOS

VOCABULARIO: PREPARACIÓN

ADJETIVOS guapo / *handsome, good-looking* **bonito** / *pretty* **feo** / *ugly* ◆ **corto** / *short (length)* **largo** / *long* ◆ **bueno** / *good* **malo** / *bad* ◆ **listo** / *smart, clever* **tonto** / *silly, foolish* ◆ **casado** / *married* **soltero** / *single* ◆ **simpático** / *nice, likeable* **antipático** / *unpleasant* ◆ **rico** / *rich* **pobre** / *poor*

A. Which person, animal, or item is described by each of the following sentences?

1. _____ es listo.
En comparación, _____ es tonto.

2. _____ es perezoso.
_____ es trabajador.

3. _____ es alto.
_____ es bajo.

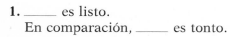

4. _____ es una persona alegre.
_____ es una persona triste.

6. _____ es un profesor joven.
_____ es un profesor viejo.
_____ es casado.
_____ es soltero.

5. _____ es bueno y simpático.
_____ es malo y antipático.
_____ es guapo.
_____ es feo.

el carro A

el carro B

la familia Pérez

la familia Gómez

7. _____ es nuevo.
_____ es viejo.
_____ es largo.
_____ es corto.
_____ es grande.
_____ es pequeño.

8. _____ es una familia grande y rica.
_____ es una familia pequeña y pobre.

la casa A

la casa B

9. _____ es una casa bonita.
_____ es una casa fea.

B. Antónimos. Sometimes Spanish antonyms (words that are opposite in meaning) are not at all similar in form: **bueno/malo, trabajador/perezoso.** In Spanish, as in English, however, many antonyms are formed by adding negative prefixes, such as **ir-, des-, in-, im-,** and **anti-,** to the adjective. Read the following Spanish adjectives and see if you can guess their meanings; most of them are close cognates of English words. Don't try to memorize all of them.

(ir)regular	(ir)reverente	(ir)religioso/a	(ir)responsable
(ir)racional	(des)agradable	(des)leal	(des)cortés
(in)justo/a	(in)activo/a	(in)competente	(in)discreto/a
(in)útil	(im)perfecto/a	(im)probable	(im)práctico/a
(im)paciente	(anti)comunista	(anti)patriótico/a	

C. Definiciones. What is your idea of an ideal friend? Use as many adjectives as you can in your definitions.

MODELO   Un amigo ideal es paciente. No es descortés. No importa si es guapo o no.

D. Opiniones. ¿Sí o no? Corrija (*correct*) las oraciones falsas.

1. Mi madre (hermano, tía, abuelo) es impaciente.
2. Es necesario ser rico/a para ser alegre.
3. Mis clases este (*this*) semestre son desagradables.
4. Los estudiantes son irresponsables.
5. Un americano comunista es un americano leal.
6. Los ejercicios (*exercises*) de este libro son útiles.
7. Es importante ser religioso/a.
8. La clase de español es muy grande.
9. El/la esposo/a ideal es feo/a y rico/a.
10. El mejor (*best*) automóvil es práctico y pequeño.
11. Es necesario ser alto para jugar bien al básquetbol.
12. Mi profesor (hermano, hijo) es antipático.

PRONUNCIACIÓN:

p, t

In English, the [p] and [t] sounds at the beginning of a word are aspirated (released with a small puff of air), as is the [k] sound. In Spanish, [p] and [t]—like [k] (**Capítulo 1**)—are never aspirated.

Spanish [t] differs from English [t] in another respect. The English [t] is pronounced with the tip of the tongue on the alveolar ridge, just behind the upper teeth. The Spanish [t] is a dental sound; it is pronounced with the tongue against the back of the upper teeth.

Práctica

Pronounce the following words, phrases, and sentences.

1. pasar   presentar   peseta   peso   pintor   político   padre   programa

2. Tina   tener   tomar   todos   tío   trabajador   tía   tremendo

3. una tía trabajadora
   un tío tonto
   un pintor casado
   todos los políticos

4. Tomás toma té.
   También toma café.
   Paquito paga el papel.
   También paga la Pepsi.

MINIDIÁLOGOS Y ESTRUCTURA

9

Adjectives: Gender, number, and position

Un poema sencillo

Amiga
Leal
Amable
Simpática
¡Bienvenida!

Segovia, España

© 1982 Vicki Leon

Amigo
Leal
Amable
Simpático
¡Bienvenido!

According to their form, which of the adjectives at the right can be used to describe each person?

| **Marta** | leal | bienvenido | simpática |
| **Mario** | amable | simpático | bienvenida |

An *adjective* (**adjetivo**) is a word that describes a noun or a pronoun. Adjectives may describe (***large*** *desk,* ***tall*** *woman*) or tell how many there are (*a* ***few*** *desks,* ***several*** *women*).

Adjectives with *ser*

In Spanish, forms of **ser** are used with adjectives that describe basic, inherent qualities or characteristics of the nouns or pronouns they modify. They describe the norm for the noun or pronoun.

Antonio **es alegre.**   *Antonio is happy. (He is a happy person.)*

Tú **eres amable.**   *You're nice. (You're a nice person.)*

A Simple Poem   *Friend Loyal Kind Nice Welcome!*

Forms of adjectives

Spanish adjectives agree in gender and number with the noun or pronoun they modify. Each adjective has more than one form.

Adjectives that end in **-e (inteligente)** or in most consonants (**leal**) have only two forms, a singular form and a plural form.

	Masculine	**Feminine**
Singular	amigo inteligent**e** amigo lea**l**	amiga inteligent**e** amiga lea**l**
Plural	amigos inteligente**s** amigos leal**es**	amigas inteligente**s** amigas leal**es**

Adjectives that end in **-o (alto)** have four forms, showing gender and number.[1]

	Masculine	**Feminine**
Singular	amigo alt**o**	amiga alt**a**
Plural	amigos alt**os**	amigas alt**as**

[*Práctica A, B, C*]

Adjectives of nationality also have four forms:

	Masculine	**Feminine**
Singular	el doctor mexican**o** el doctor español el doctor alemán el doctor inglés	la doctora mexican**a** la doctora español**a** la doctora aleman**a** la doctora ingles**a**
Plural	los doctores mexican**os** los doctores español**es** los doctores aleman**es** los doctores ingles**es**	las doctoras mexican**as** las doctoras español**as** las doctoras aleman**as** las doctoras ingles**as**

---

[1]Adjectives that end in **-dor, -ón, -án** and **-ín** also have four forms: **trabajador, trabajadora, trabajadores, trabajadoras.**

The names of many languages—which are masculine in gender—are the same as the masculine singular form of the corresponding adjective of nationality: **el español, el inglés, el francés,** and so on. Note that in Spanish the names of languages and adjectives of nationality are not capitalized, but the names of countries are: **español,** but **España.**

[*Práctica D*]

Mucho and poco

The words **mucho** and **poco** can be used as adjectives or as *adverbs* (**adverbios**). Adverbs—words that modify verbs, adjectives, or other adverbs—are invariable in form.

ADJETIVO:	Rosa tiene **muchas** primas.	*Rose has a lot of cousins.*
ADVERBIO:	Rosa trabaja **mucho/poco.**	*Rosa works a lot/little.*

[*Práctica E*]

Placement of adjectives

Adjectives that describe qualities of a noun generally follow the noun they modify. Adjectives of quantity precede the noun.[2]

Hay **muchos** edificios **altos** en la ciudad.	*There are many tall buildings in the city.*
¿Necesitas **otro**[3] carro?	*Do you need another car?*
Tengo **tres** hermanas.	*I have three sisters.*

Bueno, malo, and **grande** may precede the nouns they modify. When **bueno** and **malo** precede a masculine singular noun, they are shortened to **buen** and **mal** respectively.

un recuerdo **bueno**/un **buen** recuerdo	*a good (pleasant) memory*
una niña **buena**/una **buena** niña	*a good girl*

---

[2]The numbers 200, 300, . . . through 900 (**Paso cinco**) have both masculine and feminine forms: **doscientos/as, trescientos/as,** and so on. Like other numbers, they precede the noun: **seiscientas pesetas.**

[3]The indefinite article is not used with **otro. Otro** by itself means *other* or *another.*

En los países hispanos hay menos distancia entre amigos y entre personas en general cuando conversan. Las amigas andan brazo en brazo (*walk arm in arm*), como estas chicas españolas, que están en el Parque del Retiro, Madrid (España).

When **grande** appears after a noun, it means *large* or *big*. When it precedes a singular noun—masculine or feminine— it is shortened to **gran** and means *great* or *impressive*.

una ciudad **grande**	*a big city*
una **gran** ciudad	*a great city*
un libro **grande**	*a big book*
un **gran** libro	*a great book*

[*Práctica F, G, H, I, J*]

Práctica

A. Dé Ud. frases nuevas según las indicaciones.

1. —¿Cómo es su clase de español? (*What is your Spanish class like?*)
   —(No) Es una clase *alegre*. (*inteligente, interesante, importante, triste, amable, internacional, ¡imposible!*)
2. —¿Cómo son los perros (*dogs*)?
   —Los perros (no) son *valientes*. (*leal, impaciente, inteligente, importante*)
3. —¿Cómo es su (*your*) universidad?
   —La universidad (no) es *nueva*. (*viejo, grande, pequeño, bueno, malo*)

B. Complete each sentence with all the adjectives that are appropriate according to both form and meaning.

1. La doctora es ＿＿＿.

alta	casado	jóvenes
lista	bonito	trabajadora

2. El hotel es ＿＿＿.

viejo	alto	nueva
grande	fea	interesante

3. Los abuelos son ＿＿＿.

joven	antipático	inteligentes
viejos	religiosos	práctica

4. Las niñas son _____.   malo   cortas   sentimental
                                         buenas   casadas   interesante

C. Juan and Juana, fraternal twins, are totally different. Tell what Juana is like.

Juan es casado.   Es alto.   Es feo.   Es perezoso.   Es simpático.

D. Tell what nationality the following persons could be.

   1. Monique habla francés; es _____.
   2. José habla español; es _____.
   3. Greta y Hans hablan alemán; son _____.
   4. Gilberto habla portugués; es _____.
   5. Gina y Sofía hablan italiano; son _____.
   6. Winston habla inglés; es _____.

Now indicate what language the following persons speak, as well as what nationality they are.

   7. Pancho Villa habla _____; es _____.
   8. Sofía Loren
   9. Charles de Gaulle
   10. Johann Sebastian Bach
   11. Martín Lutero
   12. María Antonieta
   13. Picasso

E. Dé Ud. frases nuevas según las indicaciones.

   1. —Ud. es estudiante. ¿Qué tiene Ud.?
       —Tengo muchos/pocos *textos*. (*lápices, papel, cuadernos, ideas, dinero, clases*)
   2. —¿Qué necesitan hacer (*to do*) Uds. para ser buenos estudiantes?
       —(No) Necesitamos *estudiar* mucho/poco. (*trabajar, bailar, tomar, hablar en clase*)

F. Use the adjectives in parentheses to describe the nouns opposite them. Be sure to use the proper form of each adjective. Use only one adjective at a time.

   1. libros   (nuevo / tres / otro)
   2. una mesa   (bajo / pequeño / largo)
   3. unas ciudades   (viejo / interesante / grande)
   4. un carro   (económico / francés / bueno)

Follow the same procedure in these sentences:

   5. Por favor, deseo comprar un diccionario.   (completo / bueno / nuevo)
   6. Unos profesores enseñan bien.   (viejo / simpático / norteamericano)
   7. Desean hablar con la hermana.   (casado / otro / joven)
   8. Busco una casa.   (nuevo / bueno / bonito)

G. Create new phrases by changing the position of the adjectives. Be sure to use the appropriate form of the adjective.

   1. un recuerdo bueno   **4.** un hotel malo
   2. una comida grande   **5.** unas actrices malas
   3. unos tíos buenos   **6.** unos niños malos

H. ¿Cómo se dice en español?

1. It's a great idea!
2. He's buying a big car.
3. We need another dictionary.
4. There are some nice students in the class.
5. You (**Uds.**) talk a lot.
6. They need 700 pesetas.

I. Cambie: Miguel → María.

Miguel es un buen estudiante, pues estudia mucho. Es listo y amable. Es mexicano; por eso habla español. Es alto y guapo; también es muy alegre. ¡Es una persona ideal!

J. Describa Ud. las diferencias.

MODELO   En el dibujo A, hay   En el dibujo B, hay
un perro grande.   un perro pequeño.

A.   B.

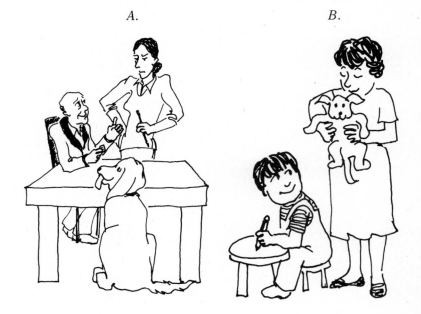

K. ¿Cómo son estas personas o cosas? Use adjetivos para completar las oraciones en una forma lógica. Es posible usar muchos adjetivos diferentes para completar cada (*each*) oración.

1. El/la profesor(a) es _____.
2. Por lo general las mujeres son _____.
3. Por lo general los hombres son _____.
4. Los amigos son _____.
5. El español es una lengua _____.
6. Los actores son _____.
7. Tengo 70 años; soy _____.—Yo tengo 18 años; soy _____.
8. Siempre (*always*) tengo razón; soy _____.
9. Hoy hace frío y llueve; hay mucha contaminación. Es un día _____.

10. Hace fresco y sol. Es un día _____.
11. _____ es una ciudad _____.
12. Yo soy _____.

10
Pronoun objects of prepositions

Lógico

ÉL: Sabes, querida, que necesito comprar algo para *nosotros*.
ELLA: Bien, ¿y qué necesitas comprar?
ÉL: Para *ti*, un tutú, y para *mí*, un yoyó.

1. En la opinión de Ud., ¿quiénes son las dos personas?
2. ¿Qué necesita comprar él? ¿para quién?

Prepositions (**preposiciones**) express relationships in time and space:

> The book is **on** the table.   The magazine is **for** you.

Some common Spanish prepositions that you already know include: **a** (*to*), **con** (*with*), **de** (*of, from*), **en** (*in, on, at*), and **para** (*for, in order to*).

Pronoun objects of prepositions			
mí	*me*	nosotros/as	*us*
ti	*you* (fam.)	vosotros/as	*you* (fam.)
usted	*you* (form.)	ustedes	*you* (form.)
él	*him*	ellos	*them* (m. or m. + f.)
ella	*her*	ellas	*them* (f.)

The *object* (**complemento**) of a preposition is the noun or pronoun that follows it: *The book is for **Tom/him.***

Logical HE: *You know, dear, I need to buy something for us.* SHE: *Fine, and what do you need to buy?* HE: *For you, a tutu, and for me, a yo-yo.*

In Spanish, the pronouns that serve as objects of prepositions are identical in form to the subject pronouns, with the exception of **mí** and **ti.** Note the accent mark that distinguishes the pronoun object of a preposition **mí** from the possessive adjective **mi.**

The phrases **conmigo** and **contigo** are used to express the ideas *with me* and *with you* (familiar singular).

¿Estudias **conmigo** mañana?	*Will you study with me tomorrow?*
No, no estudio **contigo.**	*No, I'm not studying with you.*

Subject pronouns are used after the preposition **entre** (between, among).

Entre tú y yo, Horacio es un chico antipático.	*Between you and me, Horacio is an unpleasant guy.*

Práctica

A. Working with another student, ask and answer questions according to the model.

> MODELO   el primo Jaime →
> ARTURO: ¿Para quién es el regalo? ¿Para *el primo Jaime?*
> BEATRIZ: Sí, es para *él.*

1. la niña   **3.** las hermanas   **5.** Uds.
2. mí   **4.** nosotros   **6.** ti

B. Complete Ud. la declaración de amor del novio (*bridegroom*) a la novia.

1. No bailo con otra mujer. Sólo bailo con _____ .
2. No canto para otra mujer. Sólo canto para _____ .
3. No regreso de las fiestas sin (*without*) _____ . Sólo regreso con _____ .
4. No deseo vivir (*to live*) sin _____ . Deseo vivir siempre con _____ .
5. Entre _____ y _____ , tú eres mi único (*only*) amor.

C. ¿Cómo se dice en español?

1. They're talking about (**de**) her.
2. I'll study with you (*familiar*) on Friday.
3. Between you and me, the party is for him.
4. Are they returning home with us?

D. Entre tú y yo, ¿qué es difícil (*hard*) para ti? ¿Y qué es fácil (*easy*)?

> MODELO   Entre tú y yo, para mí es difícil hablar en público.

UN PASO MÁS

Lectura cultural:

El compadrazgo

En las naciones hispánicas—como en otras naciones de religión católica—el compadrazgo° tiene mucha importancia. El compadrazgo resulta en un sistema de «familia extendida», donde un niño tiene, en efecto, dos padres y dos madres. Tiene padres biológicos y también padrinos°, los padres espirituales que recibe° en el bautismo.

Por lo general los padrinos son otros miembros de la familia—un tío y una tía, quizá°—o unos íntimos amigos de la familia. El compadrazgo, pues, ofrece° más seguridad al

relationship between parents and godparents

godparents
receives

perhaps
offers

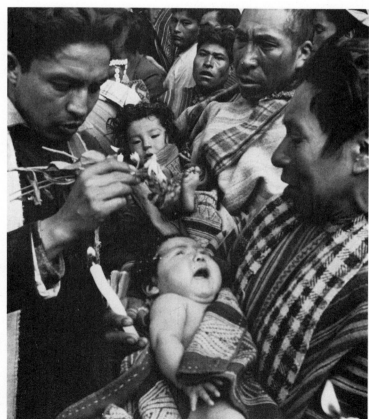

Las relaciones de compadrazgo son muy fuertes (*strong*) en el mundo hispano. Generalmente unos parientes o buenos amigos de los padres del niño sirven de padrinos. Este niño peruano recibe sus padrinos durante el bautizo.

© Sergio Larraín/Magnum Photos, Inc.

ahijado°. Si una tragedia ocurre a los padres, el niño puede°   *godchild / can*
formar parte de la familia de los padrinos.

    La relación entre los padrinos y el ahijado es una relación
íntima. Los padrinos ayudan al° ahijado durante toda la   **ayudan...** *help the*
vida°, y el ahijado ofrece a los padrinos el respeto y el amor   *life*
que da a° los padres.   **que...** *that he gives to*

Comprensión

¿Cierto o falso? Corrija las oraciones falsas.

1. El compadrazgo existe sólo en las naciones hispánicas.
2. Cuando usamos la palabra *compadrazgo* hablamos de un tipo de familia extendida.
3. Un ahijado es el padre espiritual de los padrinos.
4. Los padrinos siempre son un tío y una tía del niño.
5. Si tiene padrinos, un niño tiene más seguridad.
6. Los padrinos aman (*love*) al ahijado.

Ejercicio escrito

Write a brief paragraph about the concept of the "extended family" as it may apply to your own family background. Use the following questions as a guide in developing your paragraph.

1. ¿Quiénes son los parientes o amigos que son como (*like*) padres para Ud.? ¿Son padrinos? ¿abuelos? ¿tíos? ¿amigos mayores (*older*)? ¿vecinos (*neighbors*)?
2. ¿De dónde son? ¿Cómo son?
3. ¿Habla Ud. mucho con ellos? ¿De qué hablan Uds.?

VOCABULARIO

SUSTANTIVOS

la ciudad city
el perro dog
el recuerdo memory

ADJETIVOS

alegre happy

alto/a tall
amable kind; nice
antipático/a unpleasant
bajo/a short (*in height*)
bonito/a pretty
bueno/a good
casado/a married

corto/a short (*in length*)
difícil hard, difficult
fácil easy
feo/a ugly
grande large, big; great
guapo/a handsome, good-looking

joven young
largo/a long
leal loyal
listo/a smart, clever
malo/a bad
mexicano/a Mexican
mucho/a a lot of, many
norteamericano/a North American, from the United States
nuevo/a new
otro/a other, another
pequeño/a small

perezoso/a lazy
pobre poor
poco/a little, few
portugués, portuguesa Portuguese
rico/a rich
simpático/a nice; likeable
soltero/a single (*not married*)
tonto/a silly, foolish
trabajador(a) hard-working
triste sad
viejo/a old

PALABRAS Y EXPRESIONES ÚTILES

¿cómo es ____? what is ____ like?
entre among, between
por lo general in general
¿qué? what?
siempre always
sin without

CAPÍTULO 5

DE COMPRAS

VOCABULARIO: PREPARACIÓN

DE COMPRAS / *SHOPPING* **comprar**[1] / *to buy* **regatear** / *to haggle; to bargain* **vender** / *to sell* **venden de todo** / *they sell everything* ◆ **el precio** / *price* **el precio fijo** / *fixed (set) price* **la tienda** / *shop, store*

---

[1]The lists in **Vocabulario: Preparación** will frequently contain words that you have already learned in previous chapters, like **comprar,** which is related to the theme of shopping. Such words will not appear in the chapter vocabulary list.

A. Llene los espacios con las palabras apropiadas.

  1. El _____ es una tienda grande.
  2. Deseo _____ el carro, pero el _____ es muy alto.
  3. En la librería _____ de todo: textos y otros libros, cuadernos, lápices.
  4. En la _____ venden dulces y chocolates.
  5. Venden aspirina y medicinas en la _____.
  6. Cuando compramos un coche es necesario _____.
  7. En el almacén todo tiene un _____.
  8. Venden zapatos (*shoes*) y botas en una _____.

B. Asociaciones. ¿Qué palabras asocia Ud. con estas frases?

  1. ropa de niños
  2. papel y lápices
  3. sin regatear
  4. un grupo de tiendas pequeñas
  5. dulces y chocolates
  6. ¡¿cinco mil dólares?!

  7. la librería
  8. suéteres y blusas
  9. comprar botas
  10. no pagar el primer precio
  11. cosas buenas pero baratas (*cheap*)

Tag questions

Venden de todo aquí, **¿no?/¿verdad?**	They sell everything here, right? (don't they?)
No necesito llegar a tiempo, **¿verdad?**	I don't need to arrive on time, do I? (right?)

In English and in Spanish, questions are frequently formed by adding tags or phrases to the end of statements. Two of the most common question tags in Spanish are **¿verdad?**, found after affirmative or negative statements, and **¿no?**, usually found after positive statements. The inverted question mark comes immediately before the tag question, not at the beginning of the sentence.

Muchos hispanos prefieren hacer sus compras (*to shop*) en las tiendas pequeñas de vecindad (*neighborhood*). En esta tienda de comestibles española se venden carne y pescado frescos, productos enlatados (*canned*) y una variedad de otras cosas.

Owen Franken/Stock, Boston

C. Using question tags, ask questions based on the following statements.

1. En un almacén hay precios fijos.
2. Regateamos mucho en los Estados Unidos.
3. En México no hay muchos mercados.
4. El precio de unas botas elegantes es muy alto.
5. En los almacenes no venden de todo.
6. El/la profesor(a) siempre compra dulces para la clase.
7. Ud. trabaja en la biblioteca.
8. Ud. toma café en la cafetería.
9. Es necesario llegar a la universidad a las seis de la mañana.
10. Siempre llegamos a clase a tiempo.

PRONUNCIACIÓN:
ñ, y, ll

The three consonants **ñ**, **y**, and **ll** are called palatals because they are produced with the middle of the tongue against the hard palate (the roof of the mouth). The **ñ** resembles the [ny] sound of English *canyon* and *union*, but it is a single sound, not an [n] followed by a [y].

In Spanish the **y** at the beginning of a syllable (**yo, papaya**) resembles English *y* (*yo-yo, papaya*) except that the tongue is closer to the palate. The result is a sound with some palatal friction, in between English *y* and the *zh* sound of *measure*. In some dialects, when the speaker is emphatic, **y** at the beginning of a word has even more friction, sounding like the *j* in the English *Joe:* —¿**Quién?** —¡**Yo!** When Spanish speakers learn English, this habit often carries over into their English, with *yes* sounding exactly like *Jess*.

In most parts of the Spanish-speaking world, **ll** is pronounced exactly like **y**;[2] therefore, pronunciation alone will not tell you whether a word is spelled with **y** or **ll**. Even Hispanics sometimes have trouble spelling words with these two letters, and it is not uncommon to see misspellings such as **llo** for **yo** and **me yamo** for **me llamo.**

---

[2]In many areas of Spain, **ll** is a sound made with the middle of the tongue against the palate. This resembles the [ly] sound of English *million*, but is one sound, not an [l] plus a [y].

Práctica

Pronounce the following words, phrases, and sentences.

1. cana/caña   mono/moño   sonar/soñar   tino/tiño
   pena/peña   una/uña   lena/leña   cena/seña
2. compañero   año   señora   cañón   español   pequeña   niño
3. llamo   llamas   llueve   yogurt   yate   yanqui   yoga
4. ellas   tortilla   millón   valle   villa   mayo   destruyo
   incluyo   construyo
5. El señor Múñoz es de España y enseña español.
   Yolanda Carrillo es de Sevilla.
   ¿Llueve o no llueve allá en Yucatán?

MINIDIÁLOGOS Y ESTRUCTURA

11

Uses of *se*: Impersonal *se*; passive with *se* (for recognition)

En una tienda

TURISTA: Buenos días. ¿*Se habla* inglés aquí?
EMPLEADO: Claro. *Se hablan* muchos idiomas.
TURISTA: ¿Y qué idiomas habla Ud.?
EMPLEADO: Pues en realidad yo hablo muy poco, pero
           el dinero habla siempre.

1. ¿*Se habla inglés en la tienda?*
2. ¿*Qué idiomas se hablan allí* (there)*?*
3. ¿*Habla mucho el empleado?*
4. ¿*Qué lengua «habla» más?*

In a shop TOURIST: *Good morning. Is English spoken here?* CLERK: *Of
course. Many languages are spoken.* TOURIST: *And what languages do you
speak?* CLERK: *Well, really, I talk very little, but money always talks.*

Impersonal **se**

In English there are several subjects—*you, one, people, they*— that refer to people in general instead of to one person in particular.

> ***You** can get good bargains there.*   ***People** will talk.*

In Spanish these impersonal subjects are commonly expressed by using the word **se** followed by the third person singular of the verb; there is no expressed subject.

Se habla mucho en la clase de español.	*One talks a lot in Spanish class.*
Se trabaja mucho aquí.	*You work a lot here.*

[*Práctica A, B, C*]

Passive with **se**

Courtesy of the Mexican National Tourist Bureau

En este local mexicano se venden zapatos y sandalias.

The word **se** can also be used in Spanish to express structures that are expressed with the passive voice in English.

ACTIVE	PASSIVE
I buy groceries.	Groceries are bought there.
We need more money.	More money is needed.

The passive **se** always occurs with third person singular or plural verbs. The subject usually follows the verb in this construction.

¿Se venden zapatos aquí?	*Are shoes sold here?*
Se necesita un diccionario bilingüe.	*A bilingual dictionary is needed.*

Learn to recognize the passive with **se.** You will not use it actively in **¿Qué tal?**

[*Práctica D, E, F*]

Práctica

A. Preguntas. Conteste en oraciones completas.

> MODELO   ¿Qué lengua se habla en Francia? →
> *En Francia se habla francés.*

1. ¿en México?   **3.** ¿en Alemania?   **5.** ¿en los Estados Unidos?
2. ¿en el Brasil?   **4.** ¿en Inglaterra?   **6.** ¿en Italia?

B. Preguntas. Conteste en oraciones completas.

1. ¿Se llega tarde (*late*) a la clase de español para un examen? Se llega a tiempo, ¿verdad?
2. ¿Se regatea en la cafetería de la universidad? ¿en la librería?
3. Por lo general, ¿se estudia mucho en verano? ¿Se estudia más en otoño?
4. Por lo general, ¿se esquía en verano? ¿En qué estación del año se esquía más?
5. ¿Qué se lleva (*does one take*) a una fiesta? ¿vino? ¿comida? ¿un regalo?

C. ¿Qué (no) se hace _____? (*What does/doesn't one do _____?*)

1. ¿en la biblioteca?
2. ¿en un almacén?
3. ¿en una discoteca?
4. ¿en la clase de español?

D. Exprese en inglés.

1. Se vende papel en una papelería.
2. ¿Se venden zapatos en un almacén?
3. Se compran medicinas en una farmacia.
4. ¿Dónde se compra ropa elegante?

E. ¿Cómo se dice en español?

1. You work a lot, don't you?
2. You don't arrive late to Spanish class.
3. One speaks Spanish there.
4. You study a lot at (**en**) the university.

F. Complete las oraciones en una forma lógica.

1. Se trabaja mucho en _____.
2. Se baila en _____.
3. En la universidad se _____.

¿Recuerda Ud.?

*Review the personal endings for **-ar** verbs before beginning Section 12.*

-o
-s
-
-mos
-ís
-n

Yo habl**o** español.
Tú trabaj**as** los sábados.
Usted (él, ella) enseñ**a** matemáticas.
Nosotros/as necesit**amos** trabajar más.
Vosotros/as busc**áis** la oficina.
Ustedes (ellos/as) cant**an** bien.

¿Cómo se dice en español?

1. I'm looking for a good dictionary.
2. Elena needs books, too.
3. We sing in Spanish class.
4. Juan and Bárbara haggle in the market.
5. You (**Ud.**) study a lot.
6. We work at (**en**) the university.
7. I'll buy the tacos and you (**tú**) pay for the beers.
8. You (**vosotros**) speak Spanish very well.

12
Present tense of *-er* and *-ir* verbs

En casa antes del baile de máscaras

CECILIA: Pero hombre, es necesario llevar traje y máscara.
¿No *comprendes*?

PABLO: Bueno, si *insistes*.

CECILIA: ¡*Insisto*!

PABLO: Muy bien. Pero todavía *creo* que yo *debo* llevar el
traje de ángel.

1. *¿Qué deben llevar todos al baile?*
2. *¿Quién insiste?*
3. *¿Cecilia lleva el traje de Satanás?*
4. *¿Quién desea llevar el traje de ángel?*

Comer: *to eat*		Vivir: *to live*	
como	comemos	vivo	vivimos
comes	coméis	vives	vivís
come	comen	vive	viven

The present tense of **-er** and **-ir** verbs is formed by adding personal endings to the stem of the verb (the infinitive minus its **-er/-ir** ending). The personal endings for **-er** and **-ir** verbs are the same except for the first and second person plural.

Remember that the Spanish present tense has three present tense equivalents in English and can also be used to express future meaning:

como	I eat	Simple present
	I do eat	Emphatic present
	I am eating	Present progressive
	I will eat	Future

Important **-er** and **-ir** verbs in this chapter include:

aprender	to learn
beber	to drink
comer	to eat
comprender	to understand
creer (en)	to think, believe (in)
deber (+ *inf.*)	should, must, ought to (do something)
leer	to read
vender	to sell
abrir	to open
asistir (a)	to attend, go to
escribir	to write
insistir (en + *inf.*)	to insist (on doing something)
recibir	to receive
vivir	to live

Práctica

A. Dé Ud. frases nuevas según las indicaciones.

1. —Hay una fiesta en casa hoy y los parientes comen y beben mucho. ¿Quién come y bebe mucho?
   —*Yo* como y bebo en la fiesta. (*los tíos, tú, Uds., la prima y yo, Ud., vosotras*)
2. —Hay muchos estudiantes en la clase de español. ¿Quién aprende español en clase?
   —*Tú* aprendes español en clase. (*nosotros, yo, Ud., la estudiante francesa, Uds., vosotros*)
3. —Es Navidad (*Christmas*) y todos reciben regalos. ¿Quién recibe regalos?
   —*Los hijos* reciben regalos. (*papá, tú, nosotras, los nietos, Alicia, vosotros*)
4. —Es importante asistir a clase hoy. ¿Quién asiste a clase?
   —*Yo* asisto a clase hoy. (*tú, nosotros, Ud., todos los estudiantes, Carlos, vosotras*)

B. Form complete sentences by using one word or phrase from each column. Be sure to use the correct forms of the verbs. Make any of the sentences negative, if you wish.

Ud.		abrir	Coca Cola, café antes de la clase
yo	(no)	escribir	un periódico (*newspaper*), un poema, un telegrama, una
Rosendo		deber	carta (*letter*), unas palabras (*words*) para la clase
nosotros		leer	la situación, el problema
los abuelos		beber	la puerta (*door*), el regalo
tú		comprender	regatear en el mercado, llegar temprano, llevar un
_____			regalo

C. Conteste en oraciones completas.
   1. Vivimos en Nueva York, ¿no?
   2. No se bebe en clase, ¿verdad?

3. Siempre recibes un suspenso en los exámenes, ¿no?
4. Escribo los ejercicios todos los días, ¿no?
5. Muchos mexicanos viven en los Estados Unidos, ¿no?
6. Se aprende francés en esta (*this*) clase, ¿no?
7. Los profesores no insisten en recibir muchos regalos, ¿verdad?
8. El profesor no comprende portugués, ¿verdad?
9. Todos los niños creen en Santa Claus, ¿no?
10. Se venden cosas muy caras (*expensive*) en el mercado, ¿no?

D. ¿Cómo se dice en español?

1. One should buy a lot of inexpensive things here.
2. I should write the letter today.
3. We're living here in San Rafael.
4. He understands Italian, doesn't he?
5. She doesn't believe that (**eso**), does she?

E. ¿Qué hacen? (*What are they doing?*)

1.

2.

3.

4.

5.

6.

F. En clase, ¿qué deben hacer (*do*) Uds.?

1. ¿Deben entrar a la hora en punto?
2. ¿Deben hablar inglés?
3. ¿Deben escribir los ejercicios?
4. ¿Deben llevar regalos para el/la profesor(a)?
5. ¿Deben aprender las palabras nuevas?
6. ¿Deben asistir a clase todos los días?

G. Preguntas. Conteste en oraciones completas.

1. ¿Insiste Ud. en hablar inglés en clase? ¿en comprender todo? ¿en cantar en clase? ¿en comprar ropa cara?
2. ¿En qué o en quién cree Ud.? ¿en Santa Claus? ¿en Dios (*God*)? ¿en Alá? ¿en el dólar norteamericano?

H. ¿Cómo usa Ud. su tiempo? How frequently do you do each of the following things?

todos los días	*every day*
con frecuencia	*frequently*
una vez/dos veces a la semana/al mes	*once/twice a week/a month*
casi nunca	*almost never*
nunca	*never*

1. Regateo en un mercado.
2. Leo novelas.
3. Escribo una carta.
4. Como en un restaurante.
5. Aprendo palabras nuevas en español.
6. Leo el periódico.
7. Compro un par de zapatos.
8. Bebo Coca Cola.
9. Vendo mis libros viejos.
10. Hablo con una persona de habla española (*a Spanish-speaking person*).

UN PASO MÁS
Actividades

De compras. Although it is often possible—and lots of fun—to bargain over the price of an item in a shop or open-air market, for example, merchandise is normally sold at a fixed price in many, if not most, Hispanic stores.

Here are a number of phrases that will be useful when you go shopping.

Vendedor(a):	*Sales person:*
¿Qué desea Ud.? **Dígame.**	*Can I help you?*
¿Qué talla necesita?	*What size do you need? (clothing)*
¿Qué número necesita?	*What size do you need? (shoes)*
No hay. **No tenemos.**	*We don't have any.*

En los mercados al aire libre se vende comida, ropa y los artículos típicos del país o del la región. Allí normalmente no hay precios fijos y es posible regatear. Esta turista norteamericana regatea para obtener el mejor (*best*) precio.

© 1980 Albert Moldvay/Photo Researchers, Inc.

Cliente:	*Customer:*
Deseo comprar un regalo para...	*I want to buy a gift for . . .*
¿Tienen Uds...?	*Do you have . . . ?*
¿Cuánto es/son? **¿Qué precio tiene(n)?**	*How much is it/are they?*
Es muy caro/a.	*It's very expensive.*
Necesito/Busco un(a) _____ más barato/a.	*I need/I'm looking for a cheaper _____.*

With another student take the roles of customer and salesperson in the following situations. Use the preceding phrases and the model, along with variations of them, to help you make your sales and purchases. Try to vary the conversation between salesperson and customer with each purchase.

MODELO VENDEDOR: ¿Qué desea Ud., señorita?
CLIENTE: Necesito comprar un diccionario español-inglés.
VENDEDOR: Muy bien, señorita. Aquí tenemos un diccionario grande y completo.
CLIENTE: Es un diccionario excelente pero es muy caro, ¿no?
VENDEDOR: Ud. tiene razón, señorita. El otro diccionario es bueno y barato.
CLIENTE: ¿Cuánto es, por favor?

VENDEDOR: Cuesta 90 pesos.
CLIENTE: Perfecto. Aquí tiene Ud. los 90 pesos.
VENDEDOR: Muy bien, señorita.
CLIENTE: Adiós, Sr. Ramírez.
VENDEDOR: Adiós, señorita. Muy buenas.

1. En la librería de la universidad: Ud. desea comprar dos cuadernos pequeños.
2. En una tienda pequeña: Ud. desea comprar un suéter para su (*your*) hermana (madre, amiga, tía).
3. En un almacén: Ud. quiere comprar un regalo para un amigo.
4. En un mercado: Ud. necesita comprar una docena de rosas.

VOCABULARIO

VERBOS

abrir to open
aprender to learn
asistir (a) to attend, go (to)
beber to drink
comer to eat
comprender to understand
creer (en) to think, believe (in)
deber (+ *inf.*) should, must, ought to (*do something*)
escribir to write
insistir (en + *inf.*) to insist (on *doing something*)
leer to read
llegar to arrive
llevar to wear; to take
recibir to receive
regatear to haggle, bargain

vender to sell
vivir to live

SUSTANTIVOS

el almacén department store
la carta letter
la dulcería candy store
los dulces candy, candies
el ejercicio exercise
la farmacia pharmacy
el mercado market
la palabra word
la papelería stationery store
el periódico newspaper
el precio (fijo) (fixed) price
la puerta door
la ropa clothing
la tienda store, shop

la zapatería shoe store
el zapato shoe

ADJETIVOS

barato cheap
caro expensive

PALABRAS Y EXPRESIONES ÚTILES

a tiempo on time
allí there
de compras shopping
de todo everything
¿no? right? don't they (*you, etc.*)?
¿verdad? right? do you (*they, etc.*)?

UN POCO DE TODO

Un repaso de los capítulos 1–5

A. *Cambie por el plural.*

MODELO Ella paga el cuaderno. → *Ellas pagan los cuader-nos.*

1. Él no desea tomar una cerveza.
2. Ud. baila con un estudiante francés.
3. ¿Compro el lápiz mañana?
4. Hablas con la dependienta, ¿no?
5. ¿Hay sólo una estudiante extranjera en la clase?
6. No vendes el coche del abuelo, ¿verdad?
7. Aprendo una palabra importante todos los días.
8. ¿Lees la lección de español?

B. *Cambie por el singular.*

1. Ellas no buscan el dinero.
2. ¿Enseñan Uds. sólo dos cursos de alemán?
3. Necesitamos unos libros de texto.
4. Las mujeres estudian sicología.
5. ¿Pagan Uds. sólo cien pesos?
6. Se abren los libros en clase, ¿no?
7. Insisten en comer ahora.
8. ¿Llevan Uds. cinco cuadernos porque asisten a cinco clases?

C. *Form complete sentences based on the words given, in the order given. Conjugate the verbs and add other words if necessary.*

MODELO yo / hablar / italiano / clase → *Yo hablo italiano en clase.*

1. Uds. / comprar / papel / para / clase
2. ¿ / trabajar / Paco / aquí / librería / todos los días / ?
3. Sr. Gil / yo / regresar / universidad / mañana
4. tú / siempre / insistir / trabajar / más
5. tíos / vivir / Venezuela / ¿verdad?
6. Ud. / comprender / el español / de / el Perú ¿no?
7. hay / muchos / ciudades / interesante / Honduras
8. Carlos / ser / malo / actor / pero / ser / amable
9. ser / libros / de / estudiante
10. Carmen / regresar / a / mercado / por / tarde

D. *¿Cómo se dice en español?*

1. She's Mario's friend.
2. Do you (**Ud.**) work here?
3. It's not for you (*familiar*).
4. They live with me.
5. It's an old car, isn't it?

UN POCO DE TODO

Un repaso de los capítulos 1–5

E. *Working with two other students, ask and answer questions according to the model.*

MODELO Atlanta → ENRIQUETA: ¿De dónde eres tú?
CECILIA: Soy de *Atlanta*.
EVA: Ah, eres *norteamericana*.
CECILIA: Sí, por eso hablo *inglés*.

1. Acapulco	**3.** Roma	**5.** Madrid	**7.** Berlín
2. París	**4.** San Francisco	**6.** Londres	**8.** Lisboa

F. *¿Quién es? Dé el nombre de la persona o profesión definida—un abuelo, un profesor, etcétera.*

1. Es viejo y retirado. Es casado y es padre de tres hijos; los hijos son padres también. Es _____.
2. Trabaja en una tienda. Vende blusas y suéteres. Acepta el dinero de los clientes. Es _____.
3. Es la hija de los abuelos de Juan. También es la hermana del padre de Juan. Es _____.
4. Estudian todos los días y todas las noches. Asisten a muchas clases fascinantes. Son _____.
5. Trabaja en una oficina. Escribe muchas cartas y usa mucho el teléfono. Es _____.

G. *Compose a want ad (**un anuncio**) for your local newspaper. Keep it simple and short and avoid complete sentences—you're paying by the word! Use the model as a guide.*

MODELO SE BUSCA SECRETARIA. Inteligente y con experiencia. Trabajo diario (*daily work schedule*) de 8 a 6. 35 dólares al día. Referencias necesarias.

Aquí hay unas posibilidades.
1. SE BUSCA PROFESOR(A) DE ESPAÑOL...
2. SE VENDEN LIBROS...
3. SE NECESITA DEPENDIENTE/A...

H. *Complete las oraciones en una forma lógica.*

1. (No) Comprendo _____.
2. Se vive bien en _____ porque hay _____.
3. Para ser buen estudiante, se debe _____.
4. En clase (no) necesitamos _____.
5. (No) Deseo hablar con _____.
6. El coche de mi profesor(a) es _____.
7. En mi familia hay _____.
8. La clase de español es _____.
9. Yo soy _____ y _____. No soy _____.

CAPÍTULO 6

LAS MODAS

VOCABULARIO: PREPARACIÓN

llevar / *to wear; to carry* **un par de zapatos (sandalias, botas, calcetines)** / *a pair of shoes (sandals, boots, socks)*

A. ¿Qué llevan?

1. El Sr. Rivera lleva _____.

2. La Srta. Alonso lleva _____.

3. El estudiante lleva _____.

4. La estudiante lleva _____.

B. ¿Qué artículos de ropa asocia Ud. con...?

¿las mujeres?   ¿los hombres?   ¿una fiesta formal?   ¿el dinero?
¿el estado de Alaska?   ¿el calor?   ¿un día de primavera?

C. ¿Qué se compra en una tienda de ropa?

Los colores			
amarillo/a	yellow	**negro/a**	black
anaranjado/a	orange	**pardo/a**	brown
azul	blue	**rojo/a**	red
blanco/a	white	**rosado/a**	pink
gris	gray	**verde**	green
morado/a	purple		

D. ¿Qué colores asocia Ud. con...?

¿el dinero?	¿la una de la mañana?	¿una mañana bonita?	¿una mañana fea?
¿Satanás?	¿los Estados Unidos?	¿una jirafa?	¿un pingüino?
¿un limón?	¿una naranja?	¿las flores (*flowers*)?	¿los *bluejeans*?
¿un elefante?	¿una rosa?	¿los zapatos de tenis?	¿el vino?

E. ¿De qué color es? Tell the color of things in your classroom.

> MODELOS   Los pantalones de Roberto son azules.
> El bolígrafo de Anita es amarillo.

Now describe what someone is wearing without revealing his or her name. Using your clues, can your classmates guess whom you are describing?

PRONUNCIACIÓN:

x, z, s

The letter **x** is usually pronounced [ks], as in English. Before a consonant, however, the [k] is often dropped and the resulting sound is simply an [s] sound, as in **texto** and **extranjero.**

Spanish **s** and **z**[1] are usually pronounced like the [s] in English *class* and *Sue*. Unlike English words ending in *-sion,* Spanish **-sión** words are not pronounced "*-shun.*"

Práctica

Pronounce the following words, phrases, sentences, and questions, following the indications in brackets.

1. [ks]   laxo   sexo   axial   existen   examen

2. [s]   explica   extra   sexto   extremo   extraterrestre

3. [s]   siempre   desea   desierto   discusión   pasión
                Buenas tardes, señora.   ¿Es jueves o viernes?   Siempre insisten.

4. [s]   zona   razón   zapatos   ¡zas!   cerveza
                un lápiz y una tiza (*chalk*)   ¿Hay gazpacho?

---

[1]In many parts of Spain, the letter **z** (like the letter **c**) before **e** and **i** is pronounced like *th* in English *thin.*

MINIDIÁLOGOS Y ESTRUCTURA

13

Tener, venir, querer, and *poder*

La aguafiestas de al lado

MIGUEL: Hola, Mariela. Habla Miguel. ¿No *vienes* a la fiesta?

MARIELA: No, Miguel. *Quiero* ir, pero no *puedo. Tengo* que estudiar.

MIGUEL: ¡*Tienes* que estudiar! ¿Cómo *puedes* estudiar con una fiesta en el apartamento vecino?

MARIELA: *Puedo* porque no *tengo* alternativa. Pero si *quieres, puedes* traerme una Coca. *Tengo* sueño y sed.

1. *¿Qué pregunta (asks) Miguel?*
2. *¿Por qué (why) no puede ir Mariela a la fiesta?*
3. *¿Tiene hambre Mariela?*
4. *¿Qué puede llevar Miguel para Mariela?*
5. *¿Es fácil o difícil estudiar con una fiesta en el apartamento vecino?*

Tener: *to have*	Venir: *to come*	Querer: *to want*	Poder: *to be able, can*
tengo	vengo	quiero	puedo
tienes	vienes	quieres	puedes
tiene	viene	quiere	puede
tenemos	venimos	queremos	podemos
tenéis	venís	queréis	podéis
tienen	vienen	quieren	pueden

The wet blanket next door MIGUEL: *Hi, Mariela. It's Miguel. Aren't you coming to the party?* MARIELA: *No, Miguel. I want to go, but I can't. I have to study.* MIGUEL: *You have to study! How can you study with a party in the next apartment?* MARIELA: *I can because I have no choice. But if you want to, you can bring me a Coke. I'm sleepy and thirsty.*

Yo forms of **tener** and **venir** are irregular: **tengo, vengo.** In other forms of **tener, venir,** and **querer,** when the stem vowel **e** is stressed, it becomes **ie: tienes, vienes, quieres,** and so on. Similarly, the stem vowel **o** in **poder** becomes **ue** when stressed. In vocabulary lists these changes are shown in parentheses after the infinitive: **poder (ue).**

[*Práctica A, B*]

Many ideas expressed in English with the verb *to be* are expressed in Spanish with **tener** idioms: **tener... años, calor, frío, hambre, prisa, razón, sed, sueño (Paso seis).** A similar idiom is **tener miedo (de)** (*to be afraid* [*of*]).

Other **tener** idioms include **tener ganas de** (*to feel like*) and **tener que** (*to have to*). The infinitive is always used after these two idiomatic expressions.

Tengo ganas de viajar.   *I feel like traveling.*
Tienen que descansar más.   *They have to rest.*

[*Práctica C, D, E, F, G*]

Práctica

A. Dé Ud. frases nuevas según las indicaciones.

  1. —Es la semana de exámenes. ¿Quién tiene muchos exámenes?
    —*Sara* tiene muchos exámenes. (*Pepe, nosotros, Alicia y Carlos, yo, tú, vosotras*)
  2. —Hay una fiesta del Club de Español a las nueve mañana. ¿Quién viene?
    —*Ramón* viene a la fiesta mañana. (*yo, los estudiantes, tú, Uds., nosotras, vosotros*)
  3. —¿Quién quiere viajar a Sud América?
    —*Ana* quiere viajar a Sud América, pero no puede. (*yo, ella, nosotros, todos los estudiantes, tú, vosotros*)

B. Form complete sentences by using one word or phrase from each column. Be sure to use the correct forms of the verbs. Make any of the sentences negative, if you wish.

tú		tener	pagar la comida
el profesor	(no)	venir	tarde a clase
yo		querer	un traje muy elegante
Uds.		poder	al restaurante a comer
_____ y yo			comprar un regalo para _____
_____			unos padres muy generosos
			a las siete de la noche _____

C. Dé Ud. frases nuevas según las indicaciones.

  1. —¡Hoy es un día terrible! ¿Qué sensaciones tiene Ud.?
    —Tengo *hambre.* (*sed, sueño, miedo, frío, ganas de descansar*)
  2. —¿Qué tiene Ud. que hacer esta noche (*do tonight*)?
    —Tengo que llegar a casa a tiempo. (*asistir a una clase a las siete, aprender unas palabras*

en español, leer la lección 6, estudiar toda la noche, hablar con un amigo)
—Pero... ¿qué tiene ganas de hacer?
—Tengo ganas de *descansar.* (*abrir una botella de cerveza, vender todos los libros de texto, vivir en otra ciudad, mirar* [to look at] *la televisión, comer en un buen restaurante*)

D. Complete los párrafos (*paragraphs*) siguientes con los modismos apropiados.

1. Alfonso llega al aeropuerto de Nueva York. Es el 4 de septiembre, y Alfonso lleva un suéter y un abrigo. Alfonso tiene _____. No tiene _____.
2. De repente (*suddenly*) una serpiente enorme entra en la clase. Todos tienen _____.
3. Amanda trabaja todos los días y estudia todas las noches. Es una estudiante fenomenal, pero no descansa mucho y siempre tiene _____. Y no tiene tiempo para comer bien; por eso siempre tiene _____.
4. Ernesto regresa a la universidad. Son las tres menos cinco, y tiene clase de matemáticas a las tres. Ernesto tiene _____.
5. Hay una fiesta porque hoy es el cumpleaños (*birthday*) del primo Antonio. Tiene 29 _____. Todos tienen _____ de venir a la fiesta.
6. Profesor: ¿Y la capital de la Argentina?
   Mariela: Buenos Aires.
   Celia: Cuzco.
   Mariela tiene _____ y Celia no tiene _____. Celia tiene que _____.
7. ¡Qué horrible! No hay bebidas en casa y yo tengo _____. Tengo _____ de tomar una Coca Cola.

E. ¿Cómo se dice en español?

1. Alice feels like buying a new T-shirt.
2. We want to travel with you (*familiar*).
3. Are you afraid of snakes?
4. I don't feel like watching television.
5. I can return home now.
6. They come to class every day.
7. We can't arrive on time.

F. Complete las oraciones en una forma lógica.

1. En mi familia, tengo _____.
2. Vengo a la clase de español de (*from*) _____.
3. Un día, quiero viajar a _____ porque _____.
4. Puedo hablar _____.
5. En la clase de español se puede (*one can*) _____.
6. En clase mañana, queremos _____.
7. Tengo muchos/as _____ en casa.
8. Muchos extranjeros vienen a los Estados Unidos de (*from*) _____.

Querer es poder

G. Complete the following sentences as the persons listed below might have. Be creative!

Quiero llevar _____,
Tengo ganas de llevar _____, } **pero tengo que llevar _____.**

1. una estudiante que asiste a una escuela privada muy conservadora
2. un «*hippy*» que trabaja en una oficina
3. un niño que tiene que asistir a la fiesta de cumpleaños de un amigo
4. un profesor de inglés muy liberal que enseña un año en Irán

Study Hint: Studying and Learning Verbs

Knowing how to use verb forms quickly and accurately is one of the most important parts of learning how to communicate in a foreign language. The following suggestions will help you recognize and use verb forms in Spanish.

*1. Study carefully any new grammar section that deals with verbs. Are the verbs regular? What is the stem? What are the personal endings? Don't just memorize the endings (***-o, -as, -a,** *and so on). Practice the complete forms of each verb (***hablo, hablas, habla,** *and so on) until they are "second nature" to you. Be sure that you are using the appropriate endings:* **-ar** *endings with* **-ar** *verbs, for example. Be especially careful when you write and pronounce verb endings, since a misspelling or mispronunciation can convey inaccurate information. Even though there is only a one-letter difference between* **hablo** *and* **habla** *or between* **habla** *and* **hablan,** *for example, that single letter makes a big difference in the information communicated.*

2. Are you studying irregular verbs? If so, what are the irregularities? Practice the irregular forms many times so that you "overlearn" them and will not forget them: **tengo, tienes, tiene, tienen.**

3. Once you are familiar with the forms, practice asking yourself short conversational questions using **tú/Ud.** *and* **vosotros/ Uds.** *Answer each question, using the appropriate* **yo** *or* **nosotros** *form.*
¿Hablas español? →
¿Habla español? →
   Sí, hablo español.
¿Comen Uds. en clase? →
¿Coméis en clase? →
   No, no comemos en clase.

4. It is easy to become so involved in mastering the forms of new verbs that you forget their meanings. However, being able to recite verb forms perfectly is useless unless you also understand what you are saying. Be sure that you always know both the spelling and the meaning of all verb forms, just as you must for any new vocabulary word. Practice using new verb forms in original sentences to reinforce their meaning.

5. Practice the forms of all new verbs given in the vocabulary lists in each chapter. Any special information that you should know about the verbs will be indicated either in the vocabulary list or in a grammar section.

14

Present tense of *dar, estar,* and *ir; ir* + *a* + infinitive

¿En la oficina del consejero matrimonial?

FEDERICO: ...y nunca *estás* en casa cuando yo regreso de la oficina.

MARICARMEN: *Estoy* de acuerdo, pero no puedo *estar* en casa con los niños todo el santo día. A veces *voy* de compras o...

SR. ALONSO: Perdón. El caso *está* muy claro. Un divorcio es la única solución.

MARICARMEN: Pero... un consejero debe *dar* consejos...

SR. ALONSO: Pero soy abogado. El consejero matrimonial *está* en la otra oficina.

1. ¿Dónde están Federico y Maricarmen?

2. ¿Cuál (what) es el problema de Federico? ¿Maricarmen está de acuerdo?

3. ¿Adónde va Maricarmen a veces? ¿Por qué?

4. ¿Cuál es la solución del Sr. Alonso? ¿Por qué da este (this) consejo?

5. ¿Dónde está el consejero matrimonial?

Dar: *to give*		Estar: *to be*		Ir: *to go*	
do**y**	damos	est**oy**	estamos	**voy**	**vamos**
das	dais	estás	estáis	**vas**	**vais**
da	dan	está	están	**va**	**van**

Estar: ¿Dónde **está** el parque? — *Where is the park?*
¿Cómo **está** Ud.? — *How are you?*
Estoy bien (mal, enfermo). — *I'm fine (not well, sick).*

Forms of **estar** are used to tell where someone or something is and to talk about how someone is feeling, one's condition or state of health.

Estar de acuerdo (con) means *to be in agreement (with)*.

¿No **están** Uds. **de acuerdo con** Pablo? — *Don't you agree with Pablo?*

Ir: **Vamos** al cine esta noche. — *Let's go to the movies tonight.*

The first person plural of **ir, vamos** (*we go, are going, do go*), is also used to express *let's go*.

Ir + a + *infinitive* is used to describe actions or events in the near future.

At the marriage counselor's office? FEDERICO: . . .*and you're never at home when I come back from the office.* MARICARMEN: *I agree, but I can't be at home with the kids the whole darned (blessed) day. Sometimes I go shopping or* . . . MR. ALONSO: *Pardon me. The case is very clear. A divorce is the only solution.* MARICARMEN: *But* . . .*a counselor should give advice* . . . MR. ALONSO: *But I'm a lawyer. The marriage counselor is in the other office.*

Voy a estudiar esta tarde.   *I'm going to study this afternoon.*

Van a venir a la fiesta esta noche.   *They're going to come to the party tonight.*

Práctica

A. Dé Ud. frases nuevas según las indicaciones.

  1. —¿Quién da consejos?
    —*Nosotros* damos consejos. (*Ud., yo, los profesores, Ud. y yo, la consejera, vosotros*)
  2. —¿Cómo están Uds.?
    —*Nosotros* estamos muy bien. (*yo, ellos, Javier, tú, Rita, vosotros*)
  3. —Los viernes todos van a la cafetería después de (*after*) la clase, ¿verdad?
    —Sí, *Fernando* va a la cafetería. (*tú, Rosalba, yo, nosotras, Ud., vosotros*)
  4. —¿Adónde van Uds. durante las vacaciones?
    —*Nosotros* vamos a Colombia. (*tú, yo, Uds., Sara, Pablo y Juan, vosotros*)
  5. —¿Quién va a llevar ropa de última moda?
    —*Los jóvenes* van a llevar ropa de última moda. (*nosotros, yo, tú, los actores, Gloria, vosotras*)

B. Form complete sentences by using one word or phrase from each column.

yo		dar	al cine con él
Bolivia	(no)	ir	en Suramérica
mis compañeros de clase		estar	muchas fiestas
tú			al mercado conmigo
nosotros			muy mal hoy
_____			dinero a las causas políticas
			a la fiesta en Río

C. Exprese con **ir + a + infinitivo,** según el modelo.

        MODELO   Raúl *habla* con Estela → Raúl *va a hablar* con Estela.

  1. Los niños aprenden mucho.
  2. Guillermina va al cine con Raúl el domingo.
  3. Entramos en la tienda a las ocho.
  4. Tú vendes el coche el lunes, ¿no?
  5. Termino los ejercicios y luego (*then*) vamos de compras.

D. ¿Cómo se dice en español? Describa Ud. el viaje (*trip*) de Juan y Marta. Use Ud. **ir + a + infinitivo** para expresar el tiempo futuro.

On Monday at ten P.M., we'll arrive in (**a**) Mexico City. On Tuesday we'll visit the Cathedral (**la catedral**) and the Pyramids (**las pirámides**) of Teotihuacán. On Wednesday we'll go to

En los países hispanos la ropa se compra en almacenes elegantes, en los mercados, en *boutiques* y también en tiendas grandes que son como las que (*those that*) se llaman *discount stores* en los Estados Unidos.

© 1979 Laimute E. Druskis/Taurus Photos

the Anthropological Museum (**Museo de Antropología**). On Thursday we'll buy presents at the Merced Market (**Mercado de la Merced**). We'll buy a blouse for Ana, a Mexican shirt for Dad, and sandals for you. Then, on Friday, we return home.

E. ¿Dónde están las siguientes ciudades?

1. ¿Amarillo? ¿Los Ángeles? ¿San Agustín? ¿Toledo? ¿Santa Fe? ¿Reno?
2. ¿Managua? ¿Guadalajara? ¿Buenos Aires? ¿La Habana? ¿Quito? ¿La Paz? ¿Bogotá?

F. ¿Con qué o con quién está Ud. de acuerdo?

1. (No) Estoy de acuerdo con la política de... (el presidente, los republicanos, los demócratas, el senador _____, Karl Marx, los capitalistas, _____)
2. (No) Estoy de acuerdo con las ideas de... (mis padres, mis abuelos, mis profesores, todos mis amigos, las instituciones religiosas, _____)

G. Complete las oraciones en una forma lógica.

1. Este (*this*) año voy a viajar a _____.
2. Mañana voy a llevar _____ a la clase porque _____.

3. Un día voy a tener _____.
4. Un día voy a ser _____.
5. Un día voy a comprar _____.
6. Un día voy a poder _____.
7. Esta noche voy a estudiar _____.
8. Esta noche voy a estar en _____.
9. Esta noche voy a comer en _____.
10. Mañana voy a llegar a clase a las _____.

H. ¿Qué vamos a hacer? Form sentences that tell where you are and one thing that you are going to do there. Follow the model.

> **MODELO**   en la clase → *Estamos* en la clase.
> *Vamos a cantar en español.*

1. en la clase
2. en el parque
3. en casa
4. en una fiesta (de cumpleaños)

5. en un restaurante o en un bar
6. en un mercado
7. en un almacén
8. en una tienda de ropa

UN PASO MÁS

Lectura cultural

Las modas

Por lo general los hispanos no se visten° muy informalmente. Es cierto que los jóvenes llevan ropa de última moda y las personas mayores° ropa más conservadora, pero, también es cierto que todos se visten más elegantemente que° aquí en los Estados Unidos.

    La tendencia hispánica es parecer° elegante en casi° todas las ocasiones. Es verdad que los *bluejeans* están de moda en muchas partes—especialmente entre los jóvenes—pero es preferible estar elegante cuando uno no está en casa. En muchos lugares, por ejemplo, se considera mala costumbre° para los hombres estar en la calle° con camisa de manga corta° y sin chaqueta. Tampoco° llevan ropa de colores brillantes. Los pantalones, los trajes y las chaquetas de color azul, negro o gris son preferibles.

se... dress

older

than

to seem, appear / almost

custom

street

de... short sleeve / Neither

Estas señoras de Cali, Colombia, miran a la modelo con mucha atención porque quieren estar al tanto (*be up to date*) de las últimas modas. En las tiendas de categoría (*quality*) se puede comprar ropa elegante diseñada (*designed*) por los diseñadores más famosos del mundo.

© 1981 Don Rutledge/Taurus Photos

    Se cree que hay pocas mujeres tan elegantes como° las hispánicas, y es verdad. En las ciudades grandes como Madrid, Barcelona, Buenos Aires, Lima, Caracas y Bogotá hay mujeres tan bien vestidas y peinadas como° las mujeres de París.

tan... *as elegant as*

tan... *as well dressed and coiffed as*

Comprensión

Check your comprehension of the reading selection by matching the sentence fragments in the two columns to form complete sentences. Then indicate whether each statement is true or false.

1. Los hispanos
2. Los jóvenes y los viejos
3. Los norteamericanos llevan ropa
4. En la calle un hombre hispano tiene que llevar
5. Muchos hombres hispanos llevan
6. Las mujeres hispanas no

a. llevan el mismo estilo de ropa.
b. no se visten (*dress*) exactamente como los norteamericanos.
c. camisa de manga corta.
ch. más elegante que los hispanos.
d. camisas rojas en todas las ocasiones.
e. son tan elegantes como las francesas.

Ejercicios escritos

A. ¿Qué lleva Ud.?

1. Llevo _____ a una fiesta.

2. Llevo _____ cuando paso el día en casa.

3. Cuando asisto a mis clases, llevo _____.

4. Cuando voy de compras, llevo _____.

B. Complete el párrafo siguiente sobre las modas en los Estados Unidos.

En los Estados Unidos la individualidad es importante en las modas. Por ejemplo, los estudiantes llevan _____, pero los profesores _____. También son diferentes los estilos de los jóvenes y los viejos. Las madres llevan _____ y los padres _____. Pero yo, cuando bailo en una discoteca (estudio en la biblioteca, trabajo en casa) llevo _____.

VOCABULARIO

VERBOS

dar (*irreg.*) to give
descansar to rest
entrar (en) to enter, go in
estar (*irreg.*) to be
ir (*irreg.*) to go
mirar to look (at), watch
poder (ue) to be able, can
querer (ie) to want
tener (ie + *irreg.*) to have
venir (ie + *irreg.*) to come
viajar to travel

SUSTANTIVOS

el abrigo coat
la blusa blouse
la bolsa purse
la bota boot
los calcetines socks
la camisa shirt
la camiseta T-shirt
la cartera wallet
el cine movies, movie theater

el color color
el consejo advice
el cumpleaños birthday
la chaqueta jacket
la falda skirt
el impermeable raincoat
las medias stockings
los pantalones pants
el par pair
el parque park
la sandalia sandal
el suéter sweater
el traje suit; costume
el vestido dress
el zapato shoe

ADJETIVOS

amarillo/a yellow
anaranjado/a orange
azul blue
blanco/a white
gris gray
morado/a purple

negro/a black
pardo/a brown
rojo/a red
rosado/a pink
verde green

PALABRAS Y EXPRESIONES ÚTILES

¿adónde? where (to)?
¿cuál? which?
de acuerdo con in agreement with
de (última) moda in (the latest) fashion
en casa at home
esta noche tonight
luego then, next
tener...
  ganas de (+ *inf.*) to feel like (*doing something*)
  miedo (de) to be afraid (of)
  que (+ *inf.*) to have to (*do something*)

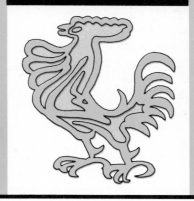

CAPÍTULO 7

LA VIDA SOCIAL

VOCABULARIO: PREPARACIÓN

la amistad

la cita

el amor

el noviazgo

la boda

la luna de miel

el matrimonio

el divorcio

LAS RELACIONES SENTIMENTALES **el novio** / *boyfriend; fiancé; groom* **la novia** / *girlfriend; fiancée; bride* **el esposo** / *husband* **la esposa** / *wife*
MÁS ADJETIVOS **moreno/a, trigueño/a** / *brunet, brunette* **rubio/a** / *blond, blonde* **cariñoso/a** / *affectionate*

A. ¿Cierto o falso? Conteste **cierto, falso** o **depende.**

    1. El amor verdadero (*real*) no existe.

    2. El noviazgo debe ser largo y formal.

    3. El matrimonio es una obligación social necesaria.

    4. Un novio/una novia es una limitación.

    5. Las bodas grandes y formales son una tontería (*foolish thing*).

    6. Un novio debe ser alto, moreno (trigueño) y guapo.

    7. En una cita, la mujer debe pagar todo.

    8. Las mujeres rubias no son muy inteligentes.

    9. La amistad entre los ex-esposos es posible después de (*after*) un divorcio.

    10. Los esposos deben trabajar; las esposas deben estar en casa con los niños.

    11. Vivir con el novio/la novia es una alternativa del matrimonio.

    12. La luna de miel es un concepto anticuado.

Now make up two similar true/false items and present them orally to your classmates.

B. Unscramble the following phrases to form the definitions of the words on the left.

    1. el amor: relación / entre / cariñosa / novios / los

    2. la amistad: dos / entre / amigos / relación

    3. el divorcio: matrimonio / cuando / un / termina / se

    4. el matrimonio: esposos / legal / entre / relación

    5. el noviazgo: matrimonio / al / preludio

    6. la cita: pasar tiempo / o / el novio / un amigo / con

    7. la novia: antes de (*before*) / boda / esposa / la

    8. la luna de miel: después de / viaje (*trip*) / boda / la

Estos novios españoles toman una cerveza en el Parque del Buen Retiro de Madrid. Hoy día los jóvenes salen sin chaperona, especialmente en las ciudades grandes, pero las parejas frecuentemente salen con otras parejas o con miembros de su pandilla (*group of friends*).

Helena Kolda/Photo Researchers, Inc.

Más preposiciones			
cerca de	close to	**a la izquierda (derecha) de**	to the left (right) of
lejos de	far from	**antes de**	before (*time*)
delante de	in front of	**después de**	after (*time*)
detrás de	behind		

C. ¿Dónde está _____?

MODELO   el hospital → *El hospital está a la derecha del cine.*

1. el bar
2. la ambulancia
3. el cine
4. la iglesia
5. el cura (*priest*)

6. los novios
7. el niño
8. los árboles (*trees*)
9. la mamá
10. el parque pequeño

D. Preguntas

1. ¿Qué hace Ud. (*do you do*) antes de la clase de español? ¿y después? ¿Tiene otra clase después de la clase de español?
2. ¿Adónde va Ud. después de estudiar en la biblioteca toda la tarde?
3. ¿Quién está delante de Ud. ahora? ¿detrás de Ud.? ¿a la izquierda de Ud.? ¿a la derecha?

MINIDIÁLOGOS Y ESTRUCTURA

¿Recuerda Ud.?

*Review the present tense forms and uses of **ser** and **estar** before beginning Section 15.*

SER:	soy	eres	es
	somos	sois	son
ESTAR:	estoy	estás	está
	estamos	estáis	están

**¿Cómo se dice en español?
Use el verbo *ser*.**
1. Tomás is a professor.
2. He's tall and handsome.
3. He's from Spain.
4. He isn't French.
5. It's María's sweater.
6. It's not for you.
7. The table is very cheap.
8. It's (*made of*) plastic.
9. It's necessary to study.
10. Is it 2:30?

**¿Cómo se dice en español?
Use el verbo *estar*.**
1. Where is the park?
2. It's near the church.
3. How are you (**Uds.**)?
4. I'm fine, thanks.
5. She's very sick today.
6. We don't agree with you.

15

Ser versus estar

Una conversación telefónica con un(a) esposo/a que *está* en un viaje de negocios.

Aló... ¿Cómo *estás*, mi amor?... ¿Dónde *estás* ahora?... ¿Qué hora *es* ahí?... ¡Uyy!, *es* muy tarde. ¿Qué tiempo hace?... Y el hotel, ¿cómo *es*?... ¿Cuánto cuesta por noche?... *Es* bien barato. ¿Qué haces ahora?... Ay, pobre, *estás* muy ocupado/a. ¿Con quién vas a *estar* mañana?... ¿Quién *es* el dueño de la compañía?... Ah, él *es* de Cuba, ¿verdad?... Bueno, mi vida, ¿adónde vas luego?... ¿Y cuándo vas a regresar?... *Está* bien, querido/a. Hasta luego, ¿eh?... Adiós.

¿Qué contesta (answers) la otra persona?
Aló... → **Aló.** →
¿Cómo estás, mi amor?... etcétera.

SUMMARY OF THE USES OF **SER**

1. to link the subject of a sentence to a NOUN — Ella **es doctora.**

2. to express NATIONALITY; with **de** to express ORIGIN — **Son cubanos. Son de Cuba.**

3. with **de** to tell what MATERIAL something is made of — El bolígrafo **es de plástico.**

4. with **para** to tell WHOM SOMETHING IS FOR — El regalo **es para ti.**

5. to tell TIME and to express DATES — **Son las once. Es el doce de marzo.**

6. with **de** to express POSSESSION — **Es de Carlota.**

7. with ADJECTIVES that describe BASIC, INHERENT CHARACTERISTICS — Ramona **es inteligente.**

8. in many IMPERSONAL EXPRESSIONS — **Es necesario** llegar a tiempo. **Es importante** estudiar.

A phone conversation with a husband/wife who is on a business trip
Hello . . . How are you, dear? . . . Where are you now? . . . What time is it there? . . . My, it's very late. What's the weather like? . . . And how's the hotel? . . . How much is it per night? . . . It's very inexpensive. What are you doing now? . . . Poor dear, you're very busy. Whom are you going to be with tomorrow? . . . Who is the owner of the company? . . . Ah, he's from Cuba, isn't he? . . . Well, dear, where are you going next? . . . And when are you coming home? . . . OK, dear. Talk to you soon. . . . Bye.

```
┌─────────────────────────────────────────────────────────────────────┐
│              SUMMARY OF THE USES OF ESTAR                             │
│                                                                       │
│ 1. to tell LOCATION              El libro está en la mesa.            │
│ 2. to describe HEALTH            Paco está enfermo.                   │
│ 3. with ADJECTIVES that describe CON-   Estoy muy ocupada.            │
│    DITIONS                                                            │
│ 4. in a number of FIXED EXPRESSIONS   (No) Estoy de acuerdo. Está bien. Está │
│                                       claro.                          │
└─────────────────────────────────────────────────────────────────────┘
```

Ser versus estar with adjectives

Ser is used with adjectives that describe the basic character-istics or inherent qualities of a person, place, or thing.

La amistad es **importante**.	*Friendship is important.*
Son **cariñosos**.	*They are affectionate (people).*
La novia es **morena** pero el novio es **rubio**.	*The bride is brunette, but the groom is blond.*

Estar is used with adjectives to express conditions. The following adjectives are commonly used with **estar:**

furioso/a	*furious*	**limpio/a**	*clean*
nervioso/a	*nervous*	**abierto/a**	*open*
cansado/a	*tired*	**cerrado/a**	*closed*
ocupado/a	*busy*	**contento/a, alegre**	*happy*
aburrido/a	*bored*	**triste**	*sad*
sucio/a	*dirty*		[*Práctica A*]

Some adjectives can be used with either **ser** or **estar**, de-pending on what the speaker intends to communicate. In general, when *to be* implies *looks, tastes, feels,* or *appears,* **estar** is used. Compare the following pairs of sentences:

¿Cómo **es** Amalia? Ella **es** simpática.	*What is Amalia like (as a person)? She is nice.*
¿Cómo **está** Amalia? Ella **está** enferma.	*How is Amalia (feeling)? She's feeling sick.*
Daniel **es** guapo.	*Daniel is handsome. (He is a handsome person.)*
Daniel **está** muy guapo esta noche.	*Daniel looks very nice (hand-some) tonight.*
Este plato mexicano **es** muy rico.	*This Mexican dish is delicious.*
Este plato mexicano **está** muy rico.	*This Mexican dish is (tastes) great.*

[*Práctica B, C, D, E, F, G*]

Práctica

A. Cambie por un antónimo.

1. Estoy muy *enfermo*.
2. Todos están *aburridos*.
3. La blusa está *sucia*.
4. ¿Está *abierta* la iglesia?
5. Daniel está *triste*, ¿no?
6. El novio está muy *tranquilo* ahora.

B. Por lo general, ¿se usa **ser** o **estar** con estas palabras?

1. norteamericano
2. sucio
3. ocupado
4. bien
5. viejo
6. claro
7. interesante
8. de acuerdo
9. rubio
10. abierto
11. rojo
12. difícil
13. cerrado
14. alegre
15. cansado

C. Form complete sentences by using one word or phrase from each column.

1. El vaso (*glass*) — es / está — de cristal / en la mesa / alto / de Pedro / verde / limpio / para mí

2. Los jóvenes — son / están — de acuerdo conmigo / cansados / franceses / a la derecha de sus abuelos / enfermos / simpáticos / muy tristes hoy / de San Francisco / amigos de la familia / ocupados / en Los Ángeles / aburridos ahora / nerviosos

D. Complete las oraciones con la forma correcta de **ser** o **estar**. Explique por qué.

1. Anita y Raúl *son* estudiantes.
2. *Estoy* muy cansada, pero tengo que trabajar más.
3. La familia Martínez *es* de Chile.
4. *Es* las ocho y cuarto.
5. Todo *está* bien, querido.
6. El dependiente *está* cerca del cliente.
7. Enero *es* un mes de invierno.
8. Bogotá *está* en Colombia.
9. Hoy *es* el veinte de noviembre.
10. ¿Cómo *estás* hoy, Juanita?
11. *Es* importante escuchar (*to listen*) bien.
12. Ahora yo *estoy* en casa.
13. El pasaporte *es* de Carmen.
14. El carro azul *es* para mi hermana.
15. La tienda de ropa *está* cerrada hoy.
16. El coche pequeño *es* de metal y plástico.
17. Los zapatos *son* negros.
18. Ahora nosotros *estamos* de acuerdo, ¿verdad?
19. Tú *es* peruano, ¿verdad?
20. Los novios *están* en su (*their*) luna de miel.

E. ¿Cómo se dice en español?

1. The red book is for you. *El libro rojo es para ti.*
2. It's necessary to listen well. Is that clear? *Necesario escuchar bien. ¿Está claro?*
3. The tacos are (*taste*) good. *Los tacos están buenos.*
4. You look very handsome tonight. *Estás muy guapo esta noche.*
5. The fiancée is from Los Ángeles. *La novia es de L.A.*
6. The department store is far from the market. *El almacén está lejos del mercado.*

F. Complete the following sentences by telling how you feel.

1. Cuando recibo una A en un examen, estoy *contenta*.
2. Cuando tengo que trabajar mucho, estoy *cansada*.

3. Cuando no puedo estar con mis amigos, estoy _triste._
4. Cuando estoy en clase, _aprendo._
5. Cuando llueve, _estoy en la casa._
6. Cuando hace mucho sol, _nado_
7. Cuando otra persona habla y habla y habla, _escucho._
8. Cuando tengo problemas con el coche, _aterrorizome. / tengo pánico._
9. Cuando no tengo una cita para el sábado, _hago otras cosas._

G. Assume the identity of a famous person (television or movie personality, recording artist, or sports figure, for example). Your classmates will ask you yes/no questions in order to determine your identity. They may ask about your place of origin, your basic personal characteristics, your nationality, your profession, and so on. Here are some possible questions:

1. ¿Es Ud. hombre? ¿mujer? ¿niño/a?
2. ¿Es Ud. viejo/a? ¿joven? ¿guapo/a? ¿rubio/a? ¿moreno/a?
3. ¿Es de los Estados Unidos? ¿del Canadá?
4. ¿Está en _____ (lugar) ahora?
5. ¿Es Ud. actor/actriz? ¿atleta? ¿músico/a?
6. ¿Está muy ocupado/a ahora? ¿muy contento/a con la vida?

16
Interrogatives

El interrogatorio

1. ¿Dónde está el prisionero?
2. ¿Quiénes son los otros hombres? ¿Son policías o terroristas?
3. ¿Cómo está el prisionero en este momento (*right now*)?

¿Cómo?	How?	**¿De quién(es)?**	Whose?
¿Cuándo?	When?	**¿Dónde?**	Where?
¿A qué hora?	At what time?	**¿De dónde?**	From where?
¿Qué?	What? Which?	**¿Adónde?**	Where (to)?
¿Cuál(es)?	What? Which one/ones?	**¿Cuánto/a?**	How much?
¿Por qué?	Why?	**¿Cuántos/as?**	How many?
¿Quién(es)?	Who?		

El noviazgo tradicionál es más largo en el mundo hispano que en los Estados Unidos. En la ceremonia de la boda, es posible que el padre de la novia sea (*be*) el padrino de boda (*best man*).

© 1982 *Kennett Garrett/Woodfin Camp & Associates*

In Spanish, *interrogative words* (**palabras interrogativas**) always have an accent over the stressed vowel. Remember to use an inverted question mark before each question. The interrogative word always comes first and is usually followed by the verb: **¿Dónde vive Carlos?** The interrogative adjective **¿cuánto/a/os/as?** is followed by a noun: **¿Cuántas citas tienes?**

¿Qué? versus *¿cuál?*

¿Qué? asks for a definition or an explanation.

¿Qué es esto?	*What is this?*
¿Qué quieres?	*What do you want?*

¿Cuál(es)? asks the person who answers to make a choice or selection.[1]

¿Cuál es el teléfono de Ana?	*What is Ana's phone number?* (Which of the many possible numbers is hers?)

---

[1]**¿Cuál(es)?** is not generally used as an adjective.

¿Cuál de los dos libros quieres?	*Which of the two books do you want?*

but

¿Qué libro quieres?	*Which (what) book do you want?*

¿**Cuáles** son los países latinoamericanos?	*What are the Latin American countries?* (Which of all the countries of the world are Latin American?)
¿**Cuál** es la capital de Uruguay?	*What is the capital of Uruguay?* (Which of all its cities is the capital?)

¿Por qué?

¿**Por qué?**, written as two words and with an accent mark, means *why?* **Porque**, written as one word and with no accent, means *because*.

¿**Por qué** no escuchas?	*Why don't you listen?*
Porque no quiero.	*Because I don't want to.*

Interrogatives with ¿dónde?

¿**Dónde?** asks about location, ¿**de dónde?** asks about origin, and ¿**adónde?** asks about destination.

¿**Dónde** está Bolivia?	*Where is Bolivia?*
¿**De dónde** son esos estudiantes extranjeros?	*Where are those foreign students from?*
¿**Adónde** quieres ir?	*Where do you want to go?*

Práctica

A. What interrogative words do you associate with the following information?

1. A las doce. *A qué hora*
2. Muy bien. *Cómo*
3. Mi esposo. *Quién*
4. En la discoteca. *Dónde*
5. En primavera. *Cuándo,*
6. Porque no puedo. *Porque*
7. Los novios. *Quiénes*
8. Mucho dinero. *Cuánto*
9. Cuatro hijos. *Cuántos*
10. A la izquierda. *(a)dónde*

B. Form the questions that result in the following answers:

¿Qué/¿Cuál?

1. Es un peso mexicano. *Qué*
2. Sacramento es la capital de California.
3. Es 2-75-40-19.
4. Quiero usar el carro de Mario.
5. Voy a llevar el vestido azul.
6. El tango es un baile argentino.
7. Hace mucho frío en enero.
8. El novio de Alicia es el hombre moreno.

¿Quién/¿Quiénes/¿De quién?

1. Shirley MacLaine es una actriz muy famosa.
2. Las damas de honor son mis hermanas.
3. Sara y Anita siempre comprenden todo.
4. La novia está en la iglesia.
5. Son las sandalias de Pepita.

¿Dónde/¿De dónde/¿Adónde?

1. Son de Francia. *De dónde*
2. Quiero viajar a Colombia. *a d.*
3. Los novios van a la iglesia. *a d.*
4. El cine está en la calle Vallejo (*Vallejo Street*). *d.*
5. Hay mucha contaminación en las ciudades grandes. *d.*
6. Está muy lejos de aquí. *d.*

¿Cuándo/¿A qué hora/¿Cuánto/a/¿Cuántos/as?

1. Pues tengo mucho dinero. *Cuánto*
2. Llegamos a las diez. *a qué hora*
3. Tienen cuatro hijos. *Cuántos*
4. Carlota tiene once blusas. *cuántas*

5. Hace frío en la Argentina en julio. *cuándo*
6. Voy a escuchar el programa a las ocho. *a qué hora*
7. Vamos a comer contigo hoy. *cuándo*
8. Hay veinte personas delante del bar. *cuántas*

C. What question is being asked by each of the following persons?

1. *a qué hora*

2. *qué cuál dónde*

3. *qué de quién para quién*

4. *cuál ¿ dónde*

5. *Cuánto Cuántos dólares*

6. *quién y qué*

D. Use interrogatives to form as many questions as you can about each of the preceding pictures.

      MODELO   dibujo 1: ¿Dónde está el cine?
                            ¿Cuántas personas van al cine?
                            ¿Quién es el joven?

E. Entrevista. Without taking notes, interview another student by asking the following questions or any others like them that occur to you. Then present as much of the information as you can to your classmates.

1. ¿De dónde eres? ¿Dónde vives ahora?
2. ¿Adónde quieres viajar algún día (*some day*)?
3. ¿Qué estudias? ¿Por qué estudias español?
4. ¿Cuántos hermanos tienes? ¿cuántos primos? ¿cuántas clases?
5. ¿Cómo eres? ¿Qué tipo de persona eres?

17
Present tense of *hacer*, *poner*, and *salir*

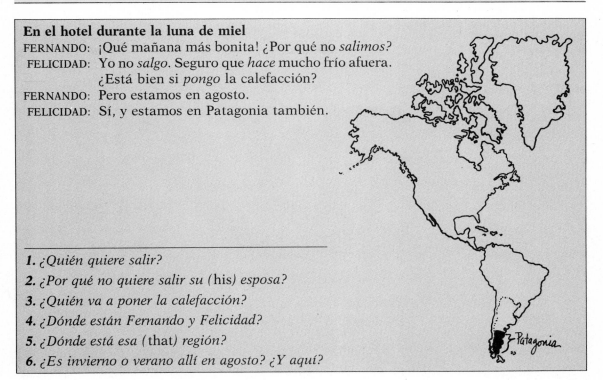

En el hotel durante la luna de miel
FERNANDO: ¡Qué mañana más bonita! ¿Por qué no *salimos?*
FELICIDAD: Yo no *salgo.* Seguro que *hace* mucho frío afuera. ¿Está bien si *pongo* la calefacción?
FERNANDO: Pero estamos en agosto.
FELICIDAD: Sí, y estamos en Patagonia también.

1. ¿Quién quiere salir?
2. ¿Por qué no quiere salir su (his) esposa?
3. ¿Quién va a poner la calefacción?
4. ¿Dónde están Fernando y Felicidad?
5. ¿Dónde está esa (that) región?
6. ¿Es invierno o verano allí en agosto? ¿Y aquí?

At the hotel during the honeymoon FERNANDO: *What a pretty morning! Why don't we go out?* FELICIDAD: *I'm not going out. It's sure to be very cold out. Is it okay if I put on the heat?* FERNANDO: *But it's August. (But we're in the month of August.)* FELICIDAD: *Yes, and we're in Patagonia, too.*

Hacer: to do; to make		Poner: to put, to place		Salir: to leave, go out	
hago	hacemos	pongo	ponemos	salgo	salimos
haces	hacéis	pones	ponéis	sales	salís
hace	hacen	pone	ponen	sale	salen

Hacer:

¿Por qué no **haces** los ejercicios?	*Why don't you do the exercises?*
Hago tortillas.	*I'm making tortillas.*

Hacer un viaje means *to take a trip.*

Quieren **hacer un viaje** al Perú.	*They want to take a trip to Peru.*

Remember that the third person singular of **hacer** is used in many weather expressions: **hace frío, hace calor,** and so on (**Paso cinco**).

En los países hispánicos no hay tanta separación entre las generaciones como existe frecuentemente en los Estados Unidos, y las ocasiones sociales muchas veces son familiares. Con frecuencia los niños asisten a las fiestas con sus padres y otros parientes, como pasa en esta fiesta que se celebra en Jerez de la Frontera, España.

Walter D. Hartsough

Poner:

Siempre **pongo** mucho azúcar en el café.	*I always put a lot of sugar in my coffee.*

With appliances, **poner** means *to turn on.*

Voy a **poner** la radio.	*I'm going to turn on the radio.*

Salir:

Salen de la clase temprano.	*They're leaving class early.*

Salir is always used with **de** when followed by a place. **Salir con** can also mean *to go out with.*

Salgo con el hermano de Cecilia.	*I'm going out with Cecilia's brother.*

Salir with **para** expresses destination.

Salimos para la playa mañana.	*We're leaving for the beach tomorrow.*

Práctica

A. Dé Ud. frases nuevas según las indicaciones.

1. —Es importante ser muy activo. ¿Quién hace ejercicio todos los días?
   —*El profesor* hace ejercicio todos los días. (*tú, Raúl, yo, Lilia y yo, Uds., vosotros*)
2. —Todos entran en el teatro a las siete y media. ¿A qué hora salen?
   —*Susana* sale del teatro a las once. (*yo, tú, nosotros, el actor, Ud., vosotros*)
3. —Todos *quieren* escuchar un programa interesante. ¿Quién pone la radio?
   —*La tía* pone la radio. (*yo, Gabriela, tú, nosotros, Uds., vosotras*)

B. Form complete sentences by using one word or phrase from each column.

yo		hacer	un viaje a Puerto Rico en otoño
el esposo	(no)	salir	con una latina
tú		poner	los ejercicios en el cuaderno
Tito y yo			la televisión
			hielo (*ice*) en el vaso
			para Buenos Aires
_____			mucho azúcar en el café
			de casa a las cinco

C. You're going to take a trip, and you have to pack your suitcase. Tell what you're going to pack, using the sentence given below. The next person will repeat what you said and add one item, and so on. How long can you keep the sentence going?

Hago un viaje y en mi maleta pongo _____ .

D. Imagine que Ud. sale con una persona famosa. ¿Con quién sale y adónde van Uds. o qué van a hacer?

Salgo con _____. Vamos a _____.

E. Preguntas

1. ¿Qué pone Ud. en el café? ¿en el té? ¿en una limonada? ¿Pone Ud. hielo en los refrescos (*soft drinks*) en invierno? ¿en verano?

2. ¿Qué hace Ud. en verano? ¿en invierno? ¿el día de su (*your*) cumpleaños? ¿en setiembre? ¿los sábados?

3. ¿A qué hora sale Ud. de la clase de español? ¿de otras clases? ¿Le gusta salir temprano? ¿Siempre sale Ud. temprano para la universidad? ¿Sale tarde a veces (*at times*)?

UN PASO MÁS

Actividades

A. **¿Dónde está la escalera** (*step ladder*)? Prepare Ud. una descripción de lo que (*what*) pasa en el dibujo. Puede usar las siguientes preguntas como guía y debe inventar los detalles (*details*) necesarios.

1. ¿Qué hora es?

2. ¿Quién es el novio? ¿Cómo es?

3. ¿Quién es la novia? ¿Cómo es ella?

4. ¿Por qué no quieren tener una boda grande?

5. ¿A quién lleva la novia? (Lleva a...) ¿Por qué?

6. ¿Está contenta la novia en este momento?

7. ¿Adónde van a pasar la luna de miel?

8. ¿Van a estar contentos en el matrimonio o van a tener problemas? Explique.

B. Extending and accepting or rejecting invitations gracefully takes practice in any language. The following phrases will help you be prepared when the occasion arises.

¿Estás libre esta noche?	*Are you free tonight?*
¿Tienes tiempo para (tomar un café, ir a la...)?	*Do you have time (for a cup of coffee, to go to . . .)?*
Cómo no. Claro.	*Of course. Surely.*
Perfecto. De acuerdo.	*Perfect (OK, fine). Agreed.*
Lo siento, pero...	*I'm sorry, but . . .*

Es imposible porque...   *It's impossible because . . .*
  tengo un examen mañana.   *I have a test tomorrow.*
  ya tengo planes.   *I already have plans.*

Using variations of these phrases and your imagination, create a dialog illustrating one or more of the following situations.

1. Dos personas están en el museo. Las dos miran una pintura famosa. Él quiere hablar con ella y ella con él. Uno de ellos inicia la conversación y luego invita a tomar un café.
2. Un(a) estudiante invita a otro/a estudiante a ir al cine. Él/ella quiere ir, pero no puede.
3. Un joven de catorce años invita a una chica de trece años a una fiesta. Los dos están muy nerviosos.
4. Dos personas van a una fiesta. Tienen que arreglar (*to arrange*) todos los detalles: a qué hora van a salir, qué ropa van a llevar, cómo van, etcétera.

VOCABULARIO

VERBOS

escuchar to listen (to)
hacer (*irreg.*) to do, make
poner (*irreg.*) to put, place
salir (*irreg.*) to go out, leave

SUSTANTIVOS

la amistad friendship
el amor love
el azúcar sugar
la boda wedding
la cita date, appointment
el divorcio divorce
el hielo ice
la iglesia church
la luna de miel honeymoon
el matrimonio marriage, married couple
la novia girlfriend, fiancée, bride
el noviazgo courtship,
engagement
el novio boyfriend, fiancé, groom
el teléfono telephone number
el vaso glass
la vida life

ADJETIVOS

abierto/a open
aburrido/a bored; boring
cansado/a tired
cariñoso/a affectionate
cerrado/a closed
contento/a happy
enfermo/a sick
furioso/a angry
limpio/a clean
moreno/a brunet, brunette
nervioso/a nervous
ocupado/a busy
rubio/a blond, blonde
sucio/a dirty
trigueño/a brunet, brunette

PALABRAS Y EXPRESIONES ÚTILES

a la derecha de to the right of
a la izquierda de to the left of
antes de before (*with time*)
cerca de near
¿cuándo? when
¿cuánto/a? how much?
¿cuántos/as? how many?
delante de in front of
después de after (*with time*)
detrás de behind
está bien it's OK (fine)
está claro it's clear (obvious)
hacer un viaje to take a trip
lejos de far from
tarde late
temprano early

CAPÍTULO·8

LOS DEPORTES

VOCABULARIO: PREPARACIÓN

el básquetbol

el tenis

el hockey

el golf

el vólibol

el béisbol

correr
(el footing)

el
fútbol
norteamericano

nadar

pasear
en
bicicleta
(el ciclismo)

el fútbol

esquiar

ganar / *to win* **jugar** / *to play (sports)*[1] **perder** / *to lose*[2] **el equipo** / *team* **el partido** / *game, match*

---

[1]The verb **jugar** is often followed by **al** when used with the name of a sport: **jugar al tenis, jugar al fútbol,** and so on. Some Spanish speakers, however, omit the **al.**

[2]Both **jugar** and **perder** are stem-changing verbs; you will learn how to conjugate them in Section 18.

Muchos deportes de origen norte-americano o inglés también son populares en el mundo hispánico. Este joven español practica el básquetbol, palabra de origen inglés que se ha adaptado (*has been adapted*) al español.

© Owen Franken/Stock, Boston

A. Complete las oraciones en una manera lógica.

1. En los Estados Unidos, el ____ es el deporte nacional, creo yo.
2. Jugamos al ____ en primavera.
3. En otoño jugamos al ____.
4. En invierno, ____ en la nieve (*snow*).
5. Cuando hace calor, se puede ____.
6. No se puede ____ cuando llueve.
7. En un partido, me gusta ganar; no me gusta ____.
8. Los «Padres» de San Diego son un ____ de béisbol; ____ son otro.

B. **¿Es Ud. deportista** (*sports fan*)? What are you most likely to do on each of these occasions? Mark your answers and score yourself. (The scoring system is at the bottom of the page.) Then refer to the **Interpretaciones,** which follow the test. Does the interpretation of your score describe you accurately?

1. El lunes por la noche me gusta _____.
   a. mirar «El partido de la semana» (fútbol norteamericano)
   b. escuchar música clásica   c. jugar al vólibol con mis amigos/as
2. En verano si tengo un día libre (*free*) _____.
   a. tomo el sol (*I sunbathe*) pero no nado   b. nado
   c. paso unas horas bajo (*under*) un árbol y leo una novela
3. Es sábado y termino todas las cosas que tengo que hacer. Luego _____.
   a. juego al tenis   b. leo *Sports Illustrated*   c. escribo cartas
4. Es un día de invierno. Hace mucho frío y nieva. Quiero _____.
   a. esquiar o jugar en la nieve   b. dormir una siesta (*to take a nap*)
   c. mirar los Juegos Olímpicos en la televisión
5. Es el 4 de julio y hace unos 40 grados (*104°F*) a la sombra (*shade*). Voy a _____.
   a. tomar limonada   b. jugar al béisbol
   c. hablar de los deportes con los miembros de mi familia
6. Cuando miro el *Superbowl* en la televisión, estoy _____.
   a. contento/a   b. descontento/a; prefiero estar en el estadio (*stadium*)   c. aburrido/a

☐ TOTAL

Interpretaciones	
0–3 puntos	Para Ud. los deportes son de poco interés—Ud. cree que son una pérdida (*waste*) de tiempo.
4–8 puntos	Los deportes tienen cierto interés para Ud., pero Ud. prefiere verlos (*to see them*), leer y hablar de ellos; Ud. participa poco.
9–12 puntos	Ud. sí es muy deportista. Debe ser una persona muy activa.

C. Make up definitions of sports terms and present them orally to your classmates, who will guess the term defined.

> **MODELOS**   Hay nueve jugadores (*players*) en un equipo.
> Es un deporte que se practica individualmente; no se juega en equipo.
> Se juega con una raqueta y una pelota (*ball*).

Scoring. 2 puntos: 1-c, 2-b, 3-a, 4-a, 5-b, 6-b; 1 punto: 1-a, 2-a, 3-b, 4-c, 5-c, 6-a; 0: 1-b, 2-c, 3-c, 4-b, 5-a, 6-c

MINIDIÁLOGOS Y ESTRUCTURA

18
Present tense of stem-changing verbs

Un viaje con el equipo

ESTEBAN: ¿Cómo *piensan* ir Uds., en tren o en avión?
MICAELA: Pensamos ir en autobús.
ESTEBAN: ¿Por qué? Es más cómodo ir en avión y se llega antes.
MICAELA: Sí, pero no tenemos prisa. En realidad, las chicas *prefieren* ir en autobús. Creen que es más divertido.
ESTEBAN: ¡Hombre, eso es salir de Guatemala y entrar en Guatepeor! Por lo menos, ¿por qué no *vuelven* en avión?

1. *¿Cómo piensan ir Micaela y el equipo?*
2. *¿Es más cómodo ir en autobús o en avión?*
3. *¿Cómo se llega antes?*
4. *¿Cómo prefieren ir las chicas? ¿Por qué?*
5. *¿Qué es Guatemala? Y Guatepeor, ¿existe?*

e → ie	o(u) → ue	e → i
Pensar (ie): *to think*	Volver (ue): *to return*	Pedir (i): *to ask for, order*
pienso pensamos piensas pensáis piensa piensan	vuelvo volvemos vuelves volvéis vuelve vuelven	pido pedimos pides pedís pide piden

You have already learned two *stem-changing verbs* (**verbos que cambian el radical**): **querer** and **poder.** In these verbs the stem vowels **e** and **o** become **ie** and **ue**, respectively,

---

A trip with the team ESTEBAN: *How do you plan to go, by train or by plane?* MICAELA: *We plan to go by bus.* ESTEBAN: *Why? It's more comfortable to go by plane, and you get there sooner (before).* MICAELA: *Yes, but we're not in a hurry. In fact, the girls prefer to go by bus. They think that it's more fun.* ESTEBAN: *Good grief, that's going from bad to worse (to leave Guate**mala** [bad] and to enter Guate**peor** [worse])! Why don't you at least come back by plane?*

in stressed syllables. The stem vowels are stressed in all present-tense forms except **nosotros** and **vosotros.** All three classes of stem-changing verbs follow this regular pattern in the present tense. In vocabulary lists the stem change will always be shown in parentheses after the infinitive: **volver (ue).**

Stem-changing verbs practiced in this chapter include:

e → ie	o(u) → ue	e → i
cerrar (ie) to close **empezar (ie)** to begin **pensar (ie)** to think **perder (ie)** to lose **preferir (ie)** to prefer	**almorzar (ue)** to have lunch **dormir (ue)** to sleep **jugar (ue)**[3] to play (*sports*) **volver (ue)** to return	**pedir (i)** to ask for, order **servir (i)** to serve

When used with an infinitive, **empezar** is followed by **a.**

Uds. **empiezan a** hablar   *You're beginning to speak*
muy bien el español.   *Spanish very well.*

When followed by an infinitive, **pensar** means *to intend* or *plan to.*

¿Cuándo **piensas** contestar   *When do you intend to answer*
la carta?   *the letter?*

Práctica

A. Dé Ud. frases nuevas según las indicaciones.

1. —¿Qué piden Uds. cuando hace mucho calor?
   —*Felipe* pide una cerveza bien fría. (*yo, nosotros, ellos, Lisa, tú, vosotros*)
2. —¿Quién almuerza en el patio cuando hace buen tiempo?
   —*Ellas* almuerzan allí. (*Ud., los estudiantes, nosotros, tú, yo, vosotros*)
3. —¿Qué prefieren hacer Uds. en agosto, estudiar o descansar?
   —*Yo* prefiero descansar. (*Sergio, nosotros, Ana, ellas, tú, vosotras*)
4. —¿Quién pierde el partido?
   —*El equipo* pierde el partido. (*ellos, yo, los jugadores, Fernando, tú, vosotras*)
5. —¿Cuándo vuelven del viaje?
   —*Ellos* vuelven el sábado. (*yo, nosotras, las chicas, Manuel, tú, vosotros*)

B. ¿Qué prefieren?   **MODELO** Ignacio pide café, pero nosotros _____ una Coca Cola. →
Ignacio pide café, pero nosotros *pedimos* una Coca Cola.

---

[3]**Jugar** is the only **u → ue** stem-changing verb in Spanish.

1. Tomás y Julia piensan viajar a Sudamérica en otoño, pero nosotros _____ viajar a España.
2. El equipo vuelve mañana, pero nosotros _____ el jueves.
3. Nosotros empezamos a trabajar a las ocho, pero Reinaldo _____ a las nueve.
4. Nosotros dormimos ocho horas todas las noches, pero Lucía sólo _____ seis horas.
5. Nosotros servimos buena comida en nuestro restaurante y el Sr. Carrillo también _____ buena comida en su cafetería.
6. Nosotros jugamos al tenis hoy y Paula _____ con nosotros.
7. Tú cierras la tienda a las ocho, pero nosotros no _____ hasta las diez.
8. María y Teresa prefieren esquiar en Vail, pero nosotros _____ esquiar en Aspen.

C. Using the following verbs as a guide, tell about a visit to a restaurant. Use **yo** as the subject except where otherwise indicated.

1. pensar comer comida española
2. entrar en un restaurante en la avenida de Bolívar
3. pedir el menú
4. querer comer paella, un plato español
5. servir comida española (el camarero)
6. pedir tacos y una naranjada
7. servir el almuerzo (el camarero)
8. comer y volver a casa
9. dormir la siesta porque hace calor

D. ¿A qué hora...

1. se cierra la biblioteca?
2. se cierran las tiendas en los Estados Unidos?
3. empieza Ud. a estudiar todas las noches?
4. empieza Ud. a comer?
5. vuelve Ud. a casa?
6. almuerza Ud. por lo general?
7. piensa Ud. almorzar hoy?

E. Ask two other students the following questions. They should decide on an answer between them and reply using the **nosotros** form.

1. ¿Qué prefieren Uds., preguntar o contestar en clase? ¿hablar en español o en inglés?
2. ¿Prefieren Uds. el tequila con limón o sin limón? ¿el café con azúcar o sin azúcar? ¿la Coca Cola con hielo o sin hielo? ¿beber agua (*water*) o cerveza cuando hace mucho calor?
3. ¿Qué prefieren Uds., viajar en autobús o en tren? ¿tomar las vacaciones en verano o en invierno?
4. ¿Qué prefieren Uds. hacer mañana, pasear en bicicleta o nadar? ¿jugar al golf o al tenis? ¿jugar al fútbol o al fútbol norteamericano? ¿jugar al básquetbol o al béisbol?
5. ¿Qué piensan Uds. de (*about*) la clase de español? (**Pensamos que** [*that*]...) ¿del profesor/de la profesora? ¿de la universidad? ¿de los Estados Unidos?

¿Recuerda Ud.?

*Review the use of the preposition **de** to express possession in Spanish before beginning Section 19.*	La hermana de Raúl es atleta. ¿De quién es la bicicleta? **¿Cómo se dice en español?** 1. The tall man is Carmen's boyfriend.	*Raúl's sister is athletic.* *Whose bicycle is it?* 2. Whose money is it? 3. Linda's dress is green. 4. It's Rafael's car.

19
Possessive adjectives (unstressed)

En el periódico

Querida Antonia,

   Tengo un problema con *mis* padres. Creen que *mi* novio es demasiado pobre. ¡*Nuestra* situación es imposible! ¿Qué debo hacer?

Sola en mi tristeza

Querida Sola,

   Tu situación es difícil, pero no es imposible. Debes contraer matrimonio con un ladrón; casi siempre son ricos los ladrones. Por otro lado, casi siempre ya tienen un par de esposas.[4]

Antonia

---

1. ¿Quién escribe y quién contesta?

2. ¿Antonia tiene un problema con sus padres?

3. ¿Cómo es el novio de Sola? (Su novio...)

4. ¿Antonia cree que la situación de Sola es imposible? (Antonia cree que su situación...)

5. ¿Con quién debe contraer matrimonio Sola? ¿Por qué?

In the newspaper. *Dear Antonia, I have a problem with my parents. They think that my boyfriend is too poor. Our situation is impossible! What should I do? Alone in my sadness.   Dear Alone, Your situation is difficult, but it isn't impossible. You should marry a thief; thieves are almost always rich. On the other hand, they almost always have a couple of wives* (handcuffs[4]) *already. Antonia.*

---

[4]The plural form **esposas** means *handcuffs,* as well as *wives.*

Possessive adjectives				
my	**mi** libro/mesa **mis** libros/mesas	*our*	nuest**ro** libro nuest**ros** libros	nuest**ra** mesa nuest**ras** mesas
your	**tu** libro/mesa **tus** libros/mesas	*your*	vuest**ro** libro vuest**ros** libros	vuest**ra** mesa vuest**ras** mesas
your, his, *her, its* }	**su** libro/mesa **sus** libros/mesas	*your,* *their* }	**su** libro/mesa **sus** libros/mesas	

In Spanish, possessive adjectives agree in form with the person or thing possessed, not with the owner/possessor. Note that possessive adjectives are placed before the noun.

$$\text{Son} \begin{cases} \text{mis} \\ \text{tus} \\ \text{sus} \end{cases} \text{zapatos.} \qquad \text{Es} \begin{cases} \text{nuestra} \\ \text{vuestra} \\ \text{su} \end{cases} \text{casa.}$$

The possessive adjectives **mi(s), tu(s),** and **su(s)** show agreement with the noun they modify in number only. **Nuestro/a/os/as** and **vuestro/a/os/as,** like all adjectives that end in **-o,** show agreement in number and gender.

Su(s) can have several different equivalents in English: *your* (sing.), *his, her, its, your* (pl.), *their.* Usually, its meaning will be clear in context. For example, if you are admiring the car of someone whom you address as **Ud.** and ask, **¿Es nuevo su coche?,** it is clear from the context that you mean *Is your car new?* When context does not make the meaning of **su(s)** clear, **de** and a pronoun are used to indicate the possessor.

$$\begin{rcases} \text{el coche} \\ \text{la casa} \\ \text{los libros} \\ \text{las mesas} \end{rcases} \text{de él (de ella, de Ud., de ellos, de ellas, de Uds.)}$$

¿Son jóvenes los hijos **de él?** *Are his children young?*
¿Dónde vive el abuelo **de ellas?** *Where does their grand-father live?*

Práctica

A. Which nouns can these possessive adjectives modify without changing form?

1. **su:** problema / pantalones / dinero / exámenes / equipo / medias
2. **tus:** camisetas / idea / novias / falda / chaquetas / mercado
3. **mi:** cita / ejercicios / suéter / deporte / boda / amistad
4. **sus:** trajes / periódico / limitaciones / zapato / televisión / raquetas

   5. nuestras: blusa / noviazgo / camisas / cine / tienda / nieta
   6. nuestro: tacos / calcetines / parientes / puerta / bicicleta / sombrero

B. Dé Ud. frases nuevas según las indicaciones.

   1. —¿Son deportistas los parientes de Ud.?
   —Mi *primo* (no) es deportista. (*hermanos, tíos, hija, primos, abuela, esposo/a*)
   2. —María tiene mucha ropa. ¿Cómo es su ropa?
   —Sus *blusas* son elegantes. (*zapatos, faldas, abrigo, bolsas, ropa*)
   3. —¿Cómo es la clase de Uds.?
   —Nuestra *clase* es magnífica. (*profesor[a], compañeros, español, ideas*)

C. Exprese según el modelo.

MODELO   la casa de Paco → *su* casa
→ *la* casa *de él*

   1. las raquetas de Paula
   2. la profesión de mi padre
   3. las bicicletas de mis amigas
   4. el equipo de Eugenia
   5. los parientes de los chicos

D. ¿Cómo se dice en español?

   1. my shoes
   2. his relatives
   3. our sport
   4. their game
   5. your (*fam. sing.*) newspaper
   6. his fiancée

E. Tell the class about your family and friends. Use the following questions as a guide when appropriate.

   1. ¿Su familia es grande? ¿pequeña?
   2. ¿Sus padres son norteamericanos? ¿latinos? ¿rubios? ¿trigueños?
   3. ¿Sus padres son simpáticos? ¿cariñosos? ¿generosos?
   4. ¿Su padre/madre trabaja? ¿Dónde?
   5. ¿Cuántos hijos tienen sus padres?
   6. ¿Sus hermanos son listos? ¿jóvenes? ¿trabajadores? ¿Trabajan o estudian?
   7. ¿Viven Uds. en una casa o en un apartamento? ¿Cómo es su casa/apartamento?
   8. ¿Sus abuelos/tíos viven en la casa/el apartamento también?
   9. ¿Tiene Ud. esposo/a o novio/a? ¿Quién es? ¿Trabaja o estudia? ¿Cómo es?
   10. ¿Son deportistas sus parientes? ¿Prefieren mirar los deportes en la televisión o ir al estadio?

F. ¿Qué palabras asocia Ud. con las frases siguientes?

   1. nuestro país (*country*): Nuestro país _____; en nuestro país _____.
   2. nuestra clase
   3. nuestra universidad
   4. el carro de Ud./de su familia
   5. mi deporte favorito
   6. mi equipo favorito

G. How interested are you and your classmates in sports? Interview another student to discover his or her interest(s) in sports.

   1. ¿Te gusta jugar al béisbol? ¿al vólibol? ¿al básquetbol? ¿al fútbol norteamericano? ¿al fútbol? De estos (*these*) deportes, ¿cuál es tu favorito? ¿Con quién o quiénes practicas tu deporte favorito?

2. ¿Juegas al tenis? ¿al ping pong? ¿al golf? ¿Cuál prefieres? ¿Te gusta ganar siempre?

3. En invierno, ¿qué prefieres, jugar en la nieve con tus amigos o esquiar?

4. En verano, ¿prefieres correr o pasear en bicicleta? ¿hacer un *picnic* con tu familia o nadar?

5. En tu opinión, ¿cuál es más interesante, el boxeo o el hockey?

6. ¿Qué deportes hay en la televisión? ¿Cuáles miras tú con frecuencia? ¿Cuál es tu favorito?

7. En tu opinión, ¿qué deporte es muy peligroso (*dangerous*)? ¿Cuál es muy violento? ¿muy interesante? ¿muy aburrido?

20
Demonstrative adjectives and pronouns

	Demonstrative adjectives	
this	est**e** libro	est**a** mesa
these	est**os** libros	est**as** mesas
that	es**e** libro aqu**el** libro (allí)	es**a** mesa aqu**ella** mesa (allí)
those	es**os** libros aqu**ellos** libros (allí)	es**as** mesas aqu**ellas** mesas (allí)

Demonstrative adjectives

Demonstrative adjectives (**adjetivos demostrativos**) are used to point out or indicate a specific noun or nouns. There are four demonstrative adjectives in English: *this* and its plural form *these*, *that* and its plural *those*. In English and in Spanish, demonstrative adjectives precede the noun they modify. In Spanish they also agree in number and gender with the noun.

A. Este/a, estos/as (*this, these*):

Este carro es de Francia.	*This car is from France.*
Estas señoritas son argentinas.	*These women are Argentinean.*

Forms of **este** are used to refer to nouns that are close to the speaker.

B. Ese/a, esos/as (*that, those*):

Ese hombre (cerca de Ud.) es beisbolista.	*That man (close to you) is a baseball player*
Esas blusas son baratas.	*Those blouses are cheap.*

Forms of **ese** are used to refer to nouns that are near the person addressed.

C. Aquel(la), aquellos/as (*that* [over there], *those* [over there]):

Aquel coche (allí en la calle) es rápido.	*That car (there in the street) is fast.*
Aquella casa (en las montañas) es del hermano de Ramiro.	*That house (in the mountains) belongs to Ramiro's brother.*

Forms of **aquel** are used to refer to nouns that are distant from the speaker and the listener.

[*Práctica A, B*]

Demonstrative pronouns

In English and in Spanish, the demonstrative adjectives can be used as pronouns, that is, in place of nouns. Note the use of the accent mark to distinguish demonstrative pronouns (**éste, ése, aquél**) from demonstrative adjectives (**este, ese, aquel**).

Necesito este diccionario y **ése.**	*I need this dictionary and that one.*
Estas señoras y **aquéllas** son las jugadoras, ¿verdad?	*These women and those (over there) are the players, right?*

[*Práctica C*]

Neuter demonstratives

The neuter demonstratives **esto, eso,** and **aquello** mean *this, that* (nearby), and *that* (far away) respectively. Their form never changes.

¿Qué es **esto?**	*What is this?*
Eso es todo.	*That's all.*
¡Aquello es terrible!	*That's terrible.*

They refer to a whole idea, concept, situation, or statement or to an as yet unidentified object. They never refer to a specific noun (compare: **este libro, esa mesa,** and so on).

[*Práctica D, E, F, G*]

Práctica

A. Dé Ud. frases nuevas según las indicaciones.

1. —¿Qué se necesita para la clase hoy?
—Se necesita este *libro*. (*papeles, mesa, exámenes, diccionario, lápices, ejercicios*)
2. —¿Dé qué color es la ropa de los estudiantes?
—Ese *sombrero* es azul. (*blusa, zapatos, pantalones, camisa, falda, calcetines*)

B. Imagine that you have been to Mexico. Tell a friend about some of the people, places, and things you got to know. Follow the model.

MODELO   el restaurante Independencia / excelente →
Aquel restaurante *es* excelente.

1. la tienda de ropa en la calle Quince / barata
2. los periódicos de la capital / magníficos
3. el hotel Libertad / fenomenal
4. los dependientes del hotel Libertad / simpáticos
5. los precios en los almacenes / fijos
6. el estadio de fútbol / enorme
7. la gente mexicana / muy simpática

Los deportes individuales también son muy populares en el mundo hispano. Muchos hispanos corren, pero los *joggers* no se ven con tanta frecuencia en las calles de las ciudades grandes. Estos amigos corren en una playa de San Juan, Puerto Rico.

© Peter Menzel

C. Cambie los adjetivos demostrativos por pronombres demostrativos.

> **MODELO**   Este libro es importante. → *Éste* es importante.

1. Este joven es trigueño.
2. Esas señoras son de la Argentina.
3. Estos chicos nadan bien.
4. Aquella actriz prefiere jugar al tenis.
5. Ese jugador es muy listo.
6. Aquellos zapatos para correr son para David.

D. Match the questions or statements in the left-hand column with the situations described on the right.

1. ¿Qué es esto?
2. ¿Todo eso?
3. Eso es terrible.
4. ¿Qué es aquello?

a. En la montaña hay una cosa que Ud. no puede ver (*see*) muy bien.
b. El profesor dice (*says*), «Uds. tienen que estudiar para un examen mañana y tienen que escribir una composición para el lunes.»
c. Ud. abre el regalo y descubre una cosa interesante y curiosa.
ch. La hermana de un amigo está en el hospital por (*because of*) un accidente de carro.
d. Ud. pone la radio para escuchar el último partido de la temporada (*season*). Su equipo favorito pierde 48 a 0.

E. ¿Cómo se dice en español?

1. That suit is very expensive.
2. Those players are very rich.
3. We need those pens over there, not these (**éstos no**).
4. He wants to buy that hotel in the mountains.
5. This store opens at 10:00, not that one.
6. Why are we studying this?
7. This team is going to win, not that one.

F. Describa Ud. los objetos y las personas de la clase de español. Siga el modelo.

> **MODELO**   **Esta mujer** es rubia y **aquélla** es trigueña.

G. Preguntas

1. ¿Qué quiere hacer esta noche? ¿Y este fin de semana?
2. ¿Cómo es esta universidad? ¿Cómo es esta clase? Y este libro, ¿cómo es?
3. ¿Cómo es esta ciudad? ¿y este estado?
4. ¿Quién es el presidente de este país? ¿Qué lenguas se hablan en este país? ¿Qué deportes se juegan en este país?

Study Hint: Using a Bilingual Dictionary

A Spanish-English/English-Spanish dictionary or vocabulary list is an excellent study aid, one that should be used very carefully. Follow these guidelines to minimize the pitfalls.

1. *If you are looking for a Spanish word in the Spanish-English part of the dictionary, remember that in the Spanish alphabet the letters* **ch, ll,** *and* **ñ** *follow the letters* **c, l,** *and* **n,** *respectively. The word* **coche** *will be found after the word* **cocina; calle** *will come after* **calma;** *and* **caña** *will follow* **candidato.**

2. *When you look in the English-Spanish section for the Spanish equivalent of an English word, keep in mind the part of speech—noun, verb, adjec-* *tive, and so on—of the word you are looking for. By doing so, you will avoid many mistakes. Imagine the confusion that would arise if you chose the wrong word in the following cases:*

    can: **lata** *(noun,* tin can*) but* **poder** *(verb,* can, to be able*)*

    light: **luz** *(noun,* electric light, daylight*) but* **ligero** *(adjective,* light, not heavy*)*

3. *If the Spanish word that you find is not familiar to you, or if you simply want to check its meaning and usage, look up the new word in the Spanish-English section of the dictionary. Do the English equivalents given there correspond to the meaning you want to convey?*

4. *Remember that there is not always a one-to-one equivalency between Spanish and English words.* **Jugar** *means* to play a sport or game, *but the verb* **tocar** *must be used to talk about* playing a musical instrument. **Un periódico** *is* a paper, a newspaper, *and* **un papel** *is* a sheet of paper.

5. *Minimize the number of "dictionary words" you use when writing in Spanish. It is best to limit yourself to words you know because you have used them in class. And when you do have to use the dictionary, try to check your word choice with your instructor or someone else who knows Spanish.*

UN PASO MÁS

Lectura cultural:

La geografía y los deportes de Sud América

¿Prefiere Ud. un lugar donde hay muchos cambios° de estaciones o desea Ud. vivir donde hay pocos cambios? En Sud América se puede escoger° entre lo mejor de ambos mundos°.

changes

choose

lo... *the best of both worlds*

La presencia de los Andes y del ecuador crea° un clima ideal y sin cambios en muchas partes del continente. Si Ud. vive en Venezuela, Colombia, Ecuador, Perú o partes de Chile, puede gozar de° una gran variedad de climas y de regiones distintas: la costa y el mar°, la selva° y el calor, las montañas altas y la nieve. En las ciudades altas de las montañas, el clima depende de la altura y cuanto más alto° está el lugar, más frío hace.

creates

gozar... *enjoy*
sea / jungle

cuanto... *the higher*

Más al sur° en Chile y la Argentina existen las cuatro estaciones, pero como° están en el hemisferio sur, las estaciones ocurren en meses diferentes de las estaciones del hemisferio norte. Por eso, cuando los habitantes de Nueva York llevan abrigo y luchan° con el frío y la nieve, los rioplatenses° están en bikini en las deliciosas playas° del Mar de Plata. Y cuando la gente de Chicago sufre del calor intenso del verano, los chilenos esquían en Portillo.

south
since

are fighting
people from the River Plate region / beaches

No hay duda que el fútbol es el deporte más popular de Sudamérica; hay estadios en todas las grandes ciudades. Pero está claro también que la geografía y el clima influyen en los deportes que prefiere la gente de cada° región. En las montañas se esquía mucho, como es lógico. En las ciudades se juega al tenis y muchos corren, ya que° los latinoamericanos, como los estadounidenses, tienen mucho interés en estar en buenas condiciones físicas.

every

ya... *since*

El fútbol que se juega en los países hispanos se llama *soccer* en los Estados Unidos. Es el deporte nacional de muchos países... y también la locura (*passion*) nacional. Estos jugadores uruguayos y brasileños juegan con mucho entusiasmo.

F. Leonhardt/UPI Photo

Comprensión

Check your comprehension of the reading selection by completing the following sentences:

1. Con respecto al clima, en Sud América hay _____.
2. Las distintas regiones geográficas del continente sudamericano son _____.
3. En Chile y la Argentina las cuatro estaciones ocurren en diferentes meses que en los Estados Unidos porque _____.
4. La gente de Buenos Aires está de vacaciones en la playa cuando los neoyorquinos _____.
5. El deporte más popular de Sud América es _____.
6. También se juega al _____ y muchos _____ también.

Ejercicios escritos

A. Write a brief paragraph introducing a Latin American to the geography, climate, and sports of the United States. You may want to give an overview, or you may prefer to describe the area in which you live. Some of the following questions may help you to organize your ideas.

1. ¿Hay mucha variedad geográfica en los Estados Unidos?
2. ¿Cuáles son unos de los fenómenos geográficos de los Estados Unidos? ¿Dónde están situados? En su opinión, ¿uno de estos fenómenos es muy interesante (hermoso [beautiful], importante, etcétera)? ¿Cuál es? ¿Por qué?
3. ¿Cómo es el clima de los Estados Unidos? ¿Hay mucha variedad?
4. ¿Qué tiempo hace en su estado? ¿Qué deportes se practican en las distintas estaciones del año?
5. ¿Prefiere Ud. vivir en su propio (own) estado o en otra parte del país? ¿Por qué?

B. Write a brief paragraph about your favorite season and sport by completing the following sentences. Describe your attitudes toward the sport, as well as telling when and where it is played.

Yo prefiero _____ porque _____. Me gusta más _____ en la estación de _____. Este deporte es popular también en _____.

VOCABULARIO

VERBOS

almorzar (ue) to have lunch
cerrar (ie) to close
contestar to answer
correr to run
dormir (ue) to sleep
empezar (ie) to begin
esquiar to ski
ganar to win
jugar (ue) to play (*sports*)
nadar to swim
pasear en bicicleta to ride a
    bicycle
pedir (i) to ask for, order
pensar (ie) to think

pensar (ie) + *inf*. to intend (*to
    do something*)
perder (ie) to lose
preferir (ie) to prefer
servir (i) to serve
volver (ue) to return

SUSTANTIVOS

la calle street
el/la chico/a boy/girl
el deporte sport
el/la deportista sports fan
el equipo team
el estadio stadium
el fútbol soccer

el fútbol norteamericano
    football
la gente people
el/la jugador(a) player
la montaña mountain
la nieve snow
el país country
el partido game, match
la raqueta racket (*sports*)

**PALABRAS Y EXPRESIONES
ÚTILES**

por eso that's why
que that (*rel. pron.*)

CAPÍTULO 9

EN UN RESTAURANTE ESPAÑOL

VOCABULARIO: PREPARACIÓN

los entremeses (appetizers)

el jamón (ham)

el queso (cheese)

las entradas

la carne / el bistec (meat) (steak)

el pescado (fish)

el pollo (chicken)

la paella (dish made with rice, shellfish, often chicken, and flavored with saffron)

la ensalada

ensalada de lechuga y tomate (lettuce and tomato salad)

las bebidas

el café (coffee)

el té (tea)

vino tinto (red wine)

vino blanco (white wine)

la cerveza (beer)

la sopa

el gazpacho (chilled tomato soup)

los postres

el pastel (cake)

el flan (custard)

la fruta (fruit)

el/la camarero/a / waiter, waitress   **la cena** / supper, evening meal   **cenar** / to eat supper, dinner   **la cuenta** / check, bill

A. Llene los espacios en blanco con las palabras apropiadas.

1. El _gazpacho_ es una sopa española.
2. El _té_ y el _café_ son bebidas; el _vino_ y la _cerveza_ son bebidas alcohólicas.
3. El _pollo_ es un ingrediente de la paella.
4. El _bistec_ es un tipo de carne.
5. La _paella_ es un plato (*dish*) típico de España; tiene muchos ingredientes.
6. Dos ingredientes de una ensalada pueden ser el _tomate_ y la _lechuga_
7. Antes de almorzar o cenar, se comen unos _entremeses._
8. Se come mucha _fruta_ en verano—bananas, naranjas, etcétera.
9. El viernes por la noche, vamos a preparar una _fiesta_ especial para el cumpleaños de Celia. De postre, vamos a tener un _pastel_
10. En una cena elegante se toman unos entremeses, sopa, una _entrada_, postre y un vino excelente.
11. Después de cenar, se pide la _ensalada._
12. El _pastel_ es un postre típico de la cultura hispánica.
13. Con el _pescado_ y el _pollo_, prefiero un buen vino blanco.

B. What might you say in each of the following situations? Match each situation with the appropriate comments.

1. Su amigo no come nada (*anything*).
2. Ud. es *barman* y un cliente pide vino.
3. Ud. es camarera en un restaurante. Un cliente desea un plato barato.
4. Ud. es camarero. Un cliente pide un *sándwich*.
5. Ud. sale con Enriqueta esta tarde.
6. La camarera pregunta qué desea Ud. de postre.

a. —¿Dónde vamos a cenar?
b. —¿Qué desea, señor? ¿Vino tinto o vino blanco?
c. —¿Puedo recomendar el plato del día?
ch. —Un flan, por favor.
d. —¿Estás a dieta (*on a diet*)?
e. —¿De queso o de jamón?

C. ¿Qué palabras asocia Ud. con las palabras siguientes?

1. beber
2. bistec
3. una hamburguesa
4. cenar
5. el/la camarero/a
6. el pastel

7. lechuga y tomate
8. jamón y queso
9. estar a dieta
10. engordar
11. los entremeses
12. comer poco pero bien

D. With a classmate, take the roles of **camarero/a** and **cliente.** The **camarero/a** should ask the following questions to find out the preferences of the **cliente.**

1. ¿Quiere Ud. unos entremeses? ¿de jamón o de queso?
2. ¿Prefiere Ud. una ensalada o una sopa?
3. De (*as*) entrada, ¿qué prefiere, bistec, pescado, pollo o paella?
4. ¿Y para beber, cerveza, un vino tinto, un vino blanco...?
5. ¿Qué desea de postre, pastel, flan o fruta?
6. ¿Va a tomar café? ¿Con la cena o después?

E. ¿Qué va Ud. a pedir en las situaciones siguientes?

1. Es hora de cenar y Ud. está en un restaurante. También está a dieta.

2. Es el cumpleaños de su novio/a (esposo/a).

3. Ud. está en la cafetería de la universidad con unos amigos. Es hora de almorzar.

4. Ud. no puede volver a casa porque tiene que estudiar para un examen. Ud. entra en McDonald's.

5. Ud. está en un café a la hora de cenar. No tiene mucho dinero.

MINIDIÁLOGOS Y ESTRUCTURA

21

Indefinite and negative words

Doña[1] **Pilar está de visita.**

MARCOS: Doña Pilar, ¿toma Ud. *algo* con nosotros?

PILAR: No, gracias. *Nunca* ceno, pero ya que Uds. van a cenar, yo...

MARCOS: ¿Un poco de pescado, quizá? ¿*Algo* de postre? Si Ud. quiere, *también* tenemos...

ANITA: ¡Marcos, por favor! Pilar *no* quiere tomar *nada*. No estás en tu restaurante. ¡Estás en tu casa!

1. ¿Todos están en casa de doña Pilar o en casa de Marcos y Anita?

2. ¿Qué hora es, aproximadamente? ¿Qué van a hacer Marcos y Anita?

3. ¿Qué va a tomar doña Pilar? ¿Por qué?

4. ¿Qué quiere hacer Marcos? ¿Por qué? ¿Está confundido (confused) Marcos?

[1]**Don** and **doña** are titles of respect. Because they are used with someone's first name, they are less formal than the titles **Sr., Sra.,** and **Srta.,** and they communicate a feeling of warmth, as well as of respect.

Doña Pilar is visiting MARCOS: *Doña Pilar, will you have something to eat/drink with us?* PILAR: *No, thanks. I never eat supper, but since you are going to have dinner, I . . .* MARCOS: *A little bit of fish, perhaps? Some dessert? If you want, we also have . . .* ANITA: *Marcos, please! Pilar doesn't want to eat anything. You're not in your restaurant. You're in your (own) home!*

algo	something, anything
alguien	someone, anyone
algún (alguno/a/os/as)	some, any
siempre	always
también	also
nada	nothing, not anything
nadie	no one, nobody, not anybody
ningún (ninguno/a)	no, none, not any
nunca, jamás	never
tampoco	neither, not either

Double negative

En los países hispanos hay muchos cafés al aire libre. Allí se puede pasar toda la tarde con un café o con una copa (*drink*), mirando a la gente que pasa. En este café de Jerez de la Frontera, se ve en particular un grupo de amigos españoles que se reunen todas las tardes para charlar.

When a negative word comes *after* the main verb, Spanish requires that another negative word—usually **no**—be placed before the verb. When a negative word precedes the verb, **no** is not used.

¿**No** estudia **nadie?** ⎫
¿**Nadie** estudia? ⎬   *Isn't anyone studying?*

No estás en clase **nunca.** ⎫
Nunca estás en clase. ⎬   *You're never in class.*

No hablan árabe **tampoco.** ⎫
Tampoco hablan árabe. ⎬   *They don't speak Arabic either.*

Walter D. Hartsough

Alguno and *ninguno*

The adjectives **alguno** and **ninguno** shorten to **algún** and **ningún** respectively before a masculine singular noun, just as **uno** shortens to **un**. The plural forms **ningunos** and **ningunas** are rarely used.

¿Tiene Ud. **algunos** amigos mexicanos?

No, no tengo **ningún** amigo mexicano.

Do you have any Mexican friends?

No, I don't have any Mexican friends.

Práctica

A. Answer these questions by following the example and cues given.

1. ¿Hay **algo** en la pizarra? (palabras)
   ¿en la mesa? (periódico)
   ¿en la calle? (carro)
   ¿en la montaña? (pueblo)

Sí, hay **algo** en la pizarra. Hay unas **palabras** en la pizarra.

No, no hay **nada** en la pizarra.

2. ¿Hay **alguien** en la clase? (estudiantes)
   ¿en el parque? (amigos)
   ¿en el restaurante? (unos clientes)
   ¿en la cafetería? (chicos)

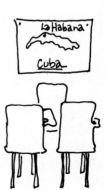

Sí, hay **alguien** en la clase. Hay unos **estudiantes.**

No, no hay **nadie** en la clase.

3. ¿Hay **algunos** libros en la silla?
 ¿en el suelo (*floor*)?
 ¿en la mesa?
 ¿en la oficina?

Sí, hay **algunos**   **No, no** hay **ningún**
libros en la silla.   libro en la silla.

B. Exprese negativamente, usando el negativo doble.

> **MODELO**   Hay algunos restaurantes abiertos hoy. →
> *No hay ningún restaurante abierto hoy.*

1. Hay algo en el suelo.
2. Hay algunos platos interesantes en el menú.
3. Yo voy también.
4. Siempre cenamos a las diez.

5. Hacemos algo.
6. Habla con alguien.
7. Elena siempre prepara gazpacho.
8. Raúl duerme allí también.

C. Dé Ud. frases nuevas según las indicaciones.

1. —¿Qué pregunta Ud. cuando entra en casa el día de su cumpleaños?
 —¿Hay alguna *carta* para mí? (*regalo, flores,* [f., *flowers*], *plato especial, telegrama*)
2. —Es imposible ser perfecto, ¿verdad?
 —Sí, ninguna *idea* es perfecta. (*hermano, amiga, plan* [m.], *familia*)

D. ¿Cómo se dice en español?

1. Is there anything for me? ¿Hay algo para mí?
2. There's someone in the car. alguien está en el carro.
3. No one thinks that. Nadie piensa(cree) eso.
4. They also serve supper there. También sirven la cena allí. Se tive
5. There's no one at home. (Nadie está en casa) No hay nadie
6. Marcos doesn't understand this word either. M. no comprende esta
7. You never study with Carmen. Nunca estudias con C. palabra tampoco.
8. We don't want to order anything. No queremos pedir nada.
9. There's no restaurant in that village. No hay está ningún restaurante en aquel/ese pueblo.
10. No one is tired, right? Nadie está cansado, ¿verdad?

E. Rosa es una persona muy positiva, pero su hermano Demetrio es negativo. Siempre tiene ideas muy negativas. Aquí hay unas frases que expresan las ideas de Rosa. ¿Cómo puede reaccionar Demetrio?

1. Tengo hambre; quiero comer algo.
2. Alguien puede hacer un pastel para la fiesta.
3. Siempre salgo con mis amigos.

4. Hay algo interesante en la televisión.

5. Hay algunos estudiantes excelentes en mi clase de sicología.

6. Hay algunas personas muy listas en esta clase.

7. Vamos a beber algo.

8. Se sirven algunos platos estupendos aquí.

F. Preguntas   *No creo eso/tal cosa*

1. ¿Vamos a vivir en la luna algún día? ¿y en los otros planetas? ¿Dónde va Ud. a vivir algún día?

2. ¿Hay algo más importante que (*than*) el dinero? ¿que la amistad? ¿que el amor?

3. ¿Algunos de sus amigos son de habla española? ¿De dónde son?

4. En la clase, ¿hay alguien más inteligente que el/la profesor(a)? ¿más estudioso/a que Ud.? ¿más rico/a que Ud.?

5. ¿Hay algo en la mesa en este momento? ¿en el suelo? ¿en su silla?

22

Present tense of *decir, oir, traer,* and *ver*

Decir: *to say, tell*		Oir: *to hear*		Traer: *to bring*		Ver: *to see*	
di**g**o	decimos	oi**g**o	oímos	trai**g**o	traemos	**v**eo	vemos
dices	decís	oyes	oís	traes	traéis	ves	veis
dice	dicen	oye	oyen	trae	traen	ve	ven

Decir:

¿Qué **dice** Ud.?	*What are you saying?*
Los profesores siempre **dicen** la verdad.	*Professors always tell the truth.*

In Spain and some parts of Latin America, the command form of **decir**—**Diga**—is used to answer the phone.

Oir:

No **oigo** bien.	*I can't hear well.*
Esa canción ya no se **oye** mucho.	*You don't hear that song much anymore.*

English uses *listen* or *hey* to attract someone's attention. In Spanish the command forms of **oir** are used: **oye (tú), oiga (Ud.), oigan (Uds.).**

Oye, Juan, ¿vas a la fiesta?	*Hey, Juan, are you going to the party?*

■ **¡OJO!** *Do not confuse* **decir** (to say *or* to tell) *with* **hablar** (to speak), *or* **oir** (to hear) *with* **escuchar** (to listen), *or* **traer** (to bring) *with* **llevar** (to take, carry), *or* **ver,** (to see) *with* **mirar,** (to look at).

Práctica

A. Dé Ud. frases nuevas según las indicaciones.

    1. —En diciembre, antes de la Navidad, todos dicen la verdad. ¿Quién dice la verdad?
    —*Cristina* dice la verdad. (*tú, los niños, yo, Ud., la nieta de Luis, vosotros*)

    2. —Durante la cena, ¿quién trae la sopa?
    —*Ernesto* trae la sopa. (*nosotros, Eduardo, yo, Uds., tú, vosotros*)

    3. —En el club, es difícil oir música porque hay mucho ruido (*noise*). ¿Quién no oye bien?
    —*Los señores* no oyen bien la música. (*Juan y yo, tú, Uds., yo, la camarera, vosotros*)

    4. —En el restaurante no se ve bien porque hay poca luz (*light*). ¿Quién no ve bien el menú?
    —*Ud.* no ve bien el menú. (*yo, nosotros, Andrés, los clientes, tú, vosotros*)

B. Form complete sentences by using one word or phrase from each column.

El dueño (*owner*) de este restaurante de Barcelona (España) se ha sentado (*has sat down*) para cenar. Como se ve en la foto, algunas de las mesas de su restaurante están al aire libre.

© *Evelyn Hofer/Archive Pictures, Inc.*

Juan y yo		decir	la entrada
tú	(no)	traer	un programa de televisión
la camarera		oir	las palabras en la pizarra
yo		ver	ninguna canción en este momento
el hombre viejo			la verdad
_____			el vino
			fruta a la clase
			bien
			nuestros platos ahora
			mentiras (*lies*)

C. Se usa la expresión **¿Cómo se dice?** cuando se quiere aprender una palabra nueva. Repase Ud. (*review*) el vocabulario nuevo de esta lección, preguntando (*asking*) a sus compañeros, **¿Cómo se dice _____ en inglés?** o **¿Cómo se dice _____ en español?**

D. Los estudiantes van a hacer una comida (*meal*) todos juntos (*together*) en la clase. Pregunte Ud. a varios de sus compañeros, **Oye, ¿qué vas a traer?**

E. Muchas personas ven la televisión o van al cine con frecuencia. Pregunte Ud. a otros estudiantes de la clase, **¿Qué programa ves con frecuencia y por qué? ¿Qué película(s)** (*movies*) **nueva(s) quieres ver y por qué?**

Study Hint: Practicing Spanish Outside of Class

The few hours you spend in class each week are not enough time for practicing Spanish. But once you have done your homework and gone to the language lab (if one is available to you), how else can you practice your Spanish outside of class?

1. Practice "talking to yourself" in Spanish as you walk across campus, wait for a bus, and so on. Have an imaginary conversation with someone you know, or simply practice describing what you see or what you are thinking about at a given moment. Write notes to yourself in Spanish.

2. Hold a conversation hour—perhaps on a regular basis—with other students of Spanish. Or make regular phone calls to practice Spanish with other students in your class. It is difficult to communicate on the phone, since you cannot rely on gestures and facial expressions, but such practice is an excellent way to improve your skill.

3. See Spanish-language movies when they are shown on campus or in local movie theaters. Check local bookstores, libraries, and record stores for Spanish-language newspapers, magazines, and music. Read the radio and television listings. Are there any Spanish-language programs or any stations that broadcast partially or exclusively in Spanish?

4. Practice speaking Spanish with a native speaker—either a Hispanic American or a foreign student. Is there an international students' organization on campus? An authentic Hispanic restaurant in your town? Spanish speakers employed in stores where you shop? Try out a few phrases—no matter how simple—every chance you get. Every bit of practice will enhance your ability to speak Spanish.

¿Recuerda Ud.?

Remember that the Spanish present tense has three present tense equivalents in English. It can also be used to express future meaning.

hablo
como
escribo
$\left\{\begin{array}{l}\end{array}\right.$
I speak / eat / write (*simple present*)
I am speaking / eating / writing (*present progressive to indicate an action in progress*)
I do speak / eat / write (*emphatic present to give special emphasis*)
I will speak / eat / write (*future to indicate near future action*)

¿Cómo se dice en español?

1. I eat supper at 7:00.
2. I'm eating supper here.
3. He understands Spanish.
4. He does understand Spanish.
5. I do pay my bills.
6. I will pay the bills tomorrow.
7. They live in California.
8. They are living in California this year.
9. We'll order the paella.
10. We do order the paella.

23

Present progressive: *estar + -ndo*

The sentences in the left-hand column tell what the following persons are able to do. Following the example, tell what they are doing right now.

Dolores puede bailar muy bien.

Soledad puede cantar muy bien.

→ Dolores **está bailando** ahora mismo.

→ Soledad **está** _____.

Yo puedo hablar español   → Yo _____.
   muy bien.
El/la profesor(a) puede   → Él/ella _____.
   enseñar muy bien.

The sentences in the left-hand column tell what the following persons want to do. Following the example, tell what they are doing at the moment.

Santiago quiere comer.   → Santiago **está comiendo**
                                   en este momento.

Nati quiere beber.   → Nati **está** _____.
Yo quiero escribir una   → Yo _____.
   carta.
Tú quieres abrir el regalo.   → Tú _____.

Formation of the progressive

In English the *present progressive* is formed with the verb *to be* and the *present participle*, the verb form that ends in -*ing*: *I **am** walk**ing**, we **are** driv**ing**, she **is** study**ing**.*

The Spanish present *progressive* (**progresivo**) is formed with **estar** plus the *present participle* (**gerundio**), which is formed by adding **-ando** to the stem of **-ar** verbs and **-iendo** to the stem of **-er** and **-ir** verbs.[2] The ending of the present participle never varies; it always ends in **-o**.

tomar	→ **tomando**	*taking; drinking*
comprender	→ **comprendiendo**	*understanding*
abrir	→ **abriendo**	*opening*

---

[2]**Ir, poder,** and **venir**—as well as several other verbs that you will learn later—have irregular present participles: **yendo, pudiendo, viniendo.** However, these verbs are seldom used in the progressive.

When an unstressed **-i-** occurs between two vowels, it becomes a **-y-**.

leer	→ **leyendo**	*reading*
oir	→ **oyendo**	*hearing*

The stem vowels in the present participle of **-ir** stem-changing verbs also show a change. When listed in the vocabulary, all **-ir** stem-changing verbs will show two stem changes in parentheses: **dormir (ue, u).** The first stem change occurs in the present tense, the second in the present participle.

dormir (ue, **u**) → d**u**rmiendo	preferir (ie, **i**) → prefi**r**iendo
decir (i, **i**) → d**i**ciendo	servir (i, **i**) → s**i**rviendo

Use of the progressive

Ramón **está comiendo** ahora mismo.	*Ramón is eating right now.*
Compramos la casa mañana.	*We're buying the house tomorrow.*
Ella **estudia** química este semestre.	*She's studing chemistry this semester.*

Esta familia española almuerza al aire libre durante un viaje. Algunas familias españolas salen a menudo (*frequently*) al campo a almorzar o a merendar (*to have a late afternoon snack*) los fines de semana.

In Spanish, the present progressive is used only to describe an action that is actually in progress, as in the first sentence above. The simple Spanish present is used to express other English usages of the present progressive: to tell what is going to happen (the second sentence) and to tell what someone is doing over a period of time but not necessarily at this very moment (the third sentence).

Práctica

A. Dé Ud. frases nuevas según las indicaciones.

—Algunos de sus amigos están en una fiesta. Ud. quiere ir también. ¿Por qué?
—Todos están *bailando*. (*tomar, cantar, comer, abrir botellas de vino, hablar mucho*)
—Pero Ud. no puede ir. ¿Por qué no?
—Estoy *estudiando*. (*trabajar, escribir los ejercicios, leer el periódico, mirar un programa fascinante, aprender el vocabulario nuevo*)
—¿Qué están haciendo el resto de sus amigos en este momento?
—Unos están estudiando; otros están _____. (*cerrar sus libros, pedir cerveza en un restaurante, volver a casa, servir la cena, jugar al béisbol, dormir la siesta*)

B. Cambie por el progresivo, usando también las palabras entre paréntesis.

1. Los estudiantes leen mucho. (en este momento)
2. Visitas la iglesia de San Pedro. (ahora)
3. Escribo en español. (ahora mismo)
4. Viajamos a Acapulco. (en este momento)
5. Venden pescado barato en el mercado. (hoy)
6. Traigo la cuenta. (ahora)
7. El camarero sirve el gazpacho. (ahora mismo)
8. Pedimos más entremeses. (ahora)
9. Raúl duerme en clase. (en este momento)
10. No oyen nada. (en este momento)

C. ¿Qué están haciendo estas personas? ¿Qué cree Ud.? Use el progresivo de los verbos a la derecha.

1. Diana Ross   preparar comida francesa
2. James Michener   buscar criminales
3. Julia Child   escribir
4. James Bond   bailar
5. los empleados de McDonald's   leer sus memorias
6. el presidente de los Estados Unidos   cantar
7. Guillermo Vilas   entrar en la Casa Blanca
8. José Greco   pintar
9. Salvador Dalí   servir hamburguesas
10. el ex-presidente   jugar al tenis

UN PASO MÁS

Actividades

—¿Sopa fría? Parece que está aún bastante templada°...

aún... *still rather warm*

¿Sopa fría? This cartoon elaborates a theme typically found in "restaurant jokes." Working with one or more students, write a short dialog that presents some problem related to meals; it may take place either in a restaurant or at home. Work up to the "critical moment," ending your dialog as soon as you have presented a problem to be resolved. Present your dialog to the other students in your class, who should then suggest as many solutions to the problem as they can. For the problem shown in the cartoon they might suggest:

—Los clientes pueden ir a otro restaurante.
—El camarero debe traer otro plato de sopa.
—Deben pedir otro plato, y no deben pagar la sopa.
—Los clientes pueden hablar con el dueño (*owner*) del restaurante.

You may base your skit on one of the following problems or on one of your own creation.

En un restaurante

1. Hay una mosca (*fly*) en mi sopa.
2. El camarero trae la cuenta; los clientes no pueden pagar.
3. Un violinista está tocando cerca de la mesa de los clientes. Ellos quieren hablar; no quieren oir música. Además (*besides*), el violinista toca muy mal.

En casa

4. El niño nunca come ensalada pero siempre pide postre.
5. El/la hijo/a de la familia invita a unos amigos a comer. No hay bastante (*enough*) comida.
6. Uds. quieren ir a cenar a un restaurante español, pero está lloviendo a cántaros (*it's pouring rain*).

VOCABULARIO

VERBOS

cenar to have supper, dinner
decir (i, i + *irreg.*) to say, tell
oir (*irreg.*) to hear
traer (*irreg.*) to bring
ver (*irreg.*) to see

SUSTANTIVOS

el bistec steak
el café coffee; café
el/la camarero/a waiter, waitress
la canción song
la carne meat
la cena supper, dinner
la cuenta check, bill
la ensalada salad
la entrada entrée, main course
los entremeses appetizers
el flan custard
la flor flower

la fruta fruit
el gazpacho tomato soup (*served chilled*)
el jamón ham
la lechuga lettuce
la paella paella (*dish made with rice, shellfish, often chicken, and flavored with saffron*)
el pastel cake; pastry
el pescado fish
la pizarra blackboard
el plato dish; plate
el pollo chicken
el postre dessert
el pueblo village; town
el queso cheese
la silla chair
la sopa soup
el suelo floor
el té tea

el tomate tomato
el vino blanco white wine
el vino tinto red wine

ADJETIVOS

algún (alguno/a) some, any
ningún (ninguno/a) no, none, not any

PALABRAS Y EXPRESIONES ÚTILES

ahora mismo right now
algo something, anything
alguien someone, anyone
hora de (+ *inf.*) time to (*do something*)
jamás never
nada nothing, not anything
nadie no one
nunca never
tampoco neither, not either

CAPÍTULO·10

LA COMIDA: GUSTOS Y PREFERENCIAS

VOCABULARIO: PREPARACIÓN

RESTAURANTE EL CHARRO

Desayuno (de 8:00 a 11:00)   precio fijo ___

Frutas o jugo (juice) extra
Pan dulce o Pan tostado (sweet rolls or toast)
Café   Té   chocolate

Huevos rancheros (eggs with tomatoes, onions, and chiles) o Huevos con jamón (eggs with ham)

Comida (de 1:00 a 4:00)   precio fijo ___

Antojitos (appetizers):
   Guacamole (avocado dip) o Cóctel de camarones (shrimp cocktail)

Sopas:
   Sopa de albóndigas (meatball soup) o Sopa de tortillas

Bebidas: café, Té Leche Refrescos
   Agua[3] mineral
   Cerveza o vino (blanco, tinto o rosado) extra

Postres: Helado (Ice cream) o Pastel de chocolate

Platos fuertes (main courses):
• Tacos «El Charro» con salsa picante ("El Charro" special-tacos with hot sauce)
• Bistec con papas[1] fritas (steak and fried potatoes)
• Mole poblano de guajolote (turkey in a spicy sauce of chiles and chocolate)
• Pescado veracruzano[2] (fish in a spicy sauce of tomatoes, chiles, onions, and green olives)

Tortillas o Bolillos (rolls)

---

[1]In Hispanic America, **papas** means *potatoes*; in Spain, the word **patatas** is used. Similarly, the word **camarones** means *shrimp* in most parts of Hispanic America, while **gambas** is used in Spain.

---

[2]This style of preparing fish is typical of the Mexican coastal city of Vera Cruz.

---

[3]The noun **agua** is feminine, but the masculine articles are used with it in the singular: **el agua.** This phenomenon occurs with all feminine nouns that begin with a stressed **a** sound: **el ama de casa** (*the housewife*).

A. Explique el menú de «El Charro» a su amigo Luis, llenando los espacios en blanco con las palabras apropiadas.

   1. Para el desayuno se puede escoger (*to choose*) entre el pan tostado y el ____ ____.

   2. Con los huevos se puede pedir ____. También hay fruta o ____ de fruta.

   3. Para la comida, se puede escoger entre las tortillas y los ____.

   4. El ____ ____ es un plato mexicano que se hace con guajolote, chiles y chocolate.

   5. Se sirve el bistec con ____ ____.

   6. El guacamole y el cóctel de camarones son ____.

   7. Hay sopa de tortillas y de ____.

   8. Se sirve una salsa ____ con los tacos «El Charro».

   9. Las bebidas no alcohólicas que se sirven son el café, el té, la ____, los ____ y el ____ mineral.

  10. De postre, hay ____ o ____ ____ ____.

B. Preguntas

   1. Si Ud. va a comer en «El Charro», ¿qué va a pedir para el desayuno? ¿para la comida?

   2. ¿Prefiere Ud. almorzar en casa, en un restaurante o en la cafetería de la universidad? ¿Qué lugar prefiere para cenar? Por lo general, ¿qué toma Ud. en la cena?

   3. ¿Hay días en que Ud. no desayuna? ¿no almuerza? ¿no cena? ¿no come nada?

   4. ¿Prefiere Ud. comer en McDonald's (o en otro restaurante similar) o en un restaurante de lujo (*deluxe*)?

   5. ¿Qué come Ud. —y dónde— cuando tiene mucha prisa? ¿cuando tiene mucho dinero? ¿cuando tiene poco dinero?

C. What do your classmates like to eat and drink? Interview another student to discover his or her tastes and preferences with regard to food and drink.

   1. ¿Qué platos comes con frecuencia? ¿Qué platos no comes nunca? ¿Qué platos comes sólo en casa de tus padres?

   2. ¿Prefieres la carne frita o asada? ¿el pollo frito o asado?

Los McDonald's se encuentran ahora en muchas ciudades grandes de Hispanoamérica y España. ¿Qué prefiere Ud. comer en McDonald's?... ¿o prefiere Ud. otro tipo de comida rápida?

Cynthia E. D. Kite

3. ¿Te gusta la salsa picante? ¿la comida picante? ¿Prefieres la comida no picante?

4. ¿Comes más sopa o más ensalada? ¿más carne o más pescado? ¿más pollo o más bistec? ¿más carne o más verduras? ¿más verduras o más patatas? ¿más patatas o más pan? ¿más pasteles o más fruta?

5. Cuando tienes hambre a las tres de la tarde, ¿qué prefieres comer? ¿un yogurt? ¿galletas (*cookies*) y leche? ¿verduras crudas (*raw*)? ¿jugo de tomate? ¿chocolate u (*or*) otro tipo de dulces? ¿un *sándwich* con una cerveza? ¿un pastel con un vaso de leche? ¿otra cosa?

6. Por lo general, ¿qué bebida(s) prefieres? ¿Tomas mucho café o té? ¿Prefieres el vino blanco, tinto o rosado? ¿Cuál es tu refresco favorito? ¿Prefieres los refrescos sin cafeína? ¿las bebidas sin cafeína?

7. Cuando tienes hambre o sed a las once de la noche, ¿qué tienes ganas de comer? ¿Qué tienes ganas de tomar? ¿Qué comes o tomas con más frecuencia?

Acabar de + infinitive

Acabo de pedir la cena.	I've just ordered supper.
Acaban de almorzar.	They've just had lunch.

Acabar de + *infinitive* corresponds to the English expression *to have just done something*.

D. ¿Cómo se dice en español?

1. They've just arrived.
2. We've just ordered the appetizers.
3. He's just paid the bill.
4. The waiter has just served the shrimp.
5. She's just brought the entrees.
6. Our favorite team has just won the game!

E. Pregúntele a otro/a estudiante dónde está si acaba de hacer las siguientes cosas.

MODELO almorzar →

UD.: ¿Dónde estás si acabas de almorzar?
COMPAÑERO/A: Estoy en la cafetería.

1. ver una película
2. comprar libros
3. escribir los ejercicios de español
4. tomar un café
5. ver un partido de fútbol norteamericano
6. dormir ocho horas
7. comer una hamburguesa
8. leer un periódico

F. Ud. está en los lugares siguientes. ¿Qué acaba de pedir?

1. un restaurante elegante
2. un restaurante español
3. un restaurante mexicano
4. la cafetería de la universidad
5. su favorito restaurante de comida rápida

MINIDIÁLOGOS Y ESTRUCTURA

24
Personal *a*

Esperando a un amigo

GRACIELA: ¿No vamos a esperar *a Miguel* para pedir?

CARLOS: ¿*A Miguel?* ¿Por qué? ¡Siempre llega tan tarde!

GRACIELA: Bueno... si llega tarde otra vez, ¡puede pagar la cuenta!

© 1981 Katherine A. Lambert

1. ¿Dónde están Graciela y Carlos?

2. ¿A quién esperan?

3. ¿Qué va a hacer Miguel si llega tarde?

In English and in Spanish, the *direct object* (**complemento directo**) of a sentence answers the question *what?* or *whom?* in relation to the subject and verb.

Ann is preparing dinner. }	Ann is preparing *what?* *What* is Ann preparing? }	*dinner*
They can't hear the baby. }	They can't hear *whom?* *Whom* can't they hear? }	*the baby*

Indicate the direct objects in the following sentences:

1. I don't see Betty and Mary here.

2. Give the bone to the dog.

3. No tenemos dinero.

4. ¿Por qué no pones los antojitos en la mesa?

Waiting for a friend GRACIELA: *Aren't we going to wait for Miguel to (before we) order?* CARLOS: *For Miguel? Why? He always arrives so late!* GRACIELA: *Well . . . if he arrives late again, he can pay the check!*

In Spanish, the word **a** immediately precedes the verb and the direct object of a sentence when the direct object refers to a specific person or persons.[4] This **a** has no equivalent in English.

Vamos a visitar **al profesor.**	*We're going to visit the professor.*

but

Vamos a visitar **el museo.**	*We're going to visit the museum.*
Necesitan **a sus padres.**	*They need their parents.*

but

Necesitan **nuestro coche.**	*They need our car.*

The personal **a** is used before **alguien/nadie** and **quién** when these words function as direct objects.

¿Vas a invitar **a alguien?**	*Are you going to invite someone?*
¿A quién llamas?	*Whom are you calling?*

¡OJO! *Remember that the verbs* **esperar** (to wait for), **escuchar** (to listen to), **mirar** (to look at), *and* **buscar** (to look for) *include the sense of the English prepositions* for, to, *and* at. *These verbs take direct objects in Spanish (not prepositional phrases as in English).*

Estoy buscando **mi carro.**	*I'm looking for my car.*
Estoy buscando **a mi hijo.**	*I'm looking for my son.*

Práctica

A. Dé Ud. frases nuevas según las indicaciones.

1. —¿Qué o a quién ve Ud. en este momento?
   —Veo *el texto.* (*el/la profesor[a], la pizarra, los estudiantes, la mesa, mi amigo/a, la puerta*)
2. —¿A quién o qué está buscando Ud. en este momento?
   —Estoy buscando a *mi abuelo.* (*mi libro, Felipe, la cuenta, el amigo de Tomás, alguien, el menú*)

B. ¿Cómo se dice en español?

1. We're going to call Michael.
2. They're inviting Ann.
3. I'm not looking at anyone.
4. I'm going to listen to José Feliciano.
5. Whom are you waiting for?
6. Estela has four cousins.

---

[4]The personal **a** is not generally used with **tener: Tenemos cuatro hijos.**

C. Este sábado Ud. va a dar una fiesta y puede invitar a una persona famosa. ¿A quién quiere invitar?

Quiero invitar a _____ porque _____.

D. Se necesitan personas para hacer varios trabajos. ¿A quién puede Ud. recomendar?

Puedo recomendar a _____ para presidente porque _____.
¿Para camarero/a? ¿para secretario/a? ¿para profesor(a)? ¿para _____?

E. ¿A quién va a llamar Ud. esta noche? ¿Por qué?

Voy a llamar a _____ porque _____.

25

Direct object pronouns

Tell what María is looking at in each picture. Follow the models given.

María está mirando **al niño.** →
  María **lo** está mirando.
También María está mirando _____.

María está mirando **la flor.** →
  María **la** está mirando.
También María está mirando _____.

María está mirando **a los señores.** →
  María **los** está mirando.
También María está mirando _____.

María está mirando **las montañas.** →
  María **las** está mirando.
También María está mirando _____.

Direct object pronouns			
me	*me*	**nos**	*us*
te	*you* (fam. sing.)	**os**	*you* (fam. pl.)
lo[5]	*you* (form. sing.), *him, it* (m.)	**los**	*you* (form. pl.), *them* (m., m. + f.)
la	*you* (form. sing.), *her, it* (f.)	**las**	*you* (form. pl.), *them* (f.)

Like direct object nouns, *direct object pronouns* (**pronombres del complemento directo**) answer the questions *what?* or *whom?* in relation to the subject and verb. Direct object pronouns are placed before a conjugated verb and after the word **no** when it appears.

Ellos **me** ayudan.	*They're helping me.*
¿El libro? Diego no **lo** necesita.	*The book? Diego doesn't need it.*
¿Dónde están la revista y el periódico? **Los** necesito ahora.	*Where are the magazine and the newspaper? I need them now.*

The direct object pronouns may be attached to an infinitive or a present participle.

Las tengo que leer.	*I have to read them.*
Tengo que leer**las.**	
¿**Nos** están buscando?	*Are you looking for us?*
¿Están buscándo**nos?**	

When a pronoun object is attached to a present participle, a written accent is needed on the stressed vowel: **buscándonos.**

The direct object pronoun **lo** can refer to actions, situations, or ideas in general. When used in this way, **lo** expresses English *it* or *that.*

Lo comprende muy bien.	*He understands it (that) very well.*
No **lo** creo.	*I don't believe it (that).*

Práctica

A. Dé Ud. frases nuevas según las indicaciones.

1. —¿Qué necesita Ud. ahora? ¿el bolígrafo?
   —El *bolígrafo*, no. No lo necesito ahora. (*¿el menú? ¿los platos? ¿la leche? ¿el carro? ¿los lápices?, ¿las cuentas? ¿los refrescos?*)

---

[5]In Spain and in other parts of the Spanish-speaking world, **le** is frequently used instead of **lo** for the direct object pronoun *him.* This usage will not be practiced in *¿Qué tal?*

2. —¿Qué tienen Uds. que preparar para mañana? ¿el ejercicio?

—*¿El ejercicio?* Sí, tenemos que prepararlo para mañana. (*¿la sopa? ¿los postres? ¿el flan? ¿las patatas? ¿la cena? ¿el pan?*)

3. —Uds. están en un restaurante. ¿Qué están pidiendo? ¿cerveza?

—*¿Cerveza?* Sí, estamos pidiéndola ahora. (*¿queso? ¿carne? ¿salsa? ¿helado? ¿verduras? ¿papas fritas? ¿huevos?*)

B. Cambie: los complementos directos → pronombres.

1. El camarero pone los bolillos en la mesa.
2. Mis hijos no están usando el carro ahora.
3. Voy a leer esa novela esta noche.
4. ¿Por qué no pagas tú la cuenta?
5. ¿El dinero? No tengo el dinero.
6. Necesitamos dos pasteles para la fiesta.
7. Estoy escribiendo las oraciones.
8. Los niños no están comiendo la ensalada.

C. Your roommate (*compañero/a de cuarto*) is constantly suggesting things for you to do, but you've always just finished doing them. How will you respond to each of the following suggestions? Follow the model.

> **MODELO** COMPAÑERO/A: ¿Por qué no escribes la composición para la clase de español?
> UD.: ¡Porque *acabo de* escribirla!

1. ¿Por qué no estudias la lección ahora?
2. ¿Por qué no visitas el museo conmigo?
3. ¿Por qué no aprendes el vocabulario nuevo?
4. ¿Por qué no compras el periódico de hoy?
5. ¿Por qué no pagas la matrícula?
6. ¿Por qué no preparas el guacamole?
7. ¿Por qué no vas a comprar agua mineral?
8. ¿Por qué no me ayudas más?

D. Ud. y sus amigos están muy negativos hoy. ¿Cómo van a responder a las preguntas siguientes?

> **MODELO** ¿Creen Uds. eso? → *¡No, no lo creemos!*

1. ¿Prefieren Uds. eso?   **3.** ¿Desean Uds. eso?
2. ¿Comprenden Uds. eso?   **4.** ¿Piensan Uds. eso?

E. Preguntas

1. ¿Quién lo/la mira a Ud. en este momento? ¿el/la profesor(a)? (**Sí, me mira.**) ¿los otros estudiantes? ¿el/la presidente/a de la universidad? ¿sus padres? ¿su compañero/a de cuarto? ¿_____?

2. Todos necesitamos la ayuda de nuestros parientes y amigos. ¿Quiénes los/las ayudan a Uds.? ¿sus padres? (**Sí, nos ayudan.**) ¿sus amigos? ¿sus compañeros de cuarto? ¿sus profesores? ¿sus consejeros? ¿_____?

26

Saber versus conocer

Delante de un restaurante

AMALIA: ¿Dónde vamos a almorzar?

ERNESTO: (Entrando en el restaurante.) ¿Por qué no aquí mismo?

AMALIA: ¿Conoces este restaurante?

ERNESTO: Sí, lo *conozco* y *sé* que es excelente.

AMALIA: ¿Y cómo *sabes* que es tan bueno?

ERNESTO: *Conozco* muy bien a la dueña. ¡Es mi tía! ¿Nos sentamos?

Simone Oudot/EPA, Inc.

1. *¿Qué hora es, aproximadamente?*
2. *¿Conoce Ernesto el restaurante?*
3. *¿Cuál es su opinión del restaurante?*
4. *¿Cómo sabe Ernesto que el restaurante es muy bueno?*
5. *¿Por qué conoce a la dueña del restaurante?*

In front of a restaurant AMALIA: *Where are we going to have lunch?* ERNESTO: *(Entering the restaurant.) Why not right here?* AMALIA: *Do you know (are you familiar with) this restaurant?* ERNESTO: *Yes, I know it, and I know that it's excellent.* AMALIA: *And how do you know that it's so good?* ERNESTO: *I know the owner very well. She's my aunt! Shall we sit down?*

Saber: *to know*		Conocer: *to know*	
sé	sabemos	conozco	conocemos
sabes	sabéis	conoces	conocéis
sabe	saben	conoce	conocen

Saber means *to know facts or pieces of information*. When followed by an infinitive, **saber** means *to know how to do something*.

No **saben** el teléfono de Alejandro.	*They don't know Alejandro's phone number.*
¿**Saben** Uds. dónde vive Carmela?	*Do you know where Carmela lives?*
¿**Sabes** tocar el piano?	*Do you know how to play the piano?*

Conocer means *to know or to be acquainted (familiar) with a person, place, or thing*. It can also mean *to meet*.

No **conocen** a la nueva estudiante todavía.	*They don't know the new student yet.*
¿**Conocen** Uds. el restaurante mexicano en la calle Goya?	*Are you familiar with the Mexican restaurant on Goya Street?*
¿Quieren **conocer** a aquel joven?	*Do you want to meet that young man?*

Práctica

A. Dé Ud. frases nuevas según las indicaciones.

   1. —Sus amigos van a dar una fiesta. ¿Quién sabe cuándo es?
   —*Tú* sabes cuando es. (*ellos, yo, Elvira, Ud., Ana y tú, vosotros*)
   2. —¿Quién conoce a los padres de Graciela?
   —*Nosotros* conocemos a sus padres. (*yo, Uds., Juan y yo, tú, Raúl y Mario, vosotros*)

B. Describe what these well-known people know how to do.

José Feliciano		jugar al béisbol
Mikhail Baryshnikov	sabe	tocar el piano
Pete Rose		cantar en español
Liberace		escribir novelas
James Michener		leer rápidamente
Evelyn Wood		bailar

C. Can you match these famous couples?

Adán		Marta
Archie Bunker	conoce a	Cleopatra
Romeo		Eva
Rhett Butler		Julieta
Antonio		Scarlett O'Hara
Jorge Washington		Edith

D. Form complete sentences by using one word or phrase from each column.

yo		conocer	preparar _____
los estudiantes	(no)	saber	cuando es el examen final
tú			al nuevo novio de Marta
el/la profesor(a)			el nombre (*name*) de aquel profesor
Uds.			jugar al tenis
_____			al rey de España
			todas las respuestas
			Bolivia
			donde sirven una paella magnífica
			_____

E. ¿Cómo se dice en español?

1. I don't know what time it is.
2. She knows his aunt.
3. They know how to swim.
4. Do you know (are you familiar with) New York?
5. Everyone (**todos**) wants to meet the new student.

F. Preguntas

1. ¿Qué restaurantes conoce Ud.? ¿Cuál es su restaurante favorito? ¿Es buena la comida de ese restaurante? ¿Qué sirven allí? ¿Come Ud. allí con frecuencia? ¿Conoce al/a la dueño/a del restaurante? ¿Es simpático/a?
2. ¿Conoce Ud. a una persona famosa? ¿Quién es? ¿Cómo es? ¿Qué detalles (*details*) de su vida sabe Ud.?
3. En clase, ¿sabe Ud. todas las respuestas? ¿todos los verbos? ¿todas las palabras nuevas?
4. ¿Sabe Ud. jugar al tenis? ¿a otro deporte? ¿Sabe tocar un instrumento musical? ¿bailar? ¿cantar? ¿hablar otra lengua?
5. ¿Qué platos sabe Ud. preparar? ¿albóndigas? ¿mole poblano? ¿paella? ¿pollo asado?

G. Ud. es el/la presidente/a de los Estados Unidos y puede invitar a cualquier (*any*) persona a la Casa Blanca. ¿A quién quiere Ud. conocer?

Quiero conocer a _____ **porque** _____.

H. Ud. ya conoce a los otros estudiantes de la clase y sabe mucho de ellos. Describa Ud. a varios de sus compañeros de clase.

Conozco a _____. **Sé que él/ella** _____.

UN PASO MÁS

Lectura cultural:

La comida mexicana

Hoy en día° la comida mexicana es muy popular en los Estados Unidos. En todas las ciudades grandes hay restaurantes que la sirven. Algunos de estos lugares ofrecen auténtica comida mexicana, mientras° otros ofrecen adaptaciones americanizadas.

    La base de la comida mexicana es la tortilla. Es un tipo de pan que se hace por lo general con maíz°. La tortilla se usa para preparar varios platos. Por ejemplo, la enchilada es una mezcla° de carne picada° bien condimentada° y envuelta° en una tortilla arrollada°. Se sirve con una salsa de ají°.

Hoy... *Nowadays*

while

corn

mixture / *chopped* / *seasoned*
wrapped / *rolled*
salsa... *chili sauce*

Según los mitos antiguos del país, el mexicano es de (*made of*) maíz, y es verdad que gran parte de la comida mexicana se basa en el maíz. Se comen tortillas—de maíz o de harina (*flour*)—con el desayuno, con el almuerzo y con la cena, y muchos platos típicos tienen la tortilla como base.

Quizá el plato mexicano que se conoce mejor° en los Es-   *best*
tados Unidos es el taco. Consiste en una tortilla llena° de   *full*
carne picada, lechuga, tomate y queso. Se cubre° a menudo°   **Se...** *It is covered* / **a....** *frequently*
con una salsa picante. Y hablando de platos famosos,
¡cuidado con los «burritos»! No es comida mexicana auténtica. Son muy buenos, pero son una invención de origen
tejano.

Comprensión

Check your understanding of the reading selection by matching the sentence fragments to form complete sentences.

1. La popularidad de la comida mexicana en los Estados Unidos es evidente
2. Algunos restaurantes mexicanos
3. La tortilla
4. La carne picada
5. Se usa la salsa de ají
6. El taco
7. Los tejanos

a. es probablemente el plato mexicano más famoso en los Estados Unidos.
b. se usa en el taco y en la enchilada.
c. porque hay muchos restaurantes que la sirven.
ch. ofrecen platos americanizados.
d. es la parte esencial de la comida mexicana.
e. para hacer la enchilada.
f. son responsables de (*for*) la invención del burrito.

Ejercicios escritos

A. Create your own composition about eating and drinking habits in the United States by completing the sentences in the following paragraph.

En los Estados Unidos la gente no da gran importancia a las comidas. La vida americana es tan (*so*) rápida que _____. Muchas veces el padre o la madre _____ y no puede _____. También los niños _____. Por eso cada (*each*) miembro de la familia americana _____.

B. Write a brief paragraph about your eating preferences or those of your family. Use the following questions as a guide in developing your paragraph.

1. ¿Cuántas veces (*times*) comen al día? ¿A qué hora?

2. ¿Comen juntos (*together*)?
3. ¿Quién(es) prepara(n) la comida? ¿Quién(es) ayuda(n)?
4. ¿Qué prepara(n)? ¿Es buena la comida? ¿mala? ¿regular?
5. ¿Qué comida prefieren cuando comen en un restaurante? ¿comida china? ¿comida española? ¿comida mexicana? ¿comida italiana? ¿hamburguesas?
6. ¿En qué restaurantes comen?
7. ¿Comen allí con frecuencia? ¿Cuántas veces al año? ¿Cuándo van a volver?

VOCABULARIO

VERBOS

acabar de (+ *inf.*) to have just (*done something*)
ayudar to help
conocer (*irreg.*) to know, be acquainted with
esperar to wait (for)
invitar to invite
llamar to call
preparar to prepare
saber (*irreg.*) to know
  saber (+ *inf.*) to know how to (*do something*)
tocar to play (*a musical instrument*)

SUSTANTIVOS

  el agua (*f.*) water
  las albóndigas meatballs
los antojitos appetizers (*Mex.*)
  el bolillo roll
los camarones shrimp
  la comida meal, midday meal
el/la compañero/a de cuarto roommate
  el desayuno breakfast
el/la dueño/a owner
  el guacamole avocado dip/sauce
  el helado ice cream
  el huevo egg
  el jugo juice
  la leche milk
  el menú menu
  el mole poblano de guajolote turkey in a spicy sauce of chiles and chocolate
  la novela novel

  el pan (dulce) (sweet) bread
  la papa potato
  el refresco soft drink
  la respuesta answer
  la salsa sauce
  el taco tortilla filled with meat/vegetables
  la tortilla round flat bread made of corn or wheat flour
  las verduras vegetables
  el vino rosado rosé wine

ADJETIVOS

asado/a roasted
frito/a fried
fuerte main; heavy (*of food*)
picante spicy, hot

UN POCO DE TODO 2

Un repaso de los capítulos 6–10

A. *Cambie por el plural.*
1. Voy a jugar al tenis contigo mañana.
2. Ese chico está nadando con su amigos
3. Mi padre nunca está de acuerdo conmigo.
4. ¿Por qué piensas que este plato es bueno?
5. Si no duermo ocho horas, estoy cansada todo el día.
6. Mañana salgo para Panamá. Voy a volver en primavera.
7. Quiero verla mañana, por favor.

B. *Cambie por el singular.*
1. Vamos a ver ese equipo el domingo.
2. Los jugadores están delante del estadio en este momento.
3. Vamos a llamar a nuestros compañeros si tenemos tiempo.
4. Preferimos cenar con Uds. si no piensan salir temprano.
5. No conocemos a los dueños pero sabemos que son deportistas.
6. ¿Con quiénes jugamos el lunes?
7. Acabamos de abrirlos. ¿Por qué los están cerrando Uds.?

C. *Form complete sentences based on the words given, in the order given. Conjugate the verbs and add other words if necessary.*
1. este / tarde / ellos / ir / volver / con / nuestro / tíos
2. yo / conocer / ninguno / francés
3. camarero / estar / traer / lo
4. ¿ / Hay / alguien / iglesia / ? — / yo / oir / nadie
5. ¿ / decir / Ud. / nada, / Sra. Medina / ?
6. ¿ / teléfono / de / profesor ? / yo / no / lo / saber
7. Antonia / empezar / ser / jugador / excelente

D. *Rearrange the following words to form complete sentences. Do not add any words.*
1. gente / diciendo / la / está / lo
2. en / suelo / vemos / ningún / vaso / no / el
3. ¿ / si / mi / ellos / sabes / a / amiga / conocen / ?
4. veo / en / los / este / no / momento
5. señor / no / oir / la / Gómez / señorita / al / puede / Padilla
6. tocar / tampoco / no / instrumento / ese / sé

E. *¿Cómo se dice en español?*
1. I know her; she always knows the answers.
2. We've just invited you (*fem. formal*)!
3. The sauce? I'm going to make it.
4. The meatballs? He's preparing them right now.
5. Whose socks are these?

F. *Working with another student, ask and answer questions based on the places listed below. Follow the model, providing appropriate information.*

MODELO SUSANA: ¿Piensas hacer un viaje a _____ ?
PEDRO: Sí, salgo para _____ el (fecha o día).
SUSANA: ¿No hace _____ en ese (lugar)?
PEDRO: Sí, por eso voy a poner _____ en mi maleta (*suitcase*).
SUSANA: ¡Lo (la/los/las) vas a necesitar!

UN POCO DE TODO 2
Un repaso de los capítulos 6–10

1. el Polo Norte / suéteres
2. Puerto Rico / camisetas
3. Colorado / abrigo
4. Puerto Vallarta / traje de baño (*bathing suit*)
5. la Florida / raqueta de tenis

G. Entrevista (*interview*)

*With another student, play the roles of **los señores Gimeno,** a well-to-do couple. The other members of the class will ask you about your possessions and about your family. Answer by inventing details. You can talk about **los hijos de los señores Gimeno, sus otros parientes,** and so on.*

MODELO   Pregunta: ¿Cómo es su hijo Carlos?
Respuesta: Nuestro hijo es inteligente y guapo.

H. *Answer the following questions. Then ask the same questions of other students in the class to find at least one other person who answered a given question the way you did.*

1. ¿A qué hora almuerzas y dónde?
2. ¿Piensas que nuestro presidente es bueno? ¿Por qué sí o por qué no?
3. ¿De dónde (De qué estado) eres?
4. ¿Estás triste cuando llueve? ¿Qué haces cuando llueve?
5. ¿Adónde piensas ir después de la clase?
6. ¿Qué prefieres, el pollo asado o un bistec?
7. ¿Cuántos pares de zapatos tienes en total?
8. ¿Qué cosa no quieres hacer nunca?

I. *Todos nuestros amigos son diferentes. Tienen características especiales que los hacen únicos. De sus amigos/as,*

1. ¿quién conoce a mucha gente latina?
2. ¿quién sabe hablar muy bien el español?
3. ¿quién no estudia nunca?
4. ¿quién no tiene ganas de trabajar mucho?
5. ¿quién dice que es un Don Juan?
6. ¿quién conoce a una persona famosa?
7. ¿quién pone la radio cuando estudia?
8. ¿quién no lleva nunca ropa elegante?

J. *Complete las oraciones en una forma lógica.*

1. Esta tarde voy a _____ porque _____
2. Este semestre mis clases son _____
3. En este momento estoy en _____ y estoy _____
4. Esta noche mi _____ y yo vamos a _____
5. Para mí, el matrimonio (el amor, la amistad) es _____
6. Cuando hace buen tiempo, prefiero _____ Cuando hace mal tiempo, me gusta _____
7. Quiero salir con _____ algún día, porque es _____.
8. Este verano (no) voy a hacer un viaje a _____; por eso estoy _____.
9. Mi (persona) es _____; en este momento está _____.

CAPÍTULO·11

EN EL AEROPUERTO

VOCABULARIO: PREPARACIÓN

el asiento / *seat* **la demora** / *delay* **estar atrasado/a** / *to be late* **guardar (un puesto)** / *to save (a place)*
hacer escalas / *to have/make stopovers* **subir al/bajar del avión** / *to get on/off the plane* **volar (ue)** / *to fly*

Las líneas aéreas de México, de
España y de los otros países latinoamericanos son muy modernas y
cómodas. En esta foto se ve la
modernidad de las oficinas de
Mexicana y, en el reflejo, una calle
urbana de la Ciudad de México.

Simone Oudot/EPA, Inc.

A. Ud. va a hacer un viaje en avión. El vuelo sale a las ocho de la mañana. Usando las letras
a a **k**, indique Ud. en qué orden va a hacer las cosas siguientes.

_____ **1.** Subo al avión.
_____ **2.** Busco la aerolínea.
_____ **3.** Espero el vuelo en la sala de espera.
_____ **4.** Hago cola para comprar el boleto y facturar el equipaje.
_____ **5.** Llego al aeropuerto a tiempo y bajo del taxi.
_____ **6.** Se anuncia el vuelo.
_____ **7.** Guardo un puesto para otro pasajero.
_____ **8.** Estoy atrasado/a. Salgo para el aeropuerto en taxi.
_____ **9.** La azafata me indica el asiento.
_____ **10.** Pido asiento en la sección de no fumar.
_____ **11.** Hago cola para comprar un café.
_____ **12.** Hay demora. Por eso todos tenemos que esperar 30 minutos antes de subir al
avión.

B. Opiniones. ¿Está Ud. de acuerdo con las siguientes oraciones? ¿Sí o no? Cambie las
oraciones si no está de acuerdo.

1. Es peligroso (*dangerous*) volar.
2. Las colas en el aeropuerto siempre son largas.
3. Prefiero la sección de fumar.
4. Siempre pido asientos cerca de la puerta.
5. Me gusta mucho hablar con los camareros y las azafatas.
6. Es divertido (*fun, enjoyable*) viajar con niños.
7. Prefiero los vuelos con muchas escalas.
8. Las demoras no me importan.
9. Prefiero volar por la noche.
10. Siempre tengo prisa para bajar del avión.

C. Preguntas

1. ¿Tiene miedo de volar? ¿Por qué tiene miedo de volar mucha gente?
2. ¿Qué tipo de pasajero/a es Ud.? ¿divertido/a? ¿nervioso/a? ¿aburrido/a?
3. ¿Siempre factura Ud. el equipaje cuando vuela? ¿Tiene miedo de perderlo?
4. ¿Qué hace Ud. cuando está atrasado un vuelo? ¿Tiene ganas de cancelar el viaje y regresar a casa? Y, cuando el avión está en el aire, ¿qué hace Ud.? ¿Fuma mucho? ¿Duerme?

MINIDIÁLOGOS Y ESTRUCTURA

27

Comparisons

Lo malo de volar

RÓMULO: Cuando vuelo, me gusta estar en el aeropuerto con mucha anticipación. Pero ¿cómo se llega sin carro?

GRACIELA: Bueno, es *más fácil* y *más barato* tomar el autobús *que* ir en carro. El 92 te lleva directamente al aeropuerto.

RÓMULO: Pero sabes que a mí no me gusta nada viajar en autobús. Siempre hay *tanta* gente...

GRACIELA: Es curioso, ¿no? Parece que la cosa *más difícil* no es llegar a Cancún—¡es llegar al aeropuerto!

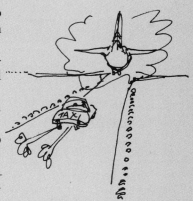

1. ¿A Rómulo le gusta (does Rómulo like) *llegar tarde al aeropuerto cuando vuela?*
2. ¿Tienen carro Rómulo y Graciela?
3. Sin carro, ¿cómo se llega al aeropuerto?
4. ¿A Rómulo le gusta viajar en autobús? ¿Por qué (no)?
5. Según Graciela, ¿cuál es la parte más difícil del viaje?

The bad thing about flying RÓMULO: *When I fly, I like to be at the airport with a lot of time to spare. But without a car how do you get there?* GRACIELA: *Well, it's easier and cheaper to take the bus than go by car. The (number) 92 takes you directly to the airport.* RÓMULO: *But you know that I don't like to travel by bus at all. There are always so many people . . .* GRACIELA: *It's funny, isn't it? It seems the most difficult thing isn't getting to Cancún [resort area in Mexico]—it's getting to the airport!*

Regular comparisons of adjectives

Alicia es **más alta que** Marta.	*Alicia is taller than Marta.*
Marta es **menos alta que** Pablo.	*Marta is shorter (less tall) than Pablo.*
Pablo es **tan alto como** Alicia.	*Pablo is as tall as Alicia.*

The *comparative* (**comparativo**) of most English adjectives is formed by using the adverbs *more* or *less* (**more** *intelligent*, **less** *important*) or by adding *-er* (*taller, longer*).

In Spanish, unequal comparisons are usually expressed with **más** (*more*)/**menos** (*less*) plus the adjective plus **que.**

Equal comparisons are expressed with **tan** plus the adjective plus **como.**

[*Práctica A, B*]

Irregular comparative forms

Spanish has the following irregular comparative forms:

mejor(es)	*better*	**mayor(es)**	*older*
peor(es)	*worse*	**menor(es)**	*younger*

Estos discos son **buenos,** pero ésos son **mejores.**	*These records are good, but those are better.*

[*Práctica C*]

Comparison of nouns

Alicia tiene **más/menos** libros **que** Susana.	*Alicia has more/fewer books than Susana.*
Nosotros tenemos **tantas** pesetas **como** ellas.	*We have as many pesetas as they (do).*

Nouns are compared with the expressions **más/menos... que** and **tanto/a/os/as... como. Tanto** must agree in gender and number with the noun it modifies.

Más/menos de are used when the comparison is followed by a number: **Tengo más *de un* hijo.**

[*Práctica D, E, F, G, H*]

Práctica

A. Cambie: tan... como → más/menos... que.

1. El mole poblano es tan picante como las hamburguesas.
2. Este periódico es tan interesante como ése.

3. Los tacos son tan deliciosos como las enchiladas.
4. Los niños son tan inteligentes como sus padres.
5. El matrimonio es tan importante como la amistad.
6. El vuelo de San Francisco a Hawaii es tan largo como el vuelo de San Francisco a Los Ángeles.
7. Es tan caro volar como ir en taxi.

B. Conteste según el dibujo.

1. ¿La biblioteca es más alta que la tienda?
2. ¿El museo es tan grande como el teatro?
3. ¿La tienda es menos alta que la biblioteca?
4. ¿La tienda es más alta que el museo?
5. ¿El teatro es tan alto como la biblioteca?
6. ¿El teatro es menos alto que la tienda?

C. Complete, haciendo una comparación.

1. La comida italiana es buena, pero la comida mexicana es _____.
2. Las pruebas (*quizzes*) son malas, pero los exámenes son _____.
3. Pepito tiene quince años; Demetrio, que tiene veinte años, es su hermano _____.
4. Luisita es joven; su hermano, el bebé de la familia, es _____.
5. La Argentina es grande, pero el Brasil es _____.
6. El gorila es grande; el chimpancé es _____.
7. Estar atrasado es malo, pero no llegar nunca es _____.
8. Cuando el vuelo hace muchas escalas, es malo. Cuando no hay ninguna demora es _____.

D. Conteste, comparando las cosas de Alfredo con las (*those*) de Graciela.

1. ¿Cuánto dinero tiene Alfredo?
2. ¿Cuánta cerveza tiene Graciela?
3. ¿Cuántos libros tiene Alfredo?
4. ¿Cuántos bolígrafos tiene Graciela?
5. ¿Cuántos cuadernos tiene Alfredo?
6. ¿Cuántas cartas tiene Graciela?

E. Cambie: tanto... como → más/menos... que.

1. Nicaragua tiene tantos lugares interesantes como Costa Rica.
2. Hay tantos compañeros como compañeras en esta clase.
3. Este pueblo tiene tantos habitantes como aquella ciudad.
4. Hay tantos coches en esta calle como en aquélla.
5. Hay tantos exámenes en la clase de español como en la clase de historia.
6. Aquel pasajero bebe tanto café como yo.
7. Aquí hace tanto calor en verano como en invierno.
8. El camarero sirve tantos cócteles como la azafata.
9. Este vuelo hace tantas escalas como el otro.
10. Viajo con tanto equipaje como un millonario.

F. Conteste las preguntas en una forma lógica.

¿Es Ud....

1. tan guapo/a como Burt Reynolds/Jane Fonda?
2. tan rico/a como los Rockefeller?
3. tan leal como su mejor amigo/a?
4. tan inteligente como Einstein?
5. tan romántico/a como su novio/a o esposo/a?

¿Tiene Ud....

6. tanto dinero como los Hearst?
7. tantos tíos como tías?
8. tantos amigos como amigas?
9. tantas ideas buenas como _____?
10. tantos años como su profesor(a)?

G. ¿Cómo se dice en español?

1. more than $10; fewer than 100 students; fewer than 20 seats
2. Are you over (older than) 18 years old?
3. She's over 90 years old! I'm younger than she is.

H. Comparative forms are used in many Spanish sayings (**dichos**). Several are given here. What are the English equivalents of these sayings? Can you think of another way to end them?

1. Más feo que el coco (*bogeyman*).
2. Pesar (*to weigh*) menos que un mosquito... o más que el matrimonio.
3. Dormir como un tronco.
4. Más bueno que el pan.[1]
5. Más viejo que Matusalén.
6. Más claro que el agua.
7. Más alto que un pino.
8. Más vale (*is worth*) tarde que nunca.
9. Más largo que un día sin pan.

¿Recuerda Ud.?

Remember that direct object pronouns, like direct object nouns, answer the questions what? *or* whom? *in relation to the subject and verb (Section 25):* **me, te, lo/la, nos, os, los/las.**

¿Cómo se dice en español? Exprese según las indicaciones.

1. I don't want *it.* (**la blusa, el vino**)
2. They're looking for *you.* (**a Ud., a Uds., a ti, a vosotros**)
3. Yes, we need *them.* (**las tortillas, los sombreros**)
4. Why don't you (**tú**) help *me?* (*them, us, her, him*)
5. We're going to buy *it.* (**el boleto, la camiseta**)
6. I don't believe *it!*

---

[1]Note the special usage of **más bueno,** similar to the dialectical use of "*gooder*" in English.

28

Indirect object pronouns

En la sala de espera del aeropuerto

HIJO: Mamá, tengo hambre. ¿*Me* das un chocolate?

MAMÁ: No, hijo. No *te* voy a dar un chocolate. Acabas de comer.

HIJO: Mamá, quiero leer. ¿*Me* compras un librito?

MAMÁ: No *te* voy a comprar más libros. Ya tienes tres.

HIJO: Mamá...

MAMÁ: No, hijo. Te quiero mucho, pero no *te* voy a comprar nada más.

HIJO: Pero mamá...

MAMÁ: ¡Que no!

HIJO: Pero mamá, ¿no ves? Ese señor acaba de robar*te* la maleta.

1. ¿Quién tiene hambre?

2. ¿La mamá le da un chocolate a su hijo?

3. ¿Le compra un librito a (for) su hijo?

4. ¿La mamá le compra algo más a su hijo?

5. ¿Escucha a su hijo?

6. ¿Quién acaba de robar la maleta?

Indirect object pronouns			
me	*to, for me*	**nos**	*to, for us*
te	*to, for you* (fam. sing.)	**os**	*to, for you* (fam. pl.)
le	*to, for you* (form. sing.), *him, her, it*	**les**	*to, for you* (form. pl.), *them* (m.) (m. + f.)

As you have seen, direct object nouns and pronouns answer the questions *what?* or *whom?* Indirect object nouns and pronouns usually answer the questions *to whom?* or *for whom?* in relation to the verb. The word *to* is frequently omitted in English.

In the airport waiting room   SON: *Mom, I'm hungry. Will you give me a piece of chocolate?* MOM: *No, son. I will not give you a piece of chocolate. You just ate.* SON: *Mom, I want to read. Will you buy me a little book?* MOM: *I'm not going to buy you any more books. You already have three.* SON: *Mom . . .* MOM: *No, son. I love you a lot, but I'm not going to buy you anything else.* SON: *But mom . . .* MOM: *(I said) No!* SON: *But mom, don't you see? That man just stole your suitcase.*

Indicate the direct and indirect objects in these sentences:

1. I'm giving her the present tomorrow.
2. Could you tell me the answer now?
3. El profesor nos va a dar un examen.
4. ¿No me compras el librito ahora?

Like direct object pronouns *indirect object pronouns* (**pronombres del complemento indirecto**) are placed before a conjugated verb and after the word **no** if it appears in the sentence. Indirect object pronouns may be attached to a present participle—with the addition of an accent mark—or to an infinitive.

Un mural, arte típico de México y de otras partes de Latinoamérica, adorna las paredes (*walls*) del aeropuerto de San José, Costa Rica. Algunos pasajeros hacen cola para comprar boletos y facturar el equipaje, mientras (*while*) otros conversan y esperan a amigos.

Están facturándo**me** el equipaje. }   *They're checking my*
Me están facturando el equipaje. }   *bags for me.*

Voy a guardar**te** el asiento. }   *I'll save your seat*
Te voy a guardar el asiento. }   *for you.*

Since **le** and **les** have several different equivalents, their meaning is often clarified or emphasized with the preposition **a** and the pronoun objects of prepositions (Section 10).

Voy a mandar**le** un telegrama **a Ud. (a él, a ella).**	*I'm going to send you (him, her) a telegram.*
Estoy haciéndo**les** un regalo **a Uds. (a ellos, a ellas).**	*I'm making you (them) a present.*

When there is a noun indirect object in a sentence, the indirect object pronoun is usually used in addition. This construction is very common in Spanish.

Vamos a decir**le** la verdad **a Juan.**	*Let's tell Juan the truth.*
¿Les guardo los asientos **a Jorge y Marta?**	*Should I save the seats for Jorge and Marta?*

Práctica

A. Substitute the phrases in parentheses for the words in italics, and make other necessary changes.

1. —Ud. está de vacaciones. ¿A quién le manda tarjetas postales (*postcards*)?
   —Les mando una tarjeta postal *a mis padres.* (*a ti, a Ud., a Ángel, a Uds., a Alicia, a vosotros*)

2. —Ud. tiene que comprar los boletos de avión para unos amigos que viajan con Ud. ¿A quién (*for whom*) le está comprando el boleto ahora?
   —Ahora estoy comprándole el boleto *a Jorge.* (*a Sergio, a ti, a Estela, a Uds., a Marta y Rosa, a vosotros*)

B. Hoy es el cumpleaños de Marcos. ¿Quién le da a Marcos el libro? ¿el regalo grande? ¿la radio portátil? ¿la camisa? ¿Qué les dice Marcos a todos? ¿Ud. le da algún regalo a Marcos? ¿Por qué no? ¿No lo conoce Ud.? Y a Ud., ¿qué le van a dar sus amigos el día de su cumpleaños?

C. Hoy es el aniversario de los Sres. González. ¿Quién les da el regalo pequeño? ¿el televisor? ¿los boletos para un viaje a Puerto Vallarta? ¿la pintura bonita? ¿Qué les da Ud. a sus padres el día de su aniversario?

D. Ud. y su amigo/a están en el aeropuerto. Su amigo/a necesita mucha ayuda y Ud. quiere ayudarlo/la. Con otro estudiante, practique este diálogo y sus variaciones.

> MODELO   comprar el boleto →
> AMIGO/A: ¿Me puedes *comprar el boleto?*
> UD.: Sí, te *compro el boleto.*

1. guardar el equipaje
2. facturar el equipaje
3. guardar el puesto en la cola
4. guardar el asiento
5. buscar el pasaporte
6. dar los paquetes

E. Using the model sentence given below, tell whom you would like to talk to about the following problems and what you would like to tell them.

> MODELO   Quiero decirle a _____(persona)_____ que
> _____(problema)_____ es _____ .

<table>
<tr><td colspan="2" align="center">**Personas**</td></tr>
</table>

Personas	Problemas
el presidente de los Estados Unidos	la contaminación del aire
el presidente de Aerolíneas Iberia	la matrícula
el/la dueño/a de la librería	el precio de un pasaje a Madrid
el/la rector(a) (*president*) de la universidad	la comida en el vuelo
la azafata/el camarero	el precio de la gasolina
el capitán del vuelo	la demora de una hora
_____	el precio de los libros
	_____

F. Complete las oraciones en una forma lógica.

1. Mi novio/a siempre me manda _____ .
2. Mis padres me pagan _____ .
3. Quiero darle a _____ un(a) _____ porque _____ .
4. ¿Deben los hombres abrirles la puerta a _____ ?
5. En casa les sirvo _____ a mis amigos.
6. Para el cumpleaños de mi mejor amigo/a, voy a hacerle _____ .
7. En _____ , mi restaurante favorito, les recomiendo a Uds. el/la _____ .
8. En el avión, la azafata y el camarero nos sirven _____ .

¿Recuerda Ud.?

You have already used ***gustar*** *to express your likes and dislikes (****Paso dos****). Review what you know by* *answering the following questions.*

1. ¿Te gusta la clase de español?

2. ¿Te gusta jugar al béisbol?

3. ¿Qué te gusta más, estudiar o ir a fiestas?

29

Gustar

Spanish	Literal equivalent	English
Me gusta la playa.	The beach is pleasing to me.	*I like the beach.*
No le gustan sus cursos.	His courses are not pleasing to him.	*He doesn't like his courses.*
Nos gusta volar.	Flying is pleasing to us.	*We like to fly.*

Parece que à Ud. no le gusta el humo.

The verb **gustar** is used to express likes and dislikes, but **gustar** does not literally mean *to like*. **Gustar** means *to be pleasing* (to someone).

Gustar is always used with indirect object pronouns: someone or something is pleasing to someone else. It is most commonly used in the third person singular or plural (**gusta/gustan**) and must agree with its subject, which is the person or thing liked, *not* the person whose likes are being described. Note that an infinitive (**volar** in the final sentence above) is viewed as a singular subject in Spanish.

A mí me gustan los tacos.	*I like tacos.*
¿A ellos les gusta leer?	*Do they like to read?*

As in the preceding sentences, **a mí** (**a ti, a Ud.,** and so on) may be used in addition to the indirect object pronouns for clarification or emphasis.

The indirect object *pronoun* must be used with **gustar** even when an indirect object *noun* is expressed. A common word order is as follows:

(*A* + pronoun/noun)	indirect object pronoun	*gustar* + subject
(A Juan)	le	gustan las fiestas.
(A los estudiantes)	les	gusta esquiar.

However, the word order in sentences with **gustar** is flexible:

Le gusta esquiar a Juan. ⎤
Le gusta a Juan esquiar. ⎬   *Juan likes to ski.*
A Juan le gusta esquiar. ⎦

Práctica

A. Dé Ud. frases nuevas según las indicaciones.

1. —Ud. es muy simpático/a. ¡Le gusta casi (*almost*) todo! ¿Qué le gusta?
   —(No) Me gusta *la primavera.* (*las demoras, volar, las discotecas, los animales, fumar, hacer cola*)
2. —A todos nos gustan las vacaciones, ¿verdad? ¿A quién le gustan?
   —*A nosotros* nos gustan las vacaciones. (*a mí, a Enrique, a ellas, a ti, a Uds., a vosotros*)

B. ¿Cómo se dice en español?

My mother likes to fly, but she doesn't like long flights. My father doesn't like to wait in line and he doesn't like delays. My brothers like to get on the plane right away (**pronto**), but they don't like to save a place for anyone. And I like to travel with them!

C. Complete las oraciones en una forma lógica.

1. A mí me gusta(n) _____.
2. A mi padre (hermano, tío) le gusta(n) _____.
3. A mi madre (hermana, tía) le gusta(n) _____.
4. Al/A la profesor(a) le gusta(n) _____.
5. A los estudiantes de la clase les gusta(n) _____.
6. A los turistas les gusta(n) _____.

D. ¿Qué le gusta? ¿Qué odia? Almost every situation has aspects that one likes and dislikes, even hates. One person has the following reactions to a number of situations. Are the statements true for you? If not, change them to make them true.

MODELO   *En la playa:* Me gusta *el agua* pero odio *el sol.*
→ Me gusta *el sol* pero odio *el agua.*
→ Me gusta *nadar* pero odio *la arena* (*sand*).

—Odia° el sol, odia la arena, odia el agua, pero odia más quedarse° en casa.

Odia *she hates*
quedarse *to stay, remain*

1. *En el avión:* Me gusta volar pero odio la comida.
2. *En una fiesta:* Me gusta la gente pero odio el ruido (*noise*).
3. *En la discoteca:* Me gusta la música pero no me gusta nada bailar.
4. *En la biblioteca:* Me gusta estudiar allí pero odio a los estudiantes que hablan mucho.
5. *En el carro:* Me gusta manejar (*to drive*) pero no me gusta el tráfico.
6. *En clase:* Me gusta contestar preguntas orales pero no me gusta nada escribir los ejercicios.
7. *En el hospital:* Me gusta recibir flores y tarjetas (*cards*) pero odio las inyecciones.
8. *En la cafetería:* Me gusta comer con mis amigos pero odio la comida.
9. *En el parque:* Me gustan las flores pero odio los insectos y los animales.
10. *En un almacén grande:* Me gustan los precios bajos pero odio el gentío (*crowds*).

UN PASO MÁS

Actividades

Study Hint: Communicating with a Minimum of Words

*In class you are frequently asked to use complete sentences. But when you speak Spanish outside of the classroom, you don't always speak in complete sentences—sometimes because you do not know or cannot remember how to say something. And when you try to say a long sentence, such as "Would you be so kind as to tell me how I can get to the airport?" it is easy to get tongue-tied, to omit something, or to mispronounce a word. When this happens, the listener often has trouble understanding. A shorter, more direct phrase or sentence often yields more satisfactory results. A simple **perdón** or **por favor** followed by "¿el aeropuerto?" is both adequate and polite.*

*To accomplish something more complicated, such as buying two first-class tickets on Tuesday's 10:50 A.M. flight to Guanajuato, you might begin by saying **"Dos boletos para Guanajuato, por favor."** After that, you can add other information, often in response to the questions that the ticket agent will ask you. By breaking the message down into manageable bits of information, you simplify the communication process for both parties.*

A. Por favor. How would you go about getting the following information? Using the suggestions in the *Study Hint,* form a short list of statements and questions that will help you get all the information you need.

MODELO   You need to buy two first-class tickets on Tuesday's 10:50 A.M. flight to Bogotá. → *Dos boletos para Bogotá, por favor. Para el martes, el vuelo de las 10:50 de la mañana. De primera clase, por favor.*

1. You need to buy three first-class tickets for today's 2:50 P.M. flight to Barcelona.
2. The flight that you are on is arriving late, and you will probably miss your connecting flight to Mexico City. You want to explain your situation to the flight attendant and to find out how you can get to Mexico City by 7:00 this evening.
3. You are talking to a travel agent (**un agente de viajes**) and want to fly from Santiago, Chile, to Quito, Ecuador. You are traveling with two friends who prefer to travel first class, and you need to arrive in Quito by Saturday afternoon.

B. **Situaciones inesperadas.** Unexpected situations frequently occur when you are traveling. With a classmate choose one of the following situations—or invent your own—and create the conversation that might take place. How will the situation be resolved?

1. **Personajes:** Pasajero y azafata/camarero
   Situación: El pasajero no puede encontrar (*find*) su tarjeta de embarque. La azafata/el camarero no le permite subir al avión.
2. **Personajes:** Dos pasajeros y un camarero/una azafata
   Situación: Uno de los pasajeros habla y habla y habla. El otro pasajero prefiere leer, escribir cartas y dormir.
3. **Personajes:** Pasajero y azafata/camarero
   Situación: Al pasajero no le gusta la comida que le sirven en el vuelo.

VOCABULARIO

VERBOS

bajar (de) to get down (from); to get off (of)
facturar to check (*baggage*)
fumar to smoke
guardar to save (*a place*)
gustar to be pleasing
mandar to send
odiar to hate
subir (a) to go up; to get on/in
volar (ue) to fly

SUSTANTIVOS

la aerolínea airline
el aeropuerto airport
el asiento seat
el avión plane
la azafata female flight attendant
el boleto ticket
el camarero male flight attendant
la demora delay
el equipaje baggage
el/la pasajero/a passenger
la playa beach
el puesto place
la sala de espera waiting room
la sección de (no) fumar (non)smoking section
el vuelo flight

ADJETIVOS

divertido/a fun, enjoyable
mayor older
mejor better
menor younger
peligroso/a dangerous
peor worse

PALABRAS Y EXPRESIONES ÚTILES

estar atrasado to be late
hacer cola to wait in line
hacer escalas to have/make stopovers

CAPÍTULO·12

DE VACACIONES

VOCABULARIO: PREPARACIÓN

el campo / *country(side)* la excursión / *charter* el pasaje / *passage, ticket* el pasaporte / *passport* el viaje de ida y vuelta / *round trip* ◆ estar en el (ir al) extranjero / *to be (to go) abroad* gastar / *to spend (money); to waste (money)* hacer las maletas / *to pack one's suitcases* ir de vacaciones / *to go on vacation*

A. En la agencia de viajes. Un agente de viajes está hablando con un cliente. Complete Ud. las oraciones y preguntas de las dos personas en una forma lógica.

A: ¿Cuántos días tiene Ud. de _____?

C: Tengo dos semanas.

A: ¿Quiere Ud. ir a algún lugar de nuestro país?

C: No, yo creo que quiero ir al _____.

A: Bueno... tenemos una _____ a Madrid, si Ud. quiere viajar en grupo.

C: ¿Es posible _____ dinero viajando en excursión?

A: Sí, claro. Además (*besides*), si Ud. compra un pasaje de _____, cuesta menos que un _____ de ida solamente (*only*). ¿Prefiere Ud. ir en avión o viajar por _____?

C: Me gustan mucho los _____, pero esta vez (*time*), prefiero viajar en avión; es más rápido. ¿Cuánto cuesta un _____ de ida y vuelta a Madrid?

A: En excursión, $750,00. Bueno... en España, ¿piensa Ud. quedarse (*to stay*) en un lugar o ir a varias _____?

C: Quiero _____ muchas ciudades y pueblos, y también quiero pasar unos días en el _____. ¿Es posible _____ un coche en Madrid?

A: Sí, cómo no. Si Ud. quiere, puedo reservarle una habitación en Madrid ahora mismo. Hay hoteles de _____ pero las _____ son más baratas. Allí se puede _____ porque el desayuno está incluido en el precio de la habitación. También puedo reservarle un coche.

C: ¡Magnífico! ¿Aceptan Uds. _____?

A: ¡Claro que sí!

Ahora, trabajando con un(a) compañero/a de clase, repita el diálogo con estos clientes:

1. Un estudiante que no puede gastar mucho dinero quiere hacer un viaje en clase turística.

2. Una señora que no quiere gastar mucho quiere viajar en primera clase.

B. ¿Qué va Ud. a hacer en estas situaciones?

1. Ud. quiere ahorrar dinero. ¿Qué clase de pasaje va a comprar?
  a. clase turística
  b. primera clase
  c. un pasaje en la sección de fumar

2. Su excursión sale temprano mañana. Ud. debe _____.
  a. comprar un pasaje de ida y vuelta
  b. hacer las maletas
  c. escribir unas tarjetas postales

3. A Ud. no le gusta viajar con mucha gente. ¿Qué tipo de vacaciones prefiere?
  a. una excursión
  b. un viaje por mar
  c. un viaje en su propio (*own*) coche

C. Asociaciones. ¿Qué palabras asocia Ud. con estas frases?

1. hacer las maletas　　　**3.** las tarjetas postales　　　**5.** los recuerdos
2. el pasaporte　　　　　**4.** la clase turística　　　　　**6.** de lujo

MINIDIÁLOGOS Y ESTRUCTURA

30
Formal commands

En el avión

AZAFATA: *Pase Ud.*, señor. Bienvenido a bordo.

PASAJERO: Gracias. Éste es mi asiento, ¿verdad?

AZAFATA: Sí, es el 24A. *Tome* asiento y *no olvide* el cinturón de seguridad.

PASAJERO: ¿Puedo fumar?

AZAFATA: Ésta es la sección de fumar, pero *no fume Ud.* ahora, por favor. Vamos a despegar pronto para Quito.

PASAJERO: ¿Para Quito? Pero... el vuelo 112 va a Cuzco.

AZAFATA: Sí, señor, pero éste es el vuelo 102. ¡*Baje Ud.* ahora mismo—todavía hay tiempo!

1. *¿Quién dice «Pase Ud., señor»?*
2. *¿El pasajero encuentra (finds) su asiento? ¿Cuál es?*
3. *¿Por qué no debe fumar ahora el pasajero?*
4. *¿Cuál es el error del pasajero?*
5. *¿Qué debe hacer el pasajero?*

Commands (imperatives) are verb forms used to tell someone to do something. In this section you will learn the *formal commands* (**mandatos formales**), that is, the commands used with people whom you address as **Ud.** or **Uds.**

On the plane FLIGHT ATTENDANT: *Come in, sir. Welcome aboard.* PASSENGER: *Thank you. This is my seat, isn't it?* FLIGHT ATTENDANT: *Yes, it's (number) 24A. Take your seat and don't forget your seatbelt.* PASSENGER: *May I smoke?* FLIGHT ATTENDANT: *This is the smoking section, but don't smoke now, please. We're going to take off for Quito right away.* PASSENGER: *For Quito? But . . . flight 112 goes to Cuzco.* FLIGHT ATTENDANT: *Yes, sir, but this is flight 102. Get off right now—there's still time!*

Formation of formal commands

Regular verbs	Stem	Singular	Plural	English equivalent
hablar	hablø → habl-	Hable (Ud.)	Hablen (Uds.)	*Speak*
comer: escribir:	comø → com- escribø → escrib-	Coma (Ud.) Escriba (Ud.)	Coman (Uds.) Escriban (Uds.)	*Eat* *Write*

A. Ud./Uds. commands are formed by dropping the final **-o** from the first-person singular of the present tense and adding **-e/-en** for **-ar** verbs and **-a/-an** for **-er** and **-ir** verbs. Using **Ud.** or **Uds.** after the command forms makes the command somewhat more formal or more polite.

B. Formal commands of stem-changing verbs will show the stem change, since these commands are based on the **yo** form.

    piense Ud.   vuelva Ud.   pida Ud.

C. Verbs ending in **-car, -gar,** and **-zar** require a spelling change in the command form in order to preserve the **-c-, -g-,** and **-z-** sounds.

    buscar: busque Ud.   pagar: pague Ud.
    empezar: empiece Ud.

D. Remember that some verbs have irregular **yo** forms. The **Ud./Uds.** commands for these verbs will reflect the irregularity.

    conocer: conozcø → **conozca Ud.**
    decir: digø   → **diga Ud.**
    hacer: hagø   → **haga Ud.**
    oir: oigø   → **oiga Ud.**
    poner: pongø   → **ponga Ud.**
    salir: salgø   → **salga Ud.**
    tener: tengø   → **tenga Ud.**
    traer: traigø   → **traiga Ud.**
    venir: vengø   → **venga Ud.**
    ver: veø   → **vea Ud.**

E. A few verbs have irregular **Ud./Uds.** commands:

    dar: **dé ud.**   saber: **sepa Ud.**
    estar: **esté Ud.**   ser: **sea Ud.**
    ir: **vaya Ud.**

[Práctica A]

Position of object pronouns with formal commands

Direct and indirect object pronouns follow affirmative commands and are attached to them. In order to maintain the original stress of the verb form, an accent mark is added to the stressed vowel if the original command has two or more syllables.

Lé**alo** Ud.	*Read it.*
Búsque**le** un recuerdo.	*Look for a souvenir for him.*

Direct and indirect object pronouns precede negative commands.

No lo lea Ud.	*Don't read it.*
No le busque un recuerdo.	*Don't look for a souvenir for him.*

[*Práctica B, C, D, E, F, G, H*]

Práctica

A. Dé Ud. mandatos formales basados en las indicaciones.

1. You're a doctor. One of your patients isn't taking very good care of himself. What should he *not* do?

—Sr. Casiano, no *coma tanto. (trabajar tanto, cenar tan fuerte, fumar, beber tanto, volver tarde a casa, almorzar tan fuerte, jugar al fútbol todos los días, salir tanto por la noche, ir a las discotecas, ser tan impaciente)*

2. You're the instructor for the day. What commands will you give to the class?

—*Hablen Uds. español. (llegar a tiempo, leer la lección, escribir una composición, abrir los libros, pensar en español, estar en clase mañana, _____)*

B. Cambie: mandato afirmativo → mandato negativo
mandato negativo → mandato afirmativo

1. ¿El cigarrillo? No lo fume Ud.
2. ¿El dinero? Ahórrenlo Uds.
3. ¿Eso? No lo crean Uds.
4. ¿Las canciones? No las toque Ud.
5. ¿Los recuerdos? Olvídenlos Uds.
6. ¿El pasaporte? No lo traiga Ud.
7. ¿El programa? Mírelo Ud.
8. ¿Los verbos nuevos? Apréndanlos Uds.
9. ¿A nosotros? No nos escriban Uds.
10. ¿A Juan? No le diga Ud. eso.
11. ¿El taco? Cómalo Ud.
12. ¿Las maletas? No las hagan Uds.
13. ¿La cerveza? Sírvanla Uds.
14. ¿A mí? No me llame Ud.

C. Give affirmative commands to Mr. López based on the following situations. Change direct object nouns to pronouns.

MODELO El Sr. López no está guardando su equipaje. →
Sr. López, guárdelo Ud.

1. No lleva su pasaporte a la oficina de emigración.
2. Nunca pide paella.
3. No pone su dinero en el banco.
4. No factura su equipaje.
5. No empieza la lección.
6. No alquila el coche.

D. Give negative commands to Mr. and Mrs. Corral based on the following situations. Change direct object nouns to pronouns.

MODELO   Los Sres. Corral miran la televisión. →
               Sres. Corral, no la miren Uds.

1. Recomiendan ese restaurante.
2. Abren su tienda muy tarde.
3. Piden un bistec.
4. Pagan la cuenta.
5. Traen vino.
6. Visitan el museo.

E. Give a singular command (affirmative or negative, as appropriate) in response to each exclamation.

MODELO   ¡Qué canción más bonita! (*What a pretty song!*)
               (tocar) → *Tóquela.*

1. ¡Qué canción más fea! (tocar)
2. ¡Qué vestido más elegante! (comprar)
3. ¡Qué abrigo más caro! (comprar)
4. ¡Qué novela más interesante! (leer)
5. ¡Qué libro más aburrido! (leer)
6. ¡Qué película más estupenda! (ver)
7. ¡Qué coche más elegante! (alquilar)
8. ¡Qué coche más grande! (alquilar)
9. ¡Qué ciudad más interesante! (visitar)
10. ¡Qué viaje más largo! (hacer)

F. Give singular commands (affirmative and negative) to someone who says:

1. Estoy cansado.
2. Tengo sed.
3. Tengo hambre.
4. No puedo dormir.
5. No comprendo el ejercicio.
6. Nunca tengo mucho dinero.
7. No puedo encontrar mi libro de español.
8. Mis padres quieren saber cómo estoy.

G. ¿Cómo se dice en español?

1. Pack your bags.
2. Don't forget your credit cards.
3. Go to the airport.
4. Don't be (**llegar**) late.
5. Buy your round-trip ticket.
6. Check your bags.
7. Wait in line.
8. Give your ticket to the flight attendant.
9. Get on the plane.
10. Find your seat.

H. You are a clerk at an airport ticket counter (**el mostrador**) and someone asks you how to get to the **Sala de espera.** Give him or her directions in Spanish. Here are some phrases to help you.

ir: **vaya Ud.**	*go*	seguir: **siga Ud.**	*continue*
doblar: **doble Ud.**	*turn*	pasar: **pase Ud. por**	*pass through/by*
todo derecho	*straight ahead*	**a la izquierda**	*to the left*
a la derecha	*to the right*	**el pasillo**	*the hall, corridor*

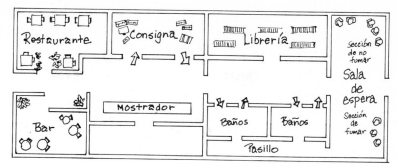

If you are at:

1. la sala de espera
2. la consigna (*baggage claim area*)
3. el restaurante

tell someone how to get to:

el bar
la sala de espera
los baños/los servicios (*restrooms*)

31

Present subjunctive: Introduction, formation, use with *ojalá*

El primer viaje al extranjero

CARLOTA: ¡Qué temprano sale el avión! *¡Ojalá* que *lleguemos* a tiempo!

ESTEBAN: De acuerdo. *Ojalá* que *tengas* el pasaporte y que no nos *pierdan* el equipaje y...

CARLOTA: ...y que tú *tomes* un calmante. Te preocupas demasiado. ¿Quieres que te *ayude* con las maletas?

ESTEBAN: No. Quiero que *subas* al taxi. Estamos atrasados. Prefiero que no *despegue* el avión sin nosotros.

CARLOTA: Ay, hombre. *Ojalá* que *estés* más tranquilo después de desayunar,... o va a ser un viaje muy largo.

1. *¿Quiere Carlota que lleguen tarde?*
2. *¿Está muy tranquilo Esteban?*
3. *¿Quiere Esteban que Carlota lo ayude con las maletas?*
4. *¿Qué quiere Carlota que haga Esteban?*

The first trip abroad CARLOTA: *The plane is leaving so early! I hope we get there on time.* ESTEBAN: *Me too. I hope you have your passport and that they don't lose our luggage and* . . . CARLOTA: *. . . and that you take a tranquilizer. You worry too much. Do you want me to help you with the suitcases?* ESTEBAN: *No. I want you to get in the taxi. We're running late. I prefer that the plane not take off without us.* CARLOTA: *Oh boy. I hope you're calmer after breakfast,* . . . *or it's going to be a very long trip.*

In addition to showing person and tense, all conjugated verbs in English and Spanish show mood: indicative or subjunctive. You have already studied the present *indicative* (**indicativo**). In both English and Spanish the indicative is used to state facts and to ask questions. It is the mood used to express real-world actions or states of being:

A. She's writing the letter.

B. We are there already!

C. He is late.

In contrast to the indicative, the *subjunctive* (**subjuntivo**) is used to express a conceptualized action or state, one that exists in the mind of the speaker rather than in the real world. The English subjunctive is italicized in the following sentences:

A. I recommend that she *write* the letter immediately.

B. I wish (that) we *were* there already!

C. It's possible (that) he *may be* late!

In sentence A, the English subjunctive follows an expression of willing; in sentence B, it follows an expression of emotion; in Sentence C, it follows an expression of uncertainty. Each sentence has two clauses: an independent clause with a conjugated verb and subject that can stand alone (*I recommend, I wish, It's possible*) and a dependent (subordinate) clause that cannot stand alone (*that she write, that we were there, that he may be late*). The subjunctive is used in the dependent clause.

Indicate the independent and dependent clauses in the following sentences:

1. I don't think (that) they're very nice.

2. We feel (that) you really shouldn't go.

3. He suggests (that) we be there on time.

4. We don't believe (that) she's capable of that.

To summarize:

Independent clause		Dependent clause
indicative (expression of willing, emotion, or uncertainty)	(that)	subjunctive

In English, when the indicative verb in the independent clause contains an expression of (1) willing, (2) emotion, or (3) uncertainty, the subjunctive may occur in the dependent clause.[1]

Forms and Meanings of the Present Subjunctive

The formal commands you have just learned (Section 30) are part of the subjunctive mood in Spanish.

Present subjunctive of regular verbs					
Hablar: habl∅ → habl-		**Comer:** com∅ → com-		**Vivir:** viv∅ → viv-	
hable	hablemos	coma	comamos	viva	vivamos
hables	habléis	comas	comáis	vivas	viváis
hable	hablen	coma	coman	viva	vivan

Like the present indicative, the Spanish present subjunctive has several English equivalents. For example, **hable** can mean *I speak, I am speaking, I do speak,* or *I may speak.* The present subjunctive can also be used to refer to the future: *I will speak.* Ultimately, the English equivalent of the Spanish present subjunctive depends on the context in which it occurs.

In Spanish the subjunctive mood is indicated by personal endings that are added to the first-person singular of the present indicative minus its **-o** ending. **-Ar** verbs add endings with **e**; **-er/-ir** verbs add endings with **a**. Irregularities found in the formal commands also occur in the present subjunctive.

Present subjunctive of verbs with spelling changes:

-car:	c → **qu**	buscar:	bus**qu**e, bus**qu**es,...
-gar:	g → **gu**	pagar:	pa**gu**e, pa**gu**es,...
-zar:	z → **c**	empezar:	empie**c**e, empie**c**es,...

Present subjunctive of stem-changing verbs:

-Ar and **-er** stem-changing verbs follow the stem-changing pattern of the present indicative.

---

[1]The subjunctive has decreased in modern English usage, and many native speakers of English no longer use it.

pensar (ie):	**pie**nse, **pie**nses, **pie**nse, pensemos, penséis, **pie**nsen
poder (ue):	**pue**da, **pue**das, **pue**da, podamos, podáis, **pue**dan

-Ir stem-changing verbs show the first stem change in four forms and the second stem change in the **nosotros** and **vosotros** forms.

dormir (ue, u):	**due**rma, **due**rmas, **due**rma, d**u**rmamos, d**u**rmáis, **due**rman
preferir (ie, i):	pref**ie**ra, pref**ie**ras, pref**ie**ra, pref**i**ramos, pref**i**ráis, pref**ie**ran

Other **-ir** stem-changing verbs include **pedir (i, i)**, **seguir**[2] **(i, i)** (*to continue*), and **servir (i, i)**.

Present subjunctive of verbs with an irregular indicative **yo** *form:*

conocer:	**conozca, conozcas, conozca, conozcamos, conozcáis, conozcan**

decir:	**diga**	poner:	**ponga**	traer:	**traiga**
hacer:	**haga**	salir:	**salga**	venir:	**venga**
oir:	**oiga**	tener:	**tenga**	ver:	**vea**

Irregular present subjunctive forms:

dar:	**dé, des, dé, demos, deis, den**
estar:	**esté, estés, esté, estemos, estéis, estén**
haber (hay):	**haya**
ir:	**vaya, vayas, vaya, vayamos, vayáis, vayan**
saber:	**sepa, sepas, sepa, sepamos, sepáis, sepan**
ser:	**sea, seas, sea, seamos, seáis, sean**

[*Práctica A, B*]

Present subjunctive with **ojalá**

Independent clause		Dependent clause
ojalá	**que**	subjunctive

Ojalá (que) vengan a la fiesta.   *I hope (that) they'll come to the party.*

---

[2]Verbs ending in **-guir**, like **seguir**, have the following spelling change in the present subjunctive: **siga, sigas,...**

Ojalá (que) podamos ir de   *I hope (that) we can go*
vacaciones.   *on vacation.*

Ojalá is one way of saying *I wish* or *I hope* in Spanish. It is not
a verb form like others you have learned, and it is never
conjugated or used with **no.** It comes from an Arabic word
that means *may Allah grant,* but it does not have religious
connotations in modern usage.

Ojalá is followed by the subjunctive in the dependent
clause. In informal speech it is possible to omit the word **que;**
however, **ojalá que** is more frequently used in writing.

[*Práctica C, D, E, F, G*]

Práctica

A. Dé el presente de subjuntivo.

1. yo: bailar   cenar   mirar   llegar   buscar   olvidar
2. tú: aprender   escribir   leer   asistir   subir   beber
3. Ud.:   empezar   pensar   volar   jugar   cerrar   encontrar
4. nosotros: pedir   servir   preferir   dormir   seguir
5. Uds.:   esperar   deber   almorzar   pagar   vivir   perder
6. yo: conocer   hacer   poner   traer   saber   decir
7. ella: ser   dar   venir   oir   ir   salir   estar
8. el avión: llegar   salir   venir   despegar   seguir

B. Dé el presente de subjuntivo.

1. pagar: Ana   nosotros   yo   ellos   vosotros
2. dormir: nosotros   tú   yo   Uds.   vosotros
3. poder: Ud.   Manuel   nosotros   yo   vosotros

C. Dé Ud. frases nuevas según las indicaciones.

1. —¿Qué desea Ud. para el futuro?
   —Ojalá que yo _____. (*pasar las vacaciones en México, tener buenas notas* (grades) *este semestre, conocer al presidente algún día, encontrar un buen hotel, no gastar demasiado dinero en las vacaciones*)
2. —¿Qué desean Uds. para el resto del semestre?
   —¡Ojalá que (nosotros) _____! (*hablar mejor el español, no tener muchos exámenes, contestar bien todas las preguntas en el examen final, aprender a leer mejor, no tener que escribir más composiciones*)

D. Complete las oraciones en una forma lógica.

1. Ojalá que yo _____.   4. Ojalá que el/la profesor(a) _____.
2. Ojalá que mis padres _____.   5. Ojalá que (no) haya _____.
3. Ojalá que mi mejor amigo/a _____.

E. Ud. tiene tres deseos. Puede desear cualquier (*any*) cosa para cualquier persona. ¿Qué va a desear? Empiece sus deseos con **ojalá que.**

F. ¿Qué desean estas personas? Exprese Ud. los deseos de ellos, usando frases con **ojalá que.**

1. el piloto   **2.** los turistas   **3.** la agente de viajes

32

Use of subjunctive after expressions of willing

¿Quieren que vayamos a la playa o que hagamos camping?

Independent clause		Dependent clause
first subject + indicative (expression of willing)	**que**	second subject + subjunctive

El dueño **quiere** que los empleados **lleguen** a tiempo.
¿**Prefieres** (tú) que (yo) **haga** un flan o un pastel?

*The owner wants the employees to arrive on time.
Do you prefer that I make a flan or a cake?*

Expressions of willing are those in which speakers express their will, desire, permission, or preference that someone else do something: *I want you to come, I suggest that you be there on time, We'll allow you to do it.* English usually uses the infinitive after such expressions. In Spanish, expressions of willing, however strong or weak, are followed by the subjunctive mood in the dependent clause.

Verbs of willing include **decir, desear, insistir (en), mandar** (*to order* or *to send*), **pedir (i, i), permitir** (*to permit*), **preferir (ie, i), prohibir** (*to prohibit* or *forbid*), **querer (ie),** and **recomendar (ie).** Because it is impossible to give a complete list of all Spanish verbs of willing, remember that all verbs that convey the sense of willing—not just certain verbs—are followed by the subjunctive.

¡OJO! *The subjunctive is used in the dependent clause after* **decir** *when* **decir** *conveys an order. The subjunctive is not used when* **decir** *conveys information. Compare:*

Carolina dice que **son** simpáticos.	*Carolina says (that) they're nice.*

but

Carolina nos dice que **lleguemos** a las siete en punto.	*Carolina says that (tells us that) we should arrive at seven sharp.*

Many verbs of willing are frequently used with indirect object pronouns.

Nos dicen
Nos piden   } que **vengamos.**
Nos recomiendan

They tell us to
They ask us to   } *come.*
They recommend that we

The indirect object indicates the subject of the dependent clause, as in the sentences above: **nos → vengamos.**

Remember to use the infinitive—not the subjunctive—after verbs of willing when there is no change of subject.

No change of subject:
Desean cenar ahora.   *They want to have dinner now.*

Change of subject:
Desean que **Luisa y yo cenemos** ahora.   *They want Luisa and me to have dinner now.*

Práctica

A. Dé Ud. frases nuevas según las indicaciones.

    1. —¿Se puede fumar en clase?

        —No, *el/la profesor(a)* no quiere que fumemos en clase. (*yo, nosotros, tú, los estudiantes, Lupe, vosotros*)

    2. —¿Qué le piden a Ud. sus amigos?

        —Mis amigos me piden que _____. (*comer con ellos, salir con ellos, explicarles la gramática, ir de vacaciones con ellos, no tomar tanto, recomendarles una buena pensión*)

    3. —¿Quién tiene que seguir estudiando?

        —La profesora le recomienda a *Pascual* que siga estudiando. (*ti, Mariana, Uds., todos, vosotros*)

B. Complete las oraciones, usando el subjuntivo de los verbos indicados.

    1. No me gusta *pagar* los impuestos (*taxes*), pero el estado me manda que los _____.

    2. Quiero *ir* a Cuba, pero el gobierno (*government*) prefiere que yo no _____ allí.

    3. El agente no quiere *recomendar* ese barco, pero el dueño de la agencia insiste en que lo _____.

    4. El abuelo de Luis está enfermo. El nieto quiere *visitar*lo, pero sus padres no permiten que el niño lo _____.

    5. Nunca *descanso* mucho. Ahora, todos están insistiendo en que (yo) _____ más.

    6. Quiero *salir* de vacaciones, pero mi situación económica este año no permite que (yo) _____ a ningún sitio.

    7. Amanda no desea *comprar*le un regalo a su primo, pero su madre insiste en que ella le _____ uno.

C. Form complete sentences, using one word or phrase from each column. Be sure to have a change of subject and to use the appropriate conjugated verb form: **indicative + *que* + subjunctive.**

yo	desear	que	mis amigos	darle los pasajes
el dueño del restaurante	prohibir		tú	darle la cuenta ahora
nosotras	recomendar		el camarero	estudiar más
los clientes			la agente	aceptar tarjetas de crédito
tú			yo	darme una fiesta
_____			los clientes	venir con nosotros
			la pasajera	servir la comida
			_____	dormir más
				gastar mucho dinero
				recomendarles un hotel de clase turística
				_____

D. ¿Cómo se dice en español? ¿Qué quiere la agente de viajes que Ud. haga?

    Ella quiere que yo viaje

    She recommends that I bring my passport to the agency and that I buy my tickets early. She wants me to travel by (**en**) charter because it costs less. And she insists that I send her a few postcards!

    J ella te (yo) mande en que le

E. ¿Qué quiere Ud. que hagan estas personas? Use los verbos a la derecha o cualquier otro.

MODELO   la azafata → *Quiero que la azafata me traiga un café.*

1. la azafata
2. el siquiatra
3. el dueño de la tienda de ropa
4. la consejera
5. la agente de viajes
6. el músico

recomendarme unos cursos fáciles
bajar los precios
planearme un viaje perfecto
encontrarme una excursión fascinante
escuchar mis problemas
tocar el piano
traerme un refresco

F. Complete las oraciones en una forma lógica.

1. Yo siempre deseo que mis (amigos, padres) _____.
2. Mis (amigos, padres) siempre quieren que yo _____.
3. En esta clase, prefiero que _____.
4. Voy a escribirle a mi amigo/a en _____ para decirle que _____.
5. Siempre estudio desde las siete hasta las doce. Esta noche prefiero _____.

G. Con un(a) compañero/a de clase, planee un viaje de vacaciones para este verano. Primero, hágale preguntas al/a la compañero/a para descubrir sus preferencias. Luego, pónganse de acuerdo (*agree*) sobre el itinerario. Use las siguientes preguntas como guía.

1. ¿Quieres que vayamos a las montañas o a la playa? (¿al mar o al campo?)
2. ¿Prefieres que pidamos hoteles de lujo o de clase turística?
3. ¿Insistes en que vayamos en avión? ¿por barco? ¿en coche?
4. ¿Qué lugares quieres que visitemos?
5. ¿Cómo quieres que paguemos? ¿con tarjetas de crédito o al contado (*in cash*)?

Ahora describa el itinerario para la clase.

UN PASO MÁS

Lectura cultural:

Las maravillas° del mundo° hispánico: Latinoamérica   *marvels / world*

Teotihuacán (1).[3] Cerca de la ciudad de México, Teotihuacán es una de las grandes ciudades precolombinas°. Fue°   *pre-Columbian / It was*

---

[3]Numbers refer to photos on page 215.

una ciudad ceremonial de los indios. Se encuentran en ella las grandes pirámides del Sol y de la Luna. Otro edificio importante es el Templo de Quetzalcóatl, así nombrado° por las esculturas° de la serpiente emplumada° que decoran su fachada°.

así... *named thus*
sculptures / plumed
façade

El Canal de Panamá (2). El Canal de Panamá, construido a lo largo de° siete años a un costo de 366.000.000 de dólares y terminado en 1914, es el enlace° más importante entre el Océano Atlántico y el Pacífico. El Canal mide° ochenta kilómetros (cincuenta millas) y tiene seis esclusas°, tres a cada lado° del istmo que cruza.

a... *over*
link
measures
locks
cada... *each side*

Machu-Picchu (3). Situada en las grandes alturas° de los Andes, a unos ochenta kilómetros de la ciudad de Cuzco, Machu-Picchu es conocida° como la capital escondida° de los incas. Construida de grandes bloques de piedra°, la ciudad es uno de los ejemplos más importantes de la arquitectura incaica. Fue un refugio y ciudad de vacaciones para los reyes incaicos.

heights

known / hidden
stone

La Catedral de Sal (4). Al noroeste de la ciudad de Bogotá, capital de Colombia, está la ciudad de Zipaquirá, pueblo conocido por sus minas de sal. En las afueras° del pueblo, donde antes había° una de las minas más grandes, se encuentra ahora una fantástica catedral bajo tierra°. Para entrar uno pasa por un gran túnel que lo lleva a una nave principal enorme.

outskirts
there was
bajo... *underground*

Comprensión

¿Cierto o falso? Corrija las oraciones falsas.

Teotihuacán:
1. Es la capital política de los indios.
2. Es famosa por sus grandes pirámides.
3. Tiene un templo dedicado a la serpiente emplumada.

El Canal de Panamá:
1. El costo de su construcción fue (*was*) enorme.
2. Tiene seis esclusas al lado atlántico.
3. Cruza cincuenta millas de territorio centroamericano.

Machu-Picchu:
1. Es una representación de la arquitectura de los incas.
2. Es de madera principalmente.
3. Es la ciudad ceremonial de los incas.

La Catedral de Sal:
1. Está en la plaza central de Zipaquirá.
2. Es un túnel bajo tierra.
3. Tiene una nave grande.

Pirámide de la ciudad precolombina de Teotihuacán.

Ruinas incaicas de Machu-Picchu.

Un barco pasa por una esclusa del Canal de Panamá.

Nave principal de la Catedral de Sal.

Ejercicios escritos

A. Complete the following sentences with a description of each **"maravilla norteamericana."**

1. El Gran Cañón: _____
2. El Puente «Golden Gate»: _____
3. La ciudad de Nueva York: _____
4. Las montañas «Rocky»: _____
5. La montaña Rushmore: _____

B. Write a brief paragraph about a place of interest that you have visited or about an interesting place where you live. Use the following questions as a guide in developing your paragraph. Finish the paragraph with a sentence that begins with **Ojalá que.**

1. ¿Cuál es el nombre del lugar?
2. ¿Dónde está situado el lugar?
3. ¿Por qué es importante el lugar?
4. ¿Puede Ud. describirlo?
5. ¿Por qué le gusta a Ud.?

VOCABULARIO

VERBOS

ahorrar to save (*money*)
alquilar to rent
costar (ue) to cost
despegar (gu) to take off (*plane*)
encontrar (ue) to find
gastar to spend (*money*); to waste (*money*)
insistir en + inf. to insist on (*doing something*)
mandar to order
olvidar to forget
pasar to spend time; to come in
  pasar por to pass through
permitir to allow, permit
prohibir to prohibit, forbid
recomendar (ie) to recommend
seguir (i, i) (g) to continue
visitar to visit

SUSTANTIVOS

la agencia agency
el/la agente de viajes travel agent
el barco ship, boat
el campo country(side)
la excursión charter (flight); excursion
la maleta suitcase
el pasaje passage, ticket
el pasaporte passport
la pensión small hotel, boarding house
el recuerdo souvenir
la tarjeta de crédito credit card
la tarjeta postal postcard

ADJETIVOS

tranquilo/a calm, tranquil

PALABRAS Y EXPRESIONES ÚTILES

al extranjero abroad
la clase turística tourist class
de ida y vuelta round trip
de lujo luxury
demasiado too much
hacer las maletas to pack one's suitcases
ir de vacaciones to go on vacation
ojalá (que) I wish (that)
la primera clase first class
pronto soon
tanto so much
el viaje por mar ocean cruise

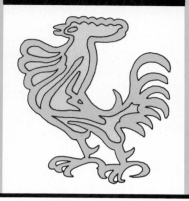

CAPÍTULO 13

EL COCHE

VOCABULARIO: PREPARACIÓN

el camino / *street, road* **la carretera** / *highway* **la esquina** / *(street) corner* **la estación de gasolina**/ **la gasolinera** / *gas station* **los frenos** / *brakes* **la licencia (de manejar)** / *(driver's) license* **una llanta desinflada** / *a flat tire* ◆ **arrancar** / *to start up* **arreglar** / *to fix, repair* **doblar** / *to turn* **estacionar** / *to park* **gastar** / *to use (gas)* **manejar** / *to drive* **parar** / *to stop*

A. Describa Ud. las cosas y las acciones que se ven en el dibujo.

B. Definiciones. Match the description with the appropriate item.

1. Se pone en el tanque.
2. Se llenan de aire.
3. Lubrica el motor.
4. Es necesaria para arrancar el carro.
5. Cuando se llega a una esquina es necesario hacer esto o seguir todo derecho (*straight ahead*).
6. No contiene aire y por eso es necesario cambiarla (*to change it*).
7. Es un camino público, ancho (*wide*) y espacioso.
8. Se usan para parar el coche.
9. El policía nos pide esto cuando nos para en el camino.
10. Allí se vende gasolina y se arreglan los carros.
11. Gasta pocos litros de gasolina.
12. Es necesario limpiarlo para ver bien.

a. los frenos
b. doblar
c. la carretera
ch. la batería
d. el parabrisas
e. una llanta desinflada
f. la gasolina
g. las llantas
h. el aceite
i. un carro económico
j. la licencia de manejar
k. la gasolinera

C. De estas frases, ¿cuáles describen la forma de manejar de Ud.?

1. Prefiero manejar por carretera—no me gustan los caminos y las calles de las ciudades porque tienen muchos semáforos (*traffic lights*).
2. Con frecuencia dejo (*I leave*) mi licencia en casa cuando voy a manejar.
3. Acelero (*I speed up*) cuando doblo una esquina.
4. Cuando no sé cómo llegar a mi destino, sigo todo derecho.
5. Nunca manejo después de beber.
6. Siempre respeto el límite de velocidad.
7. Nunca estaciono el coche donde dice «Prohibido estacionarse».
8. Manejo mucho pero no tengo licencia de manejar.
9. Cuando es necesario cambiar el aceite, yo mismo/a (*myself*) lo cambio.
10. Nunca reviso el aceite ni (*or*) la batería.

MINIDIÁLOGOS Y ESTRUCTURA

33

Use of subjunctive after expressions of emotion

Un futuro peatón

ANITA: ¿Qué tal el tráfico en la carretera esta mañana?

CARLOS: Un desastre, un verdadero desastre: dos horas al volante; una multa por no parar en un semáforo en rojo; y ahora *tengo miedo* de que no *esté* totalmente bien la transmisión.

ANITA: ¡Chico, con todos los problemas que tienes para llegar por la mañana, *me sorprende* que no *vengas* a vivir en la oficina!

© Peter Menzel/Stock, Boston

1. *Para Carlos, ¿es fácil llegar a la oficina?*
2. *¿Qué tipo de desastres le pasan a Carlos camino a (en route to) la oficina?*
3. *¿De qué tiene miedo Carlos?*
4. *¿Dónde vive Carlos ahora? ¿cerca de la oficina?*
5. *¿Dónde recomienda Anita que viva Carlos? ¿Por qué?*

Independent clause		Dependent clause
first subject + indicative (expression of emotion)	**que**	second subject + subjunctive

Esperamos que Ud. **pueda** asistir.

We hope (that) you'll be able to come.

Tengo miedo (de) que el abuelo **esté** muy enfermo.

I'm afraid (that) my grandfather is very ill.

A future pedestrian ANITA: *How was the highway traffic this morning?* CARLOS: *Terrible, just terrible: two hours at the wheel; a ticket (fine) for not stopping at a red light; and now I'm afraid that the transmission isn't quite right.* ANITA: *Boy, with all of the problems you have getting here in the morning, I'm surprised that you don't come to live at the office.*

Expressions of emotion are those in which speakers express
their feelings: *I'm glad you're here; We hope they can come.*
Such expressions of emotion are followed by the subjunctive
mood in the dependent clause in Spanish.

Expressions of emotion include **esperar, gustar, sentir (ie, i)**
(*to regret or feel sorry*), **me** (**te, le,** and so on) **sorprende** (*it is
surprising to me* [*you, him*]), **temer** (*to fear*), and **tener miedo
(de)** (*to be afraid* [*of*]). Since not all expressions of emotion are
given here, remember that any expression of emotion—not
just certain verbs—is followed by the subjunctive.

Remember to use the infinitive—not the subjunctive—
after expressions of emotion when there is no change of subject.

Siento **estar** tan cansado.	*I'm sorry to be so tired.*

but

Siento que **estés** tan cansado.	*I'm sorry (that) you're so tired.*

Práctica

A. Dé Ud. frases nuevas según las indicaciones.
  1. —¿Cuáles son algunas de las cosas que le gustan—o no le gustan—a Ud.?
     —(No) Me gusta que _____. (*estar contentos mis amigos, gastar mucha gasolina mi coche,
     manejar mal mis amigos, venir muchos a mis fiestas, estar bien mis padres*)
  2. —Todos tenemos miedo de algo. ¿De qué tiene miedo Ud.?
     —Tengo miedo de que _____. (*haber mucho tráfico en la carretera mañana, no venir nadie
     a mi fiesta, tener una llanta desinflada el carro, costar demasiado arreglar mi carro, haber
     un examen mañana, pasarles algo a mis maletas, haber una crisis internacional*)
  3. —A Uds. les sorprende que el español sea tan fácil, ¿verdad? ¿A quién le sorprende?
     —A *Juan* le sorprende que el español sea tan fácil (*mí, todos los estudiantes, ti, nosotros,
     Armando, vosotros*)
B. Complete las frases con la forma apropiada del subjuntivo del verbo indicado.
  1. Dicen en la gasolinera que mi carro nuevo *es* económico, pero temo que el carro no
     _____.
  2. Los empleados dicen que van a *llegar* al trabajo más temprano. Espero que ellos _____.
  3. Mario *está* enfermo. Siento que él _____.
  4. El profesor dice que va a *haber* un examen y que los exámenes *son* necesarios. Los
     estudiantes sienten que _____.
  5. Nos gustan las clases, pero lo pasamos mejor (*we have a better time*) cuando *hay* va-
     caciones. Nos gusta que _____ vacaciones en verano.
  6. El policía me dice que no me va a *poner* una multa. Me sorprende que _____.
C. Form complete sentences by using one word or phrase from each column. Use the appro-

priate form of the verb: indicative in the main clause, subjunctive in the dependent clause.

yo	sentir	que	tu carro viejo	(no) ponerme una multa
el mecánico	temer		el policía	(no) poder arreglar la
tú	esperar		mi amigo	transmisión
el policía	estar contento		el mecánico	tener buenos frenos
nosotros			mi nuevo carro	tener que cambiar las llantas
_____			nosotros	(no) arrancar
			_____	(no) parar en el semáforo en
				rojo
				tener que arreglar la
				transmisión
				gastar tanta gasolina

D. ¿Cómo se dice en español?

1. I'm sorry your daughter is sick, and I hope that the doctor can help her.
2. I'm surprised that your son already (**ya**) has a driver's license.
3. Are you afraid that he drives too much now?

E. ¿Qué piensan estas personas? Conteste las preguntas según los dibujos.

1. ¿Qué siente Jorge?

3. ¿Qué teme Mariana?

2. ¿Qué espera Fausto?

F. Ud. es mecánico/a y encuentra muchos problemas con el coche de un cliente. ¿Cuáles son? Ud. y el cliente pueden hablar de los frenos de disco, la transmisión, el aire acondicionado, las llantas, la batería, el radiador, el aceite, etcétera. Use estas palabras como guía.

Temo que	su _____ estar roto (*broken*)
Recomiendo que	no funcionar bien _____
Me sorprende que	poner un(a) _____ nuevo/a
	arreglar _____
	ir a costarle _____
	no hay _____ en _____
	llenar _____
	_____

G. Complete las oraciones en una forma lógica.

1. Espero que mi mejor amigo/a _____ .
2. Espero _____ mañana.
3. Me gusta que mis padres _____ .
4. Me sorprende que en esta clase _____ .
5. Siento que _____ .
6. Tengo miedo de que el/la profesor(a) _____ .
7. Me gusta que mi novio/a (esposo/a) _____ .
8. Me gusta _____ .

34

Use of subjunctive after expressions of doubt

1. *¿Cómo es el carro que se ve en el dibujo? ¿Está en buenas condiciones?*
2. *¿Qué duda la mujer? ¿Por qué lo duda?*

Independent clause		Dependent clause
first subject + indicative (expression of doubt)	**que**	second subject + subjunctive

No creo que **sean** estudiantes.   *I don't believe they're students.*

No están seguros de que Roberto **tenga** razón.   *They're not sure that Roberto is right.*

Expressions of doubt are those in which speakers express uncertainty or denial: *I doubt he's right; We're not sure that*

En las ciudades del mundo hispánico hay muchísimo tráfico.
Puede ser muy difícil manejar a la
hora punta (*rush hour*) o cuando
los caminos están en reparación.
En esta calle de Barcelona, el trán-
sito se ha parado (*traffic has
stopped*) por completo, y un policía
le pone una multa a un conductor.

Sybil Shelton/Monkmeyer Press Photo Service

they're Puerto Ricans. Such expressions of doubt, however
strong or weak, are followed by the subjunctive in the dependent clause in Spanish.

Expressions of doubt include **no creer, dudar** (*to doubt*), **no
estar seguro/a (de),** and **negar (ie)** (*to deny*). Not all Spanish
expressions of doubt are given here. Remember that any expression of doubt is followed by the subjunctive in the dependent clause.

When there is no change of subject, Spanish uses either the
subjunctive or the infinitive after expressions of doubt.

Dudo que **tenga** el dinero. ⎫   *I doubt that I have*
Dudo **tener** el dinero.   ⎭   *the money.*

Indicative versus subjunctive

No creer, dudar, no estar seguro (de), and **negar** are followed
by the subjunctive. However, **creer, no dudar, estar seguro,**
and **no negar** are usually followed by the indicative, since

El contraste entre lo nuevo y lo tradicional se ve en esta foto de México. Al lado del coche hay un burro que lleva a su dueño y una familia que espera el autobús.

they do not express doubt, denial, or negation.

No niego que **es** simpático.   *I don't deny that he's nice.*

but

Niego que **sea** simpático.   *I deny that he's nice.*

Estamos seguros que el   *We're sure the exam is today.*
examen **es** hoy.

but

No estamos seguros que   *We're not sure that the exam*
el examen **sea** hoy.   *is today.*

No dudo que **son** ricos.   *I don't doubt that they're rich.*

Creo que **son** ricos.   *I believe they're rich.*

but

Dudo que **sean** ricos.   *I doubt that they're rich.*

No creo que **sean** ricos.   *I don't believe they're rich.*

In questions with **creer,** the use of the indicative or the subjunctive in the dependent clause reflects the opinion of the person asking the question.

Indicative:

¿Crees que los Ramírez   *Do you think the Ramirezes*
    son ricos?   *are rich?* (The speaker be-
                             lieves they are.)

Subjunctive:

| ¿Crees que los Ramírez **sean** ricos? | *Do you think the Ramirezes are rich?* (The speaker doubts they are rich or does not know whether they are.) |

Práctica

A. Dé Ud. frases nuevas según las indicaciones.

1. —Se necesita un mecánico. ¿Hay un buen mecánico en la clase?
   —Dudo que *Luis* sea un buen mecánico. (*tú, el/la profesor(a), ellos, nosotros, Ud., vosotros*)
2. —¿Por qué no arranca el carro? ¿Es la transmisión?
   —No, *no creo* que sea la transmisión. (*creo, dudo, estoy seguro/a, niego, no dudo, no estoy seguro/a*)

B. Form complete sentences by using one word or phrase from each column. Make any necessary changes in the dependent clause.

(No) Creo	que	es buena idea manejar sin licencia
(No) Dudo		es bueno manejar a 55 millas por hora
(No) Niego		es necesario tener un carro con aire acondicionado
(No) Estoy seguro/a		el español es más fácil que el inglés
		los carros modernos son maravillas de economía
		los casados están más contentos que los solteros
		un hombre debe pagarlo todo cuando sale con una mujer
		las mujeres no son buenas para estacionar el carro
		hay vida en los otros planetas
		es necesario revisar un coche antes de comprarlo

C. ¿Cómo se dice en español? ¿Qué va a pasar en clase mañana?

There's an exam, but I'm not sure that it's tomorrow. I doubt that the subjunctive is (**entrar**) on the test, and I don't think there are commands. Do you think it will be easy?

D. ¿Cómo van a contestar estas personas las preguntas? ¿Y cómo contesta Ud.?

1. ¿El carro es económico? **2.** ¿El niño tiene catorce años? **3.** ¿El hombre puede volar?

4. ¿Cuatro y cuatro son   **5.** ¿La botella contiene vino?   **6.** ¿Va a doblar en la esquina
nueve?   este coche?

7. ¿Nieva mucho en Tahiti?
8. ¿Tienen coches muy caros los profesores?
9. ¿Son muy pobres los Rockefeller?
10. ¿Están en buenas condiciones todos los caminos de esta ciudad?

E. Escriba Ud. dos frases controversistas (*controversial*) y pregúnteles a los otros miembros
de la clase su opinión sobre ellas. ¿Cuántos están de acuerdo con las opiniones expresadas
en las frases y cuántos no?

MODELOS   Creo que el aborto debe ser legal.
           No creo que se deba fumar marihuana.

F. Complete Ud. las oraciones en una forma lógica.

1. Mis amigos (no) creen que _____.
2. Yo (no) dudo que _____.
3. (No) Estoy seguro/a que _____.
4. Yo (no) creo que _____.
5. (No) Niego que _____.

UN PASO MÁS

Actividades

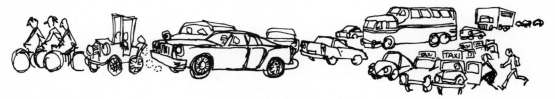

A. Los carros. Use the following questions to interview another student about cars and
transportation in general. Without using notes, tell the class what you have learned.

1. ¿Tienes coche? ¿Tiene coche tu familia?

Si responde que sí a la pregunta 1:

2. ¿De qué año es? ¿De qué color? ¿Qué modelo?

3. ¿Cómo es el coche? ¿Es grande o pequeño? ¿Funciona bien o tiene muchos problemas mecánicos? ¿Lo revisa Ud. con frecuencia?

4. ¿Funciona bien la calefacción (*heater*)? ¿Tiene aire acondicionado?

5. ¿Gasta mucha gasolina? ¿Cuántas millas (¿Cuántos kilómetros) por galón (litro)? ¿Es económico el carro?

6. ¿Lavas (*do you wash*) el carro con frecuencia? ¿Con qué frecuencia limpias el parabrisas?

7. ¿Te gusta el coche? ¿Tiene nombre? ¿Cuál es?

Si responde que no a la pregunta 1:

2. ¿Quieres tener coche o prefieres usar el transporte público?

3. Si compras un coche, ¿vas a comprar un coche grande o un coche pequeño?

4. ¿Cómo es tu coche ideal?

5. Generalmente, ¿prefieres tomar el autobús, tomar un taxi o caminar (*to walk*)?

6. Cuando haces un viaje largo, ¿prefieres viajar por avión, por tren, en bus o en coche de un(a) amigo/a? ¿Por qué?

7. En tu opinión, ¿cuáles son las ventajas (*advantages*) de tener coche? ¿y las desventajas?

B. De vacaciones. Cuando menos (*least*) se espera, las cosas no van bien—sobre todo (*especially*) cuando es cuestión de coches. La escena de este dibujo no es una excepción. Describa la situación. ¿Quiénes son estas personas? ¿Por qué tienen que empujar (*to push*) el coche? ¿Adónde van? ¿De dónde vienen? ¿Qué cae (*is falling*) del coche? ¿Van a llegar a la estación de gasolina? ¿Van a tener que hacer autostop (*to hitchhike*)? ¿Cómo va a terminar el episodio?

EMERGENCIA

VOCABULARIO

VERBOS

arrancar (qu) to start (*with cars*)

arreglar to fix, repair

cambiar to change

contener (ie) (*irreg., like tener*) to contain, hold

doblar to turn (a corner)

dudar to doubt

esperar to hope

estacionar to park

funcionar to run, work (*said of machines*)

haber infinitive form of **hay** (there is/are)

limpiar to wash; to clean

llenar to fill

manejar to drive

negar (ie) (gu) to deny

parar to stop

revisar to check, look at

sentir (ie, i) to regret; to feel sorry

sorprender to surprise

temer to fear

SUSTANTIVOS

el aceite oil

la batería battery

el camino street, road

la carretera highway

la esquina corner (of a street)

la estación de gasolina gas station

los frenos brakes

la gasolina gasoline

la gasolinera gas station

la licencia (de manejar) (driver's) license

la llanta (desinflada) (flat) tire

el/la mecánico/a mechanic

la multa fine, ticket

el parabrisas windshield

el policía police officer

el semáforo stoplight

el tanque tank

el tráfico traffic

ADJETIVOS

económico/a economical

PALABRAS Y EXPRESIONES ÚTILES

estar seguro (de) to be sure (of), certain (about)

todo everything

todo derecho straight ahead

CAPÍTULO 14

COMPRANDO UN COCHE

VOCABULARIO: PREPARACIÓN

la compra / *purchase* **la ganga** / *bargain* **el pago inicial** / *downpayment* ◆ **firmar** / *to sign* **funcionar** / *to run, work (machines)* **pagar a plazos** / *to pay for in installments*

A. ¿Desea Ud. un coche nuevo? Llene los espacios con las palabras apropiadas.

Si Ud. quiere comprar un carro nuevo, va a tener que visitar una _____. Allí hay muchos modelos nuevos. Para comprar un coche, tiene que hablar con el _____. Si Ud. busca un coche muy barato, o sea (*that is*), una _____, tiene que ir a muchas agencias. Después de examinar muchos coches, por fin (*finally*) decide comprar uno. Ud. habla con el vendedor y le pregunta si es posible manejar el coche, para ver cómo es. Cuando regresa Ud., le da al vendedor un cheque—es el _____. Como Ud. no tiene todo el dinero, el vendedor le da un plan para _____. Ud. _____ los papeles necesarios y va a celebrar. ¡Felicitaciones y... buena suerte! Ojalá que el carro _____ bien y que Ud. esté contento/a con su _____.

B. Su viejo carro no arranca bien por la mañana y en el garaje dicen que no lo pueden arreglar. Es hora de comprar un carro nuevo, pero, ¿qué tipo de carro desea Ud.?

Yo deseo comprar un carro _____.

1. grande/económico
2. nuevo/usado
3. con una transmisión de cambios (*manual shift*)/con una transmisión automática
4. con llantas convencionales/con llantas radiales
5. con aire acondicionado/sin aire acondicionado
6. con radio AM/con radio AM-FM/sin radio
7. con frenos regulares/con frenos de disco
8. de color _____
9. por menos de _____ dólares
10. con un pago inicial de _____

C. ¡Una ganga! Imagínese que Ud. es vendedor(a) de automóviles y de otros medios de transporte. Descríbales a sus clientes el vehículo que Ud. quiere venderles. Indique su condición, sus cualidades especiales y su precio. Sus clientes van a decidir si es una verdadera ganga o no.

MODELO   un coche viejo → *Este coche está en muy buenas condiciones, aunque (*although*) es del año 1960. Sólo tiene unas noventa mil millas, nada más. Es de un color precioso, ¿verdad? Tampoco gasta mucha gasolina—alcanza (*it gets*) unas siete millas por galón. Señores, ¡es una ganga! ¿El precio? Sólo cinco mil dólares.*

Posibilidades:

1. un auto nuevo de este año, el último (*latest*) modelo
2. una bicicleta de diez velocidades
3. un coche extranjero de tipo deportivo
4. un camión (*truck*) viejo y usado
5. una motocicleta

MINIDIÁLOGOS Y ESTRUCTURA

35

Use of subjunctive after impersonal expressions

¿Por qué no anda el carro?
ESPOSA: Querido, el carro no arranca.
ESPOSO: *Es probable* que *sea* la batería.
ESPOSA: No puede ser. Es nueva.
ESPOSO: Entonces, *es posible* que *haya* un problema con la transmisión. Además, tengo la impresión de que...
ESPOSA: No querido, nada de eso. Es que es necesario llenar el tanque de vez en cuando.

1. ¿Qué problema tiene la esposa con el carro?
2. ¿Qué explicaciones le da el esposo?
3. ¿Cuál es la verdadera causa del problema?

A. Impersonal expressions are followed by the infinitive when no other subject is expressed: **Es necesario estudiar.**

B. Where there is a specific subject in the dependent clause, impersonal expressions of willing, emotion, and doubt (like other verbs that express those concepts) are followed by the subjunctive.

Independent clause		Dependent clause
indicative (impersonal expression of willing, emotion, or doubt)	**que**	specific subject + subjunctive

Es necesario que Álvaro **estudie** más.
Es terrible que **haya** tantos delitos.

It's necessary for Álvaro to study more (that he study more).
It's terrible that there is so much crime.

Why won't the car run? WIFE: *Dear, the car won't start.* HUSBAND: *It's probably (probable that it is) the battery.* WIFE: *That can't be. It's new.* HUSBAND: *Then it's possible that there's a problem with the transmission. Besides, I have the feeling that . . .* WIFE: *No, dear, nothing like that. The fact is that it's necessary to fill the tank from time to time.*

C. Impersonal expressions of **willing** include **es necesario, es importante, es urgente, es preferible,** and **es preciso** (*necessary*).

D. Impersonal expressions of **emotion** include **es terrible, es ridículo, es mejor/bueno/malo, es increíble, es extraño** (*strange*), **qué extraño, es lástima** (*shame*), and **qué lástima** (*what a shame*).

E. Impersonal expressions of **doubt** include **es posible, es imposible, es probable, es improbable, no es verdad, no es cierto** (*certain*), and **no es seguro.**

F. Impersonal expressions that express certainty are not followed by the subjunctive. These include **es verdad, es seguro, es cierto, es evidente,** and **no hay duda.**

En los autobuses campesinos (*country*) del mundo hispánico se puede ver gente con animales y con los productos que llevan al mercado para vender. Aquí una llama peruana no le hace caso (*doesn't pay any attention*) al autobús que pasa.

Es verdad que **maneja** bien.	*It's true (that) she drives well.*
No hay duda que el coche **es** una ganga.	*There's no doubt (that) the car is a bargain.*

Leo de Wys, Inc.

Práctica

A. Dé Ud. frases nuevas según las indicaciones.

   1. —Hay muchas cosas que hacer para la fiesta. ¿Qué hay que hacer?

      —Es preciso que alguien _____. (*comprar la cerveza, limpiar el apartamento, buscar unos discos, invitar a los amigos, traer la comida*)

   2. —El carro del profesor Corrales es viejo y él gasta mucho dinero en gasolina y reparaciones (*repairs*).

      —Sí, es *necesario* que compre otro carro. (*mejor, cierto, posible, seguro, probable*)

B. Form new sentences by using one word or phrase from each column. Choose the correct verb forms from those in italics.

Es importante	que	Ernesto *trabaja/trabaje* tanto
Es terrible		*cuesta/cueste* mucho llenar el tanque de un carro
Es imposible		*encontramos/encontremos* una ganga en la agencia
Es verdad		el español se *habla/hable* mucho en el mundo (*world*) de hoy
		firmamos/firmemos esos papeles
		el carro *funciona/funcione* sin transmisión
		vamos/vayamos a la Argentina el año que viene
		hay/haya guerras (*wars*) en el mundo
		Juan *sale/salga* todas las noches, que no *estudia/estudie* nunca y que *recibe/reciba* buenas notas (*grades*)
		seguimos/sigamos todo derecho

C. Algunos creen que las frases siguientes describen el mundo de hoy. ¿Qué cree Ud.? Reaccione Ud. a estas frases, empezando con una de estas expresiones:

Es bueno/malo que _____	Es terrible que _____	No hay duda que _____
Es lástima que _____	Es extraño que _____	
Es increíble que _____	(No) Es verdad que _____	

   1. Los niños ven la televisión seis horas al día.
   2. Hay mucha pobreza (*poverty*) en el mundo.
   3. En los Estados Unidos, gastamos mucha energía.
   4. Hay mucho sexo y violencia en la televisión y en las películas.
   5. Se come poco y mal en muchas partes del mundo.
   6. Los niños de habla española reciben una buena educación en los Estados Unidos.
   7. Hay mucho interés en la exploración del espacio.
   8. El fumar (*smoking*) no es malo para la salud (*health*).
   9. Mucha gente lo compra todo a plazos o con tarjetas de crédito.

Indique Ud. soluciones para algunos de los problemas. Empiece las soluciones con:

Es urgente que _____	Es necesario que _____
Es preferible que _____	Es importante que _____

D. Complete las oraciones en una forma lógica.

1. Es lástima que _____.	**3.** Es evidente que _____.	**5.** No es seguro que _____.
2. Es ridículo que _____.	**4.** Es improbable que _____.	**6.** Es preciso que _____.

¿Recuerda Ud.?

*Review the direct (*Section 25*) and indirect object (*Section 28*) pronouns before beginning Section 36.*
Remember that direct object pronouns answer the questions what? *or* whom? *and that indirect objects answer the questions* to whom? *or* for whom? *in relation to the verb.*

DIRECT: me   te   **lo/la**   nos   os   **los/las**
INDIRECT: me   te   **le**   nos   os   **les**

¿Cómo se dice en español?

1. They're sending us the books.
2. They're sending them (*i.e., books*) tomorrow.
3. Can you (**tú**) read me the menu?
4. Can you (**tú**) read it now, please?
5. I'll buy you (*familiar*) a cup of coffee.
6. You (**tú**) can pay me later.
7. Juan will not give you (*formal*) the money.
8. He won't have it today.
9. They've just served them dinner.
10. They can serve it now.
11. I see you (*m. formal*)!
12. Talk (**Ud.**) to me, please!

36

Double object pronouns

¿Por qué no **nos lo** dices?   *Why don't you tell it to us?*
Acaba de dár**melas.**   *He's just given them to me.*
Me lo está sirviendo ahora.   *She's serving it to me now.*
Págue**melo.** (No **me lo**   *Pay it for me. (Don't pay it*
    pague.)   *for me.)*

When both an indirect and a direct object pronoun are used in a sentence, the indirect object pronoun precedes the direct: **ID.** Note that nothing separates the two pronouns. The position of double object pronouns with respect to the verb is the same as that of single object pronouns.

[*Práctica A, B*]

When both the indirect and the direct object pronouns begin with the letter **l**, the indirect object pronoun always changes to **se**. The direct object pronoun does not change.

Se los compra.   *He's buying them for her.*

Se la mandamos a los   *We'll send it to the boys.*
niños.

Since **se** stands for **le** (*to/for you* [sing.], *him, her*) and **les** (*to/for you* [pl.], *them*), it is often necessary to clarify its meaning by using **a** plus the pronoun objects of prepositions.

Se las doy (**a Ud., a él, a   *I'll give it to (you, him, her).*
ella**).

Se lo escribo (**a Uds., a   *I'll write it to you (you,*
ellos, a ellas**).   *them).*

[*Práctica C, D, E, F, G*]

Práctica

A. Dé Ud. frases nuevas según las indicaciones.

1. —Ud. todavía tiene hambre. ¿Qué va a comer?
   —¿Hay más *ensalada*? ¿Me la pasas, por favor? (*pan, tomates, tortillas, vino, fruta, jamón*)
2. —El coche de su amigo/a es un desastre. Dígale a su amigo/a que le va a ayudar.
   —¿*El coche*? Te lo arreglo mañana. (¿*las llantas? ¿el radiador? ¿la batería? ¿los frenos? ¿la transmisión?*)

B. Match the situations on the left with the statements or questions on the right.

1. Acabamos de recibir una carta de Jorge.   **a.** Claro que te lo limpio.
2. ¿Pero no sabe Ud. la respuesta?   **b.** No. Dígamela, por favor.
3. Acabo de escribir una canción.   **c.** Sí, ábramela, por favor.
4. Ud. tiene las manos muy llenas (*your hands   **ch.** ¿Te los explico?
   full*). ¿Le abro la puerta?   **d.** ¿Me la lees?
5. No comprendo los verbos irregulares.   **e.** ¿Por qué no nos la cantas?
6. El parabrisas está muy sucio. ¿Me lo limpias?   **f.** Sí. ¿Por qué no me lo pones,
7. Hace un calor de mil demonios. Si quieres,   por favor?
   pongo el aire acondicionado.

C. Answer the questions, basing your answers on what you observe happening in the drawings. Use double object pronouns.

1. ¿El vendedor le vende el carro a María?
   (→ **No, no se lo vende a ella.**) ¿a los Sres.
   Benítez? ¿a Esteban? *no se lo vende*

2. ¿El camarero le sirve una cerveza a
   Carlos? ¿a los hermanos de Luis? ¿a
   Emilia? *no se la sirve*

3. ¿Ramiro le manda flores a Tomás? ¿a
   los Sres. Padilla? ¿a Carmen? *se las manda*

4. ¿Carmen les recomienda los tacos a
   Raúl y Celia? ¿a Estela? ¿a Lucas? *se los*

D. Tell your friend Fausto that what you are doing is not for him but for someone else.

> MODELO   ¿Las flores? No te *las* mando a ti. *Se las mando a*
> *Margarita.*

1. ¿El poema? No te ___*lo*___ escribo a ti. (a mis padres) *se lo*
2. ¿Las respuestas? No te ___*las*___ pido a ti. (al profesor) *se las*
3. ¿El dinero? No te ___*lo*___ doy a ti. (a Pepe) *se lo doy*
4. ¿Los libros? No te ___*los*___ compro a ti. (a mi hermana menor) *se los*
5. ¿La sopa? No te ___*la*___ sirvo a ti. (a mis primos) *se la*

E. Change the direct object nouns to pronouns and make other necessary changes.

1. Acaban de decirme la verdad. *me la decir*
2. No me lea Ud. los anuncios (*ads*). *No me los*
3. No tienen que darnos el pago inicial. *No que nos dar*
4. Estoy guardándole el equipaje. *se lo*
5. Cómprele Ud. los pasajes. *se los*
6. ¿Me quieres firmar el contrato? *se lo o lo*
7. La camarera les sirve las Coca Colas. *se las sirve*
8. Le recomiendo la clase turística, señor *se la recomiendo*
9. Déles sus compras ahora mismo. *Dé se las*

Me Cesta comprando
calcetines.
me compra los calciones.   *Me los está comprando.*

F. ¿Cómo se dice en español?

Ella me los compré

1. She's buying me the socks. She's buying them for me.   *le los contractos.*
2. Sign the contracts for him. Sign them for him.   *Firme el contracto, Le los firme!*
3. Bring me the suitcases. Bring them to me.   *Traigame las malletas. Traiga las ahhore!*
4. Don't give him the money. Don't give it to him.   *No dode el dinero. No te lo de!*
5. He's not going to sell us the car. He's not going to sell it to us.   *El no va vender nos el carro*
   No se lo da nos va vender.

G. Ud. acaba de comprar las siguientes cosas para unos amigos y parientes: un libro, dos maletas, un televisor, una blusa, unas flores, un estéreo y _____.   *No no va vender nos lo*

El dependiente le pregunta:

—Y *el libro,* ¿se *lo* mandamos a Ud.?

Y Ud. contesta, dando el nombre de un amigo o un pariente:

—No, mándese*lo a mi primo Jaime,* por favor.

37

Use of subjunctive after *tal vez* and *quizá(s)*

Conteste las preguntas, empezando con **tal vez** (*perhaps*) y usando el subjuntivo.

1. ¿Funciona bien el coche? (Tal vez...)

2. ¿Va a costar mucho arreglarlo?

3. ¿Debe ella arreglar el coche?

4. ¿Debe comprar un coche nuevo?

If the speaker wishes to imply doubt or uncertainty, he or she uses **tal vez** or **quizá/quizás** (*perhaps*, *maybe*), followed by the subjunctive, in a single-clause sentence.

Tal vez esté en casa ya.	*Maybe she's already home.*
Quizá(s) sean cubanos.	*Perhaps they're Cuban.*

When **tal vez** or **quizá/quizás** follows the verb, the indicative is normally used.

Es la batería, **quizá.**	*It's the battery, perhaps.*

Práctica

A. Make the following sentences reflect doubt or uncertainty by beginning each with **tal vez** or **quizá(s)** and changing the verb to the subjunctive.

1. Eso se anuncia en la radio.
2. Se lo pagamos mañana.
3. Estela está viajando con su madre.
4. Se prohíbe estacionarse (*to park*) en aquella calle.
5. Los visitamos en verano.
6. Hace calor esta tarde.
7. Es mayor que su hermano.
8. No hay gasolina en el tanque.
9. Toman aquel camino.
10. Se dobla en esa esquina.

B. ¿Cómo se ganan la vida (*earn their living*) estas personas? ¿Cuál es su profesión?

1. Con frecuencia la ropa de este hombre está sucia al final del día. Pasa el día llenando y arreglando cosas. No debe fumar cuando trabaja porque es peligroso. Tal vez _____.
2. Esta persona lleva uniforme y gorra (*cap*) cuando trabaja. Su trabajo es muy importante y peligroso. Trabaja con el público y tiene que volar mucho. Tal vez _____.

Describa Ud. otra profesión, usando los párrafos anteriores como modelo, y presente su descripción a la clase.

C. Diga Ud. tres cosas que va a hacer mañana... quizá. Use Ud. su imaginación—no tiene que decir la verdad. Empiece Ud. cada frase con **tal vez** o **quiza(s).**

UN PASO MÁS

Lectura cultural:

Aventuras de transporte

Si Ud. quiere hacer una excursión por el mundo hispánico, no hay duda de que va a tener a su servicio todos los medios posibles de transporte: avión, tren, autobús, taxi particular o colectivo°, y metro. Además es muy posible que su viaje sea uno de los más interesantes de su vida; primero por el paisaje° y segundo° por el propio° medio de transporte.

Si Ud. necesita transporte en una ciudad como Madrid, México o Buenos Aires, puede tomar el metro°. En estas mismas° ciudades y también en todas las otras, un autobús o un taxi lo pueden llevar a cualquier° parte. Pero tenga cuidado° con los taxistas: como los taxistas de toda ciudad grande, muchos creen que son conductores° de las 500 Millas de Indianápolis... y que su taxi es el único° vehículo que ocupa la calle.

taxi... private or shared taxi

landscape / second / actual

subway
same
any
tenga... be careful
drivers
only

El metro de Madrid (España) es moderno y limpio, un sistema de transporte público rápido y barato. Ya que (*since*) muchos madrileños lo toman para llegar al trabajo, es difícil subir y bajar durante la hora punta (*rush hour*).

© 1982 M. Dellue/VIVA/Woodfin Camp & Associates

Una manera muy agradable de viajar de una parte de la ciudad a otra en muchos de los países hispanos es el colectivo. Es, en realidad, un taxi, pero se cobra° un precio fijo y se venden hasta° cinco asientos. Así que Ud. viaja con cuatro compañeros que siguen la misma ruta.

se... they charge
up to

Hablando de compañeros de ruta... si quiere conocer los pueblos del campo, tal vez tenga Ud. que viajar en los pequeños autobuses campesinos°. Es posible que una señora suba al autobús con varios gallos y gallinas en una bolsa° y que deje caer° la bolsa sobre los pies° de Ud. Pero no es nada. Un quiquiriquí° durante un viaje por los Andes puede ser muy agradable.

rural
gallos... roosters and hens in a bag
deje... she drops / feet
cock-a-doodle-doo

No queremos dar la impresión de que los medios de transporte del mundo hispánico sean atrasados°, ni mucho menos°. Hay una gran variedad de vehículos. Además, los trenes españoles son bastante buenos, y todos los países tienen sus líneas aéreas. De hecho°, Avianca—la línea colombiana—fue° la primera línea aérea comercial establecida en el hemisferio occidental. También las aerolíneas Mexicana, Iberia (España) y Lacsa (Costa Rica), entre otras, ofrecen un servicio excelente en toda Hispanoamérica y también tienen rutas hasta° los Estados Unidos y Europa.

backward
ni... not at all

De... In fact
was

to

Comprensión

¿Cierto o falso? Corrija las oraciones falsas.

1. Es improbable que haya muchos medios de transporte en el mundo hispánico.

2. Un viaje en el mundo hispánico puede ser muy divertido.
3. En ciudades como Buenos Aires, México y Madrid se puede viajar sólo en autobús.
4. Por lo general, los taxistas hispánicos, como muchos taxistas, manejan con mucho cuidado.
5. Un colectivo es un taxi donde hay hasta cinco pasajeros.
6. Un viaje en un autobús campesino puede ser muy interesante porque algunos campesinos viajan con animales.
7. Avianca es la más nueva de todas las líneas aéreas del hemisferio occidental.
8. Lacsa e (*and*) Iberia tienen rutas solamente entre España y Chile.

Ejercicios escritos

A. Write a paragraph about an imaginary **aventura** related to one of the means of transportation mentioned in the reading. Use as many of the words listed below as possible.

excursión	tener cuidado	vehículo
medio de transporte	destinación	manejar
aventura	viajar	viaje

B. Think about a past, present, or future mode of transportation and describe it in several sentences. Present your description to the class. Can your classmates guess what you are describing?

VOCABULARIO

VERBOS

describir to describe
firmar to sign

SUSTANTIVOS

  el automóvil car, automobile
  la compra purchase
  el contrato contract
  la ganga bargain
  el medio (de transporte)
     means (of transportation)
  el mundo world
  el pago inicial down payment

el/la vendedor(a) salesperson
  la verdad truth

ADJETIVOS

cierto/a certain
extraño/a strange
increíble incredible
preciso/a necessary
preferible preferable
ridículo/a ridiculous
seguro/a sure
urgente urgent
usado/a used

verdadero/a true, real

**PALABRAS Y EXPRESIONES
ÚTILES**

a plazos in installments
además besides, in addition
es lástima it's a shame
no hay duda there's no doubt
qué extraño how strange
qué lástima what a shame
quizá(s) perhaps
tal vez perhaps

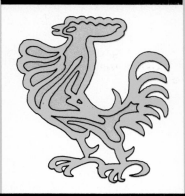

CAPÍTULO 15

EN CASA

VOCABULARIO: PREPARACIÓN

LAS MÁQUINAS DOMÉSTICAS

LOS QUEHACERES DOMÉSTICOS / *DOMESTIC TASKS* **hacer la cama** / *to make the bed* **lavar (las ventanas, los platos)** / *to wash (the windows, dishes)* **limpiar la casa (entera)** / *to clean the (whole) house* **poner la mesa** / *to set the table* **preparar la comida/cocinar** / *to prepare food/to cook* **sacar la basura** / *to take out the trash* **sacudir los muebles** / *to dust the furniture*

A. ¿Es Ud. buena ama de casa (*housekeeper*)? ¿Con qué frecuencia hace Ud. los siguientes quehaceres? Si Ud. vive en una residencia estudiantil, imagínese que vive en una casa o un apartamento.

0 = nunca   1 = a veces   2 = frecuentemente   3 = todos los días

___ **1.** Lavo las ventanas.   ___ **5.** Sacudo los muebles.
___ **2.** Hago las camas.   ___ **6.** Lavo los platos.
___ **3.** Pongo la mesa.   ___ **7.** Limpio la casa entera.
___ **4.** Preparo la comida.   ___ **8.** Saco la basura.

☐ TOTAL

Interpretaciones

0–6   puntos: ¡Cuidado (*careful*)! Ud. estudia demasiado. Por favor, ¡limpie su casa!
7–12 puntos: Ud. puede vivir en su casa, pero no debe invitar a otras personas si no la limpia bien primero.
13–18 puntos: Su casa, aunque (*although*) no está perfecta, está limpia. Es un buen modelo para todos.
19–24 puntos: ¡Ud. es una maravilla y tiene una casa muy, muy limpia! Pero, ¿pasa Ud. todo el día limpiando la casa?

B. Ud. y su amigo/a van a tener invitados (*guests*), pero Uds. tienen sólo dos horas para limpiar la casa y prepararlo todo. ¿Qué trabajos (*jobs*) hace Ud.? ¿su amigo/a? ¿Qué trabajos no va a hacer nadie?

lavar los platos y los vasos   limpiar la estufa
sacudir los muebles   cocinar
limpiar el baño (*bathroom*)   hacer las camas
poner la mesa   poner los discos en el estéreo
sacar la basura de la cocina (*kitchen*)   sacar unas botellas de vino
pasar la aspiradora   preparar el café

C. Familias de palabras. Dé Ud. el verbo que corresponde al sustantivo (*noun*) indicado en cada oración.

MODELO   PREPARAción → PREPARAr

1. La SECAdora sirve para _____ la ropa.
2. Es necesario _____ la comida en un REFRIGERAdor.
3. En la COCINA se puede _____.
4. La LAVAdora sirve para _____ la ropa.
5. El ACONDICIONAdor sirve para _____ el aire.
6. La TOSTAdora es para _____ el pan.
7. Para _____ algo, se usa el CONGELAdor.

MINIDIÁLOGOS Y ESTRUCTURA

38

Preterite of regular verbs and of *dar, hacer, ir,* and *ser*

Un problema con la agencia de empleos

SRA. GÓMEZ: ¡La criada que Uds. me *mandaron* ayer *fue* un desastre!

SR. PARDO: ¿Cómo que *fue* un desastre? ¿Qué *hizo*?

SRA. GÓMEZ: Pues no *hizo* nada. *Pasó* todo el día en mi casa, pero no *lavó* los platos, no *sacó* la basura, ni *sacudió* los muebles. Luego cuando *salió* de mi casa a las tres, me *dio* las buenas tardes como si nada.

SR. PARDO: Pero, señora, cada persona tiene sus más y sus menos. Por lo menos esta criada *fue* mejor que la otra que le *mandamos* anteayer—que ni *llegó*.

1. De las dos personas que hablan en el diálogo, ¿quién es el ama de casa?

2. ¿Quién es el dueño de la agencia?

3. ¿Por qué fue un desastre la criada de ayer, según (according to) la Sra. Gómez?

4. Según el Sr. Pardo, ¿cuál de las dos criadas fue peor? ¿Por qué?

Spanish has two simple past tenses (tenses formed without an auxiliary or "helping" verb): the preterite and the imperfect.[1] The *preterite* (**pretérito**) has several equivalents in English. For example, **hablé** can mean *I spoke* or *I did speak*. The

---

[1]The forms of the preterite are presented in this section and in Chapters 17 and 18; the imperfect is presented in Chapter 19.

A problem with the employment agency MRS. GÓMEZ: *The maid you sent me yesterday was a disaster!* MR. PARDO: *What do you mean, a disaster? What did she do?* MRS. GÓMEZ: *Well, she didn't do anything. She spent all day at the house, but she didn't wash the dishes, take out the trash, or dust the furniture. Then, when she left the house at three, she said, "Good afternoon" as if nothing were wrong.* MR. PARDO: *But, madam, everyone has his or her good and bad points. At least this maid was better than the one we sent you the day before yesterday—who never even got there.*

preterite is used to report finished, completed actions or states of being in the past. If the action or state of being is viewed as completed—no matter how long it lasted or took to complete— it will be expressed with the preterite.

Preterite of regular verbs

Hablar		Comer		Vivir	
hablé	*I spoke (did speak)*	comí	*I ate (did eat)*	viví	*I lived (did live)*
hablaste	*you spoke*	comiste	*you ate*	viviste	*you lived*
habló	*you/he/she spoke*	comió	*you/he/she ate*	vivió	*you/he/she lived*
hablamos	*we spoke*	comimos	*we ate*	vivimos	*we lived*
hablasteis	*you spoke*	comisteis	*you ate*	vivisteis	*you lived*
hablaron	*you/they spoke*	comieron	*you/they ate*	vivieron	*you/they lived*

Note the accent marks on the first- and third-person singular of the preterite tense. These accent marks are dropped in the conjugation of **ver: vi, vio.**

Verbs that end in **-car, -gar,** and **-zar** show a spelling change in the first-person singular of the preterite.

buscar: bus**qu**é, buscaste,...
pagar: pa**gu**é, pagaste,...
empezar: empe**c**é, empezaste,...[2]

As in the present participle, an unstressed **-i-** between two vowels becomes **-y-.**

creer: cre**y**ó   cre**y**eron
leer: le**y**ó   le**y**eron

Irregular preterite forms

Dar		Hacer		Ir and ser	
di	dimos	hice	hicimos	fui	fuimos
diste	disteis	hiciste	hicisteis	fuiste	fuisteis
dio	dieron	hizo	hicieron	fue	fueron

[2]-**Ar** and **-er** stem-changing verbs show no stem change in the preterite: **almorcé, volví. -Ir** stem-changing verbs *do* show a change. You will practice the preterite of most stem-changing verbs in Chapter 18.

Moderna o antigua, modesta o de lujo, la cocina es el corazón de la casa en el mundo hispánico. Esta ama de casa cubana, de Miami, prepara la cena con la ayuda de su hijo.

© 1982 Michal Heron/Woodfin Camp & Associates

The preterite endings for **dar** are the same as those used for regular **-er/-ir** verbs in the preterite except that the accent marks are dropped. The third-person singular of **hacer**—**hizo**—is spelled with a **z** to keep the [s] sound of the infinitive. **Ser** and **ir** have identical forms in the preterite. Context will make the meaning clear.

Fui al centro anoche.	*I went downtown last night.*
Fui profesora.	*I was a professor.*

Práctica

A. Dé Ud. frases nuevas según las indicaciones.

1. —Hay examen en clase hoy. Por eso todos estudiaron anoche. ¿Quién estudió hasta muy tarde?
   —Anoche *Pepe* estudió hasta muy tarde. (*yo, Uds., tú, Graciela, nosotros, vosotros*)
2. —Con frecuencia se escriben cartas a los amigos que están en otras ciudades. ¿Quién escribió una carta ayer?
   —*Tú* (no) escribiste una carta ayer. (*Rosendo, yo, nosotras, ellas, Uds., vosotros*)
3. —Anoche, en casa de Julio, todos bailaron y bebieron demasiado. ¿Quiénes bailaron y bebieron demasiado en la fiesta?
   —*Carmen y Adolfo* bailaron y bebieron demasiado. (*yo, José, nosotros, tú, Uds., vosotros*)

4. —Es buena idea practicar el español en el laboratorio de lenguas. ¿Quién fue al laboratorio la semana pasada?

—*Julio* (no) fue al laboratorio la semana pasada. (*yo, Paula, tú, nosotros, Estela y Clara, vosotras*)

5. —Esta mañana, ¿quién hizo la cama antes de salir de casa?

—*Ana* (no) hizo la cama antes de salir. (*yo, nosotros, Uds., tú, Adolfo, vosotros*)

B. ¿Qué hicieron ayer? Dé oraciones completas, usando los verbos en el pretérito.

1. **Julián:** hacer cola para comprar una entrada (*ticket*) de cine / comprarla por fin / entrar en el cine / ver la película / gustarle mucho / regresar tarde a casa

2. **yo:** llegar a la universidad temprano / asistir a las clases / ir a la cafetería / almorzar / estudiar en la biblioteca / volver a casa / sacar la comida del congelador

3. **mis hermanos:** regresar temprano a casa / sacudir los muebles / sacar la basura / sacar la ropa de la lavadora / limpiar la casa entera / prepararlo todo para la fiesta de esta noche

C. Cambie los verbos al pretérito.

1. *Regreso* tarde a casa. Mi compañero *cocina* y *cenamos* juntos (*together*). Luego *empiezo* a estudiar, pero mi compañero *sale* con unos amigos a ver una película.

2. *Paso* un semestre estudiando en México. Mis padres me *pagan* el vuelo y *trabajo* para ganar (*to earn*) el dinero para la matrícula y los otros gastos (*expenses*). En México *vivo* con una encantadora familia mexicana y *aprendo* mucho. *Voy* a muchos lugares interesantes. Mis amigos me *escriben* muchas cartas. Yo les *mando* tarjetas postales a todos.

3. ¡La fiesta de cumpleaños de la Sra. Sandoval *es* un desastre! Alicia le *hace* un pastel pero no lo *come* nadie. Y a la señora no le *gustan* los regalos que le *dan*. Todos *salen* descontentos.

D. ¿Qué hicieron estas personas ayer? ¿Qué piensa Ud.?

Julia Child	hablar mucho en clase
el/la profesor(a)	leer las noticias (*news*)
Frank Sinatra	cantar
el criado	cocinar
Dan Rather	enseñar
los estudiantes	explicarnos varios platos del menú
el presidente	no hacer ninguno de los quehaceres
la camarera	dar un discurso (*speech*)

E. Preguntas

1. ¿Dónde comió Ud. anoche y con quién? ¿Qué comió?
2. ¿Quién llegó tarde a clase hoy? ¿A qué hora llegó?
3. ¿Alguien le mandó flores a Ud. el año pasado? ¿Quién fue? ¿Por qué se las mandó?
4. ¿Cuándo decidió estudiar Ud. el español?
5. ¿Cuánto pagó Ud. por su libro de español?
6. ¿Qué hizo Ud. ayer? ¿Adónde fue? ¿Y anteayer?
7. ¿Qué le dio Ud. a su mejor amigo/a para su cumpleaños el año pasado?
8. ¿Qué le dio a Ud. su amigo/a?
9. ¿Los abuelos de Ud. fueron latinos? ¿africanos? ¿norteamericanos? ¿orientales? ¿europeos?

F. Complete las oraciones en una forma lógica.

1. El año pasado yo leí _____. Mi amigo/a leyó _____.
2. Ayer ayudé a _____.
3. Anoche volví a casa a _____.
4. El año pasado, mis amigos me invitaron a _____.
5. Ayer yo llamé a _____ por teléfono. _____ me llamó a mí.
6. Una vez salí con _____.
7. Una vez fui a _____. Fue un viaje _____.
8. Anoche preparé _____.

39

Use of the infinitive as a verb complement

El placer de vivir en una residencia

ROSALÍA: (Entrando en el cuarto de Carmen.) ¿Qué haces?

CARMEN: *Trato de estudiar,* pero no *puedo concentrarme.* Hay tanto ruido por aquí. ¿No lo oyes? Abajo en la cafetería están lavando los platos y ahora *empiezan a pasar* la aspiradora en el pasillo.

(Se oyen unos gritos desde el pasillo. Entra Marta.)

MARTA: ¿No saben la noticia? Ana *acaba de ser* aceptada en la Facultad de Derecho.

CARMEN: ¡Qué bien! Pero sin un poco de silencio por aquí, ¡yo ni *voy a poder terminar* el semestre!

---

1. ¿Quién acaba de entrar en el cuarto de Carmen?

2. ¿Qué trata de hacer Carmen? ¿Puede hacerlo?

3. ¿Qué ruidos se oyen?

4. ¿Qué noticia trae Marta?

5. ¿Cómo reacciona Carmen? ¿Por qué?

A. When two verbs occur in series, the second verb is usually in the infinitive form. In Spanish some verbs require the use of a word (usually a preposition) before the infinitive.

The pleasure of dormitory living ROSALÍA: (Entering Carmen's room.) *What are you doing?* CARMEN: *I'm trying to study, but I can't concentrate. There's so much noise around here. Don't you hear it? In the cafeteria below they're washing dishes, and now they're starting to vacuum the hall.* (Some shouts are heard from the hallway. Marta enters the room) MARTA: *Don't you know the news? Ann was just accepted in law school.* CARMEN: *Great! But without a little bit of quiet around here, I won't even be able to finish the semester!*

B. Many verbs require no preposition before an infinitive.

Prefieren poner la mesa.   *They prefer to set the table.*

deber	**pensar (ie)** (*to intend*)
decidir	**poder (ue)**
desear	**preferir (ie)**
esperar	**querer (ie)**
necesitar	**saber**

C. Some verbs require **a** before an infinitive.

La profesora nos **enseña a   *The professor is teaching
bailar.**   us to dance.*

aprender a	**invitar a**
ayudar a	**ir a**
empezar (ie) a	**venir (ie) a**
enseñar a	

D. Other verbs or verb phrases require **de** before an infinitive.

Siempre **tratamos de llegar**   *We always try to arrive on
en punto.   time.*

acabar de   **tener (ie) ganas de**   **tratar de**

E. One frequently used verb requires **en** before an infinitive.

Insisten en venir esta noche.   *They insist on coming over
                                                     tonight.*

insistir en

F. Two verbs require **que** before an infinitive.

Hay que poner el   *It's necessary to turn on the
acondicionador.   air conditioner.*

hay que   **tener que**

Práctica

A. Complete las oraciones según las indicaciones.

1. Me gusta que mis amigos me inviten a _____ (jugar al vólibol, comer, salir con ellos, visitarlos, bailar)
2. Mis profesores me ayudan a _____ (aprender el idioma español, comprender el mundo moderno, descubrir nuevas ideas, hacer buenas preguntas, expresar mejor mis ideas)
3. En esta clase hay que _____ (estudiar mucho, conjugar muchos verbos, estar alerta siempre, escuchar bien, saber el vocabulario)

B. Form complete sentences by using one word or phrase from each column, if necessary. Remember to conjugate the first verb.

el camarero	insistir	en	ir al cine
yo	empezar	de	cocinar
tú	acabar	a	anunciar su noviazgo
nosotras	desear	que	fumar
Jorge y Lupe	venir		volar a Acapulco
_____	tener		preguntarnos algo
	tener ganas		secar los platos
			creerlo
			pensar en español
			poner la secadora
			limpiar la casa entera
			_____

C. ¿Cómo se dice en español?

1. He's learning to read (to drive, to play tennis).

2. She's coming to wash the dishes (to clean the stove and refrigerator, to cook, to change the oil).

3. I've just eaten (arrived, filled the tank, washed the coffee pot, bought a new car, fixed the toaster).

4. He insists on doing it (*m.*) (bringing it, deciding it, finishing it, selling it).

5. It's necessary to work more (to sleep, to rest, to set the table, to go out) (**Hay...**).

D. Complete each of the following sentences in several different ways, using an infinitive or an infinitive phrase each time. Use **a, de, en,** or **que** where necessary.

1. Mi profesor(a) de español me enseña _____.

2. En esta clase preferimos _____.

En los países hispanos la hora de comer es una parte importante del día. Los miembros de la familia suelen volver (*usually return*) a casa para almorzar y cenar. La comida, que puede durar dos horas o más, es una buena oportunidad para conversar y descansar. Esta familia madrileña almuerza en el comedor de su piso (*apartment*).

3. En clase hay _____.
4. En esta clase aprendo _____.
5. Mañana tengo _____.
6. Siempre trato _____ pero no puedo.
7. Acabo _____.
8. Esta noche, pienso _____. No tengo ganas _____.

UN PASO MÁS

Actividades

¿Por qué no sacudió Ud. los muebles? The housekeeper in the cartoon will have to explain why she did not dust the furniture. An able excuse-maker, she could point out all the other tasks that she *did* complete during the day. She could also indicate the many unexpected complications that kept her from dusting.

—*¡Ah, pues... Naturalmente, si le pasa usted el dedo°!...*

le... *you run your finger over it*

MODELO   ¿Por qué no sacudió Ud. los muebles?
    → No fue posible, señora, pero sí hice muchas otras cosas: hice todas las camas, lavé las ventanas, saqué la basura, preparé la cena y...
    → No lo hice hoy, señora, porque—como Ud. sabe—llegó inesperadamente (*unexpectedly*) su hermana con sus diez niños. Les preparé la comida, los llevé al Museo de Arte Moderno, fui al mercado a comprar más carne y tuve que (*I had to*)...

Following the model of the housekeeper's excuses, give the most elaborate excuses that you can in response to the following questions.

1. ¿Por qué llegó Ud. tarde a la oficina?
2. ¿Por qué no terminó Ud. los ejercicios de hoy?
3. ¿Por qué no me escribiste la semana pasada?
4. ¿Por qué no le ayudaste a tu amigo/a a pintar su apartamento ayer?
5. ¿Por qué no comiste nada esta mañana?
6. ¿Por qué no fuiste a la fiesta?

Muchos apartamentos hispanos tienen balcones pequeños y agradables que dejan entrar el aire y dan lugar para un pequeño jardín. Los geranios son la flor que más se planta en estos floreros típicos. Aquí una criada de Morelia, México, barre el balcón.

Martin Vandervall/Leo de Wys, Inc.

VOCABULARIO

VERBOS

cocinar to cook
decidir to decide
hay que (+ *inf.*) it is necessary (*to do something*)
lavar to wash
sacar (qu) to take out, remove
sacudir to dust
secar (qu) to dry
terminar to finish
tratar de (+ *inf.*) to try to (*do something*)

SUSTANTIVOS

el (aire) acondicionador air conditioner
la aspiradora sweeper, vacuum cleaner

la basura garbage
la cafetera coffee pot
la cama bed
el congelador freezer
el/la criado/a servant
la estufa stove
la lavadora washer
la máquina machine
los muebles furniture
el quehacer task, chore
el refrigerador refrigerator
la residencia estudiantil dormitory
el ruido noise
la secadora dryer
la tostadora toaster
la ventana window

ADJETIVOS

doméstico/a domestic
entero/a whole, entire
pasado/a past, last (in time)

PALABRAS Y EXPRESIONES ÚTILES

anoche last night
anteayer the day before yesterday
ayer yesterday
hacer la cama to make the bed
poner la mesa to set the table
según according to

252

UN POCO DE TODO 3
Un repaso de los capítulos 11–15

A. *Cambie por el plural.*

1. No sea Ud. demasiado serio.
2. No le arregle el coche.
3. ¿Le gusta esa ciudad? No es tan peligrosa como ésta.
4. No me diga Ud. la verdad, por favor.
5. Lo busqué pero no lo encontré. ¿Me lo mandaste?
6. Ud. viene a revisármela, ¿verdad?

B. *Cambie por el singular.*

1. No nos gustan estos asientos.
2. No les compren tantos recuerdos a los niños.
3. Tal vez no les guste a Uds. volar por la noche.
4. Llévenles los boletos a ellos. No nos los den a nosotros.
5. Nos hicieron más de cincuenta tortillas.

C. *Form complete sentences based on the words given, in the order given. Use the present (indicative or subjunctive) of the verbs and add other words if necessary.*

1. yo / prohibir / que / Uds. / comprar / aquel / lavadora
2. ojalá / y / que / no / haber / ninguno / demora
3. nosotros / esperar / que / Julio / firmar
4. ellos / negar / que / Adolfo / ser / bueno / mecánico
5. tal vez / ser / batería / —yo / no / estar / seguro
6. agente / ir / pedirnos / que / darle / pago inicial / hoy

D. *Form complete sentences based on the words given, in the order given. Use the preterite form of the verbs, and add other words if necessary.*

1. ¿ / cafetera / ? / yo / se / la / dar / mi / padres
2. Pablo / conocer / Claudia / Buenos Aires / pero / él / nunca / la / invitar / salir
3. Carlos / empezar / doblar / demasiado / tarde
4. yo / tratar / explicar / se / lo / ellos / pero / no / me / escuchar
5. tú / no / regresar / casa / con / tanto / compras / Elena
6. semana / pasado / ellos / gastar / tanto / dinero / hijos

E. *Rearrange the words given to form complete sentences. Do not add any words.*

1. vino / no / al / sirva / le / Ud. / niño
2. en / me / la / palabras / página / lea / las / Ud. / 542
3. Vicente / a / llegar / le / clase / gusta / a tiempo / a
4. ahora / lo / mí / hagan / para / Uds.
5. ¿ / ? / gustó / no / te / verdad / eso / ti / a

F. *¿Cómo se dice en español?*

1. We're sorry that you (**Uds.**) can't be there.
2. I doubt that it's necessary to work so much.
3. I'm surprised that he smokes.
4. It's true that the highway is better, but that road is more interesting.
5. We're sure that the maid cleaned the whole house.
6. I don't want Mary to send the postcard.
7. Read (**Ud.**) it to us. Then sign it for him.

UN POCO DE TODO 3
Un repaso de los capítulos 11–15

G. *Working with another student, discuss the suggested situations, according to the model.*

MODELO Antonia / ayudar a Carmen en la tienda →
    SR. LÓPEZ: Quiero que *Antonia ayude a Carmen en la tienda.*
    SECRETARIO: Muy bien, señor. Se lo voy a decir.
    SR. LÓPEZ: Y si no *la ayuda Antonia, ayúdela* Ud., por favor.

1. Gómez / explicarle el contrato al Sr. Gil
2. el criado / sacudir los muebles de la oficina
3. Fabián / mandarles una tarjeta postal a los Carrillo
4. Amanda / venderle un coche a ese señor
5. Cecilia / visitar a Ramiro en el hospital

H. *React to each situation by answering the following questions:* **¿Le gusta a Ud.? ¿No le gusta? ¿Por qué?**

1. Su profesor(a) de español habla español rápidamente.
2. Su compañero de cuarto fuma constantemente.
3. Sus padres le van a dar el pago inicial para comprar un coche nuevo.
4. Su familia siempre va de vacaciones a la playa.
5. Su compañero de cuarto es muy divertido pero no lo/la ayuda con los quehaceres.

I. *A Ud. lo/ la invitan a aparecer en un anuncio para la televisión. Otro/a estudiante, haciendo el papel (role) de entrevistador(a) (interviewer), va a hacerle a Ud. las preguntas siguientes.*

1. ¿Dónde compró Ud. este/a (carro, lavadora, etcétera)? ¿Cuándo lo/la compró?
2. ¿Cuánto pagó Ud. por él/ella?
3. ¿Quién se lo/la recomendó?
4. ¿Puede Ud. recomendárselo/la a nuestros televidentes (*viewers*)?
5. ¿Qué le gusta·más de este producto?
6. ¿Lo/la va a comprar otra vez (*again*)? ¿Por qué?

J. *¡Yo no lo creo!*

Make up at least five statements about yourself or about your family. At least one of the five should be false. The class will react to your statements, beginning their reactions with phrases such as **Me sorprende que** _____, **Es imposible que** _____, **Dudo que** _____ .

K. *Adopt the identity of these persons and tell two things about which they might be happy or concerned. Begin with* **temo que, no creo que,** *etc.*

1. una persona de noventa años
2. un(a) turista hispano/a en los Estados Unidos
3. un(a) turista norteamericano/a en Latinoamérica
4. un(a) policía
5. un padre/una madre
6. un(a) vendedor(a) de coches usados

CAPÍTULO 16

LA VIDA DOMÉSTICA

VOCABULARIO: PREPARACIÓN

despertar (ie) a los padres	bañar al bebé	divertir (ie, i) al bebé
vestir (i, i) a los niños	sentar (ie) a la niña	quitarle los anteojos a la abuela
levantar al bebé	afeitar a papá	acostar (ue) a los niños

La mayoría de las casas latinoamericanas tienen un pequeño
patio interior donde se puede
colgar (*to hang up*) la ropa y hacer
otros quehaceres domésticos. Esta
madre ecuatoriana baña a su niño
en el patio de su casa en Quito.

© 1981 Bernard Pierre Wolff/Photo Researchers, Inc.

A. Describa Ud. las acciones de la familia Hernández que se ven en los dibujos de la página 254. ¿Quién despierta al bebé? ¿Quién baña al bebé? etcétera.

B. Complete las frases en una forma lógica, usando estas palabras o cualquier (*any*) otra.

la televisión / el ruido / una película buena / el sol / la clase de español / mi
compañero/a / el despertador (*alarm clock*)

la enfermera (*nurse*) / el camarero / el barbero / el dueño / el padre / la esposa / un
estudiante

1. ____ me despierta.
2. ____ me divierte.
3. ____ baña al bebé.

4. ____ nos sienta en el
restaurante.
5. ____ nos afeita en la
barbería.
6. ____ acuesta a los niños
en el hospital.

7. ____ quita los platos
después de la comida.
8. ____ viste a los niños.
9. ____ levanta la mano
(*hand*).

MINIDIÁLOGOS Y ESTRUCTURA

40

Reflexive pronouns

Un día típico

1. *Me llamo* Alicia; mi esposo *se llama* Miguel. 2. *Me despierto* y *me levanto* temprano, a las seis. Él también *se levanta* temprano. 3. *Nos bañamos* y *nos vestimos*. 4. Luego yo pongo la mesa y él prepara el desayuno. 5. Después él hace la cama y yo lavo los platos. 6. ¡Por fin! Estamos listos para salir para la oficina. 7. Pero... un momentito. ¡Es sábado! ¿Es demasiado tarde para *acostarnos* otra vez?

1. ¿Cómo se llaman los esposos?

2. ¿Se levantan tarde los dos, generalmente?

3. ¿Se bañan por la mañana o por la noche?

4. ¿Cuáles son los quehaceres domésticos de Alicia? ¿y de Miguel?

5. ¿Cuál es su error?

6. ¿Van a acostarse otra vez?

Bañarse: *to take a bath*		
(yo)	**me** baño	*I'm taking a bath*
(tú)	**te** bañas	*you're taking a bath*
(Ud.)		*you're taking a bath*
(él)	**se** baña	*he's taking a bath*
(ella)		*she's taking a bath*
(nosotros)	**nos** bañamos	*we're taking baths*
(vosotros)	**os** bañáis	*you're taking baths*
(Uds.)		*you're taking baths*
(ellos)	**se** bañan	*they're taking baths*
(ellas)		*they're taking baths*

A typical day 1. *My name is Alicia; my husband's name is Miguel.* 2. *I wake up and get up early, at six. He also gets up early.* 3. *We bathe and get dressed.* 4. *Then I set the table, and he makes breakfast.* 5. *Next he makes the bed, and I wash the dishes.* 6. *Finally! We're ready to leave for the office.* 7. *But . . . just a minute. It's Saturday! Is it too late to go back to bed?*

In English and in Spanish, *reflexive pronouns* (**pronombres reflexivos**) refer to the subject of the sentence. English reflexives end in -*self* or -*selves: myself, yourself,* and so on. The Spanish reflexive pronouns are **me, te,** and **se** in the singular; **nos, os,** and **se** in the plural.

Spanish frequently uses reflexive pronouns with verbs to express ideas that are not reflexive or are not expressed reflexively in English: *I'm taking a bath* → **me baño** (literally, *I'm bathing myself*).

The pronoun **se** at the end of an infinitive indicates that the verb is used reflexively. When the verb is conjugated, the reflexive pronoun that corresponds to the subject must be used: *(yo)* **me** baño, *(tú)* **te** bañas, and so on.

The following Spanish verbs that you have already used nonreflexively are also frequently used with reflexive pronouns.[1] Many of them are stem-changing.

acostarse (ue)	to go to bed	**lavarse**	to wash oneself, get washed
afeitarse	to shave		
alegrarse	to be happy, glad	**levantarse**	to get up; to stand up
bañarse	to take a bath	**llamarse**	to be named, called
despertarse (ie)	to wake up	**ponerse**	to put on (*clothing*)
divertirse (ie, i)	to have a good time, enjoy oneself	**quitarse**	to take off (*clothing*)
		sentarse (ie)	to sit down
dormirse (ue, u)	to fall asleep	**vestirse (i, i)**	to get dressed

¡OJO! *After* **ponerse** *and* **quitarse,** *the definite article—not the possessive—is used with articles of clothing.*

Se pone **el** abrigo.	*He's putting on his coat.*
Se quitan **el** sombrero.	*They're taking off their hats.*

¡OJO! ***Alegrarse*** *is a verb of emotion. It must be followed by the subjunctive when there is a change of subject in the dependent clause (*Section 33*).*

Me alegro de estar aquí.	*I'm happy to be here.*

but

Me alegro de que tú estés aquí.	*I'm happy that you're here.*

[*Práctica A, B*]

---

[1]Compare: **Juan se lava.** (*Juan gets washed.*) **Juan lava la ropa.** (*Juan washes the clothes.*) **Juan la lava.** (*Juan washes them.*)

Placement of reflexive pronouns

Like direct and indirect object pronouns, reflexive pronouns are placed before a conjugated verb but after the word **no** in a negative sentence: **No se bañan.** They may either precede the conjugated verb or be attached to an infinitive or present participle.

Me tengo que levantar temprano. ⎫
Tengo que levantar**me** temprano. ⎭   *I have to get up early.*

¿**Te** estás divirtiendo? ⎫
¿Estás divirtiéndo**te?** ⎭   *Are you having a good time?*

¡OJO! *Regardless of its position, the reflexive pronoun corresponds to the subject.*

Reflexive pronouns are attached to affirmative commands, but they precede the verb in negative commands. When a reflexive and a direct object pronoun are used together, the reflexive comes first.

Quíte**se** el suéter.   *Take off your sweater.*
Quíte**selo** Ud.   *Take it off.*

No **se** ponga esa blusa.   *Don't put on that blouse.*
No **se la** ponga Ud.   *Don't put it on.*

[*Práctica C, D, E, F, G*]

Práctica

A. Dé Ud. frases nuevas según las indicaciones.

   1. —¿Quién se quita el suéter cuando hace calor?
   —*Ellos* se quitan el suéter. (*yo, Carolina, nosotras, tú, todos los estudiantes, vosotros*)
   2. —¿Quién se acuesta temprano por lo general?
   —*Él* se acuesta temprano. (*tú, nosotros, Arturo, yo, Evangelina y Nati, vosotras*)
   3. —¿Quién se baña y se viste temprano?
   —*Roberto* se baña y se viste temprano. (*ellos, yo, nosotros, tú, Ana María, vosotros*)
   4. —¿Quién se alegra de que vengan sus parientes?
   —*Estela* se alegra de que vengan. (*tú, todos, nosotros, yo, mis amigos, Jorge*)

B. Complete las oraciones, usando la forma correcta de los verbos a la derecha.

   1. Cuando hace frío, yo _____ una chaqueta.   lavarse
   2. Nosotros _____ muy temprano, a las seis de la mañana.   sentarse
   3. Carlos siempre _____ en una fiesta.   alegrarse
   4. En la escuela primaria los niños _____ en el suelo.   despertarse
   5. Si hace calor, yo _____ el abrigo.   ponerse

6. Voy a _____ antes de acostarme.   quitarse

7. Yo _____ de que puedas venir a la fiesta   divertirse

C. Ud. es un(a) consejero/a. Dé Ud. consejos a un(a) estudiante que es muy perezoso/a y que no estudia mucho. Déle mandatos basados en estos verbos.

MODELO   afeitarse → *Aféitese.*

1. despertarse más temprano

2. levantarse más temprano

3. no acostarse tan tarde

4. vestirse mejor

5. no divertirse tanto

6. quitarse esa ropa sucia y ponerse ropa limpia

7. bañarse más

D. Ud. está en el hospital y es necesario quitarse la ropa. Pregunte Ud. al/a la enfermero/a, —**¿Me quito los zapatos?**[2] Él/ella contesta, —**Sí, quíteselos, por favor.**

1. los pantalones   **3.** el suéter   **5.** toda la ropa

2. la camisa/la blusa   **4.** los calcetines/las medias

E. ¿Cómo se dice en español? (*Some of the verbs require the reflexive construction; others do not.*)

1. I'm going to go to bed later.

2. I'm going to put my son to bed later.

3. Wake up now!

4. Wake your wife now!

5. His name is Agustín.

6. He calls his parents a lot.

7. They're putting on their shoes.

8. They're putting the coffee pot on the stove.

F. Preguntas

1. ¿Prefiere Ud. bañarse por la mañana o por la noche? ¿Se bañó esta mañana? ¿anoche?

2. ¿Dónde le gusta a Ud. sentarse para leer? ¿en un sofá? ¿en la cama? ¿en una silla?

3. ¿Le gusta a Ud. vestirse elegante o informalmente?

4. ¿A qué hora tiene Ud. que levantarse todos los días? ¿Y a qué hora se acuesta? ¿A qué hora se levantó esta mañana? ¿A qué hora se acostó anoche? ¿Prefiere su esposo/a (compañero/a) que Ud. se acueste más temprano? ¿que se levante más temprano?

5. ¿Ud. se duerme fácilmente (*easily*) o con dificultad? ¿Qué hace cuando no puede dormirse?

---

[2]Note that Spanish uses the simple present to express English questions that begin with *Shall I (we).*

6. ¿Se afeita Ud. todos los días? ¿Se afeitó esta mañana? ¿Va a afeitarse otra vez hoy?

7. ¿Se alegra Ud. de que no haya examen hoy? ¿de verme aquí? ¿de poder hablar tan bien el español?

G. Using the following verbs as a guide, ask another student what he/she does during a typical day. Note the answers; then tell the class about his/her day.

> **MODELO**   despertarse → *¿Te despiertas temprano? ¿tarde? ¿fácilmente? ¿A qué hora te despiertas?*

1. despertarse	**8.** asistir a clases	**15.** sacar la basura
2. levantarse	**9.** almorzar	**16.** sentarse para ver la televisión
3. bañarse	**10.** divertirse	**17.** quitarse la ropa
4. afeitarse	**11.** volver a casa	**18.** acostarse
5. vestirse	**12.** cenar	**19.** dormirse
6. desayunar	**13.** lavar los platos	**20.** dormir _____ horas
7. salir para la universidad	**14.** limpiar la cocina	

Amor a primera vista

ANITA: Es verdad, Ana. Ricardo y yo *nos queremos* y nos vamos a casar.

ANA: Pero, ¿cómo es posible? Tú y él *se conocieron* el mes pasado.

ANITA: Sí, pero cuando *nos conocimos*,... *nos miramos*,... *nos dimos* la mano,... y *nos olvidamos* del resto del mundo. Ahora *nos vemos* todos los días y nos llevamos muy bien.

ANA: Bueno, me alegro de que estén tan contentos. Y... ¡ojalá que el matrimonio dure más que el noviazgo!

---

1. ¿Qué pasa con Anita y su novio?

2. ¿Se conocen muy bien? ¿Cuándo se conocieron?

3. ¿Qué hicieron Anita y su novio cuando se conocieron? Y ahora, ¿se llevan bien?

4. ¿Cuál es la reacción final de Ana?

Love at first sight ANITA: *It's true, Ana. Ricardo and I love each other and we're going to get married.* ANA: *But how is that possible? You and he met a month ago.* ANITA: *Yes, but when we met, . . . we looked at each other, . . . we shook hands, . . . and we forgot about the rest of the world. Now we see each other every day and we get along very well.* ANA: *Well, I'm glad that you're so happy. And . . . I hope the marriage lasts longer than the engagement!*

41
Reciprocal actions with reflexive pronouns

The plural reflexive pronouns, **nos, os,** and **se,** can be used to express *reciprocal actions* (**acciones recíprocas**). Reciprocal actions are usually expressed in English with *each other* or *one another.*

Nos queremos.	*We love each other.*
¿Os ayudáis?	*Do you help one another?*
Se miran.	*They're looking at each other.*

Práctica

A. Exprese como acciones recíprocas.

1. Estela me mira a mí. Yo miro a Estela.
2. Eduardo habla con Pepita. Pepita habla con Eduardo.
3. El padre necesita a su hijo. El hijo necesita a su padre.
4. Tomás me conoce a mí. Yo conozco a Tomás.
5. Tú escribes a Luisa. Luisa te escribe a ti.
6. La profesora escucha a los estudiantes. Los estudiantes escuchan a la profesora.
7. Ud. quiere a su esposo. Su esposo la quiere también a Ud.
8. Jorge le da la mano a Mario. Mario le da la mano a Jorge.

B. Describa Ud. la triste historia de amor de Orlando y Patricia. Use el pretérito de los siguientes verbos.
verse en clase / mirarse / hablarse mucho / llamarse por teléfono constantemente / mandarse regalos / escribirse durante las vacaciones / ayudarse con los problemas / casarse / no llevarse bien / separarse / divorciarse

C. ¿Qué pasa? Describa lo que hacen los dos pulpos (*octopuses*) del dibujo. Use frases cortas, pero sea muy imaginativo/a.

1. ¿Quiénes se encuentran? ¿Dónde se encuentran?
2. ¿Cómo se saludan (*do they greet each other*)?
3. ¿Son amigos? ¿Cómo se sabe?
4. Si los pulpos siguen conversando, ¿qué van a decir? ¿Cómo se termina la conversación?

—¿Tú crees que cada vez° que nos encontramos tenemos que saludarnos dándonos la mano?

cada... *every time*

42
Reflexive for unplanned occurrences

Se me cayó el vaso.
I dropped the glass. (The glass fell from my hands.)

A Mario se le perdieron los libros. *Mario lost his books. (Mario's books were lost to him.)*

Unplanned or unintentional events (*I dropped, we lost, you forgot*) are frequently expressed with a reflexive construction that uses **se** and the third person of the verb. Note that this construction is the same as the passive with **se** (Section 11) except that the occurrence is viewed as happening *to* someone—the unwitting performer of the action. Thus the performer is indicated by an indirect object pronoun, often clarified by **a** + *a noun or pronoun* at the beginning of the sentence. In such sentences the subject (the thing that is dropped, broken, forgotten) usually follows the verb.

(*A* + noun or pronoun)	*Se*	Indirect object pronoun	Verb	Subject
(A mí)	Se	me	cayó	el vaso.
A Mario	se	le	perdieron	los libros.
A ellas	se	les	olvidó	comprar los discos.

The verb agrees with the grammatical subject of the Spanish sentence (**el vaso, los libros**), not with the indirect object pronoun. **No** immediately precedes **se**: **A Mario *no se* le perdieron los libros.**

As with **gustar,** the clarification of the indirect object pronoun is optional. But the indirect object pronoun itself is always necessary whether or not the performer is named: *A la mujer* se *le* rompió el plato.

Verbs frequently used in this construction include:

acabar	to finish; to run out of	**perder (ie)**	to lose
caer	to fall	**quedar**	to remain
olvidar	to forget	**romper**	to break

Práctica

A. Dé Ud. frases nuevas según las indicaciones.

1. —¿A quiénes se les olvidó el libro de texto hoy?
   —A *Pablo* se le olvidó el libro. (*mí, nosotros, Inés, ti, Héctor y Ramiro, vosotros*)
2. —María es una persona muy distraída (*absentminded*). ¿Qué cosas se le olvidaron hoy?
   —A María se le olvidó *el libro.* (*hacer la cama, los anteojos, estudiar para el examen, los cheques, venir a clase*)

B. Sus amigos esperan que Ud. lleve los vasos y el champán a una fiesta, pero Ud. llega sin nada. Explíqueselo a sus amigos.

—Se me _____ los vasos.   (*olvidar, romper, caer, quedar en casa, acabar*)
—Se me _____ el champán.
—Se les _____ el champán en la tienda.

Aunque los inmigrantes hispanos conservan muchas de sus tradiciones y costumbres al venir a los Estados Unidos, con frecuencia sus hijos prefieren asimilarse. Esta joven de Miami, de familia cubana, se parece a (*resembles*) a cualquier (*any*) joven norteamericana de su edad.

C. Restate the following sentences, using the reflexive for unplanned occurrences.

> **MODELO**   Marcial olvidó los discos. → *A Marcial se le*
> *olvidaron* los discos.
> Juan dejó (*left*) las llaves (*keys*) en casa. (quedar) →
> *A Juan se le quedaron* las llaves en casa.

1. Jorge rompió los vasos.
2. Roberto y Jacinta olvidaron la fecha de la boda.
3. Olvidé tomar las aspirinas.
4. Dejamos (*we left*) los boletos en casa. (quedar)
5. Perdí las llaves.
6. Ayer rompí varias cosas.
7. No pudieron (*they couldn't*) servir más pan. (acabar)

D. ¿Qué les pasó a estas personas?

E. Complete las oraciones en una forma lógica.

1. Una vez se me cayó/cayeron _____ .
2. Es posible que se me olvide(n) _____ , pero nunca se me olvida(n) _____ .
3. En la fiesta esta noche, ojalá no se nos acabe(n) _____ .
4. Una vez a mi amigo/a se le rompió/rompieron _____ .
5. Hoy se me quedó/quedaron _____ en casa.
6. El año pasado se me perdió/perdieron _____ .

43

De plus a noun

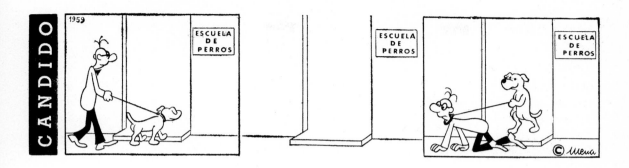

In English a noun can modify another noun in order to express the material of which something is made or the nature of a place or thing: *a **gold** watch, the **language** lab, a **summer** day*. In Spanish this structure is expressed by using the preposition **de: un reloj *de* oro, el laboratorio *de* lenguas, un día *de* verano.** Note the difference in word order.

Práctica

A. ¿De qué material pueden ser estas cosas?

una casa		adobe	plástico
una mesa	de	metal	diamantes
un plato		porcelana	cristal
un vaso		madera	plata (*silver*)
un anillo (*ring*)		oro (*gold*)	aluminio
una estatua			
una cadena (*chain*)			

B. ¿Qué encontramos en la universidad?

el laboratorio		lenguas	física
un texto	de	francés	antropología
la clase		sicología	matemáticas
un(a) profesor(a)		química	inglés

C. ¿Cómo se dice en español?

1. my Spanish book   **3.** our science instructor
2. a fall day   **4.** her telephone number

D. Imagínese que Ud. puede comprarle cualquier cosa a un(a) amigo/a. Describa Ud. los objetos que va a comprar.

A _____ le voy a comprar un _____ de _____.

UN PASO MÁS

Study Hint: Reading

You will be able to read complex selections more easily and minimize the time you spend looking up words if you follow these suggestions:

1. Look at the title, the photographs or drawings, and the comprehension questions that accompany the reading before you read. This will give you a general idea about the kinds of information to expect.

2. Plan to read each reading several times. First, try to grasp general concepts rather than details. Don't look up every unfamiliar word during this reading. You will be able to guess the meaning of many new words from context the second time around.

3. Look for cognates—they are similar to their English equivalents in spelling and meaning. Here are some of the cognates that appear in the **Lectura cultural** in this chapter. What do they mean? Verbs: **apreciar, abandonar, documentar, disputar.** Nouns: **orientación, técnicas, frustraciones, obstáculos, burocracia, reforma.** Adjs.: **rutinarios, agraria.**

4. Be flexible when you give English equivalents of Spanish words, especially in the case of prepositions and phrases that might be idioms. If the standard or most frequent meaning of a word doesn't fit the context, try an alternate meaning.

5. If you "trip"—you thought you understood everything, but all of a sudden something doesn't make sense—go back and reread the entire paragraph or section. Isolate the subject, verb, and object of each sentence. Pay particular attention to verb endings and to pronouns in order to make certain that you know who is saying or doing what to whom.

6. Now look up any words that you cannot guess from context.

7. After you have gone through a paragraph once, go back and reread it quickly. And after going through the whole reading in this way, reread it all several times to develop reading fluency and to reinforce new vocabulary, structures, and information.

Lectura cultural:

Hablemos° de películas

Let's talk

Para muchos de nosotros el cine es un escape. Permite que salgamos de nuestros mundos rutinarios y que entremos en mundos diferentes. Los hispanos, como los norteamericanos, saben apreciar este nuevo arte del siglo° XX, y en muchos de los países hispánicos se producen películas de alta calidad°.

century

alta... *high quality*

Las películas norteamericanas son populares en todas partes del mundo hispánico. Aquí se ve la entrada de un cine de Bogotá, Colombia.

Sin duda, muchos norteamericanos están familiarizados con las películas de Luis Buñuel, el gran director español que nos dio películas famosísimas como *Tristana* y *Viridiana*. Pero desgraciadamente muy pocos americanos han tenido° la ocasión de apreciar películas menos conocidas° como *Los Tarantos,* una versión gitana° de *Romeo y Julieta,* dirigida° por Rovira-Beleta. En esta película, el director coloca° la acción en Barcelona y allí, Rafael Taranto, joven de una familia pobre, se enamora de° Juana Zoronga, hija de una rica familia gitana. La película sigue la obra° de Shakespeare, pero el director coloca la acción en lugares reales, y las emociones se expresan mediante° el baile flamenco de los gitanos.

han... *have had / known*
gypsy
directed
places
se... *falls in love with*
work

through, via

Hoy día en Hispanoamérica se producen películas en casi todos los países, en especial en la Argentina, México, Perú, Bolivia y Cuba. Las películas de mayor calidad de esos países llevan una orientación socio-política. Los directores desean que el público piense en los problemas que confrontan diariamente los hispanoamericanos. Dentro de este tipo de película se encuentran:

Lucía (Cuba, 1969): presenta el papel° de la mujer en la historia cubana

role

Don Segundo Sombra (Argentina, 1969): documenta la vida en las pampas durante los primeros años del siglo XX

Yawar Mallku (Bolivia, 1969): estudia los problemas socio-políticos del indio boliviano.

De todas las películas hispanoamericanas, *La muralla°* verde (Perú, 1970) tiene una verdadera reputación internacional. En esta película, usando las técnicas más modernas, el director Robles Godoy presenta las frustraciones de una familia joven (padre, madre e hijo) que decide abandonar la ciudad para irse a vivir a la selva°. Venciendo° muchos obstáculos, se establecen idílicamente en la selva. Pero la felicidad de la familia se destruye cuando una culebra venenosa muerde° al hijo y cuando la burocracia de la Comisión de Reforma Agraria viene a disputarle sus derechos° sobre la tierra.

wall

jungle / Overcoming

culebra... *poisonous snake bites*

rights

Comprensión

Check your understanding of the reading selection by answering the following questions:

1. ¿Qué representa el cine para mucha gente?
2. ¿Quiénes son dos directores españoles?
3. ¿Qué interés puede tener *Los Tarantos* para un público de habla española?
4. En general, ¿cómo es el cine hispanoamericano?
5. ¿Qué interés puede tener una película como *Lucía?*
6. ¿Por qué es importante la película *La muralla verde?* ¿Cuál es el tema de esta película?

Ejercicios escritos

A. Escriba un párrafo sobre su película favorita. Las preguntas siguientes pueden ayudarle a organizar sus ideas.

1. ¿Cuál es el título de su película favorita?
2. ¿Quién es el/la director(a)?
3. ¿Quiénes son los actores/las actrices?
4. ¿Quiénes son los protagonistas (*main characters*)?
5. ¿Cúal es el tema?

B. ¿Quién es su actor/actriz favorito/a? Descríbalo/la, pero no indique su nombre. Lea su descripción y pídales a sus compañeros de clase que adivinen (*guess*) quién es.

1. ¿Cómo es? (alto, bajo / joven, viejo / rubio, moreno / etcétera)
2. ¿En qué película (o programa de televisión) trabaja?
3. ¿Hace papeles cómicos? ¿dramáticos?

VOCABULARIO

VERBOS

acabar to finish; to run out of
acostar (ue) to put to bed
  acostarse to go to bed
afeitar to shave
  afeitarse to shave (oneself)
alegrarse (de) to be happy, glad (about)
bañar to bathe
  bañarse to take a bath
caer (caigo) to fall
casarse (con) to get married (to)
despertar (ie) to wake
  despertarse to wake up
divertir (ie, i) to amuse, entertain
  divertirse to have a good time, enjoy oneself

dormirse (ue, u) to fall asleep
lavarse to wash oneself, get washed
levantar to lift, raise
  levantarse to get up; to stand up
llamarse to be named, called
llevarse bien to get along well
ponerse to put on (clothing)
quedar to remain
querer (ie) to love
quitar to remove, take away
  quitarse to take off (clothing)
romper to break
sentar (ie) to seat, lead to a seat
  sentarse to sit down

vestir (i, i) to dress
  vestirse to get dressed

SUSTANTIVOS

  el anillo ring
  los anteojos eyeglasses
  la cadena chain
el/la enfermero/a nurse
  la llave key
  la mano hand
  el oro gold
  la plata silver

PALABRAS Y EXPRESIONES ÚTILES

darse la mano to shake hands
fácilmente easily
otra vez again, another time

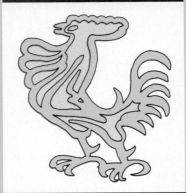

CAPÍTULO 17

SITUACIONES Y REACCIONES

VOCABULARIO: PREPARACIÓN

enojarse

recordar (ue)

reirse (i,i)

sonreir (i,i)

faltar

portarse bien   portarse mal

llorar

sentirse (ie,i) feliz

sentirse (ie,i) triste

La risa y la sonrisa nos unen con la gente de todos los países. En esta foto familiar, sacada (*taken*) en el Parque de Chapultepec (Ciudad de México), se ve la gama de emociones, desde la solemnidad de los hijos menores hasta la franca alegría del padre.

© *Peter Menzel*

A. De los miembros de su clase de español,

1. ¿quién falta a clase con frecuencia? ¿quién no falta nunca?
2. ¿quién no recuerda nunca los verbos?
3. ¿quién se porta de una forma cómica?
4. ¿quién se enoja fácilmente?
5. ¿quién se ríe con frecuencia? ¿quién sonríe mucho?
6. ¿quién tiene una sonrisa (*smile*) bonita? ¿y una risa (*laugh*) cómica?
7. ¿quién llora cuando mira las telenovelas (*soap operas*)?
8. ¿quién se siente feliz casi (*almost*) siempre?

B. Describa Ud. el comportamiento (*behavior*) de esta persona. Luego diga Ud. cómo se siente.

1.

2.

3.

4.

La señorita (se) está _____.
Se siente _____.

Los negocios pueden inspirar fuertes emociones. Estos accionistas (*stock brokers*) españoles escuchan, gritan, piensan... y se preocupan por el subir y bajar de la Bolsa (*Stock Market*).

© Peter Menzel

To become (get)

¿Por qué **te pones** tan furioso?	Why are you getting (becoming) so angry?
Vamos a **ponernos** muy sucios.	We're going to get (become) very dirty.
Se hizo **Llegó a ser** } directora de la compañía.	She became director of the company.
Quiere { **hacerse** **llegar a ser** } rico.	He wants to become rich.

Ponerse + *adjective* is used to indicate physical, mental, or emotional changes. **Hacerse** and **llegar a ser** + *noun* indicate a change as the result of a series of events or as the result of effort. They are also frequently used with the adjective **rico.**

C. ¿Qué ambiciones tiene Ud.? Complete las oraciones en una forma lógica.

Yo quiero hacerme _____ algún día.
Nunca quiero llegar a ser _____ .

D. ¿Cómo se pone Ud. en estas situaciones? Complete Ud. la frase con los adjetivos siguientes.

serio/a   triste   avergonzado/a (*embarrassed*)
nervioso/a   furioso/a   contento/a
feliz

1. Cuando hay un examen me pongo _____ .
2. Cuando tengo que estudiar me pongo _____ .
3. Cuando un amigo está enfermo me pongo _____ .
4. Cuando mis amigos me invitan a salir con ellos me pongo _____ .
5. Cuando termino un examen difícil me pongo _____ .
6. Cuando termino un examen fácil me pongo _____ .
7. Cuando no recuerdo algo durante un examen me pongo _____ .
8. Cuando alguien llora me pongo _____ .
9. Cuando alguien se porta de una forma descortés me pongo _____ .
10. Cuando voy a una boda me pongo _____ .
11. Cuando hago algo tonto me pongo _____ .
12. Cuando el candidato que no me gusta llega a ser presidente me pongo _____ .

MINIDIÁLOGOS Y ESTRUCTURA

¿Recuerda Ud.?

*Review the endings for verbs that are regular in the preterite tense and the irregular preterite forms of **dar**, **hacer**, **ir**, and **ser** (Section 38) before beginning Section 44.*

-ar VERBS

-é
-ste
-ó
-mos
-steis
-ron

-er/-ir VERBS

-í
-ste
-ó   (-yó)
-mos
-steis
-eron   (-yeron)

DAR:	di	diste	dio	dimos	disteis	dieron
HACER:	hice	hiciste	hizo	hicimos	hicisteis	hicieron
IR/SER:	fui	fuiste	fue	fuimos	fuisteis	fueron

¿Cómo se dice en español?

1. They bought a car.
2. I gave them the down payment.
3. I took out the trash.
4. They ate at home.
5. I paid the bill
6. You (**Uds.**) read the paper.
7. They heard their laughter.
8. We went to their party.
9. It was fun.
10. She made them for me.
11. We got up at seven.
12. Then we took a bath.

44

Irregular preterites

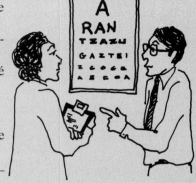

Pronóstico de un nombre

FÉLIX: ¿Por qué faltaste al bautizo de la nieta de don Pepe ayer?

BEGOÑA: *Quise* ir pero no *pude* por el trabajo. ¿Qué tal *estuvo?*

FÉLIX: La fiesta *estuvo* estupenda. ¡Cuánta gente! ¡Y qué divertido todo!

BEGOÑA: ¿Qué nombre le *pusieron* a la niña?

FÉLIX: Arántzazu Gazteizgogeascoa. Son vascos, sabes.

BEGOÑA: ¡Por Dios! Con un nombre así, tiene que hacerse oculista. ¡No hay más remedio!

1. ¿Por qué faltó Begoña al bautizo?

2. ¿Qué tal estuvo la fiesta?

3. ¿Qué nombre le pusieron a la niña?

4. ¿Por qué es probable que la niña llegue a ser oculista?

You have already learned the irregular preterite forms of **dar, hacer, ir,** and **ser.** The following verbs are also irregular in the preterite. Note that the first- and third-person singular endings, which are the only irregular ones, are unstressed, in contrast to the stressed endings of regular preterite forms.

estar:	**estuv-**		estar	
poder:	**pud-**	-e		
poner:	**pus-**	-iste	estuve	estuvimos
querer:	**quis-**	-o	estuviste	estuvisteis
saber:	**sup-**	-imos	estuvo	estuvieron
tener:	**tuv-**	-isteis		
venir:	**vin-**	-ieron		
decir:	**dij-**			
traer:	**traj-**	-e, -iste, -o, -imos, -isteis, **-eron**		

Prognosis for a name FÉLIX: *Why weren't you at the baptism of don Pepe's granddaughter yesterday?* BEGOÑA: *I tried to go, but I couldn't because of work. How was it?* FÉLIX: *The party was marvelous. So many people! And what fun!* BEGOÑA: *What name did they give the child?* FÉLIX: *Arántzazu Gazteizgogeascoa. They're Basques, you know.* BEGOÑA: *Heavens! With a name like that, she has to be an eye doctor. She has no choice!*

When the verb stem ends in **-j-**, as in **decir** and **traer**, the **-i-** of the third-person plural ending is omitted: **dijeron, trajeron.**

The preterite of **hay (haber)** is **hubo** (*there was/were*).

Several of these Spanish verbs have an English equivalent in the preterite different from that of the infinitive.

saber:	Lo sé.	*I know it.*
	Lo **supe** ayer.	*I found it out (learned it) yesterday.*
conocer:	La conozco.	*I know her.*
	La **conocí** ayer.	*I met her yesterday.*
querer:	Quiero hacerlo.	*I want to do it.*
	Quise hacerlo ayer.	*I tried to do it yesterday.*
	No quise hacerlo.	*I refused to do it.*
poder:	Puedo leerlo.	*I can (am able to) read it.*
	Pude leerlo.	*I could (and did) read it.*
	No pude leerlo.	*I couldn't (did not) read it.*

Práctica

A. Dé Ud. frases nuevas según las indicaciones.

1. —¿Quién tuvo una cita ayer?
   —*Amanda* (no) tuvo una cita ayer. (*Raúl, yo, nosotros, tú, nadie, vosotros*)
2. —¿Quién estuvo en España el verano pasado?
   —*Xavier* (no) estuvo en España el verano pasado. (*yo, nosotros, Soledad, tú, Carlos y Fidelia, vosotras*)
3. —Muchos se enojaron por el tráfico ayer. ¿Quién se puso furioso?
   —*Yo* me puse furioso. (*Silvia, mi esposo/a, Uds., nosotros, tú, vosotros*)
4. —Anoche, ¿quién quiso dormir y no pudo?
   —Anoche, *Alfredo* quiso dormir pero no pudo. (*yo, ellos, Eloísa, tú, Ud., vosotras*)
5. —Después del último (*last*) examen en esta clase, ¿quién dijo que fue difícil?
   —*Alicia* dijo que fue difícil. (*tú, el/la profesor[a], Ud., nosotros, todos los estudiantes*)
6. —Muchos de sus amigos no vinieron a su última fiesta, por el examen del (*on the*) día siguiente. ¿Quién no vino?
   —No vino *Pablo*. (*Ud., Uds., tú, Rosalba, vosotros*)

B. Describa Ud. estos hechos (*events*) históricos, usando una palabra o frase de cada columna. Use el pretérito de los verbos.

en 1969 los Estados Unidos	traer	un hombre en la luna
Adán y Eva	saber	en Valley Forge con sus soldados
Jorge Washington	conocer	«que coman (*let them eat*) pasteles»
los europeos	decir	que las serpientes son malas
Stanley	estar	a Livingston en África
María Antonieta	poner	el caballo (*horse*) al Nuevo Mundo

C. ¿Qué pasó anoche? Cambie por el pretérito.

1. El nieto de Ana *viene* a visitarnos. El niño se *porta* muy bien. *Está* en casa una hora; luego *dice* adiós y se *va* (*goes away*).

2. Los Sres. Torres *hacen* la cena y *ponen* la mesa a las seis. Luego *tienen* que lavar los platos. No *pueden* ir al cine hasta muy tarde.

3. *Quiero* estudiar pero no *puedo* porque mi amigo Octavio *viene* a casa con un amigo ecuatoriano. *Tengo* que ver las fotos que *traen*.

D. Conteste Ud. en frases completas.

1. ¿En qué mes conoció Ud. al/a la profesor(a) de español? ¿Tuvo Ud. que hablar español el primer día?

2. En la clase de español, ¿hubo examen ayer? ¿Se puso Ud. nervioso/a? ¿Qué dijo Ud. cuando supo la nota (*grade*) del último examen? ¿Se puso avergonzado/a o contento/a? ¿Pudo Ud. hacer los ejercicios de esta lección? ¿Fue difícil aprender el pretérito?

3. ¿Alguien vino tarde a clase hoy? ¿Dónde puso sus libros cuando entró en la clase?

4. ¿Dónde estuvo Ud. el pasado fin de semana? ¿Dónde estuvo el verano pasado?

5. ¿Qué hizo Ud. anoche? ¿Qué quiso hacer ayer?

6. ¿Alguien le hizo a Ud. una fiesta de cumpleaños este año? ¿Qué le trajeron sus amigos? ¿Qué le regalaron (*gave*) sus padres? ¿Alguien le hizo un pastel?

E. Complete las oraciones en una forma lógica.

1. La semana pasada, hubo examen en la clase de _____. Fue _____.
2. Ayer/la semana pasada supe que _____. Me puse _____.
3. El año pasado conocí a _____. Nos llevamos muy bien/mal.
4. Ayer/la semana pasada me enojé cuando _____.
5. Una vez no quise _____.
6. Anoche no pude _____.
7. Ayer tuvimos _____.
8. Una vez alguien me trajo un(a) _____ de _____. Yo le dije: «_____».
9. (No) Lloré cuando _____.

45
Diminutives

mesa

mesita

Carmen

Carmencita

Diminutive forms of nouns denote small size or affection. In English, some nouns, especially proper names, form the diminutive by adding a suffix: *John* → *Johnny; Mom* → *Mommy; drop* → *drop**let***. Usually, however, diminutives are formed in English by using an adjective with the noun: *a **little** table, a **cute little** youngster.*

In Spanish, *diminutives* (**diminutivos**) are usually formed by adding suffixes to nouns.

mesa → **mesita**	hermano → **hermanito**
papel → **papelito**	

The suffix **-ito** (**-a/ -os/ -as**) is added to nouns that end in **-o, -a**, or **-l**. Final **-o/-a** is dropped before the suffix is added. When **c, g,** or **z** precede **-ito,** there is a spelling change in the diminutive form: **chica** → **chiquita; lago** (*lake*) → **laguito; plaza** → **placita.**

avión → **avioncito**	pobre → **pobrecito**
madre → **madrecita**	

The suffix **-cito** (**-a/ -os/ -as**) is added to nouns that end in **-e** or in a consonant other than **-l.**

The form of diminutives is very flexible in Spanish. For this reason, you will sometimes hear diminutives that do not follow these rules exactly: **pueblo** → **pueblecito** or **pueblito.**

Práctica

A. Dé Ud. el diminutivo.

1. libro	**3.** autor	**5.** hombre	**7.** bota	**9.** chico
2. ángel	**4.** joven	**6.** lago	**8.** avión	**10.** perro

B. The following persons have named their children after themselves. Tell what they call their children by giving the diminutive form of each name.

1. Carmen	**3.** Javier	**5.** Álvaro	**7.** Ana
2. Juana	**4.** Rafael	**6.** Sara	**8.** Lola

C. Todos le regalaron algo a Rosario el día de su cumpleaños. Describa Ud. los regalos con el diminutivo.

> **MODELO** el abuelo / libro → *El abuelo le regaló un librito a Rosario.*

1. el abuelo / tren
2. la abuela / una muñeca (*doll*)
3. el tío Genaro / ropa para la muñeca
4. la tía Julia / una mesa, sillas, platos y tazas (*cups*)
5. la mamá / un avión
6. el papá / pantalones (pantalon-)
7. el hermanito / zapatos
8. su amigo Daniel / una araña (*spider*) de plástico

Con frecuencia los momentos importantes de la vida se observan con la familia y los amigos. El nacimiento, las bodas y la muerte (*death*) son ocasiones para reuniones familiares y grandes celebraciones—solemnes y festivas.

D. ¿Cómo reaccionó Rosario cuando recibió cada regalo?

Rosario
sonrió[1]
se rio[1]
lloró
se puso furiosa
cuando ____ le dio ____.

¿Recuerda Ud.?

*Review the forms of the present subjunctive (Section 31) before beginning Section 46. Remember that -**ar** verbs take endings with **e** and that -**er** and -**ir** verbs take endings with **a**. -**Ar** and -**er** stem-changing verbs follow the stem-changing pattern of the present indicative, but -**ir** stem-changing verbs also show a second stem change in the **nosotros** and **vosotros** forms.*

DORMIR (UE, U):   *duerma   duermas   duerma   durmamos   durmáis   duerman*
PEDIR (I, I):   *pida   pidas   pida   pidamos   pidáis   pidan*

¿Cómo se dice en español?

1. I hope we get up early.
2. They hope we'll pay.
3. She prefers that we not sleep here.
4. They want us to have a good time.
5. Do you want us to order?
6. He's telling us that we shouldn't play here.

---

[1]Note the third-person preterite forms of **reírse** and **sonreír** in the singular: **se rio, sonrió.** You will learn to form the preterite of all stem-changing verbs in Section 47.

46

Nosotros commands

Una celebración oficial

EMPLEADA A: ¡Ya lo tengo! *Comprémosle* un reloj.

EMPLEADA B: No... *regalémosle* una figurita para su oficina.

EMPLEADA C: Por favor, ¡*pongámonos* de acuerdo!

EMPLEADA D: (Que acaba de entrar.) Tanto ruido... ¿qué están planeando? ¿una fiesta para la jubilación de doña Aurora?

EMPLEADA A: ¡Qué va! ¡Es una fiesta para doña Amalia, que la va a reemplazar!

---

1. ¿Qué planean las empleadas? ¿Es una ocasión alegre o triste?

2. ¿Cuáles son los regalos que se mencionan?

3. ¿Se ponen de acuerdo rápidamente las empleadas?

4. ¿Para quién es la fiesta?

5. ¿Quién reemplaza a quién?

Let's (*eat, dance,* and so on) can be expressed with **vamos a** + *infinitive* in Spanish. It can also be expressed with the **nosotros** form of the present subjunctive:

Vamos a comer ahora.	*Let's eat now.*	**Comamos** ahora.
Vamos a pedir.	*Let's order.*	**Pidamos.**
¡Vamos a brindar!	*Let's toast!*	**¡Brindemos!**

¡OJO! *Vayamos (present subjunctive of **ir**) is rarely used as an affirmative command. The present indicative is normally used instead.*

¡Vamos!	*Let's go!*
but	
No vayamos.	*Let's not go.*

Direct and indirect object pronouns are attached to affirmative **nosotros** commands, but precede negative commands.

An official celebration EMPLOYEE A: *I've got it! Let's buy her a watch.* EMPLOYEE B: *No . . . Let's give her a figurine for her office.* EMPLOYEE C: *Please, let's agree (get together) on this!* EMPLOYEE D: *(Who has just come in.) So much noise . . . What are you planning? A party for doña Aurora's retirement?* EMPLOYEE A: *Are you kidding? It's a party for doña Amalia, who's going to replace her!*

Comprémos**lo** pronto.	*Let's buy it soon.*
No se lo compremos hasta la fiesta.	*Let's not buy it for her until the party.*

When either **nos** (reflexive pronoun) or **se** (as in **se lo, se la,** and so on) is attached to the affirmative **nosotros** command, the final **-s** of the subjunctive form is dropped.

Acosté**monos.**	*Let's go to bed.*
Hagá**moselo** a ellos.	*Let's do it for them.*
Vá**monos**	*Let's get going.*
but	
No nos acostemos.	*Let's not go to bed.*
No se lo hagamos a ellos.	*Let's not do it for them.*
No nos vayamos todavía.	*Let's not leave yet.*

Práctica

A. Conteste afirmativamente, usando mandatos (**nosotros**).

1. ¿Vamos a esperar?
2. ¿Vamos a bailar?
3. ¿Vamos a brindar?
4. ¿Vamos a comer ahora?
5. ¿Vamos a leer?
6. ¿Vamos a subir al avión?
7. ¿Vamos a salir?
8. ¿Vamos a empezar ahora?
9. ¿Vamos a pedir?
10. ¿Vamos a jugar?
11. ¿Vamos a dormirnos ahora?
12. ¿Vamos a divertirnos?

B. Conteste según el modelo, usando pronombres.

MODELO   ¿Tomamos el café? → *Sí, tomémoslo.*
→ *No, no lo tomemos todavía.*

1. ¿Invitamos a César?
2. ¿Le escribimos una tarjeta a Matilde?
3. ¿Vendemos el coche a esa señora?
4. ¿Se lo decimos a nuestros amigos?
5. ¿Ayudamos a Guadalupe?
6. ¿Aceptamos tarjetas de crédito?
7. ¿Sacudimos los muebles?
8. ¿Hacemos las maletas?

C. Con un(a) compañero/a, haga mandatos basados en las palabras siguientes.

MODELO   levantarse tarde/temprano →
Levantémonos tarde.
No nos levantemos tan tarde. Levantémonos
más temprano.

1. despertarse a las ocho/a las diez
2. ponerse ropa formal/informal
3. sentarse aquí/allí
4. casarse pronto/en dos meses
5. acostarse tarde/temprano
6. irse ahora/tarde

D. ¿Qué dicen estas personas? Use mandatos con **nosotros**.

1. los marineros de Cristóbal Colón	no regalarles demasiado a los niños
2. Neil Armstrong	regresar a España
3. el dueño de la cafetería	recordar el Álamo
4. los niños, antes de la Navidad	ir a la luna
5. un siquiatra	hablar de los sueños
6. los invitados en una boda	vender más hamburguesas
7. los padres, antes de la Navidad	brindar
8. los tejanos	portarse bien

UN PASO MÁS

Actividades

A. Reacciones. Imagínese que ocurrieron las siguientes situaciones en algún momento en el pasado. ¿Cómo reaccionó Ud.? ¿Sonrió? ¿Lloró? ¿Se rio? ¿Se enojó? ¿Se puso triste, contento/a, furioso/a? ¿Qué hizo?

MODELO   Su compañero de cuarto hizo mucho ruido anoche.
¿Cómo reaccionó Ud.?
→ Me enojé.
→ Me puse furioso/a.
→ Salí de casa y fui a la biblioteca a estudiar.
→ Hablé con él.

Situaciones
1. Una amiga le regaló un libro interesante a Ud.
2. El profesor le dijo que no hay clase mañana.
3. A Ud. se le rompieron los anteojos.
4. A su hermano se le perdieron las llaves del coche.
5. Su mejor amigo lo/la llamó a las seis de la mañana el día de su cumpleaños.
6. Nevó anoche.
7. Unos amigos lo/la invitaron a una fiesta formal.
8. Su mejor amigo/a no salió bien en un examen de historia. Ud., en cambio (*on the other hand*), sacó una A.
9. Ud. tuvo que pagar una multa.
10. Sus padres le regalaron una cadena de oro y un reloj muy caro.
11. Se casó su mejor amigo/a.
12. En la librería de la universidad, subieron los precios otra vez.

Ahora, usando las formas del pretérito, invente otras situaciones y pídales a sus compañeros de clase que le indiquen sus reacciones. Use la siguiente lista de verbos para preparar las situaciones.

hacer	venir	fumar	perder	estar
decir	poner(se)	graduarse	vender	levantarse
traer	salir	olvidar	romper	leer
ir(se)	ayudar	cancelar	beber	abrir

B. Chistes. Jokes are popular in all countries. Here is one that is told in many languages.

> JAIMITO: Abuelita, ¿quién trajo a Pepito?
> ABUELITA: Una cigüeña (*stork*) lo trajo.
> JAIMITO: ¿Y por qué no lo trajo directamente a casa en vez de dejarlo (*instead of leaving him*) en el hospital?

Write in simple Spanish an English joke that does not involve a play on words. If you need to use a dictionary, follow the suggestions in the Study Hint in Chapter 8. Practice reading your joke aloud; then present it to the class.

VOCABULARIO

VERBOS

brindar to toast (*with a drink*)
enojarse to get angry
faltar to be absent, missing, lacking
hacerse (*irreg.*) to become
irse (*irreg.*) to leave, go away
llegar (gu) a ser to become
llorar to cry
ponerse (*irreg.*) to become, get
portarse to behave, act
recordar (ue) to remember
regalar to give (*as a gift*)

reírse (i, i) to laugh
sentirse (ie, i) to feel
sonreír (i, i) to smile

SUSTANTIVOS

el lago lake
la luna moon
el nombre name
la nota grade (*in a class*)
el reloj watch
la risa laughter
la sonrisa smile
la vez, (*pl.*) veces time, occasion

ADJETIVOS

avergonzado/a embarrassed
descortés impolite
feliz happy
primero/a first
serio/a serious
último/a last

PALABRAS Y EXPRESIONES ÚTILES

todavía yet, still

CAPÍTULO 18

LAS NOTICIAS

VOCABULARIO: PREPARACIÓN

 Y ahora, el canal 45 les ofrece a Uds. el NOTICIERO 45...
...con las últimas novedades del mundo...

Asesinato de un dictador

Huelga de obreros en Alemania

Guerra en el Oriente Medio

...y noticias de interés regional.

Los deportes

El tiempo

El tráfico

comunicarse (con) / *to communicate (with)*   **enterarse (de)** / *to find out, learn (about)*   **informar** / *to inform*
♦ **el acontecimiento** / *event*   **la prensa** / *press, news media*   **el/la reportero/a** / *reporter*   **el/la testigo** / *witness*

A. Definiciones. Match the description with the appropriate word.

1. la confrontación entre dos o más países
2. escuchando este programa, nos enteramos de la actualidad mundial
3. la persona que está presente durante un acontecimiento y lo ve todo
4. un medio de comunicación
5. cuando los obreros se niegan (*refuse*) a trabajar
6. la persona que nos informa de las novedades
7. una persona que gobierna un país en una forma absolutista
8. la frecuencia en que se transmiten y se reciben los programas de televisión

    a. el noticiero
    b. la prensa
    c. la guerra
  ch. la huelga
    d. el/la reportero/a
    e. el/la testigo
    f. el canal
    g. el dictador

B. Indique la importancia que tienen para Ud. los siguientes acontecimientos.

1 = de poco o ningún interés   2 = de interés   3 = de gran interés

_____ **1.** el asesinato de un político estadounidense
_____ **2.** el asesinato de un dictador de otro país
_____ **3.** las noticias del continente africano
_____ **4.** un serio accidente de coches en una carretera que está cerca de su casa
_____ **5.** una huelga de obreros en algún país europeo
_____ **6.** una huelga de obreros en el suroeste de los Estados Unidos
_____ **7.** una guerra en el Oriente Medio
_____ **8.** una guerra en Centroamérica o en Sudamérica
_____ **9.** una guerra en Europa
_____ **10.** el precio de la gasolina

Ahora compare las respuestas de los miembros de la clase. ¿Qué indica sobre su interés en los acontecimientos mundiales?

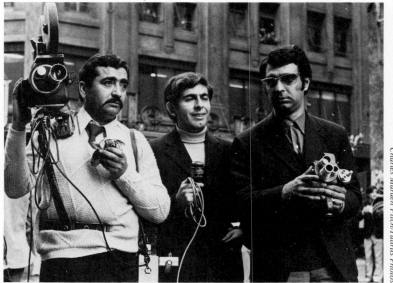

Con la transmisión moderna por satélite, es posible saber mucho de otros países y de otras culturas. Este equipo chileno va a grabar (*to film*) una manifestación (*demonstration*) en Santiago.

Charles Marden Fitch/Taurus Photos

C. Preguntas

1. ¿Le importa a Ud. estar informado/a de lo que (*what*) pasa en el mundo? ¿Cómo se entera Ud. de las noticias locales o regionales? ¿Cómo se entera de lo que pasa en su familia?

2. ¿Qué canal de televisión prefiere Ud. para escuchar y ver las noticias? ¿Cree Ud. que en ese canal se informa mejor? ¿O prefiere al/a la presentador(a) que se las ofrece?

3. ¿Qué canal prefiere Ud. en general? ¿Por qué prefiere Ud. ese canal y no los otros?

4. ¿Le interesan mucho o poco a Ud. las noticias del estado de California? ¿de Nueva York? ¿Por qué?

MINIDIÁLOGOS Y ESTRUCTURA

47

Preterite of stem-changing verbs

La última novedad de la campaña

CANDIDATO: ...y nos gusta poder comunicarles a todos que Pablito no *se murió*.

REPORTERO: ¿Quién es Pa...?

CANDIDATO: Se enfermó ayer y no pudo dormir anoche. Por fin *se durmió* esta mañana. Esta tarde *se despertó* a las cuatro y estuvo mejor.

REPORTERO: Pero, ¿quién...?

CANDIDATO: *Pidió* agua y comida y...

REPORTERO: Hombre, por favor, ¿quién es Pablito? ¿el hermano de Ud.?

CANDIDATO: ¡Qué va, hombre! Es nuestro pájaro.

1. ¿Quién se enfermó ayer?

2. ¿Pudo dormir anoche Pablito?

3. ¿Cómo se sintió Pablito cuando se despertó? ¿Qué pidió?

4. ¿Quién es Pablito?

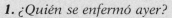

The latest development in the campaign CANDIDATE: *. . . and we're pleased to be able to tell all of you that Pablito didn't die.* REPORTER: *Who is Pa . . . ?* CANDIDATE: *He took sick yesterday and couldn't sleep last night. Finally he fell asleep this morning. This afternoon he woke up at four and was better.* REPORTER: *But who . . . ?* CANDIDATE: *He asked for water and food, and . . .* REPORTER: *For heaven's sake, please, who is Pablito? Your brother?* CANDIDATE: *Oh, no! He's our bird.*

-Ar and **-er** stem-changing verbs have no stem change in the preterite.

Recordar (ue)		Perder (ie)	
recordé	recordamos	perdí	perdimos
recordaste	recordasteis	perdiste	perdisteis
recordó	recordaron	perdió	perdieron

   -Ir stem-changing verbs have a stem change in the preterite but only in the third-person singular and plural, where the stem vowels **e** and **o** change to **i** and **u** respectively.This is the same change that occurs in the present participle of **-ir** stem-changing verbs.

Pedir (i, i)		Dormir (ue, u)	
pedí	pedimos	dormí	dormimos
pediste	pedisteis	dormiste	dormisteis
pidió	pidieron	durmió	durmieron

-Ir stem-changing verbs include:

divertir(se) (ie, i)	preferir (ie, i)	servir (i, i)
dormir(se) (ue, u)	reir(se) (i, i)[1]	sonreir (i, i)[1]
morir(se) (ue, u)	seguir (i, i)	vestir(se) (i, i)
pedir (i, i)	sentir(se) (ie, i)	

Práctica

A. Dé Ud. frases nuevas según las indicaciones.

   1. —Todos olvidaron el cumpleaños de su amiga Gloria. ¿Quién no lo recordó?
   —*Yo* no lo recordé. (*tú, Raúl, nosotros, Ud., ellos, vosotros*)
   2. —El programa fue pesado (*boring*) y nadie lo vio todo. ¿Quién perdió la paciencia?
   —*Elena* perdió la paciencia. (*todos, tú, Horacio y Estela, yo, Ud., vosotras*)
   3. —Muchos de Uds. fueron a comer en un restaurante mexicano. ¿Qué pidieron allí?
   —*Rita* pidió enchiladas. (*yo, Jacinto, tú, nosotros, Uds., vosotros*)
   4. —Hubo un magnífico programa cómico anoche. ¿Quién lo vio y se rio mucho?
   —*Ada* se rio. (*nosotros, yo, Esteban, tú, todos, vosotras*)
   5. —¿Quién durmió mal anoche y se levantó de mal humor?
   —*Rafael* durmió mal. (*yo, todos, tú, Irma, Uds., vosotros*)

---

[1]Note the simplification: **ri-io → rio; ri-ieron → rieron; son-ri-ió → sonrió; son-ri-ieron → sonrieron.**

B. Form complete sentences by using one word or phrase from each column. Use preterite forms of the verbs.

los obreros	llover	cambiar el canal
la primavera pasada	negarse	seguir los acontecimientos de la campaña
Romeo	divertirse	en Acapulco
la Segunda Guerra Mundial	dormir	en 1939
Rip Van Winkle	morir	por (*because of*) Julieta
los turistas	empezar	muchos años
los estudiantes	seguir	todo el vocabulario en el último examen
la familia del candidato	recordar	mucho
la niña		acabar la huelga

C. ¿Qué pasó anoche? Cambie por el pretérito.

1. Juan se *sienta* en un restaurante. *Pide* una cerveza. El camarero no *recuerda* su pedido (*order*) y le *sirve* una Coca Cola.
2. Rosa se *acuesta* temprano después de ver las noticias. *Duerme* bien y se *despierta* temprano, a las siete. Se *viste* y *sale* para la universidad.
3. Yo me *visto*, *voy* a una fiesta, me *divierto* mucho y *vuelvo* tarde a casa. Mi compañero de cuarto *decide* quedarse (*to stay*) en casa y se *divierte* poco. *Pierde* una fiesta excelente y lo *siente* mucho.

D. Use Ud. estos verbos en el presente para describir un día típico en la vida de Domingo Meléndez. Luego diga lo que Ud. hizo ayer, usando el pretérito. *¡Ojo! Hay verbos de todos tipos en la lista: regulares (sección 38), irregulares (secciones 38 y 44) y verbos que cambian el radical (sección 47). Haga un repaso de todas las formas del pretérito antes de empezar este ejercicio.*

despertarse	divertirse con los amigos	no poder estudiar
levantarse	estudiar en la biblioteca	mirar la televisión
bañarse	volver a casa	decirle «buenas
vestirse	preparar la cena	noches» a _____
desayunar	poner la mesa	quitarse la ropa
ir a la universidad	cenar	acostarse
asistir a clases	lavar los platos	leer un poco
almorzar	quedarse en casa toda la noche	poner el despertador (*alarm clock*)
		dormirse pronto

E. Preguntas

1. ¿Dónde almorzó Ud. ayer? ¿Quién le sirvió a Ud. la comida? ¿Ud. le sirvió la comida a alguien ayer? La última vez que Ud. fue a un restaurante, ¿qué pidió?
2. ¿A qué hora se acostó Ud. anoche? ¿Cuántas horas durmió? ¿Durmió bien? ¿Se sintió descansado/a (*rested*) cuando se despertó? ¿Cómo se vistió Ud. ayer, elegante o informalmente? ¿Se levantó de mal humor?
3. ¿Sonrió Ud. ayer? ¿Se divirtió mucho con sus amigos? ¿Se rio mucho?
4. ¿Qué personas famosas murieron el siglo (*century*) pasado? ¿el año pasado?
5. ¿Miró Ud. la televisión anoche? ¿durante el fin de semana? ¿Vio Ud. algún programa

cómico? ¿Se rio mucho? ¿Le gustó el programa? ¿Vio algo muy serio o trágico en las noticias? ¿Lloró o se sintió triste?

F. Working with a classmate, write three brief news items. Two of them should describe real events that have appeared recently in the news. The other should be imaginary. (Do not discuss the causes or the circumstances surrounding the events.) Present your news items to the class. Your classmates will determine which of the three news items are true and which is a fabrication.

48

Uses of *por*

Una negociación accidental

REPORTERO: Así que Ud. y el líder del sindicato pasaron toda la noche en negociaciones; *por* la mañana Uds. tuvieron una entrevista en la televisión y *por* la tarde, Uds. hablaron con los reporteros.

NEGOCIADORA: Así es.

REPORTERO: Les gustó a todos el compromiso que Uds. propusieron. Y *por* fin el sindicato optó *por* continuar la huelga. ¿Me puede explicar *por* qué?

NEGOCIADORA: Fue *por* el accidente.

REPORTERO: *¡Por* Dios! ¿Qué accidente?

NEGOCIADORA: El choque entre el carro del presidente de la compañía y el coche del líder del sindicato.

1. *¿Cómo pasaron la noche la negociadora y el líder del sindicato?*

2. *¿A quiénes entrevistaron por la mañana?*

3. *¿Qué pasó por fin?*

4. *¿Por qué no se resolvió la huelga?*

5. *¿Qué tipo de accidente hubo?*

An accidental negotiation REPORTER: *So, you and the union leader spent all night in negotiations; you had an interview on television in the morning and you talked with the reporters in the afternoon.* NEGOTIATOR: *That's right.* REPORTER: *Everyone liked the compromise you proposed. And finally the union chose to continue the strike. Can you explain why?* NEGOTIATOR: *It was because of the accident.* REPORTER: *For heaven's sake! What accident?* NEGOTIATOR: *The collision between the company president's car and the union leader's car.*

The preposition **por** has the following English equivalents:

1. *By, by means of*

Vamos **por avión** (**tren, barco,** etcétera).	*We're going by plane (train, ship, and so on).*
Le voy a hablar **por teléfono.**	*I'll talk to him by phone.*
¿Por qué no pasan **por la casa** esta noche?	*Why don't you come by the house tonight?*

2. *Through, along*

¿No quieres caminar **por el parque?**	*Don't you want to walk through the park?*
Recomiendan que caminemos **por la playa.**	*They suggest that we walk along the beach.*

3. *During, in* (the morning, afternoon, and so on)

Por la mañana jugamos al tenis.	*We play tennis in the morning.*

4. *Because of*

Estoy nervioso **por la entrevista.**	*I'm nervous because of the interview.*

5. *For,* when *for* means

    a. *In exchange for*

¿Cuánto me das **por este sombrero?**	*How much will you give me for this hat?*
Gracias por las noticias.	*Thanks for the news.*

    b. *For the sake of, on behalf of*

Lo voy a hacer **por ti.**	*I'm going to do it for you (for your sake).*

    c. *In order to get, in search of*

Van **por el médico.**	*They're going for (going to get) the doctor.*

    d. *For a period of time*

Elena manejó (**por**) tres horas esta tarde.	*Elena drove for three hours this afternoon.*

Many native speakers of Spanish do not use **por** in this and similar sentences: **tres horas** implies *for three hours.*

Por is also used in a number of fixed expressions.

por Dios	*for heaven's sake*	por lo general	*generally, in general*
por ejemplo	*for example*	por lo menos	*at least*
por eso	*that's why*	por primera/	*for the first/*
por favor	*please*	última vez	*last time*
por fin	*finally*	por si acaso	*just in case*

Práctica

A. Conteste Ud. en frases completas, usando **por** y las expresiones entre paréntesis.

1. ¿Cómo quiere Ud. ir a Europa? (barco)
2. ¿Cómo se entera Ud. de las novedades de otros países? (televisión)
3. ¿Por dónde le gusta a Ud. caminar? (universidad)
4. ¿Cuándo le gusta a Ud. estudiar? (la tarde)
5. ¿Por qué está Ud. tan nervioso/a? (el examen)
6. ¿Cuánto tiempo estudia Ud. todos los días? (tres horas)
7. ¿Cuánto pagó Ud. por el coche? ($2.000)
8. ¿Por quién se sacrifican (*make sacrifices*) los padres? (los niños)
9. ¿Por quién habla el secretario de estado? (el presidente)
10. ¿Por qué volvió Ud. a la tienda? (vino)

B. Match the statements in the left-hand column with the responses on the right.

1. Estuve jugando al básquetbol por dos horas.
2. Pero nunca están en casa por la tarde.
3. Tengo que salir inmediatamente.
4. Siento llegar tan tarde.
5. No puedo tomar el examen por muchas razones.
6. Juan acaba de tener un accidente horrible.
7. Pero, papá, quiero ir.
8. ¡Por Dios! ¡Qué desgracia!

a. Sí, el reportero y los testigos afirman que murieron más de veinte personas.
b. Pero por fin estás aquí.
c. ¡Por Dios! ¿Qué le pasó?
ch. ¿No vas a tomar nada? ¿por lo menos un *sándwich?*
d. ¿Por ejemplo?
e. Ah, por eso estás tan cansado.
f. ¿Por qué no los llamamos, por si acaso...?
g. Te digo que no, por última vez.

C. Preguntas

1. En esta ciudad, ¿es agradable caminar por los parques públicos? ¿por el centro?
2. ¿Cómo se llega de Washington a California por carro? (Hay que pasar por _____.) ¿de los Estados Unidos a Guatemala? ¿del Canadá a México?
3. Generalmente, ¿qué hace Ud. por la mañana? ¿por la tarde? ¿por la noche?
4. ¿Por qué quiere Ud. viajar a Acapulco? ¿por el sol? ¿a España? ¿a California? ¿a Nueva York?
5. ¿Adónde se va por gasolina? ¿por ropa? ¿por comestibles (*food*)?
6. ¿Quiénes se sacrifican por Ud.? ¿sus padres? ¿Ud. se sacrifica por alguien?
7. ¿Cuándo salió Ud. por primera vez con un(a) chico/a?
8. ¿Cómo se informa Ud. de las noticias internacionales? ¿del tiempo? ¿de la hora exacta? ¿de lo que pasa en el mundo de los deportes?

D. Complete las oraciones en una forma lógica.

1. Es más fácil ir a México por _____ .
2. Casi nunca veo a _____ pero hablo con él/ella por teléfono.
3. (No) Es probable que _____ pase(n) por mi casa esta noche.
4. Para llegar a la universidad, paso por _____ .
5. En este momento, estoy alegre (triste, nervioso/a) por/porque _____ .
6. _____ no está en clase hoy por/porque _____ .
7. Los días de clase no veo la televisión por _____ .
8. Es una tontería (*foolish thing*) pagar _____ por un carro (una casa, un vestido).

49

Adverbs

You already know some of the most common Spanish *adverbs* (**adverbios**): **bien, mal, mejor, peor, mucho, poco, más, menos, muy, pronto, a tiempo, tarde, temprano, siempre, nunca, sólo, demasiado.** The form of adverbs is invariable.

Adverbs that end in *-ly* in English usually end in **-mente** in Spanish. The suffix **-mente** is added to the feminine singular form of adjectives. Adverbs ending in **-mente** have two stresses: one on the adjective stem and the other on **-mente.**

Adjective	Adverb	English
rápido	**rápidamente**	*rapidly*
fácil	**fácilmente**	*easily*
valiente	**valientemente**	*bravely*

In Spanish, adverbs modifying a verb are placed as close to the verb as possible. When they modify adjectives or adverbs, they are placed directly before them.

Hablan **estupendamente** el español.

They speak Spanish marvelously.

Ese libro es **poco**
interesante.[2]
Vamos a llegar **muy tarde**.

*That book is not very
interesting.*
We're going to arrive very late.

Práctica

A. Cambie: adjetivos → adverbios.

1. práctico   **3.** alegre   **5.** perfecto   **7.** final   **9.** personal
2. especial   **4.** estupendo   **6.** triste   **8.** típico

B. Complete Ud. estas oraciones con adverbios basados en los adjetivos siguientes.

constante   inmediato   posible   fácil   tranquilo
directo   paciente   rápido   puntual   total

1. La familia está esperando _____ en la cola.
2. Hay examen mañana y tengo que empezar a estudiar _____.
3. Se vive _____ en aquel pueblo en la montaña.
4. ¿Las enchiladas? Se preparan _____.
5. ¿El hombre va a vivir en la luna algún día? Mi hermana contesta, «_____».
6. ¿Qué pasa? Estoy _____ confundido.
7. Un vuelo que hace escalas no va _____ a su destino.
8. Por la televisión nos informamos _____ sobre los acontecimientos del mundo.
9. El noticiero de las seis empieza _____.
10. Cuando mira la tele, mi hermanito cambia el canal _____.

C. Complete las oraciones en una forma lógica.

1. Yo _____ rápidamente, pero no _____ rápidamente.
2. Yo siempre _____ tranquilamente.
3. Es necesario llegar a clase _____.
4. Mi mejor amigo/a _____ más fácilmente que yo.
5. Yo _____ mejor que mis padres.
6. Yo _____ peor que mi amigo/a _____.
7. Yo _____ más que el/la profesor(a).
8. Yo _____ temprano pero _____ tarde.
9. Ojalá que cambien _____ pronto.

D. Working with another student, react to the following statements about the news media and television in general. Tell whether you agree or disagree with the statements and give examples to support your point of view.

1. Los reporteros de la televisión nos informan imparcialmente de los acontecimientos.
2. Por lo general, se ofrecen los programas más interesantes en el canal _____.
3. Es pesado escuchar las noticias de otros países. Me interesa únicamente lo que pasa en los Estados Unidos.
4. La televisión estadounidense es la mejor del mundo.

---

[2]Note that the Spanish equivalent of *not very* + *adjective* is **poco** + *adjective*.

5. Me fascina ver los acontecimientos de una guerra en televisión—la presentación es increíblemente realista.

6. En este país, la prensa es demasiado irresponsable.

7. Las telenovelas (*soap operas*) reflejan la vida exactamente como es.

8. Los anuncios (*commercials*) son sumamente informativos y más interesantes que los programas.

UN PASO MÁS

Lectura cultural:

Las maravillas del mundo hispánico: España

La Alhambra (1): La Alhambra, en Granada, no es sólo una de las maravillas del mundo hispánico; es también una de las maravillas del mundo. Construida por los árabes a lo largo de° un siglo (1248–1348), consiste en varios edificios: la ciudadela°, el palacio de los reyes, los cuartos de los miembros de la corte. Es el ejemplo más importante de la arquitectura árabe en España.

a... *during*
citadel

Walter D. Hartsough

El famoso Patio de los Leones de La Alhambra, Granada.

Walter D. Harsough

La ciudad monumental de Toledo.

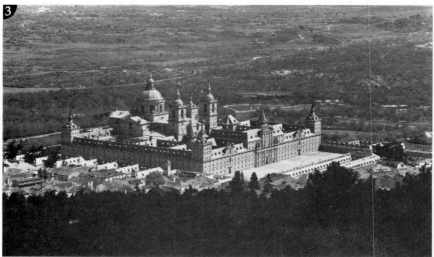

© Leo Pellisier/Rapho/Photo Researchers, Inc.

El Monasterio de San Lorenzo de El Escorial.

Toledo (2): Esta ciudad, situada a las orillas° del río Tajo,   *banks*
es un monumento nacional de España. En ella se conservan
raros ejemplos de la arquitectura gótica°, en especial la   *Gothic*
catedral. Además, se encuentran en la ciudad muchas de las
pinturas del famoso pintor El Greco (1542–1614), quien in-
mortalizó la ciudad en uno de sus cuadros° más famosos,   *paintings*
Vista° de Toledo.   *View*

El Escorial (3): El Monasterio de San Lorenzo de El Escorial es un gran edificio severo y frío. El rey Felipe II
(1556–1598) lo mandó construir° de granito de la Sierra de   **lo...** *ordered it built*
Guadarrama, cerca de Madrid. Además de su panteón°,   *pantheon, mausoleum*
donde están enterrados° muchos de los reyes españoles, el   *buried*
edificio contiene una biblioteca, un museo de arte y un
monasterio-colegio de frailes agustinos°.   **frailes...** *Augustinian monks*

Comprensión

Check your comprehension of the reading selection by indicating which of the statements are true and which are false.

La Alhambra:

1. Es de la época en que los árabes estuvieron en España.
2. Es un edificio moderno.
3. Es una de las maravillas del mundo.

Toledo:

1. Tiene una catedral gótica muy importante en España.
2. Se ve en una pintura famosa de Picasso.
3. Hay muchas pinturas de El Greco en Toledo.

El Escorial:

1. Contiene los restos (*remains*) de algunos reyes españoles.
2. Es una de las contribuciones a la cultura española del rey
Felipe II.
3. Tiene un museo de arte y un monasterio-colegio.

Ejercicios escritos

A. Write two **¿cierto/falso?** sentences about each of the following American cities. Your classmates should indicate
whether they are **cierto** or **falso.** Substitute other places if
you prefer. You may describe the history of the cities, or
talk about current events in them.

1. Nueva York   **2.** Chicago   **3.** Miami   **4.** San Francisco

B. Prepare a brief written report (**informe**) on one of the
places discussed in the **Lectura cultural** in **Un paso más 12**
or **18.** Give information beyond that provided in the text.
Use simple sentence structures, and try to use the dictionary as little as possible. Include infomation on at least one
of the following aspects of the place you choose to write
about: (1) its historical background, (2) its artistic interest,
(3) advice to tourists who might visit the place, (4) contemporary issues related to the place, (5) aspects of pre-
Columbian Indian culture or civilization related to it.

VOCABULARIO

VERBOS

caminar to walk
comunicarse (qu) (con) to communicate (with)
enterarse (de) to find out (about)
informar (de) to inform (about)
informarse (de) to find out about
morirse (ue, u) to die
negarse (ie) (gu) a (+ *inf.*) to refuse to (*do something*)
ofrecer (ofrezco) to offer
quedarse to stay, remain

SUSTANTIVOS

el acontecimiento event

el asesinato murder, assassination
el canal (TV) channel
el/la candidato/a candidate
el dictador dictator
la guerra war
la huelga strike
el interés interest
las noticias news
el noticiero newscast
la novedad happening, event
el/la obrero/a worker
la prensa press, news media
el/la reportero/a reporter
el siglo century
el/la testigo witness

ADJETIVOS

estadounidense of the United States
pesado/a boring
último/a latest

PALABRAS Y EXPRESIONES ÚTILES

casi almost
lo que what, that which
por Dios for heaven's sake
por ejemplo for example
por fin finally
por lo menos at least
por primera/última vez for the first/last time
por si acaso just in case

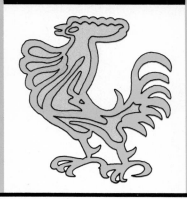

CAPÍTULO 19

¡HUY! ¡PERDÓN!

VOCABULARIO: PREPARACIÓN

¡POBRE SR. MARTÍNEZ!

la cabeza

Le duele la cabeza.

Está distraído.

la mano

el brazo

el pie

la pierna

DAMAS

Se equivoca.

Se hace daño en el pie.

ALGUNAS PARTES DEL CUERPO

ME LEVANTÉ CON EL PIE IZQUIERDO / *I GOT UP ON THE WRONG SIDE OF THE BED* **la aspirina** / *aspirin* **el despertador** / *alarm clock* **distraído/a** / *absent-minded* ◆ **acordarse (ue) de** / *to remember* **apagar** / *to turn off* **caerse** / *to fall down* **cambiar de lugar** / *to move (something)* **despedirse (i, i) (de)** / *to say good-bye (to)* **doler (ue)** / *to hurt* **Me duele la cabeza.** / *I have a headache.* **equivocarse** / *to be wrong, make a mistake* **hacerse daño** / *to hurt oneself* **olvidarse (de)** / *to forget* **pegar** / *to hit, strike* **romper** / *to break* ◆ **Fue sin querer.** / *It was unintentional. I (he . . .) didn't mean to do it.* **¡Qué mala suerte!** / *What bad luck!*

A. Busque el comentario que mejor describe cada dibujo y complételo.

1. —¿Qué pasó aquí?
   —Ernesto _____ al otro señor sin querer.
2. —¡Qué hombre más _____! ¡Ojalá que no se caiga!
3. —Pobre Armando. Le duele mucho el _____.
   —¿Cómo se hizo _____?
4. —Doctor, me _____ mucho la cabeza.
   —Tómese dos _____ y llámeme por la mañana.

B. ¿Qué verbos asocia Ud. con estas palabras?

adiós	la mano	la aspirina	la luz (*light*)	el accidente
la pierna	el brazo	la cabeza	los pies	

Aquí hay unas posibilidades: despedirse, doler, apagar, caminar, levantar, correr, preguntar, pegar, escribir, pensar, tomar, caerse, hacerse daño, poner.

C. Match each response from column B with the appropriate statement from column A.

1. Anoche no me acordé de poner (*to set*) el despertador.
2. ¡Ay! ¡Me pegaste!
3. Nunca miro por donde camino. Esta mañana me caí otra vez.
4. Lo siento, señores, pero ésta no es la casa de Lola Pérez.
5. No cambié de lugar el coche y el policía me puso una multa.
6. Anoche en casa de unos amigos rompí su lámpara favorita.

a. ¿Vas a comprarles otra?
b. Perdón, señora. Nos equivocamos de casa.
c. ¿Otra vez? ¡Qué distraído eres! ¿Te hiciste daño?
ch. Huy, perdón. Fue sin querer.
d. ¿Te olvidaste otra vez? ¿A qué hora llegaste a la oficina?
e. ¡Qué mala suerte! ¿Cuánto tienes que pagar?

D. ¿Se levanta Ud. con el pie izquierdo? Indique la frecuencia de cada situación en la vida de Ud. ¿Es correcta la interpretación?

1 = con frecuencia   2 = algunas veces   3 = nunca

_____ 1. Se me caen objetos en casa y en el trabajo/la universidad.
_____ 2. No me acuerdo de llevar las cosas necesarias al trabajo o a clase.
_____ 3. Me equivoco en los pequeños detalles (*details*) de la vida.
_____ 4. Cuando me despido de un amigo, digo «Buenas tardes»... a las ocho de la mañana.

_____ **5.** Me equivoco en asuntos (*matters*) importantes.
_____ **6.** Cuando oigo el despertador, lo apago y me duermo otra vez.
_____ **7.** Cierro la puerta del carro con las llaves dentro.
_____ **8.** Se me pierden objetos como las llaves, mis cuadernos, mi cartera.
☐ Total

Interpretaciones

8–12 ¡Quédese en cama y no salga de casa!
13–19 Ud. no es perfecto/a, pero lleva una vida típica.
20–24 Ud. es una persona ideal... pero... ¡qué vida más pesada!

E. ¿De cuántas maneras diferentes puede Ud. reaccionar en cada situación? Describa sus reacciones.

1. Son las seis de la mañana. Ud. oye el despertador, pero todavía tiene sueño.
2. Al hablar (*when speaking*) con una persona que Ud. no conoce muy bien, se equivoca Ud. de nombre. (Por ejemplo, Ud. le dice «José» a Julián.)
3. A Ud. le duele mucho la cabeza.
4. Ud. quiere despedirse, pero la persona con quien está hablando quiere hablar más.
5. En clase, al hacer (*while doing*) un ejercicio con un compañero, Ud. no se acuerda de una palabra muy importante.
6. Ud. pierde su cartera y con ella todo su dinero y el pasaporte. Va a la estación de policía.
7. El vecino siempre deja (*leaves*) su carro delante del garaje de Ud. y Ud. no puede sacar su carro.

Este niño mexicano se cayó del barco, pero ya que (*since*) sabe nadar no hay peligro de que se ahogue (*he will drown*). Este accidente náutico ocurrió en el agradable lago del Parque de Chapultepec, Ciudad de México.

MINIDIÁLOGOS Y ESTRUCTURA

50

Uses of *para*, and *para* versus *por*

La política de un expolítico

ADELA: Lincoln lo expresó muy bien en su discurso—¿no lo recuerdas?—«...que el gobierno del pueblo, *por* el pueblo, *para* el pueblo no desaparezca de la tierra».

BENITO: (levantándose, furioso) Pues *para* mí un gobierno del, *por* y *para* el pueblo no existe todavía.

ADELA: Pero si el pueblo va a gobernarse, es necesario educarlo *para* gobernar. ¿Por qué crees que...? (Se va Benito.) ¡Ay, qué pesado! Últimamente se enoja cada vez que se habla de política.

CARLOS: Lógico. ¿Se te olvidó que lo botaron en las últimas elecciones?

1. ¿Quién es Benito? ¿De qué hablan los amigos?

2. ¿De qué tipo de gobierno habló Lincoln?

3. ¿Está Benito de acuerdo con Lincoln? ¿Cómo reacciona?

4. ¿Adela cree que es necesario educar al pueblo? ¿Para qué?

5. ¿Por qué se enoja Benito cuando se habla de política?

Para

The preposition **para** has many English equivalents, including *for*. Underlying all of them is reference to a goal or a destination.

The politics of an ex-politician ADELA: *Lincoln said it very well in his speech—Don't you remember it?—"that government of the people, by the people, for the people shall not perish from the earth."* BENITO: (getting up, angry) *Well, as far as I'm concerned a government of, by, and for the people doesn't exist yet.* ADELA: *But if the people are going to govern themselves, you have to teach them to govern. Why do you think that . . . ?* (Benito leaves.) *What a pain! Lately he gets mad every time anyone talks politics.* CARLOS: *Of course. Did you forget that they threw him out (of office) in the last elections?*

1. *In order to + infinitive*

Se quedaron en Andorra **para esquiar.**	*They stayed in Andorra to (in order to) ski.*
Sólo regresaron **para cenar.**	*They only came back to have dinner.*
Ramón estudia **para (ser) abogado.**	*Ramon is studying to be a lawyer.*

2. *For* when *for* means

a. *Destined for, to be given to*

Le regalé un libro **para su hijo.**	*I gave him a book for his son.*
Todo esto es **para ti.**	*All of this is for you.*

b. *For (by) a specified future time*

Para mañana estudien Uds. la página 72.	*For tomorrow, study page 72.*
Lo tengo que terminar **para la semana que viene.**	*I have to finish it by next week.*

c. *Toward, in the direction of*

Salieron **para Acapulco** ayer.	*They left for Acapulco yesterday.*

d. *To be used for*

Es un vaso **para agua.**	*It's a water glass (a glass for water).*

■ **¡OJO!** *Compare: Es un vaso* **de agua.** *It's a glass (full) of water.*

e. *Compared with others, in relation to others*

Para mí el español es fácil.	*For me Spanish is easy.*
Para (ser) extranjera habla muy bien el inglés.	*She speaks English very well for a foreigner.*

f. *In the employ of*

Trabajan **para ese hotel.**	*They work for that hotel.*

[*Práctica A, B*]

Para *versus* por

Sometimes either **por** or **para** can be used in a given sentence, but there will always be a difference in meaning depending on which one is used. Compare the following pairs of sentences:

Vamos **para** las montañas.	*Let's head toward the mountains.*
Vamos **por** las montañas.	*Let's go through the mountains.*
Déle el dinero **para** el carro.	*Give her the money for (*so that she can buy*) the car.*
Déle el dinero **por** el carro.	*Give her the money (*in exchange*) for the car. (*Buy the car from her.*)*
Es alto **para** su edad.	*He's tall for his age (*compared to others of his same age*).*
Es alto **por** su edad.	*He's tall because of his age. (*He's no longer a child.*)*

[*Práctica C, D, E*]

Práctica

A. Dé Ud. frases nuevas según las indicaciones.

1. —¿Para qué están Uds. en esta clase?
   —(No) Estamos aquí para _____. (*aprender español, divertirnos, conversar, escuchar*)
2. —En el restaurante Ud. tiene que pedir porque nadie más habla español. ¿Qué va a pedir?
   —Para mi *padre,* la *paella.* (madre / pescado, hermanito / bistec, abuela / paella, mí / pollo)
3. —¿Para dónde salieron estas personas?
   —*Ponce de León* salió para *la Florida.* (*Colón / la India, los astronautas / la luna, Lewis y Clark / el oeste, Hernán Cortés / México*)

B. Conteste Ud. negativamente en frases completas, usando las expresiones entre paréntesis.

1. Para mañana, ¿hay que leer el capítulo 20? (la sección 51)
2. ¿Esa camisa es para hombre? (mujer)
3. Para niño, Juanito pronuncia muy mal, ¿verdad? (bien)
4. Para la semana que viene, ¿tenemos que aprender el subjuntivo? (el pretérito)
5. ¿No trabajó Ud. para el señor Medina el año pasado? (la señora Hernández)
6. Para Ud., el español es muy difícil, ¿verdad? (fácil)

C. Llene Ud. los espacios con **por** o **para**.

   1. Salieron _____ el Perú ayer. Van _____ avión.
   2. Hoy _____ la tarde, vamos a prepararnos _____ el examen.
   3. Le pagué veinte dólares _____ esta blusa _____ Clara.
   4. Vaya Ud. a la tienda _____ cerveza _____ la fiesta.
   5. Sé que tienes mucho que hacer _____ la boda de mañana. ¿Te puedo traer algo _____ la fiesta?
   6. Buscamos un regalo de boda _____ nuestra nieta. ¿No tienen Uds. unos vasos de cristal _____ vino?
   7. Graciela quiere estudiar _____ (ser) doctora. _____ eso trabaja _____ un médico _____ la mañana; tiene clases _____ la tarde.
   8. _____ la nieve no vamos.
   9. No dejen Uds. la composición _____ mañana.

D. Describa los dibujos, usando **por** o **para**.

1.   2.   3.

4.   5.

E. Complete las oraciones en una forma lógica.

   1. Para mañana tengo que _____.
   2. Por la mañana (yo) siempre _____.
   3. Esta noche voy a _____ para _____.
   4. Quiero comprar algo especial para _____.
   5. Este fin de semana salgo para _____.
   6. Prefiero viajar por _____.
   7. Para mí es fácil/difícil _____.
   8. Mi _____ trabaja para _____.
   9. Estudio para (ser) _____.
   10. Pagué _____ por _____.

51

Imperfect of regular and irregular verbs

La nostalgia

© 1978 Rick Winsor/Woodfin Camp & Associates

MATILDE: ...y todos los hijos *eran* chiquitos. *En-traban* y *salían* de casa como locos. ¡Qué ruido *había* siempre! ¿Te acuerdas?

ARMANDO: Sí, sí, sí, aquéllos *eran* otros tiempos.

MATILDE: Y luego en verano *íbamos* siempre a la playa con todos los tíos y tus padres y dos criados y los amigos de los niños. *Teníamos* aquella casita tan linda... ¡Casi la puedo ver! ¿No la ves?

ARMANDO: Sí, sí, sí, aquéllos *eran* otros tiempos.

MATILDE: Dime una cosa, Armando. De verdad, ¿qué prefieres, aquella época o estos tiempos más tranquilos?

ARMANDO: Sí, sí, sí, aquéllos *eran* otros tiempos.

MATILDE: Ay, querido, parece que las cosas nunca cambian. ¡Tampoco me *escuchabas* en aquel entonces!

---

1. *¿Qué hacían los niños de Matilde y Armando?*

2. *¿Su casa estaba muy tranquila?*

3. *¿Adónde iban siempre en verano? ¿Iban solos?*

4. *¿Qué pregunta Matilde a Armando? ¿Cómo responde?*

5. *¿Armando escucha bien a Matilde? Y antes, ¿la escuchaba?*

The *imperfect* (**imperfecto**) is another past tense in Spanish. In contrast to the preterite, which views actions or states of being as finished or completed, the imperfect tense views past actions or states of being as habitual or as "in progress." The imperfect is also used for description.

Nostalgia MATILDE: . . . *and all the kids were little. They went in and out of the house like mad. There was always so much noise! Remember?* ARMANDO: *Yes, yes, yes, those were different times.* MATILDE: *And then in the summer we would go to the beach with all the uncles and aunts and your parents and two servants and the kids' friends. We used to have that pretty little house . . . . I can almost see it! Don't you see it?* ARMANDO: *Yes, yes, yes, those were different times.* MATILDE: *Tell me something, Armando. Honestly, which do you prefer—those times or these more peaceful times?* ARMANDO: *Yes, yes, yes, those were different times.* MATILDE: *Well, dear, it seems that things never change. You never used to listen to me back then, either!*

The imperfect has several English equivalents. For example, **hablaba,** the first-person singular of **hablar,** can mean *I spoke, I was speaking, I used to speak,* or *I would speak* (when *would* implies a repeated action). Most of these English equivalents indicate that the action was still in progress or was habitual, except *I spoke,* which can correspond to either the preterite or the imperfect.

Forms of the imperfect

Hablar		Comer		Vivir	
hablaba	hablábamos	comía	comíamos	vivía	vivíamos
hablabas	hablabais	comías	comíais	vivías	vivíais
hablaba	hablaban	comía	comían	vivía	vivían

Stem-changing verbs do not show a change in the imperfect because their stem is unstressed: **almorzaba, perdía, pedía.** The imperfect of **hay** is **había** (*there was, there were, there used to be*).

Only three verbs are irregular in the imperfect: **ir, ser,** and **ver.**

Ir		Ser		Ver	
iba	íbamos	era	éramos	veía	veíamos
ibas	ibais	eras	erais	veías	veíais
iba	iban	era	eran	veía	veían

Uses of the imperfect

The imperfect is used

1. to describe *repeated habitual actions* in the past

Siempre **nos quedábamos** en aquel hotel.	*We always stayed (*used to stay, would stay) *at that hotel.*
Todos los veranos **iban** a la costa.	*Every summer they went (*used to go, would go) *to the coast.*

2. to describe an *action that was in progress*

Pedía la cena.	*She was ordering dinner.*
Buscaba el carro.	*He was looking for the car.*

3. to describe two *simultaneous actions in progress*, with **mientras**

Tú **leías mientras** Juan **escribía** la carta.

You were reading while John was writing the letter.

4. to describe *physical, mental, or emotional states* in the past

Tenía dieciocho años.
Estaban muy distraídos.
La **quería** muchísimo.

She was eighteen years old.
They were very distracted.
He loved her a lot.

5. to tell *time* in the past

Era la una.
Eran las dos.

It was one o'clock.
It was two o'clock.

■ **¡OJO!** *Just as in the present, the singular form of the verb* **ser** *is used with one o'clock, the plural form from two o'clock on.*

6. to form the *past progressive:* imperfect of **estar** + *present participle*[1]

Estábamos cenando a las diez.
¿No **estabas estudiando?**

We were having dinner at ten.
Weren't you studying?

Práctica

A. Dé Ud. frases nuevas según las indicaciones.

1. —¿Quién cantaba y jugaba mucho en la escuela primaria?
   —*Tina* cantaba y jugaba mucho en la primaria. (*yo, Uds., tú, nosotros, Demetrio, vosotros*)

2. —¿Y quién bebía leche y dormía la siesta?
   —*Tina* bebía leche y dormía la siesta. (*todos los niños, tú, nosotros, Alicia, yo, vosotros*)

3. —Anoche, ¿qué estaba haciendo Ud. a las doce?
   —Anoche, yo (no) estaba _____. (*leer, mirar la televisión, escribir, llorar, comer, apagar las luces*)

4. —¿Quién veía un programa interesante a las nueve anoche?
   —*Ramiro* veía un programa interesante. (*tú, yo, Uds., Pablo, ella, vosotros*)

5. —Anoche, ¿quién iba a acostarse a las doce porque era tarde?
   —*Uds.* iban a acostarse a las doce. (*tú, yo, nosotros, Pablo, ella, vosotros*)

---

[1]A progressive tense can also be formed with the preterite of **estar: Estu-vieron cenando hasta las doce.** The progressive with the preterite of **estar,** however, is relatively infrequent, and it will not be practiced in *¿Qué tal?*

B. ¿Cómo eran o qué hacían estas personas?

O. J. Simpson	ser	con frecuencia/siempre
todos los niños	cantar	fútbol americano
Elvis Presley	tocar	música popular
Elizabeth Taylor	estudiar	mucho/poco
Burt Bacharach	jugar al	el piano
Chris Evert-Lloyd	creer en	tenis
yo	acostarse	temprano/tarde
————	equivocarse	guapo/a
	levantarse	con el pie izquierdo
		Santa Claus/los Reyes Magos
	————	
————		

C. Cambie por el imperfecto.

1. Olga *va* a la universidad todos los días. Siempre *asiste* a sus clases. *Pregunta* mucho porque *es* inteligente. Sus profesores *están* muy contentos con ella.
2. Yo *trabajo* para el gobierno. Mi jefe (*boss*), quien se *llama* Ángel, nos *hace* trabajar mucho. Siempre *almorzamos* juntos en el mismo restaurante y a veces *jugamos* al básquetbol por la tarde.
3. *Vivo* en Sacramento. Siempre *llueve* mucho en invierno y en primavera, pero me *gusta* mucho el clima. Además, las montañas *están* cerca y *puedo* esquiar.

D. ¿Cómo se dice en español? Describa una noche tranquila en casa.

It was eight o'clock, and I was reading while my friend was writing a letter. There was little noise, and it was snowing outside (**afuera**). We weren't expecting (**esperar**) anyone, and we thought that it was going to be a quiet evening.

E. Preguntas

1. En la escuela primaria, ¿jugaba Ud. mucho? ¿Cantaba mucho? ¿Se equivocaba mucho en clase?
2. De niño/a (*as a child*), ¿bebía mucha leche? ¿mucha Coca Cola? ¿Dormía la siesta? ¿Tenía un(a) hermano/a menor? ¿Ud. y su hermano/a se pegaban con frecuencia? ¿Sentía despedirse de sus padres cuando ellos se iban (*would go away*)?
3. ¿Veía Ud. programas interesantes en la televisión cuando era niño/a? ¿Cuáles le gustaban más? ¿Tenía miedo de apagar las luces cuando se acostaba? ¿Se dormía pronto o se quedaba pensando hasta muy tarde?
4. De niño/a, ¿dónde vivía Ud.? ¿Llovía mucho allí? ¿Le gustaba a Ud. el clima? ¿Hacía mucho calor (mucho frío)? ¿Nevaba mucho? ¿Podía esquiar en invierno? ¿Podía nadar en verano?
5. En la escuela secundaria, ¿trabajaba Ud. después de las clases? ¿Trabajaba los fines de semana? ¿Dónde? ¿Cómo se llamaba su jefe/a? ¿Cuántas horas trabajaba Ud. por semana? ¿Le gustaba su trabajo (*job*)? ¿Le pagaban bien?
6. El semestre pasado, ¿venía Ud. a la universidad todos los días? ¿Asistía a todas sus clases o faltaba a veces? ¿Sus profesores estaban muy contentos con Ud.? ¿Se le olvidaban sus libros con frecuencia?
7. ¿Qué estaba haciendo Ud. anoche a las doce? ¿Estaba leyendo? ¿mirando la televisión? ¿estudiando? ¿comiendo? ¿durmiendo? ¿haciendo otra cosa?

F. Using the following questions as a guide, interview another student about his/her childhood. Then report the information to the class.

1. ¿Dónde vivías y con quién? ¿Tenías un apodo (*nickname*)?
2. ¿Cómo se llamaba tu escuela primaria? ¿y tu maestro/a en el primer grado?
3. ¿Cuál era tu materia favorita? ¿Por qué?
4. ¿Cómo se llamaba tu mejor amigo/a? ¿Dónde vivía? ¿Siempre se llevaban bien?
5. ¿Se te perdían o se te rompían muchas cosas? ¿Eras un(a) niño/a distraído/a? ¿torpe (*clumsy*)?
6. ¿Practicabas algunos deportes? (Sí, jugaba _____.)
7. ¿Tenías un perrito? ¿un gato (*cat*)? ¿Cómo se llamaba?
8. ¿Te caías mucho? ¿Te hacías daño?

G. Complete las oraciones en una forma lógica.

1. En otra época siempre me gustaba _____. No me gustaba nada _____.
2. Anoche a las diez, yo estaba _____.
3. Y esta mañana a las ocho, yo estaba _____.
4. Anoche mientras yo _____, mi compañero/a (esposo/a, etcétera) _____.
5. Siempre leía _____.
6. En otra época siempre veía _____ en la televisión, pero ahora no lo ponen.

H. Working with another student, ask and answer questions based on the model. Ask the question in the preterite and answer it in the imperfect.

> **MODELO** por qué / pedir Ud. / tanto / restaurante →
> *¿Por qué pidió Ud. tanto en el restaurante?*
> tener / hambre → *Tenía hambre.*

Preguntas: pretérito
1. por qué / despedirse Uds. / tan temprano
2. por qué / dormir ellos / tanto
3. por qué / olvidarse Uds. / regalos de / primitos
4. por qué / reirse tú / tanto
5. por qué / se te / caer / vaso
6. por qué / equivocarse Ud. / tanto / en / detalles / de / examen

Respuestas: imperfecto
1. saber / que / no / ir / gustar / aquella / película
2. tener / mucho sueño
3. estar / distraído / por / examen
4. Horacio / portarse / como un loco
5. pensar / otra cosa
6. no / saber / bien / fórmulas

I. Complete the following sentences, using a verb in the imperfect to describe the feelings, condition, or emotions of the person named.

1. A Cristina se le olvidaron los libros hoy porque _____.
2. Ayer Roberto no se despertó temprano porque _____.
3. Cuando se le murió la abuela, Leopoldo _____.
4. Cuando se despidió de su novio, Ángela _____.
5. Anoche Gregorio volvió temprano a casa porque _____.
6. Cuando se le rompió el reloj que le regalaron sus padres, Angelito _____.
7. El niño se hizo mucho daño cuando se cayó en la calle. Por eso le _____ todo el cuerpo.
8. Alfonso tomó unas aspirinas porque _____.

J. Complete estas oraciones, usando un verbo en el pretérito para describir una acción.

1. La semana pasada, yo estaba muy _____. Por eso yo (no) _____.
2. Era tarde y tenía que estudiar más todavía. Por eso yo _____.
3. Eran las cuatro de la mañana cuando mi amigo/a _____.
4. Yo manejaba a setenta millas por hora. Por eso el policía _____.
5. El carro estaba en un lugar marcado «prohibido estacionar». Por eso yo lo _____.
6. Me dolían los pies. Por eso yo _____.
7. Todos tenían mucha sed. Por eso yo les _____.
8. Me dolía la cabeza. Por eso yo _____.

Study Hint: False Cognates

Not all Spanish and English cognates are identical in meaning. Here are a few important "traps" to be aware of: **sano** is healthy; **renta,** income; **pariente,** relative; **gracioso,** funny; **actual,** current, up-to-date; **fábrica,** factory; **colegio,** elementary or secondary school; **una molestia,** a bother; **sopa,** soup; **ropa,** clothing; **real,** real or royal; **sensible,** sensitive; **éxito,** success; and **constipado** means suffering from a head cold. These words are false, or misleading, cognates (**amigos falsos**).

Occasionally such words can lead to communication problems. The American tourist who, feeling embarrassed, describes him or herself as **embarazado/a** may find people chuckling at the remark, since **embarazada** means not embarrassed but pregnant.

Estoy embarazado.

¿Sabes lo que te digo? Que no me da la real gana°.

no... I really don't feel like it.

UN PASO MÁS

Actividades

A mí... nada me sale a derechas°

sale... *turns out right*

Me levanté con el pie izquierdo. Hay días en que nada sale a derechas, como dice el paracaidista (*parachutist*) del dibujo. Usando las siguientes preguntas como guía, describa Ud. un día en la vida de una persona que se levantó con el pie izquierdo. Puede describir un día en su propia (*own*) vida o en la vida de otra persona—un(a) amigo/a, un(a) jefe/a, una ama de casa, el presidente, etcétera.

1. ¿A qué hora se despertó? ¿Se levantó inmediatamente? ¿Se sentía bien?
2. ¿Tuvo tiempo para comer y vestirse bien? ¿Le faltaba (*needed*) algo? ¿Qué no podía encontrar?
3. ¿Hubo problemas con los otros miembros de la familia? ¿con el coche?
4. ¿Qué tiempo hacía? ¿Llovía? ¿Nevaba?
5. ¿Dónde estaba por la mañana? ¿por la tarde? ¿Qué le pasó en cada lugar?

6. ¿Se le perdió algo? ¿Se le rompió algo?
7. ¿Tuvo problemas con los amigos (el jefe, los empleados, los niños)?
8. ¿Se acordó de lo que tenía que hacer ese día? ¿Se le olvidó algo?
9. ¿Cuál fue el último problema del día? ¿Cómo se sentía?
10. ¿A qué hora se acostó por fin? ¿Para qué hora puso el despertador?... ¿o se le olvidó ponerlo?

VOCABULARIO

VERBOS

acordarse (ue) de to remember
apagar (gu) to turn off
caerse (caigo) to fall down
cambiar de lugar to move (*something*)
dejar to leave (*behind*)
despedirse (i, i) de to say good-bye to
doler (ue) to hurt
equivocarse (qu) to be wrong, make a mistake
hacerse daño to hurt oneself
olvidarse (de) to forget
pegar (gu) to hit, strike

preguntar to ask

SUSTANTIVOS

la aspirina aspirin
el brazo arm
la cabeza head
el cuerpo body
el despertador alarm clock
la época era, time (*period*)
la escuela school
el/la jefe/a boss
la luz light
el/la maestro/a teacher
el pie foot
la pierna leg

ADJETIVOS

distraído/a absent-minded

PALABRAS Y EXPRESIONES ÚTILES

de niño/a as a child
fue sin querer it was unintentional
levantarse con el pie izquierdo to get up on the wrong side of the bed
mientras while
qué mala suerte what bad luck

CAPÍTULO 20

LA SALUD

VOCABULARIO: PREPARACIÓN

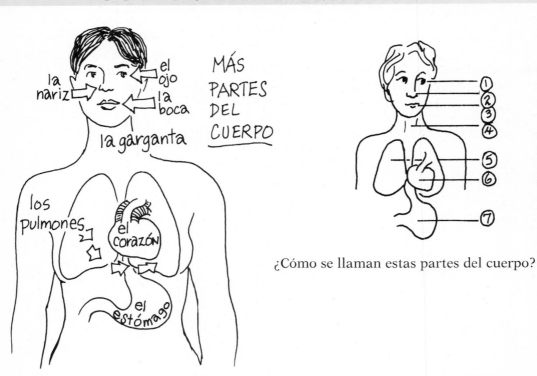

la nariz

el ojo

la boca

la garganta

los pulmones

el corazón

el estómago

MÁS PARTES DEL CUERPO

¿Cómo se llaman estas partes del cuerpo?

1
2
3
4
5
6
7

comer bien / to eat well   **cuidarse** / to take care of oneself   **dormir lo suficiente** / to sleep enough   **hacer ejercicio** / to exercise, get exercise   **llevar una vida tranquila (sana)** / to lead a calm (healthy) life

A. ¿Qué hacen—o no hacen—estas personas?

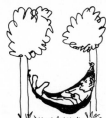

1.   **2.**   **3.**   **4.**

B. ¿Cierto o falso? Corrija las oraciones falsas.

1. Comemos con los pulmones.
2. La comida pasa por la boca y la garganta antes de llegar al estómago.
3. Vemos con la nariz.
4. Practicar un deporte es una buena manera de hacer ejercicio.
5. Si uno quiere llevar una vida sana, debe fumar mucho, tomar mucho café y cerveza y dormir poco.

En el consultorio° del médico			office
el/la enfermero/a	nurse	**enfermarse**	to get sick
el/la paciente	patient	**resfriarse**	to get/catch a cold
congestionado/a	congested	**respirar**	to breathe
mareado/a	nauseated	**sacar la lengua**	to stick out your tongue
el jarabe	(cough) syrup	**tener dolor (de)**	to have a pain (in)
la receta	prescription	**tener fiebre**	to have a fever
el resfriado	cold	**tomarle la temperatura**	to take someone's
la tos	cough	**a alguien**	temperature
		toser	to cough

C. Describa Ud. la situación de estas personas. ¿Dónde están y con quiénes? ¿Qué síntomas tienen? ¿Qué les recomienda Ud.?

Anamari está muy bien de salud.
Nunca le duele(n) _____ .
Nunca tiene _____ .
Siempre _____ .

Martín tiene resfriado.
Le duele(n) _____ .
Tiene _____ .
Debe _____ .

Inés tiene apendicitis.
Le duele(n) _____ .
Tiene _____ .
Debe _____ .

D. ¿Lo/la describen a Ud. las siguientes oraciones?

1. En la sala de espera de un médico, si la persona sentada (*seated*) a mi lado empieza a toser, me cambio de lugar.
2. Me pongo nervioso/a en el consultorio del médico.
3. Cuando tengo resfriado, nunca tomo pastillas (*pills*) ni antibióticos ni jarabes.
4. Estoy de acuerdo con esta frase: Mente sana en cuerpo sano.
5. Me da más miedo ir al consultorio del dentista que ir al consultorio de otro médico.
6. Si no corro (hago ejercicio o yoga) casi todos los días, empiezo a sentirme nervioso/a.

E. Estudio de palabras. Complete las siguientes frases con una palabra de la misma familia de la palabra en *letras cursivas*.

1. Si me *resfrío*, tengo _____ .
2. La *respiración* ocurre cuando alguien _____ .
3. Si me _____ , estoy *enfermo/a;* un(a) _____ me toma la temperatura.
4. Cuando alguien *tose*, se oye una _____ .
5. Si me *duele* el estómago tengo un _____ de estómago.

F. ¿Qué partes del cuerpo asocia Ud. con las siguientes palabras?

1. un ataque	**3.** comer	**5.** congestionado	**7.** mareado
2. la digestión	**4.** respirar	**6.** ver	

G. Ud. no se siente bien y va al consultorio del médico. Complete el diálogo entre Ud. y el médico.

PACIENTE: Buenas tardes, doctor.

DOCTOR: Buenas tardes. ¿Qué le pasa? ¿Qué tiene?

PACIENTE: Es que me _____ muy mal. Me _____ la cabeza y tengo una _____ muy alta.

DOCTOR: Entonces, ¿tiene resfriado?

PACIENTE: Bueno, Ud. es el médico.

DOCTOR: ¿Se tomó la temperatura antes de venir?

PACIENTE: No, pero la _____ me la tomó y tuve 38,5.

DOCTOR: ¿Tiene dolor de estómago? ¿Se siente _____ ?

PACIENTE: No, pero respiro sólo con dificultad; estoy muy _____ . Yo toso tanto que me duelen también los _____ . Es que me duele el _____ entero.

DOCTOR: Vamos a ver. Abra Ud. la _____ , por favor, y saque la lengua. Humm... tiene la _____ bastante (*rather*) inflamada. Ahora la respiración... _____ Ud. profundamente... Me parece que está bien. ¿Tiene alergia a los antibióticos?

PACIENTE: No, no creo.

DOCTOR: Bueno, aquí tiene Ud. una _____ . Vaya a la farmacia y compre este _____ para la tos. Tómeselo cuatro veces al día. Para la fiebre, tome un par de _____ cada (*every*) cuatro horas y este _____ para combatir la infección. Si todavía se siente mal la semana que viene, venga a verme otra vez. Y cuídese, ¿eh?

PACIENTE: Muchas gracias, doctor. Adiós.

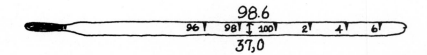

H. ¿Te importa tu salud? What steps do you take to stay healthy? Working with another student, ask and answer the following questions:

1. ¿Cuántas horas duermes cada noche? ¿Duermes bien?
2. ¿Comes bien? ¿Comes muchos dulces? ¿mucha proteína? ¿mucha ensalada? ¿muchas verduras? ¿mucha fruta?
3. ¿Comes comidas «instantáneas» o prefieres comidas «naturales»?
4. ¿Tomas mucho café, mucho té o mucha Coca Cola? ¿bebidas alcohólicas?
5. ¿Fumas? ¿mucho o poco? ¿Quieres dejar de (*stop*) fumar? ¿Cuándo fumas?
6. ¿Consultas a tu médico por lo menos una vez al año?
7. ¿Sigues las recomendaciones de tu médico?
8. Cuando necesitas tomar medicina, ¿sigues las instrucciones?
9. ¿Llevas una vida de mucha tensión? ¿Tienes muchas responsabilidades?
10. ¿Tienes tiempo para pensar, meditar o simplemente descansar?
11. ¿Caminas mucho o siempre vas en coche (tomas el autobús, etcétera)?
12. ¿Haces mucho ejercicio? ¿Corres? ¿Practicas algún deporte?
13. ¿Llevas una vida sana?

MINIDIÁLOGOS Y ESTRUCTURA

¿Recuerda Ud.?

Review the forms and uses of the preterite and the imperfect tenses and do the following exercises before beginning Section 52.

Dé la persona indicada del verbo en el pretérito y en el imperfecto.

1. respirar: Ud.
2. sacar: yo
3. toser: nosotros
4. romper: ellos
5. ser: tú
6. ir: nosotros
7. querer: yo
8. dormir: él
9. jugar: yo
10. poner: ellos
11. despedirse: Ud.
12. saber: nosotros
13. hacer: ella
14. decir: Uds.
15. empezar: vosotros

52

Preterite versus imperfect

No es para tanto...

CARMEN: Yo no *sabía* lo que *tenía*, pero la doctora lo *diagnosticó* en seguida.

PILAR: ¿Y qué te *dijo* que *tenías*?

CARMEN: Pues... que tengo insomnio... y que tengo los ojos muy irritados... y que de todos modos todavía tengo que tomar el examen de filosofía el viernes.

---

1. ¿Quién acaba de consultar con la médica?

2. ¿La doctora pudo diagnosticar la enfermedad?

3. ¿Qué dijo la doctora que tenía Carmen?

Summary of the preterite and the imperfect

A. When speaking about the past in English, you choose which past-tense forms to use in a given context: *I wrote letters, I did write letters, I was writing letters, I used to write letters,* and so on. Usually only one or two of these options will convey exactly the idea you want to express. Similarly, in some Spanish sentences either the preterite or the imperfect can be used, but the meaning of the sentence will be different, depending on which tense you use. The choice between the preterite and imperfect depends on the speaker's perspective: how does he/she view the action or state of being?

B. The PRETERITE is used to report *completed actions or states of being* in the past, no matter how long they lasted or took to complete; if the action or state is viewed as finished or over, the preterite is used. The IMPERFECT is used, however, if the *ongoing or habitual nature* of the action is stressed, with no reference to its termination.

Escribí las cartas.	*I wrote (did write) the letters.*
Escribía las cartas cuando...	*I was writing the letters when . . .*
Carlos **fue** estudiante.	*Carlos was a student (*and no longer is*).*

It's not that serious... CARMEN: *I didn't know what I had, but the doctor diagnosed it immediately.* PILAR: *And what did she say you had?* CARMEN: *Well . . . that I have insomnia . . . and that my eyes are very irritated . . . and that in any case I still have to take the philosophy exam on Friday.*

Carlos **era** estudiante.	*Carlos was (used to be) a student.* (Carlos may or may not still be a student.)
Anita **estuvo** nerviosa.	*Anita was nervous (*and no longer is).
Anita **estaba** nerviosa.	*Anita was (used to be) nervous.* (Anita may or may not still be nervous.)

C. *A series of completed actions that takes place in sequence* will be expressed in the PRETERITE (unless it refers to habitual actions).

Me **levanté,** me **vestí** y **desayuné.**	*I got up, got dressed, and ate breakfast.*

Simultaneous actions or states in progress are expressed with the IMPERFECT, usually with the word **mientras.** The IMPERFECT is also used to express most *descriptions; physical, mental, and emotional states;* and *the hour.*

Escribía las cartas **mientras** Ana **leía.**	*I was writing letters while Ana was reading.*
Estaban cansados.	*They were tired.*
Eran las ocho.	*It was eight o'clock.*

D. Certain words and expressions are associated with the preterite, others with the imperfect.

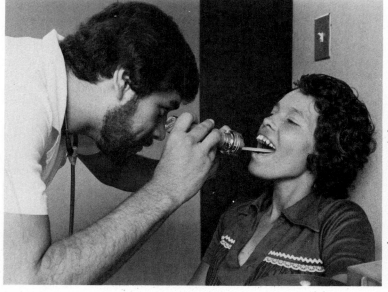

Muchos médicos hispanos reciben parte de su educación o completan su residencia en los Estados Unidos. Hay también médicos estadounidenses que empiezan su carrera en el extranjero. En la Universidad de Guadalajara, México, por ejemplo, se han entrenado (*have trained*) muchos médicos norteamericanos. Este médico costarricense examina a una paciente en una clínica rural.

Courtesy of the Inter-American Development Bank

Words associated with the preterite:	ayer, anteayer, anoche una vez (*once*), dos veces (*twice*), etcétera el año pasado, el lunes pasado, etcétera de repente (*suddenly*)
Words associated with the imperfect:	todos los días, todos los lunes, etcétera siempre, frecuentemente mientras de niño/a, de joven *was ____-ing, were ____-ing* (in English) *used to, would* (when *would* implies *used to* in English)

The words do not automatically cue either tense, however. The most important consideration is the meaning that the speaker wishes to convey.

Ayer cenamos temprano.	*Yesterday we had dinner early.*
Ayer cenábamos cuando Juan llamó.	*Yesterday we were having dinner when Juan called.*
De niño jugaba al fútbol.	*He played soccer as a child.*
De niño empezó a jugar al fútbol.	*He began to play soccer as a child.*

[*Práctica A*]

E. Remember the special English equivalents of the preterite forms of **saber, conocer, poder,** and **querer: supe** (*I found out*), **conocí** (*I met*), **pude** (*I could and did*), **no pude** (*I failed*), **quise** (*I tried*), and **no quise** (*I refused*) (Section 44).

[*Práctica B*]

F. The preterite and the imperfect frequently occur in the same sentence.

Miguel **estudiaba** cuando **sonó** el teléfono.	*Miguel was studying when the phone rang.*
Olivia **comió** tanto porque **tenía** mucha hambre.	*Olivia ate so much because she was very hungry.*

In the first sentence the imperfect tells what was happening when another action—conveyed by the preterite—broke the continuity of the ongoing activity. In the second sentence the preterite reports the action that took place because of a condition, described by the imperfect.

G. The preterite and imperfect are also used together in the narration of an event. The preterite advances the action while the imperfect sets the stage, describes the conditions that caused the action, or emphasizes the continuing nature of a particular action.

[*Práctica C, D, E, F, G, H, I*]

Práctica

A. The following sentences are given out of context. Give the preterite or the imperfect of the verbs in parentheses, basing your decision on the clues in the sentences.

1. De niños, Jorge y yo _____ en Río Lindo. (vivir)
2. Yo _____ un antibiótico anoche. (tomar)
3. Nosotros siempre _____ en el Hotel Fénix. (quedarse)
4. El año pasado ellos _____ durante sus vacaciones. (enfermarse)
5. _____ las once de la noche. (ser)
6. La tía Anita _____ ayer. (resfriarse)
7. El paciente _____ muy congestionado. (estar)
8. ¿No lo _____ tú una vez en Chile? (ver)
9. El niño _____ mientras la doctora le _____. (toser/hablar)
10. ¡De repente, se nos _____ las luces! (apagar)
11. El médico me _____ la temperatura, me _____ la garganta y me _____ un jarabe. (tomar/examinar/dar) .
12. Todos los lunes Antonio _____ en aquella farmacia. (trabajar)

B. ¿Cómo se dice en español?

1. I couldn't read Spanish in grade school.
2. When I met them, I already knew their son.
3. They tried to do it but couldn't (failed).
4. He knew how to play the piano when he was five.
5. She had to study but didn't want to.
6. When did you find that out?

C. Explain the reasons for the use of the preterite or the imperfect for each verb in the following paragraph.

Hacía mucho frío. Ester cerró con cuidado todas las ventanas y puertas, pero todavía tenía frío. Se preparó una taza de té y se puso otro suéter, pero todavía temblaba de frío. Eran las once de la noche cuando sonó el teléfono. Era su esposo. Entre otras cosas, él dijo que hacía mucho frío afuera. Ester ya lo sabía.

Which Spanish past tense should be used to express each verb in the following paragraph? Explain why in each case.

We were walking down Fifth Street when we saw him. He looked very tired and his clothes were very dirty. He asked us for money. We gave him all the money that we had because he was an old friend.

D. Read the following paragraph at least once to familiarize yourself with the sequence of events in it. Then read it again, giving the proper form of the verbs in parentheses in the preterite or the imperfect, according to the needs of each sentence and the context of the paragraph as a whole.

Rubén (*estar*) _____ estudiando cuando Soledad (*entrar*) _____ en el cuarto. Le (*preguntar*) _____ a Rubén si (*querer*) _____ ir al cine con ella. Rubén (*decir*) _____ que sí porque se (*sentir*) _____ un poco aburrido con sus estudios. Los dos (*salir*) _____ para el cine inmediatamente. (*ver*) _____ una película cómica y (*reirse*) _____ mucho. Luego, ya que (*hacer*) _____ frío, (*entrar*) _____ en El Gato Negro y (*tomar*) _____ un chocolate. (*ser*) _____ las dos de la mañana cuando por fin (*regresar*) _____ a casa. Soledad (*acostarse*) _____ inmediatamente porque (*estar*) _____ cansada, pero Rubén (*empezar*) _____ a estudiar otra vez.

Answer the following questions based on the paragraph about Rubén and Soledad. **¡OJO!** A question is not always answered in the same tense as that in which it is asked.

1. ¿Qué hacía Rubén cuando Soledad entró?
2. ¿Qué le preguntó Soledad a Rubén?
3. ¿Por qué dijo Rubén que sí?
4. ¿Les gustó la película? ¿Por qué?
5. ¿Por qué tomaron un chocolate?
6. ¿Regresaron a casa a las tres?
7. ¿Qué hicieron cuando llegaron a casa?

E. Read the following paragraphs once for meaning. Then read them again, giving the proper form of the verbs in parentheses in the present, preterite, or imperfect.

Durante mi segundo año en la universidad, yo (*conocer*) _____ a Roberto en una clase. Pronto nos (*hacer*) _____ muy buenos amigos. Roberto (*ser*) _____ una persona muy generosa que (*dar*) _____ una fiesta en su apartamento todos los viernes. Todos nuestros amigos (*venir*) _____. (*haber*) _____ comida y muchas bebidas, y todo el mundo (*cantar*) _____ y (*bailar*) _____ hasta muy tarde.

Una noche algunos de los vecinos (*neighbors*) de Roberto (*llamar*) _____ a la policía y (*decir*) _____ que nosotros (*hacer*) _____ demasiado ruido. (*venir*) _____ un policía al apartamento y le (*decir*) _____ a Roberto que la fiesta (*ser*) _____ demasiado ruidosa. Nosotros no (*querer*) _____ aguar (*to spoil*) la fiesta, pero ¿qué (*poder*) _____ hacer? Todos nos (*despedir*) _____ aunque (*ser*) _____ solamente las once de la noche.

   Aquella noche Roberto (*aprender*) _____ algo muy importante. Ahora cuando (*tener*) _____ una fiesta, siempre (*invitar*) _____ a sus vecinos.

F. Dé Ud. sus impresiones del primer día de la clase de español. Use estas preguntas como guía.

   1. ¿A qué hora llegó Ud. a la universidad? ¿Por qué llegó tan tarde/temprano?
   2. ¿A qué hora era la clase y dónde era (*was it taking place*)?
   3. ¿Vino Ud. a clase con alguien?
   4. ¿Qué hizo Ud. después de entrar en la sala de clase? ¿Qué hacía el/la profesor(a)?
   5. ¿A quién conoció Ud. aquel día? ¿Ya conocía a unos miembros de la clase? ¿A quiénes?
   6. ¿Aprendió Ud. muchas palabras y expresiones nuevas durante la clase? ¿Ya lo sabía todo?
   7. ¿Le gustó el/la profesor(a)? ¿Por qué? Cómo era?
   8. ¿Les dio tarea (*homework*) el/la profesor(a)? ¿Pudo Ud. hacerla fácilmente?
   9. ¿Cuánto tiempo estudió Ud. español antes de la siguiente clase?

G. Describa Ud. las acciones que se ven en los dibujos. Use dos verbos en cada descripción, uno en el imperfecto, el otro en el pretérito. ¿Qué hicieron estas personas después?

1.

2.

3.

H. Describa Ud. su última enfermedad. Use estas preguntas como guía.

   1. ¿Cuándo empezó Ud. a sentirse mal? ¿Dónde estaba Ud.? ¿Qué hacía?
   2. ¿Cuáles eran sus síntomas? ¿Cómo se sentía? ¿Estaba mareado/a? ¿congestionado/a? ¿Le dolía alguna parte del cuerpo?
   3. ¿Qué hizo? ¿Regresó a casa? ¿Se quitó la ropa? ¿Tosía mucho? ¿Se acostó?
   4. ¿Fue al consultorio del médico? ¿Lo/la examinó? ¿Cuál fue su diagnóstico?
   5. ¿Le dio una receta el médico? ¿Llevó Ud. la receta a la farmacia? ¿Cuánto le costó la medicina?
   6. ¿Cuándo se sintió bien por fin? ¿Empezó a cuidarse más?

I. **¿Qué hiciste la última vez que...?** Working with another student, ask and answer the following questions.

   1. ¿Qué hiciste la última vez que tuviste un resfriado?
   2. ¿la última vez que tuviste un dolor de estómago?
   3. ¿la última vez que el doctor te dijo que no llevabas una vida muy sana?
   4. ¿la última vez que fuiste al consultorio del médico/de la médica?

Walter D. Hartsough

Cynthia E. D. Klie

CONSULTAS Y SERVICIOS

PLANTA PRIMERA		
consultas de:		
	PEDIATRIA	A■■ DERECHA
	DERMATOLOGIA	A■■ DERECHA
	OTORRINOLARINGOLOGIA	A■■ IZQUIERDA
	OFTALMOLOGIA	A■■ IZQUIERDA
PLANTA BAJA		
consultas de	OBSTETRICIA Y GINECOLOGIA	A■■ IZQUIERDA
servicios de	URGENCIAS	A■■ DERECHA
	ADMISION	CENTRO
	SECRETARIA GENERAL	A■■ IZQUIERDA
	JEFATURA DE ENFERMERAS	A■■ IZQUIERDA

↑Los hospitales y centros médicos de las grandes ciudades del mundo hispano son muy modernos. En esta foto se ve la lista de consultas y servicios de un hospital de Granada, España. ¿Cuántos departamentos puede Ud. identificar?

←La medicina popular todavía tiene cierta importancia en los países hispánicos. Unas mujeres dan a luz (*give birth*) con la ayuda de una partera (*midwife*) y algunas personas consultan a curanderos (*healers*), que tratan a la gente con té herbario o con la magia. Este hombre vende hierbas en el mercado de Pátzcuaro, México.

Study Hint: Writing

You can develop a more mature writing style in Spanish by using transition words to link shorter sentences. Follow these suggestions in the exercises on page 325.

1. Write a first draft of your composition, trying to express your ideas in short, simple sentences. Be sure that each sentence contains at least a subject and a verb.

2. Determine which sentences have a logical relationship and can be linked together. Choose transition words that show these relationships.

3. Rewrite the composition, adding the transition words and making changes, if necessary. For example, if you link the following sentences together with **cuando,** *the word* **ella** *will not be necessary.*

Vimos a Jacinta. Ella estaba en la cafetería. →
Cuando vimos a Jacinta, estaba en la cafetería.

*Remember to use words with which you are familiar because you have used them before, and avoid using the dictionary too much (***Study Hint,** *Chapter 8).*

Transition Words

además	besides
así	thus, so
cuando	when
de vez en cuando	from time to time
en cambio	on the other hand
luego	then, next
mientras	while
pero	but
por ejemplo	for example
por eso	therefore, for that reason
por fin	at last, finally
pues	well; since
sin embargo	nevertheless
también	also

UN PASO MÁS

Lectura cultural:

La lengua española

Gallego-portugués	Catalán
Leonés	Vascuence
Aragonés	Castellano

Para las personas que viven en esta edad de *jet*, es de mucha
importancia saber más de una lengua. En el caso de los que
viven en la América del Norte, tal vez la segunda° lengua   *second*
deba ser el español. La lengua española es la lengua nacional de México, de casi todos los países de Centroamérica
y de Suramérica (menos el Brasil, Guyana y Surinam) y de
varias de las repúblicas del Caribe. Además, su uso en los
Estados Unidos está aumentando° en todas partes del país.   *increasing*

Como las otras lenguas románicas°—el francés, el italia-   *romance*
no, el portugués y el rumano°—el español tuvo sus orígenes   *Rumanian*
en el latín, lengua que se extendió por todas las regiones del
Mediterráneo durante la época del Imperio Romano. De los
dialectos de cada región proceden las distintas lenguas
modernas.

Cuando España era todavía una región de reinos indepen-
dientes durante la Edad Media, se hablaban en la Península
Ibérica varios dialectos, tales como el gallego, el catalán, el
aragonés, el leonés y el castellano (lengua del reino de Castilla). Cuando Castilla llegó a ser la región más poderosa° y   *powerful*
los distintos reinos se unieron para formar la nación española, el castellano llegó a ser la lengua nacional. Mientras
los árabes ocupaban la Península Ibérica (711–1492), en-
traron en la lengua unas cuatro mil palabras de origen
árabe—por ejemplo, ajedrez°, álgebra, alcohol, aceite°.   *chess / oil*

Los conquistadores que llegaron al Nuevo Mundo llevaron la lengua castellana a las Américas. Esto resultó en el
reemplazo° de gran parte de las lenguas indígenas° por el   *replacement / native (Indian)*
castellano. Sin embargo, aquellas lenguas también, como el
árabe, contribuyeron al español algunas palabras nuevas:
patata, maíz, chocolate, aguacate°, canoa, huracán, tomate.   *avocado*

Lo interesante° del español actual° es la unidad es-   *Lo... The interesting thing /*
tructural y gramatical del idioma en las muchas regiones   *present-day*
del mundo donde se habla. Aunque° hay algunas diferencias   *Although*
de vocabulario y de entonación de región en región, una
persona de habla española puede entender y hacerse entender en cualquier lugar donde se habla la bella° y rica   *beautiful*
lengua española.

Comprensión

Complete las oraciones en una forma lógica.

1. El español es importante en el hemisferio occidental porque _____.
2. Las lenguas románicas aparecieron cuando _____.
3. El gallego, el catalán, el aragonés, el leonés y el castellano
   eran _____.
4. El castellano llegó a ser la lengua más importante de la
   Península Ibérica cuando _____.
5. El vocabulario del español recibió nuevas palabras cuando
   _____ y _____.
6. El castellano actual puede usarse en muchas regiones distintas porque _____.

Ejercicios escritos

A. Using the general knowledge you already have, write a brief paragraph about the use of Spanish in the United States. Use the following questions as a guide in organizing your paragraph.

1. ¿Dónde se habla el español en los Estados Unidos?
2. ¿Quiénes lo hablan?
3. ¿Por qué es importante saber el español?
4. ¿Por qué está aumentando su uso?
5. ¿En qué profesiones puede ser muy útil?
6. ¿Cómo puede ayudarle a Ud. en su futuro?

B. Write a brief history of your study of Spanish, using the following phrases as a guide.

1. empezar a estudiarlo cuando tenía _____ años
2. decidir estudiarlo porque _____
3. el primer día de clase
4. unos días después
5. ahora

VOCABULARIO

VERBS

cuidarse to take care of oneself
enfermarse to get sick
examinar to examine
resfriarse to get/catch a cold
respirar to breathe
sacar (qu) to stick out (*a tongue*)
sonar (ue) to ring
toser to cough

SUSTANTIVOS

el antibiótico antibiotic
la boca mouth
el consultorio (doctor's) office
el corazón heart
la enfermedad illness
el estómago stomach
la fiebre fever
la garganta throat
el jarabe (cough) syrup
la lengua tongue
el/la médico/a doctor
la nariz nose
el ojo eye
el/la paciente patient
los pulmones lungs
la receta prescription
el resfriado cold
la salud health
la tos cough

ADJETIVOS

congestionado/a congested

mareado/a nauseated
sano/a healthy

PALABRAS Y EXPRESIONES ÚTILES

de repente suddenly
hacer ejercicio to exercise, get exercise
lo suficiente enough
llevar una vida... to lead a . . . life
tener dolor de to have a pain in
tomarle la temperatura a alguien to take someone's temperature

UN POCO DE TODO 4
Un repaso de los capítulos 16–20

A. *Change the verbs and pronouns from the first person to the third person wherever possible and make any other necessary changes.*

1. Me divertí mucho porque la película era muy cómica.
2. Nos despedimos temprano porque queríamos ver las noticias.
3. ¡Casi nos morimos de hambre! No había nada de comida.
4. Me perdí en el centro cuando buscaba su casa.
5. Pedí paella porque mi amigo me dijo que estaba buena.
6. Tomé un poquito de jarabe y dije que no me gustaba.
7. Me quité el abrigo porque tenía calor.
8. Leí la lección, apagué las luces y me dormí.

B. *Form complete sentences based on the words given, in the order given. Conjugate the verbs in the preterite, and give the diminutive form of the italicized words. When you see this symbol (*), give **por** or **para**, as appropriate.*

1. Ana / me / dar / *cadena* / oro / * / mi hijo
2. nosotros / no / oir / noticiero / * / ruido
3. niña / decir / palabras / en español / * / su / *abuelo*
4. esposo / le / traer / su mujer / *reloj* / plata / * / su / cumpleaños
5. cuando / prima / hacerse / rico / comprar / *casa* de / verano / * / familia
6. Miguel / nos / vender / coche / * / 2.000 dólares
7. ¿ / tu / amigo / venir / a / fiesta / con / su / *hermanas* / ?
8. Carmen / ir / Buenos Aires / * / avión

C. *Form complete sentences based on the words given, in the order given. Conjugate the verbs in the preterite or the imperfect, as necessary.*

1. enfermera / le / dar / paciente / aspirina / porque / tener / fiebre / alto
2. médico / decir / ser / necesario / hacer / ejercicio
3. nos / acabar / gasolina / y / no / poder / llegar / a tiempo
4. por fin / niño / empezar / respirar / sin dificultad / pero / todavía / toser
5. yo / no / querer / comprar / nada / pero / el lunes / ir de comprar / con / Sra. Medina
6. Lorenzo / acostarse / temprano / ayer / porque / tener / que / levantarse / siete
7. ellos / no / llevarse / bien / y / por eso / él / negarse / ir / visitarlo
8. paciente / y / estar / muy / mareado / toser / mucho

D. *¿Cómo se dice en español?*

1. He went for the doctor because his little girl had a terrible stomach ache.
2. They wrote to each other a lot.
3. For Heaven's sake! Didn't you tell him the latest news by phone this morning?
4. He felt so sick that he said to me: "Let's stay at home tonight."
5. Let's find out what the workers think.

UN POCO DE TODO 4
Un repaso de los capítulos 16–20

6. Let's not make a mistake this time! It's a serious problem.
7. We left the aspirins at home and we dropped the cough syrup. Where's the pharmacy?

E. *Working with another student, ask and answer questions based on the following model. Use preterite or imperfect forms as indicated.*

MODELO   verano pasado/ir al Japón/vivir allí mi hermana →
  DIANA: Para ti, ¿qué fue lo más interesante (*the most interesting thing*) del *verano pasado?*
  SARA: *Fui al Japón.*
  DIANA: ¿Por qué *fuiste* allí?
  SARA: Porque *mi hermana vivía allí.*

1. cumpleaños / ir a comer a La Chinita / querer comer comida mexicana
2. niñez (*childhood*) / vivir en el Perú / trabajar mi padre allí
3. vacaciones / ir a esquiar en las montañas / querer divertirse y respirar aire puro allí
4. fiesta / bailar la noche entera / tener ganas de bailar

F. *Use the following pairs of questions to interview another student about his/her childhood and about specific events in the past.*

1. ¿Dónde vivías cuando tenías _____ años? / ¿Viviste en una ciudad grande alguna vez?
2. ¿A qué escuela asistías? / ¿Asististe a esta universidad el año pasado?
3. ¿Qué lenguas estudiabas? / ¿Estudiaste latín en la escuela secundaria?
4. ¿Qué hacías cuando te enfermabas? / ¿Cuántas veces te resfriaste el año pasado?
5. ¿Qué películas te gustaban más? / ¿Te gustó la última película que viste?
6. ¿Cuál era la cosa más importante de tu vida? / ¿Qué cosa importante te pasó el año pasado?
7. ¿Qué hacías durante los veranos? / ¿Qué hiciste el verano pasado?
8. ¿Te caías y te hacías daño con frecuencia? / ¿Qué te pasó la última vez que te caíste?
9. ¿Te enterabas de las noticias del mundo? / ¿Qué acontecimiento te causó una fuerte reacción el año pasado?

G. *Complete las oraciones en una forma lógica.*

1. _____ y yo nos queremos mucho. Él/ella me ayuda a _____.
2. Generalmente me levanto a _____ pero hoy me levanté a _____ porque _____.
3. La semana pasada yo estaba muy preocupado/a. Por eso yo (no) _____.
4. Era tarde y tenía que estudiar más todavía. Por eso yo _____.

CAPÍTULO·21

EN BUSCA DE UN PUESTO

VOCABULARIO: PREPARACIÓN

graduarse

llenar las solicitudes

DIRECCIÓN DE PERSONAL

caerle bien a la entrevistadora

escribir a máquina

caer bien/mal / *to make a good/bad impression* **conseguir (i, i)** / *to get, obtain something* **dejar** / *to quit*
nacer (nazco) / *to be born* **renunciar (a)** / *to resign (from)* ◆ **el apellido** / *last name* **el/la**
aspirante / *candidate* **el/la ciudadano/a** / *citizen* **el colegio** / *elementary or secondary school* (**¡OJO!** *not*
college) **la dirección** / *address* **la entrevista** / *interview* **el nombre** / *(first) name* **el puesto** / *job, position*

SOLICITUD DE EMPLEO   Madrid/México, D.F./Nueva York
Hermanos Alfonso
Importación/exportación

Apellido(s)	Nombre	Fecha
Doe	*Jane*	*28 de febrero de 1983*

Dirección	Ciudad
Avenida de la Moncloa, 89	*Madrid*

Nacimiento: día - mes - año	Ciudad	Provincia
3 - 2 - 1960	*Nueva York*	*Nueva York – USA*

¿Es Ud. ciudadano español?   sí _____   no *✓*

Si no, nacionalidad *USA*

EDUCACIÓN

Colegio/universidad	Dirección	Fechas de	a	Títulos obtenidos
Colegio público no. 1894	*Nueva York*	*1974*	*1978*	*graduada*
City College of New York	*Nueva York*	*1978*	*1982*	*B. B. A. (licencia en comercio)*

EXPERIENCIA (los tres últimos puestos)

Nombre de la compañía	Dirección	Puesto	Fechas de	a	Por qué dejó ese trabajo
"Peking" (Restaurante Chino)	*Nueva York*	*cocinera*	*6-78*	*9-78*	*me matriculé en CCNY*
City College of New York	*Nueva York*	*ayudante de laboratorio*	*9-79*	*6-82*	*me gradué*
Fruman Exports	*Nueva York*	*agente*	*7-82*	*12-82*	*para venir a España*

Idiomas:

inglés, español, un poco de francés

¿Qué puesto pide Ud. en esta compañía? *ayudante del director*

¿Por qué desea Ud. este trabajo? *Soy licenciada en comercio y tengo 6 meses de experiencia en una compañía de exportación.*

En muchos de los países hispánicos hay una escasez (*shortage*) de empleos. Por eso los jefes pueden pedir que los aspirantes tengan formación, experiencia y habilidades superiores. Hay mucha competencia para los puestos anunciados, y es una gran ventaja conocer a alguien o tener parientes en la compañía. Este abogado mexicano entrevista a un joven para el puesto de ayudante de oficina.

© 1981 Peter Menzel

A. Conteste las siguientes preguntas sobre la solicitud de la página 329.

1. ¿Cuál es el apellido de la aspirante? ¿y su nombre?
2. ¿Cuándo llenó la aspirante la solicitud?
3. ¿Cuál es su dirección? ¿De qué país es ciudadana?
4. ¿Cuándo nació y dónde?
5. ¿Cuándo se graduó la aspirante del colegio? ¿de la universidad?
6. ¿Qué idiomas habla?
7. ¿Por qué renunció la señorita a sus tres últimos puestos?
8. ¿Qué puesto espera obtener ahora? ¿Por qué?
9. ¿Qué preparación tiene para ese puesto?
10. En su opinión, ¿va a conseguir el puesto?

B. De las oraciones siguientes, ¿cuáles describen las experiencias y las opiniones de Ud.? Cambie las oraciones que no lo/la describen.

1. Renuncié a mi último puesto porque estaba aburrido/a.
2. Me gusta llenar solicitudes.
3. Creo que las personas nacen para ciertos trabajos.
4. Cuando tengo una entrevista llevo ropa conservadora para caerle bien al entrevistador.
5. Creo que mis estudios en la universidad me preparan para un buen trabajo.
6. Durante una entrevista estoy muy tranquilo/a.
7. Mi trabajo ideal es un trabajo donde puedo estar sentado/a (*seated*) todo el día.
8. Después de graduarme espero pasar a una «escuela graduada».
9. Es necesario que los estudiantes aprendan a escribir a máquina.
10. No me importa dejar un puesto porque consigo otro fácilmente.

C. En el Departamento de Personal. Ud. está en una sucursal tejana (*Texas branch*) de una compañía mexicana y busca un puesto—por ejemplo, director(a) de ventas (*sales*), enfermero/a, secretario/a. Con otro/a estudiante, haga los papeles (*play the roles*) de aspirante y de empleado/a del Departamento de Personal. El/la empleado/a debe hacerle preguntas al/a la aspirante.

Adjetivos ordinales

primer(o)	first	**sexto**	sixth
segundo	second	**séptimo**	seventh
tercer(o)	third	**octavo**	eighth
cuarto	fourth	**noveno**	ninth
quinto	fifth	**décimo**	tenth

Ordinal numbers are adjectives and must agree in number and gender with the nouns they modify. Ordinals usually precede the noun: **la cuarta lección, el octavo ejercicio.** The most commonly used ordinals in Spanish are **primer(o)** through **décimo.** Above *tenth*, the cardinal numbers are normally used: **Alfonso XIII (trece).**

Like **bueno,** the ordinals **primero** and **tercero** shorten to **primer** and **tercer,** respectively, before masculine singular nouns: **el primer niño, el tercer mes.** Ordinal numbers are frequently abbreviated with superscript letters that show the adjective ending: **las 1as lecciones, el 1er grado, el 5° estudiante.**

D. Diga Ud. los nombres de los días de la semana y de los meses del año, indicando su posición.

> **MODELO** El lunes es el primer día de la semana... Enero es el primer mes del año...

E. ¿En qué grado están estos niños?

1. Manuel—5°
2. Teresa—3er
3. Eduardo—7°
4. Jesús—1er
5. Pablo—10°
6. Evangelina—2°

F. Conteste las preguntas según el dibujo.

1. ¿Quién es la décima persona? ¿la quinta? ¿la tercera? ¿la novena? ¿la segunda?
2. ¿En qué posición está Ángela? ¿Cecilia? ¿Juan? ¿Simón? ¿Linda?

MINIDIÁLOGOS Y ESTRUCTURA

¿Recuerda Ud.?

Ud. and *Uds.* commands
*(Section 30) are the third
persons (singular and plural)
of the present subjunctive.*

UD.:	Hable Ud.	Coma Ud.	No escriba Ud.	Venga Ud.
UDS.:	Hablen Uds.	No coman Uds.	Escriban Uds.	No vengan Uds.

*Object pronouns follow and
are attached to affirmative
commands; they precede
negative commands.*

AFFIRMATIVE:	Tráigamelo Ud.	Levántense Uds.	Dígasela Ud.
NEGATIVE:	No me lo traiga Ud.	No se levanten Uds.	No se la diga Ud.

¿Cómo se dice en español?

1. Bring me the book. (**Uds.**)
2. Don't give it to her. (**Uds.**)
3. Buy us some beer. (**Ud.**)
4. Don't buy it for them. (**Ud.**)
5. Tell them the truth. (**Ud.**)
6. Tell it to them. (**Ud.**)
7. Never tell it to them. (**Ud.**)
8. Don't resign. (**Uds.**)
9. Open your book. (**Ud.**)
10. Listen to me. (**Uds.**)

Las horas de trabajo son diferentes en los países hispánicos. Normalmente los empleados empiezan a trabajar a las ocho o nueve de la mañana y trabajan hasta la una de la tarde. La hora de almorzar es desde la una hasta las dos o tres. Después, todos regresan al trabajo hasta las siete u ocho. En algunos lugares es casi imposible encontrar una tienda o una oficina abierta entre la una y las cuatro de la tarde porque todo el mundo está comiendo.

53
Tú commands

En la escuela primaria: frases útiles para la maestra
—Maritere, *toma* tu leche; *no tomes* la leche de Carlos.
—Cristina, *escribe* las oraciones en la pizarra; *no escribas* en la pared.
—Joaquín, *escucha; no hables* tanto.
—Esteban, *siéntate* en tu silla; *no te sientes* en el suelo.
—Silvia, *quítate* el abrigo; *no te quites* el suéter.
—Graciela, *dale* el cuaderno a Ernesto; *no se lo des* a Joaquín.
—Mario, *ponte* el abrigo; *no olvides* tus libros.
—Ramón, *ten* cuidado; *no corras, no te caigas.*
—Juana, *no hagas* eso; *tráeme* el papel.

1. *¿Qué dice la maestra cuando Maritere no toma su leche? ¿cuando alguien debe escribir en la pizarra? ¿no escucha? ¿no se sienta en la silla? ¿no se quita el abrigo? ¿no le da el cuaderno a Ernesto? ¿no se pone el abrigo? ¿no tiene cuidado? ¿no trae el papel?*

2. *¿Por qué da la maestra los mandatos negativos? Por ejemplo, ¿por qué dice la maestra «no tomes la leche de Carlos»?*
   → **Porque Maritere está tomando la leche de Carlos.**
   → **Porque no tomaba su propia (**own**) leche.**

Informal commands (**mandatos informales**) are used with persons whom you address as **tú**.

Negative **tú** *commands*

-Ar verbs		-Er/-ir verbs	
No hables.	*Don't speak.*	**No comas.**	*Don't eat.*
No cantes.	*Don't sing.*	**No escribas.**	*Don't write.*
No juegues.	*Don't play.*	**No pidas.**	*Don't order.*

In grade school: useful phrases for the teacher *Maritere, drink your milk; don't drink Carlos's milk. Cristina, write the sentences on the board; don't write on the wall. Joaquín, listen; don't talk so much. Esteban, sit in your chair; don't sit on the floor. Silvia, take off your coat; don't take off your sweater. Graciela, give the notebook to Ernesto; don't give it to Joaquín. Mario, put on your coat; don't forget your books. Ramón, be careful; don't run, don't fall. Juana, don't do that; bring me the paper.*

Like **Ud.** commands (Section 30) the negative tú commands are expressed with the present subjunctive: **no hable Ud., no hables tú.** The pronoun **tú** is used only for emphasis; it follows the command form.

No cantes **tú** tan fuerte.   *Don't you sing so loudly.*

As with negative **Ud.** commands, object pronouns—direct, indirect, reflexive—precede negative **tú** commands.

No lo mires.   *Don't look at him.*
No les escribas.   *Don't write to them.*
No te levantes.   *Don't get up.*

[*Práctica A, B*]

Affirmative **tú** commands[1]

-Ar verbs		-Er/-ir verbs	
Habla.	*Speak.*	**Come.**	*Eat.*
Canta.	*Sing.*	**Escribe.**	*Write.*
Juega.	*Play.*	**Pide.**	*Order.*

Unlike the other command forms you have learned, most affirmative **tú** commands are identical to the third-person singular (**Ud., él, ella** forms) of the present *indicative*.

The following verbs have irregular affirmative **tú** command forms:

decir:	**di**	poner:	**pon**	tener:	**ten**
hacer:	**haz**	salir:	**sal**	venir:	**ven**
ir:	**ve**	ser:	**sé**		

¡OJO! *The affirmative **tú** commands for **ir** and **ver** are identical: **ve.** Context will clarify meaning.*

¡Ve esa película!   *See that movie!*
Ve a casa ahora mismo.   *Go home right now.*

As in affirmative **Ud.** commands, object and reflexive pronouns follow affirmative **tú** commands and are attached to

---

[1]Affirmative **vosotros** commands are formed by substituting **d** for the final **r** of the infinitive: **hablar** → **hablad; comer** → **comed; escribir** → **escribid.** There are no irregular affirmative **vosotros** commands. Negative **vosotros** commands are expressed with the present subjunctive: **no habléis/comáis/escribáis.** Placement of object pronouns is the same as with all other command forms: **Decídmelo; No me lo digáis.**

them. Accent marks are necessary except when a single pronoun is added to a one-syllable command.

Dile la verdad.	*Tell him the truth.*
Tócala, por favor.	*Play it, please.*
Póntelos.	*Put them on.*

[*Práctica C, D, E, F, G*]

Práctica

A. Cambie los mandatos formales (**Ud.**) por mandatos informales (**tú**).

1. No gaste Ud. tanto.
2. No despierte Ud. al niño.
3. No lo cierre Ud., por favor.
4. No lo limpie Ud.
5. No le arregle Ud. el carro hoy.
6. No escriba Ud. la carta a máquina.
7. No corra Ud. tanto.
8. No venga Ud. tan tarde.
9. No lo lea Ud., por favor.
10. No haga Ud. tanto ruido, por favor.

B. Dé Ud. mandatos informales para continuar estos comentarios que Ud. hace a unos miembros de su familia. Siga el modelo.

MODELO   *Hablaste* tanto por teléfono ayer. →
          No hables tanto por teléfono, por favor.
          No quiero que *dejes* tu ropa en el suelo. →
          No la dejes en el suelo, por favor.

1. *Dejaste* tus libros en el suelo también.
2. Ayer *regresaste* tarde a casa.
3. No quiero que *lleves* mi ropa.
4. No me gusta que *juegues* y *corras* en la calle.
5. No es necesario que *vayas* al parque todos los días.
6. No es bueno que *mires* la televisión constantemente.
7. Siempre le *dices* mentiras (*lies*) a papá.
8. Siempre *te olvidas* de sacar la basura.
9. ¿Por qué *doblas* en la segunda esquina?
10. ¡*Eres* tan mala!

C. Cambie los mandatos formales (**Ud.**) por mandatos informales (**tú**).

1. Llene Ud. la primera solicitud.
2. ¡Niéguelo Ud.!
3. Contéstele Ud. inmediatamente al aspirante.
4. Pregúntele Ud. su apellido y su dirección.
5. Almuerce Ud. allí.
6. Apréndala Ud. bien.
7. Salga Ud. de aquí.
8. Sírvale Ud. el vino.
9. Vaya Ud. al colegio.
10. Venga Ud. al aeropuerto.

D. Dé Ud. mandatos informales afirmativos para continuar estos comentarios a unos miembros de su familia.

1. No le *escribiste* a Santiago.
2. No me *ayudas* nunca.

3. No *tienes* paciencia.

4. Insisto en que *desayunes* (*you have breakfast*).

5. Nunca me *escuchas*.

6. Es terrible que nunca *termines* tus proyectos.

7. Nunca *dices* la verdad.

8. Ayer no *hiciste* ensalada.

9. Nunca *pones* la mesa.

10. Quiero que *seas* buena.

E. Dé Ud. mandatos informales según el modelo.

> **MODELO** Carlos escribe la carta con *lápiz.* (*bolígrafo*) →
> *Carlos, escríbela con bolígrafo; no la escribas con lápiz.*

1. Anita habla *inglés* en la entrevista. (*español*)

2. Gilberto lee *un periódico.* (*una novela*)

3. Nati pregunta a *Carmen* la dirección. (*Lorenzo*)

4. Santiago bebe *el café.* (*una limonada*)

5. Maricarmen nos está comprando *tres* boletos. (*cuatro*)

6. Mariela llena la solicitud *amarilla.* (*verde*)

7. Dolores trae *cerveza.* (*vino*)

8. Silvia estaciona el carro *en el estacionamiento* (parking lot). (*en la calle Bolívar*)

9. Jaime se pone *bluejeans* para la entrevista. (*un traje y una corbata* [tie])

10. Dolores dice *mentiras* en la solicitud. (*la verdad*)

F. Su amigo/a tiene una entrevista para un trabajo que le interesa mucho y quiere caerle bien al entrevistador. Déle Ud. consejos sobre la entrevista en forma de mandatos informales.

> **MODELO** Llega a la hora en punto.

G. Dé Ud. diez mandatos informales para ser un(a) esposo/a feliz (*happy*) o para ser el compañero/a de cuarto perfecto/a.

54

Nominalization of adjectives

Lo esencial para un aspirante

DON JULIO: Bueno, me alegro de que estés de acuerdo con-migo: el primer aspirante no nos interesa. ¿Cuál prefieres, pues, *el segundo* o *el tercero?*

DON CARLOS: Yo, *el segundo*, pero estoy seguro que don Jorge va a querer que le ofrezcamos el puesto *al primero*.

DON JULIO: ¿Y por qué dices eso?

DON CARLOS: Porque *el primero* tiene lo que es para don Jorge *lo más importante:* el apellido familiar. ¡Es su primo!

1. ¿Qué aspirante prefiere don Carlos?

2. ¿Qué aspirante va a preferir don Jorge?

3. ¿Qué es lo que tiene el primer aspirante?

Article/Demonstrative + adjective

Me gustan los platos pana-meños y **los mexicanos.**

Quiero comprar esta blusa verde y **aquella blanca.**

I like Panamanian dishes and Mexican ones.

I want to buy this green blouse and that white one.

English frequently uses the word *one* or *ones* (*the blue sweater and the green one*) to avoid the repetition of a noun. Spanish avoids such repetition by nominalizing adjectives (using them as nouns). This procedure involves dropping the nouns they modify, while retaining the article or demonstrative adjective. Both the **nominalized adjective (adjetivo sustantivado)** and the article or demonstrative must agree with the noun to which they refer.

> **aquel** carro **blanco**   → **aquel blanco**
> *that white one* (car)

The essential thing for an applicant DON JULIO: *Well, I'm glad that you agree with me: the first applicant isn't of any interest (to us). Which do you prefer, then, the second or the third?* DON CARLOS: *I prefer the second, but I'm sure that don Jorge is going to want us to offer the job to the first one.* DON JULIO: *And why do you say that?* DON CARLOS: *Because the first one has what is most important for don Jorge: the family name. He's his cousin!*

los hombres **ricos**   → **los ricos**
                             *the rich, the rich ones (*men*)*
la señorita **más simpática** → **la más simpática**
                             *the nicest one (*young
                             woman*)*

una mujer **joven**   → **una joven**
                             *a young person, a young
                             woman*

[*Práctica A, B, C*]

Lo + *adjective*

Spanish adjectives can also be nominalized by using the masculine singular form with **lo.** Adjectives nominalized with **lo**
describe general qualities or characteristics that are usually
expressed in English by the words *part* or *thing.* They do not
refer to any one noun in particular.

lo cómico	*the funny thing (part)*
lo bueno/malo	*the good/bad thing (part)*
lo más importante	*the most important thing (part)*
lo mejor/peor	*the best/worst thing (part)*
lo mismo	*the same thing (part)*

[*Práctica D, E; F, G, H*]

Práctica

Prefiero este vestido caro pero
debo comprar el barato.

A. Dé Ud. frases nuevas que se refieren a las palabras in-
dicadas.

—¿Qué *abrigo* vas a comprar?
—Pues... me gusta más *el rojo.* (*blusa, pantalones, camisas, sombrero, falda, calcetines*)

B. Complete the following sentences by selecting the item you want to buy. Use nominalized
adjectives.

1. Tenemos un diccionario barato y otro diccionario caro.   **Debo comprar el _____.**

2. Tenemos unas plantas grandes y aquellas plantas más pequeñas.   **Prefiero las ____.**

3. Tenemos una refrigeradora verde y otra amarilla.   **Voy a comprar la ____.**

4. Tenemos esta guitarra española y esa mexicana.   **Me gusta más la ____.**

5. Tenemos unos televisores americanos y esos japoneses.   **Me da el ____, por favor.**

C. Conteste Ud., expresando sus gustos y preferencias. Use adjetivos sustantivados.

1. ¿Prefiere Ud. los perros grandes o los pequeños?

2. ¿Prefiere Ud. los gatos siameses o los persas?

3. ¿los restaurantes mexicanos o los italianos?

4. ¿la comida norteamericana o la extranjera? ¿el pan francés o el norteamericano? ¿el pan negro o el blanco?

5. ¿las clases fáciles o las difíciles? ¿las grandes o las pequeñas?

6. ¿los coches americanos o los extranjeros? ¿los japoneses o los italianos? ¿los grandes o los económicos?

7. ¿la música clásica o la moderna?

8. ¿las películas dramáticas o las cómicas?

D. Cambie, usando **lo** + **adjetivo.**

MODELO importante → *lo importante*

1. divertido   **2.** peor   **3.** interesante   **4.** curioso   **5.** necesario   **6.** bueno

E. Exprese sus ideas sobre lo más importante de la vida.

Lo más importante de la vida (no) es/son[2] ____. las clases / la libertad / las vacaciones / la salud / los amigos / la familia / el trabajo / ____.

F. ¿Cómo se dice en español?

1. the good news

2. the important part

3. the worst thing

4. what's sad is . . .

5. the most difficult thing

6. the easiest part

7. the best part

G. Give "good news" and "bad news" for each of the following situations.

MODELO en el restaurante →
Lo bueno es que la comida es excelente.
Lo malo son los precios.

1. en la gasolinera

2. en la oficina de la profesora

3. en el aeropuerto

4. en el consultorio del médico

5. en casa

6. en el trabajo

7. en la clase de español

8. durante una entrevista

---

[2]Use **es** before a singular noun and **son** before a plural. In this case, the verb **ser** anticipates the noun that follows.

H. Complete las oraciones en una forma lógica.

   1. Lo mejor/peor de esta clase es/son ____.
   2. Cuando alguien está enfermo, lo peor es/son ____.
   3. Durante mis últimas vacaciones lo más interesante fue/fueron ____.
   4. Lo malo/bueno de la vida de un estudiante es/son ____.
   5. Lo bueno de la vida en general es/son ____.
   6. Lo bueno/malo de conseguir un puesto es/son ____.
   7. Lo bueno/malo de dejar un puesto es/son ____.
   8. Lo mejor/peor de ser ciudadano de este país es/son ____.
   9. Lo más interesante del pueblo (de la ciudad) donde nací es/son ____.
   10. Lo bueno/malo de graduarse es/son ____.

Study Hint: Listening

*When you are listening to someone speaking Spanish, try to pick out cognates and to guess the meaning of unfamiliar words from context, just as you do when you are reading (***Study Hint,*** Chapter 16). The following suggestions will also help you to understand more of what you hear in Spanish.*

1. Remember that it is not necessary to understand every word in order to get the "gist" of the conversation. You may feel uncomfortable if you cannot understand absolutely everything, but chances are good that you will still be able to handle the conversational situation.

2. Watch the speaker's facial expressions and gestures—they will give you a general idea about what he or she is saying. For example, if there is a pause and the speaker is looking at you expectantly, it is reasonable to guess that he or she has just asked you a question.

3. Use brief pauses in the conversation to "digest" the words that you have just heard.

4. The more familiar you are with the vocabulary being used, the easier it will be to understand what you are hearing. Listen for familiar words—and be flexible: they may appear with a different meaning in a new context. Listen also for specific clues, such as:

a. the gender of nouns and adjectives: Is the speaker talking about **un chico alto** *or* **una chica alta?** *Here you have three chances—with the article, the noun itself, and the adjective—to catch the gender of the person being described.*

b. verb endings: Who did what to whom? If you hear **habló,** *for example, you know that the speaker is not talking about him- or herself, since the* **-ó** *ending signals a third person.*

c. object pronouns: The sentence: **La vi en el restaurante** *can only refer to a woman or to a feminine noun.*

d. intonation: Did you hear a question or a statement?

Above all, if you really have not understood what someone said to you, react, ask questions, admit that you haven't understood, and ask him or her to repeat.

UN PASO MÁS

Actividades

¿Dónde se oye? In which of these places would the following commands be appropriate? After you have matched the items given, create as many different **tú** or **Ud.** commands as possible for each location.

en una fiesta familiar	en el aeropuerto
en una fiesta universitaria	en el avión
en el camino/la carretera	en el Departamento de
en la agencia de automóviles	Personal
en una tienda de ropa	en Alaska, un día de
en un almacén	invierno
en casa	en el trabajo
en la cafetería universitaria	durante una entrevista

1. Cómpralo—es una ganga.
2. Pregúntaselo a tu abuelo. Él debe saberlo, hijo, yo no.
3. Maneja con cuidado.
4. No comas eso. Te vas a enfermar.
5. Sube al avión. Va a salir dentro de (*in*) cinco minutos.
6. No bebas tanta cerveza.
7. Vuelve mañana, Ana, para la entrevista.
8. No regatees—aquí no se puede.
9. Compra ese suéter azul, que es mucho más bonito que los otros.
10. Lava los platos y saca la basura.
11. Guárdame un asiento, por favor.

12. Ponte el abrigo y las botas.
13. No te pongas nervioso; aquí todos somos como de la familia.
14. Hazlo para mañana; es muy importante. Y escribe también estas cartas a máquina.
15. No cambies el canal, por favor. Quiero ver el noticiero.

VOCABULARIO

VERBOS

caer (caigo) bien/mal to make a good/bad impression
conseguir (i, i) (ga) to get, obtain
escribir a máquina to type
graduarse to graduate
llenar to fill out (*a form*)
nacer (nazco) to be born
renunciar (a) to resign (from)

SUSTANTIVOS

el apellido last name

el/la aspirante candidate, applicant
el/la ciudadano/a citizen
el colegio elementary or secondary school
la dirección address
la entrevista interview
el/la entrevistador(a) interviewer
la mentira lie
el puesto job, position
la solicitud application form
el trabajo work, job

ADJETIVOS

cuarto/a fourth
décimo/a tenth
mismo/a same
noveno/a ninth
octavo/a eighth
quinto/a fifth
segundo/a second
séptimo/a seventh
sexto/a sixth
tercero/a third

CAPÍTULO 22

EL TRABAJO

VOCABULARIO: PREPARACIÓN

la abogada   el abogado

la comerciante   el comerciante

el enfermero   la enfermera

el hombre/ la mujer de negocios

el obrero   la obrera

el plomero   la plomera

la siquiatra   el siquiatra

EN LA OFICINA: JEFES Y EMPLEADOS / ◆ **el/la empleado/a** / *employee* **el/la director(a)** / *manager, director* **el/la jefe/a** / *boss* ◆ **cambiar (de puesto)** / *to change (jobs)* **dar consejos** / *to give advice* **despedir (i, i)** / *to fire* **funcionar** / *to function* **ganar** / *to earn; to win* **quitar** / *to take out, withhold* ◆ **el aumento** / *raise, increase* **el cheque** / *check* **los impuestos** / *taxes* **el negocio** / *business* **el sueldo** / *salary*

A. ¿Qué profesión/oficio (*trade*) corresponde a cada descripción? ¿Cuáles son las ventajas (*advantages*) y desventajas (*disadvantages*) de cada trabajo?

un(a) empleado/a   un(a) comerciante
un(a) obrero/a   un(a) director(a)
un(a) enfermero/a   un(a) plomero/a
un(a) abogado/a   un(a) siquiatra
un(a) hombre/mujer de negocios

1. Recibe muchas invitaciones para comer en los buenos restaurantes. Es muy susceptible a los ataques al corazón. Viaja mucho.
2. Compra y vende cosas. Pone anuncios de sus productos en la televisión, en los periódicos, etcétera. Está contento/a cuando los empleados venden mucho.
3. Tiene que leer mucho. Tiene un puesto de mucho prestigio. A veces no sabe si su cliente es inocente o no.
4. Puede dar mandatos a los empleados y los despide si es necesario. Gana más que sus empleados. Tiene un trabajo más interesante que ellos.
5. No tiene tanta responsabilidad como un jefe, ni (*nor*) tiene que tomar tantas decisiones. Le pagan menos que al jefe.
6. A veces tiene que trabajar en lugares muy sucios. Gana un buen sueldo. Tiene que ir a la casa de sus clientes.
7. Tiene que trabajar sólo ocho horas—normalmente no lleva el trabajo a casa. Su trabajo puede resultar monótono.
8. Escucha a otras personas todo el día. Sabe los secretos de sus clientes y les ayuda a resolver sus problemas.
9. Trabaja en un hospital. Sus clientes están enfermos, generalmente, y tiene mucha responsabilidad con respecto a la salud de ellos.

Esta mujer mexicana es una gerente de nivel ejecutivo para una cadena de hoteles. Como en otras partes del mundo, diariamente se abren más oportunidades para la mujer hispana. En algunas familias la mujer trabaja para comprar cosas de lujo, pero la mayoría de las mujeres que tienen empleo trabajan para pagar los gastos (*expenses*) diarios de la vida.

B. ¿Qué profesiones asocia Ud. con estas frases? Explique su respuesta.

actor/actriz	camarero/a	enfermero/a	policía
ama de casa	capitán	entrevistador(a)	político/a
artista	consejero/a	maestro/a	presidente/a
azafata/camarero	criado/a	médico/a	profesor(a)
barbero	cura/pastor/rabino	pintor(a)	reportero/a
barman	dentista	poeta	secretario/a

1. intelectual
2. aburrido/a
3. sensible (*sensitive*)
4. mucho/poco dinero
5. mucho/poco poder (*power*)

6. mucha/poca responsabilidad
7. mucho/poco prestigio
8. mucha/poca prisa
9. mucho/poco peligro (*danger*)
10. mucho/poco trabajo

C. ¿Qué consejos—serios o cómicos—da Ud. para resolver cada problema a la izquierda?

1. Su jefe es muy antipático.
2. Los empleados llegan tarde todos los días.
3. Ud. gana un sueldo muy bajo.
4. Un empleado habla mucho por teléfono con sus amigos.
5. El viernes, quince minutos antes de la hora de cerrar, la jefa le da a Ud. un trabajo muy largo y complicado que necesita el lunes.
6. Le quitan muchos impuestos del cheque.
7. Dos empleados no se llevan bien.

a. No trabaje Ud. Así (*thus*) no tiene que pagarle nada al estado.
b. Cuando Ud. ve que llama a alguien, déle otra cosa que hacer e[1] indique que no debe hablar con sus amigos durante las horas de oficina.
c. Hable con los dos, déles consejos y trate de resolver las diferencias. Si esto no da resultado, despida a uno de ellos.
ch. Dígale que Ud. tiene que salir de la ciudad este fin de semana y que no vuelve hasta muy tarde el domingo.
d. Por cada minuto de retraso (*tardiness*), quíteles un dólar de su cheque.
e. Dígale al director que Ud. necesita ganar más dinero y pídale un aumento.
f. Cambie de puesto, porque los jefes no cambian nunca.

D. ¿La directora o el empleado? ¿Quién lo dijo?

1. Le di un buen consejo, pero no me escuchó.
2. Este negocio no funciona bien.
3. Creo que hay un error en el cheque—me quitaron demasiado de impuestos federales.
4. La despedí y salió furiosa.
5. Cambié de trabajo porque creía que me iba a gustar la responsabilidad de ser jefa.
6. Creo que los jefes ganan mucho más que nosotros.
7. Si me suben el sueldo, puedo vivir mejor.
8. Me despidió la jefa pero no sé por qué.

E. ¿Qué profesión le interesa más a Ud.? Explique por qué, dando las ventajas y desventajas como las ve Ud.

---

[1]**Y** (*and*) becomes **e** before a word that begins with **i** or **hi**: **Isabel y Fernando,** but **Fernando** *e* **Isabel; hijos y padres,** but **padres** *e* **hijos.**

MINIDIÁLOGOS Y ESTRUCTURA

¿Recuerda Ud.?

Before beginning Section 55, *review the comparison of adjectives (*Section 27*).*

más/menos + *adjective* + **que**   *Marta y Anita son más responsables que Ana y María.*
Yo soy menos alto que Juan.

mejor/peor   *Este negocio es mejor que ése.*
mayor/menor   *Mis hermanos son mayores que yo.*

¿Cómo se dice en español?

1. My sister is taller than I (am).
2. This class is more important than that one.
3. I'm less bored than you are!
4. He earns a higher salary there.
5. My friends are younger than he (is).
6. Today is worse than yesterday.
7. Patricia is prettier than I (am).
8. But I'm smarter than she (is).
9. They pay lower taxes.

55

Superlatives and absolute superlatives

El mundo del trabajo

TERESA: ¿Por qué cambiaste de puesto? ¿No me dijiste que era *el* trabajo *más fácil del* mundo?

TOMÁS: Eso creía. Pero resultó *malísimo.* Tenía *el peor* jefe, *las* condiciones *más incómodas* y además *el* sueldo *más bajo de* toda la oficina.

1. ¿Creía Tomás que su trabajo era facilísimo?

2. ¿Cómo era su jefe? ¿las condiciones del trabajo? ¿su sueldo?

3. ¿Por qué cambió de puesto?

The working world TERESA: *Why did you change jobs? Didn't you tell me it was the easiest work in the world?* TOMÁS: *That's what I thought. But it turned out to be extremely bad. I had the worst boss, the most uncomfortable conditions and, what's more, the lowest salary in the whole office.*

Superlatives

article + noun + **más/menos** + adjective + **de**
article + **mejor/peor** + noun + **de**

David es **el** estudiante **más inteligente de** la clase.	*David is the smartest student in the class.*
Son **los mejores** doctores **de** aquel hospital.	*They're the best doctors at that hospital.*

The *superlative* (**superlativo**) is formed in English by adding *-est* to adjectives or by using expressions such as *the most, the least,* and so on, with the adjective. In Spanish, this concept is expressed in the same way as the comparative and is always accompanied by the definite article. In this construction **mejor** and **peor** tend to precede the noun; other adjectives follow. *In* or *at* is expressed with **de**.

[*Práctica A*]

Absolute superlatives

Esos ejercicios son **facilísimos**.	*Those exercises are very, very easy.*
Esa mujer es **inteligentísima**.	*That woman is extremely intelligent.*

When **-ísimo/-a/-os/-as** is used with an adjective, the idea *extremely* (*exceptionally; very, very; super*) is added to the quality described. This form is called the *absolute superlative* (**superlativo absoluto**). If the adjective ends in a consonant, **-ísimo** is added to the singular form. If the adjective ends in a vowel, the final vowel is dropped before adding **-ísimo: perezosø →perezosísimo**. Any accents on the adjective stem are dropped when **-ísimo** is added: **difícil → dificilísimo**.

Spelling changes occur when the final consonant of an adjective is **c, g,** or **z: rico → ri*qu*ísimo; largo → lar*gu*ísimo; feliz → feli*c*ísimo**.

[*Práctica B, C, D, E*]

Práctica

A. Cambie por el superlativo según el modelo.

MODELO   Carlota es una estudiante muy inteligente. (la clase) → Carlota es *la* estudiante *más inteligente de la clase.*

1. Olga y Paula son empleadas muy trabajadoras. (la oficina)
2. Es una plaza muy pequeña. (la ciudad)
3. El Brasil es un país muy grande. (Suramérica)
4. La Sra. Gómez es una aspirante muy buena. (la lista)
5. La lección veinte es una lección muy importante. (el texto)
6. ¡Es una clase mala! (la universidad)

B. Dé el superlativo absoluto.

1. importante	3. alto	5. especial	7. malo
2. difícil	4. pobre	6. fácil	8. atrasado

C. Complete las oraciones, usando el superlativo absoluto de uno de estos adjetivos—o cualquier otro.

famoso	grande	divertido	contaminado
cansado	rico	pesado	interesante

1. Mis mejores amigos vienen a cenar esta noche, y es necesario que la cena esté _____.
2. Nueva York es una ciudad _____.
3. No hay ninguna persona _____ en la clase.
4. Cuando trabajo mucho, estoy _____ después.
5. No me gusta que la clase sea/esté _____.
6. Una persona _____ me cae bien.
7. Una persona _____ me cae mal.
8. General Motors es una compañía _____.

D. Usando oraciones completas, dé Ud. el nombre de:

1. el/la mejor estudiante de la clase
2. la persona más pobre de su familia
3. el/la profesor(a) más paciente de la universidad
4. una persona riquísima
5. la compañía/el negocio más importante de esta ciudad
6. un carro baratísimo
7. un carro rapidísimo
8. un coche pequeñísimo/grandísimo
9. una persona famosa viejísima
10. una ciudad grandísima
11. una persona que tiene un puesto facilísimo/dificilísimo
12. una persona que trabaja muchísimo

E. Working with another student, ask and answer questions based on the following phrases. Then report your opinions to the class.

1. la persona más guapa del mundo
2. la noticia más seria de esta semana
3. un(a) profesor(a) buenísimo/a
4. el mejor restaurante de la ciudad y el peor
5. la mejor clase de la universidad y la peor
6. un plato riquísimo
7. un programa de televisión interesantísimo y otro pesadísimo
8. un lugar tranquilísimo

9. la canción más bonita/fea del año
10. la mejor/peor película del año
11. el mejor/peor puesto posible

56
Summary of the use and omission of the definite article

¡Me robaron la bolsa donde tenía la cartera!

---

1. ¿Qué le robaron a la mujer?

2. ¿Dónde tenía la cartera?

3. ¿Qué le está pasando en este momento?

4. Para esta mujer, ¿es hoy uno de los peores días de la semana?

In Spanish, as in English, the definite article is used to point out or indicate a specific noun: *El* **libro está en** *la* **mesa.** The use of the definite article in Spanish differs from English usage in the following ways:

A. The definite article is generally repeated before each noun in a series:

> **El** libro, **el** bolígrafo y **el** cuaderno están en la mesa.　　*The book, pen, and notebook are on the table.*

B. The definite article is used before a title (except **don** and **doña**) when you are talking *about* a person: **el Sr. Romero, la profesora Burgos.** The article is not used when you are talking directly *to* the person.

> **La Dra.** López va a estar en el consultorio a las nueve.　　*Dr. López will be in the office at nine.*

Este ingeniero guatemalteco trabaja con la gente de un pueblo para mejorar las condiciones de vivienda (*housing*). En muchas áreas rurales se construyen casas sin las técnicas modernas de construcción que aumentan la seguridad durante terremotos (*earthquakes*) y otros desastres naturales.

Emma Rivera/Courtesy of the Peace Corps

but

Dra. López, ¿cuándo va a estar en el consultorio mañana?	*Dr. López, when are you going to be in your office tomorrow?*

C. The definite article is used to express *on* with the days of the week.

El lunes vamos al centro.	*On Monday we're going downtown.*
La farmacia está cerrada **los miércoles.**	*The pharmacy is closed on Wednesdays.*

D. The definite article—not the possessive adjective—is used before articles of clothing or parts of the body when context makes meaning clear.

Me puse **el** sombrero.	*I put on my hat.*
Puse **el** sombrero en la mesa cuando entré.	*I put my hat on the table when I came in.*

but

¿Dónde pusiste **mi** sombrero?	*Where did you put my hat?*
Tiene **el** pelo largo.	*He has long hair. (His hair is long.*
Me duele **la** garganta.	*My throat hurts me.*

but

Estas botas son demasiado pequeñas para **mis** pies.	*These boots are too small for my feet.*

E. The definite article appears before abstract nouns and before nouns used in a general (or generic) sense.

La vida es breve.	*Life is short.*
La salud es importante.	*Health is important.*
Nos gustan **las flores.**	*We like flowers (in general).*

F. The definite article is used with the names of languages, except when they immediately follow **de, en,** and **hablar.** The article is often omitted after **escribir, aprender, leer, estudiar,** and **enseñar.**

El francés es una lengua bonita.	*French is a pretty language.*
Hablan bien **el español.**	*They speak Spanish well.*

but

Hablan español.	*They speak Spanish.*

G. The definite article has traditionally been used with the names of certain countries. However, many native speakers of Spanish no longer observe this rule.

la **Argentina**	el **Japón**
el **Brasil**	el **Paraguay**
el **Canadá**	el **Perú**
el **Ecuador**	la **República Dominicana**
los **Estados Unidos**	**El Salvador**
la **India**	el **Uruguay**

Práctica

A. Dé Ud. frases nuevas según las indicaciones.

1. —¿Quiénes vinieron a celebrar el cumpleaños de Dolores?
   —Vinieron los *abuelos,* los *primos* y los *tíos. (primos, tío, abuela; padres, abuelos, otros parientes; primos, hermanas, esposos de ellas)*
2. —¿Cuándo está en el consultorio el siquiatra? ¿los lunes?
   —Sí, el doctor está los *lunes. (miércoles, viernes, sábados, martes, jueves)*
3. —¿Hacía mucho frío esta mañana?
   —Sí, y me puse el *suéter* porque hacía tanto frío. *(abrigo, sombrero, botas, calcetines)*
4. —¿Qué tiene el paciente? Está muy mal, ¿no?
   —Sí, le duele la *garganta. (estómago, pulmones, cabeza, ojos, nariz)*
5. —Su amiga Antonia es una verdadera experta en lenguas extranjeras. ¿Habla español?

—Sí, Antonia habla muy bien el *español*. Tomó muchos cursos de *español* en la secundaria. (*francés, inglés, japonés, chino, ruso, portugués*)

6. —¿Son latinoamericanos estos países? ¿(el) Perú?

—Sí, (el) *Perú* es un país latinoamericano. (*Argentina, Japón, Brasil, Francia, Paraguay, México, Ecuador, Canadá, Colombia, Estados Unidos*)

B. Describe Dr. García, using the following words and phrases to give information about him: **buen médico, cubano, cincuenta y siete años, una familia grande, español, la Habana.**

> **MODELO**   El Dr. García es un buen médico.

Now ask Dr. García questions that would elicit the information given above.

> **MODELO**   Dr. García, ¿es Ud. un buen médico?

C. Describa Ud. algunos de sus valores (*values*).

(No) Creo que ＿＿＿ es/sea importante. (*dinero / amistad / amor / salud / matrimonio / educación / libertad / trabajo / sueldo*)

D. ¿Cómo se dice en español? Use el imperfecto y el pretérito.

Mr. Radillo met (**buscar**) us at the station on Sunday. We put our suitcases, presents, and coats in his car and walked to a restaurant. Argentine food is excellent, and I ordered in Spanish. I didn't need help from anyone. I think we're going to like life in Argentina.

E. Preguntas

1. ¿Se habla español en España? ¿y en (el) Uruguay? ¿en (el) Brasil?

2. ¿Hay algo más importante que las notas (*grades*) en la vida de un estudiante? ¿qué?

3. ¿Qué piensa Ud. hacer el sábado? ¿el domingo?

4. ¿Tiene Ud. el pelo largo? ¿los pies grandes? ¿los ojos azules?

5. ¿Cuáles son los síntomas de una persona que tiene resfriado? ¿Cómo tiene la temperatura? ¿Qué le duele? ¿Pierde el apetito?

6. ¿Se especializa Ud. en español? ¿en latín? ¿en filosofía? ¿En qué se especializa? ¿Por qué?

7. ¿Qué se debe estudiar para ser comerciante? ¿siquiatra? ¿plomero? ¿director de una compañía internacional?

F. Complete las oraciones en una forma lógica.

1. En cuanto a la comida (*as far as food is concerned*), me gusta(n) _____, pero no me gusta(n) _____.
2. Creo que _____ es una de las cosas más importantes de la vida.
3. Algún día quiero viajar a _____.
4. _____ es una lengua bonita, pero prefiero _____.
5. De niño/a, tenía mucha dificultad en ponerme _____.
6. Los lunes yo siempre _____.
7. El domingo pasado yo _____.
8. En este momento (no) me duele(n) _____.
9. Según el estereotipo, _____ es el aspecto más importante de la vida de un hombre o mujer de negocios.
10. Es verdad que _____ ganan sueldos muy bajos/altos.

G. Using last names and the titles **Sr., Srta., Sra.,** or **profesor(a)**, ask several people in your Spanish class the following questions. Remember that it is not always necessary to tell the truth.

1. Sr. (Sra., Srta., Prof.) _____, ¿cuánto gana Ud. de (*as*) sueldo?
2. ¿Cuánto le quitaron de impuestos el año pasado?
3. ¿Lo/la despidieron de un puesto alguna vez? ¿Por qué?
4. ¿Por qué cambió de puesto la última vez que lo hizo?
5. ¿Qué hizo el sábado pasado?
6. ¿Qué hacía todos los veranos de niño?

Now report the information you have learned to the class, again using the person's last name and title.

> **MODELO** De niño, el profesor _____ iba a México todos los veranos.

H. Profesiones con futuro... y con problemas. Todos los trabajos tienen sus ventajas y desventajas. Imagínese que Ud. trabaja en los puestos indicados aquí. ¿Qué le gusta de su trabajo? ¿Cuál es lo peor de su trabajo? En un día típico, ¿cuál es la cosa más importante que tiene que hacer? ¿Qué se debe estudiar para prepararse para este puesto?

médico	director de personal	biólogo
analista de sistemas	abogado	guardabosques (*forest ranger*)
veterinario	profesor universitario	

> **MODELO** director de personal →
> *Lo peor de mi trabajo es cuando tengo que despedir a un empleado.*
> *Para ser un buen director de personal, uno debe estudiar sicología.*
> *Me gusta muchísimo ayudar a otros a encontrar puestos.*

UN PASO MÁS

Lectura cultural:

La educación en los países hispanos

Por lo general, el sistema de educación de los países hispanos es mucho más tradicional o clásico que el de° los Estados Unidos. Tomemos como ejemplo el caso de Jairo, un ingeniero° colombiano que acaba de recibir su título de la Universidad Nacional.

    Jairo entró en la escuela primaria a los seis años de edad. Asistió a una escuela particular° para varones° y dirigida° por padres jesuitas. Después de terminar los seis años de primaria, entró en otra escuela particular para hacer los seis años de colegio, o escuela secundaria. En este colegio, Jairo siguió° once cursos al año; estos cursos incluyeron ciencias, matemáticas, religión, filosofía, dibujo°, inglés, latín, literatura y economía. Cuando decidió continuar sus estudios al nivel° universitario, Jairo empezó a estudiar en

el... that of

engineer

private / males / directed

took

drawing

level

La organización del sistema educativo es muy diferente en el mundo hispano. Primero hay la escuela primaria o el colegio (*elementary school*), que dura cinco a siete años. Luego hay la escuela secundaria (*secondary school*), que también se llama el liceo, el instituto o el colegio. Los que (*those who*) completan la preparación secundaria reciben el bachillerato, más o menos el equivalente del *high school diploma* de los Estados Unidos. Luego se entra a la universidad. Estas alumnas estudian en una escuela primaria de Madrid, España.

Christopher Brown/Stock, Boston

la Universidad Nacional, porque la matrícula era más barata que en las universidades particulares.

Este programa educativo de Jairo es un ejemplo de la educación que reciben muchos de los estudiantes hispanos. Por lo general, el sistema hispano requiere que el estudiante—y en especial el colegial°—siga un programa *student at a* **colegio** mucho más rígido que el de las escuelas secundarias de los Estados Unidos; hay menos cursos «electivos». Por sus esfuerzos° el estudiante recibe el título de Bachiller, después *efforts* de aprobar° los exámenes de bachillerato. En la universidad, se estudia para una profesión determinada en una de *passing* las facultades° profesionales, como Ingeniería, Medicina o *schools (divisions of a university)* Derecho°. También hay muchos estudiantes que asisten a *Law* clases en la Facultad de Filosofía y Letras°. En ella se **Filosofía...** *Liberal Arts* amplían° los estudios generales humanísticos sin espe- **se...** *are broadened* cialización. El concepto de *major* no existe tal como en° los **tal...** *exactly as in* Estados Unidos.

Comprensión

Conteste en oraciones completas.

1. ¿Cómo es el sistema de educación de los países hispanos?
2. ¿A qué tipo de escuela primaria asistió Jairo?
3. En Colombia, ¿cuántos años se pasan en la primaria? ¿en la secundaria?
4. ¿Qué es un colegio?
5. ¿Qué cursos tienen que seguir los estudiantes en el colegio?
6. ¿Qué título recibe el estudiante hispano cuando termina el colegio?
7. ¿En qué (*how*) es diferente el sistema universitario hispano del sistema universitario de los Estados Unidos?

Ejercicios escritos

A. Complete the following paragraph about your chosen career.

Yo estudio para ser _____ porque _____. Después de graduarme, quiero _____. En esta profesión se puede _____. Ésta es la mejor profesión para mí porque _____.

B. A Hispanic friend has asked you the following questions about the educational system in the United States. Answer his/her questions in a brief paragraph, using these questions as a guide.

1. ¿A qué edad empezaste la escuela primaria? ¿Qué es eso de *kindergarten?*
2. En los Estados Unidos, ¿cuántos años se asiste a la primaria? ¿a la secundaria?
3. ¿Cuántas materias se estudian cada año en la secundaria? ¿Cuáles son las materias que se estudian cada año? ¿Qué materias hiciste tú?
4. ¿Qué materia fue la más interesante para ti? ¿Por qué?
5. ¿Hay algunas actividades en la escuela secundaria? ¿En cuáles participaste tú?
6. ¿Son difíciles las materias de la secundaria? ¿de la universidad? Para ti, ¿cuál es la materia más difícil de todas? ¿la más fácil?
7. ¿Es difícil que le acepten a uno/a en la universidad? ¿Cuánto hay que pagar de (*in*) matrícula?
8. ¿Cuántas horas de clase tienes en una semana? ¿Cuántas horas más estudias en casa o en la biblioteca? ¿Estudias muchísimo?
9. ¿Los estudios universitarios son mucho más difíciles que los de la secundaria?
10. ¿Es importante una preparación universitaria para conseguir un buen puesto? ¿Qué profesiones requieren una preparación universitaria en los Estados Unidos?

VOCABULARIO

VERBOS

cambiar (de) to change
despedir (i, i) to fire
especializarse (c) to major (*in an academic area*)
ganar to earn
quitar to take out, withhold
resolver (ue) to solve, resolve
subir to raise

SUSTANTIVOS

el/la abogado/a lawyer

el aumento raise, increase
el/la comerciante merchant
la compañía company
el cheque check
la (des)ventaja (dis)advantage
el/la director(a) manager, director
el/la empleado/a employee
el hombre de negocios business man

el impuesto tax
la mujer de negocios business woman
el negocio business
la oficina office
el pelo hair
el/la plomero/a plumber
el/la siquiatra psychiatrist
el sueldo salary

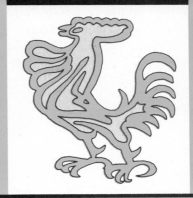

CAPÍTULO 23

SE ALQUILAN APARTAMENTOS

VOCABULARIO: PREPARACIÓN

A. ¿Cuál es la función de los cuartos de una casa o de un apartamento?

> **MODELO**   la alcoba → *Allí se duerme.*
>   *Uno se acuesta en la alcoba.*

B. Ud. es corredor(a) de casas (*real estate agent*). Descríbales la siguiente casa a sus clientes, inventando los detalles necesarios.

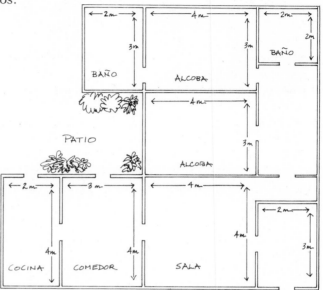

¿Dónde se encuentra la casa? ¿Cuántos cuartos tiene? ¿Cuáles son? ¿Cuáles son las dimensiones de los cuartos? ¿Cómo son? ¿Cuánto cuesta la casa? ¿Tiene alguna desventaja? ¿Por qué deben comprarla sus clientes?

(1 metro = 39.37 inches)

Mide _____ **por** _____. *It measures _____ by _____.*

La alcoba mide _____ **por** _____. *The bedroom measures _____ by _____.*

C. Ud. tiene los siguientes muebles. Usando el plan, decida cómo va a amueblar (*to furnish*) la casa.

una cama de matrimonio
una cama sencilla
dos estantes
dos escritorios
dos cómodas
dos sillones
un sofá
una mesa con cuatro sillas de plástico
una mesa con seis sillas de madera fina
cuatro lámparas
tres alfombras

el sillón

la cómoda

el escritorio

el estante

la alfombra

D. ¿Que muebles le faltan todavía a Ud. para tener la casa bien amueblada?

¿un estéreo? ¿un televisor? ¿dos televisores? ¿una «cama de agua»?

E. ¿Qué muebles asocia Ud. con estas palabras?

1. estudiar	**3.** sentarse	**5.** luz	**7.** suelo
2. ropa	**4.** libros	**6.** comida	**8.** _____

¿Dónde vive Ud.? ¿Dónde quiere vivir?

alquilar	to rent	**el/la inquilino/a**	renter, tenant
el ascensor	elevator	**la piscina**	swimming pool
el centro	downtown	**el/la portero/a**	building manager; doorman
la dirección	address	**el primer piso**	second floor (*first floor up*)
el/la dueño/a	owner, landlord, landlady	**el/la vecino/a**	neighbor
		la vista	view

F. ¿Qué prefiere Ud.?

   1. ¿vivir en una casa o vivir en una casa de apartamentos?
   2. ¿vivir en el centro o en los suburbios? ¿o tal vez en el campo?
   3. ¿alquilar una casa/un apartamento o comprar una casa?
   4. ¿vivir en una casa de apartamentos con ascensor o con escaleras?
   5. ¿vivir en el primer piso o en un piso más alto?
   6. ¿pagar el gas y la luz—o pagar un alquiler (*rent*) más alto con el gas y la luz incluidos?
   7. ¿ser el dueño del apartamento o ser el inquilino?
   8. ¿quejarse (*to complain*) al portero de algo o arreglarlo Ud. mismo/a (*yourself*)?
   9. ¿tener un garaje o una piscina?
   10. ¿un apartamento pequeño con una vista magnífica o un apartamento más grande sin vista?
   11. ¿un apartamento pequeño con una dirección elegante o un apartamento grande con una dirección más modesta?
   12. ¿conocer muy bien a los vecinos o mantenerse a distancia?

G. Dé Ud. una definición de estas palabras.

   1. inquilino   **2.** ascensor   **3.** centro   **4.** garaje   **5.** portero   **6.** vecino

H. ¿Cierto o falso? Cambie las oraciones falsas de acuerdo con su propia situación.

   1. Vivo en el centro.
   2. Mis vecinos son muy simpáticos.
   3. Hay una piscina cerca de mi casa.
   4. Tengo una vista magnífica de la ciudad.
   5. Mi garaje es grande.
   6. Alquilo un apartamento cerca de la universidad.
   7. El dueño de la casa de apartamentos paga la luz y el gas.
   8. Tenemos ascensor.
   9. Vivo en el primer piso.

10. Hay portero en mi apartamento.
11. Hay portería automática (*security system*).
12. El dueño y los inquilinos se llevan bien.

MINIDIÁLOGOS Y ESTRUCTURA

¿Recuerda Ud.?

*Review the formation of the present subjunctive (*Section 31*) before beginning* Section 57.

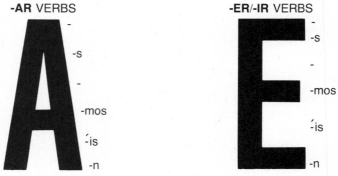

-AR VERBS	-ER/-IR VERBS
- -s - -mos ´-is -n	- -s - -mos ´-is -n

STEMS: The stem for most verbs comes from the **yo** form of the present indicative.

habl∅ → **hable**   com∅ → **coma**   dig∅ → **diga**   conozc∅ → **conozca**

SPELLING CHANGES: The spelling changes in **-car, -gar,** and **-zar** verbs occur in all forms of the present subjunctive.

buscar: **busque, busques,** etc.   pagar: **pague, pagues,** etc.
empezar: **empiece, empieces,** etc.

-ar/-er STEM-CHANGING VERBS: These verbs follow the stem-changing pattern of the present indicative.

cerrar (ie):   cierre   cierres   cierre   cerremos   cerréis   cierren
encontrar (ue):   encuentre   encuentres   encuentre
encontremos   encontréis   encuentren

-ir STEM-CHANGING VERBS: These have an additional change in the **nosotros** and **vosotros** forms: **o → u, e → i.**

dormir (ue, u): duerma   duermas   duerma   **durmamos**   **durmáis**   duerman
pedir (i, i): pida   pidas   pida   **pidamos**   **pidáis**   pidan

Four verbs do not follow the above patterns.

ir: **vaya,** etc.   ser: **sea,** etc.   saber: **sepa,** etc.   haber: **haya**

¿Cómo se dice en español? Empiece las oraciones con «Ojalá que...».

1. . . . he earns a little more.
2. . . . we eat soon.
3. . . . they practice the piano.
4. . . . you (**tú**) turn off the lights.
5. . . . we sleep well tonight.
6. . . . you (**Ud.**) feel better tomorrow.
7. . . . the children know us.
8. . . . the boss doesn't fire him.
9. . . . you (**vosotros**) sit here.
10. . . . I know the answer.
11. . . . we can go to the movies.
12. . . . he has some money.
13. . . . she's at home.
14. . . . they leave soon.
15. . . . you (**Uds.**) don't fall down.
16. . . . he sees it.
17. . . . the class starts soon.
18. . . . there are more seats.

57
Subjunctive after nonexistent and indefinite antecedents

Aquí hay unas personas que **hablan** español y que **son** de Latinoamérica.
No hay nadie aquí que **hable** inglés, que **sea** de los Estados Unidos, que _____. (*llamarse Smith, ser rubio, vivir en Kansas, tener parientes en Cincinnati*)

Los Sres. Alonso **tienen un apartamento** que **es** cómodo (*comfortable*) y que **está** en el centro.
Los Sres. Alonso **buscan una casa** que **sea** más grande, que **esté** en el campo, que _____. (*no costar mucho, tener un patio enorme, tener una terraza, ser elegante*)

In English and Spanish an adjective clause is a dependent clause that modifies a noun or a pronoun: *I have a car **that gets good mileage;** I need a house **that is closer to the city.*** The

En las ciudades hispánicas la mayoría de la gente vive en apartamentos. Muchas familias los compran, otras los alquilan. Hay una variedad tremenda de apartamentos; pueden ser pequeños y modestos, o grandes y lujosos. Los apartamentos más viejos son amplios y elegantes, con balcones y rejas de hierro forjado (*wrought iron grillwork*). Estos modernos apartamentos están en Caracas, Venezuela.

Courtesy of the Organization of American States

noun or pronoun that precedes the adjective clause and is modified by it is called the *antecedent* (**antecedente**) of the clause.

In Spanish, when the antecedent of an adjective clause refers to someone (something, a place, and so on) that does not exist, the subjunctive must be used in the adjective clause.

EXISTENT ANTECEDENT:

Hay algo aquí que me **interesa.**
There is something here that interests me.

NONEXISTENT ANTECEDENT:

No hay nada aquí que me **interese.**
There is nothing here that interests me.

Similarly, when the existence of the antecedent is indefinite (hypothetical) or uncertain, the subjunctive is used.

DEFINITE ANTECEDENT:

Tenemos un portero que lo **arregla** todo.
We have a manager who fixes everything.

INDEFINITE ANTECEDENT:

Necesitamos un portero que lo **arregle** todo.
We need a manager who will (can) fix everything.

The personal **a** is not used with direct object nouns that refer to hypothetical persons. Compare:

| Busco **un señor** que lo sepa. | I'm looking for a man who knows it. |
| Busco **al señor** que lo sabe. | I'm looking for the man who knows it. |

Even though the subjunctive is used in a question that contains an indefinite antecedent, when the answer confirms the existence of the antecedent, the indicative is used in the answer.

| —¿**Hay algo** aquí que te **guste?** | Is there something here that you like? |
| —Sí, **hay algo** que me **gusta.** | Yes, there is something that I like. |

but

| —**No, no hay** nada que me **guste.** | No, there isn't anything that I like. |

Práctica

A. Dé Ud. frases nuevas según las indicaciones.

1. —Ud. quiere mudarse (*to move*). ¿Qué tipo de apartamento va a buscar?
   —Voy a buscar un apartamento que _____. (*tener tres alcobas, tener una vista magnífica, estar en el centro, tener un garaje amplio, ser cómodo, tener por lo menos dos baños*)
2. —¿Cuáles son algunas de las habilidades que los miembros de la clase de Ud. no tienen?
   —No hay nadie en clase que _____. (*ser actor/actriz, hablar chino, tocar la viola, coleccionar insectos, saber preparar comida turca, jugar muy bien al béisbol, ser siquiatra*)

B. Cambie según las indicaciones.

> **MODELO** Hay *alguien* que lo sabe. (*nadie*) →
> No hay *nadie* que lo *sepa.*

1. Buscamos *al secretario* que sabe escribir a máquina en español. (*un secretario*)
2. Hay *algo* aquí que me gusta. (*nada*)
3. Quiere bailar con *la señora* que sabe bailar el tango. (*alguien*)
4. *Busco* un plomero que no cobre (*charges*) mucho. (*conozco*)
5. Hay *alguien* que puede hacerlo. (*nadie*)
6. Aquí hay *algunos* vecinos que se quejan mucho. (*ningún*—¡OJO! *singular*)
7. *Necesitamos* un sillón que sea un poco más grande. (*aquí tenemos*)
8. Hay *algo* aquí que me interesa. (*nada*)

C. ¿Cómo se dice en español?

1. I know a lawyer who speaks Spanish.
2. We need a lawyer who speaks Spanish.
3. I know someone who earns a lot.

4. I don't know anyone who earns a lot.
5. Is there someone here who can fix it?
6. There is no one here who can fix it.
7. I have neighbors that complain a lot.
8. I want neighbors that never complain.
9. We're looking for a director who speaks Japanese.
10. We have a director who speaks Portuguese.

D. ¿Qué dicen o piensan estas personas?

1. No hay nadie que _____.

2. Armando quiere un coche que _____.

3. En esta clase no hay nadie que _____.   **1.**

2.

E. Complete las oraciones en una forma lógica.   **3.**

1. Tengo un carro que es _____.
2. Necesito un carro que _____.
3. Tengo un apartamento que está _____.
4. Busco un apartamento que _____.
5. En mi familia hay alguien que _____, pero no hay nadie que _____.
6. En clase hay algo que _____, pero no hay nada que _____.
7. En clase hay alguien que _____, pero no hay nadie que _____.
8. Quiero comprar unos muebles que _____.

En las fincas (*ranches*) del mundo hispano se encuentran grandes casas señoriales, pero muchas casas rurales son más modestas. Aquí se ve la casa de un campesino (*farm worker*) uruguayo.

F. Working with another student, ask and answer the following questions. Then report what you have learned to the class.

   1. ¿Hay algo que te interesa más que la clase de español?
   2. ¿Buscas una especialización (*major*) que sea interesante y útil?
   3. Para el semestre que viene, ¿quieres una clase que empiece a las ocho de la mañana?
   4. ¿Piensas seguir una profesión que te pague un sueldo muy alto?
   5. ¿Necesitas vivir en un apartamento que tenga piscina?
   6. ¿Conoces a alguien que sepa bailar muy bien?
   7. ¿Hay alguien en tu familia que _____?

58

Subjunctive after certain conjunctions

¿Otra vez?

JUAN: Pongamos el sillón aquí *para que esté* cerca del televisor.

ADA: Ahí no, *a menos que se cambien* de lugar el estante y el escritorio.

ROBERTO: (poniendo el sillón en el centro de la sala.) ¡No! Aquí se va a quedar el sillón—*¡para que* yo no lo *tenga* que levantar otra vez!

1. ¿Quién quiere que el sillón esté cerca del televisor?

2. Para que el sillón esté allí, ¿qué muebles tienen que cambiarse de lugar?

3. ¿Dónde quiere poner el sillón Roberto? ¿Por qué?

In Spanish the subjunctive *always* occurs in dependent clauses introduced by these *conjunctions* (**conjunciones**):

a menos que	*unless*	**en caso de que**	*in case*
antes (de) que	*before*	**para que**	*so that*
con tal que	*provided (that)*	**sin que**	*without*

Voy **con tal que** ellos me **acompañen.**	*I'm going provided that they go with me.*
En caso de que llegue Juan, dile que ya salí.	*In case Juan arrives, tell him that I already left.*

Again? JUAN: *Let's put the armchair here so that it's close to the television set.* ADA: *Not there, unless the bookcase and desk are moved.* ROBERTO: (putting the armchair in the middle of the living room) *No! The armchair is going to stay here—so that I don't have to lift it again!*

Note that these conjunctions introduce dependent clauses in which the events have not yet materialized; the events are conceptualized, not real world. When there is no change of subject in the dependent clause, Spanish more frequently uses the prepositions **antes de, para,** and **sin** plus an infinitive, instead of the corresponding conjunctions plus the subjunctive. Compare:

PREPOSITION:
Estoy aquí **para aprender.**

I'm here to (in order to) learn.

CONJUNCTION:
Estoy aquí **para que Uds. aprendan.**

I'm here so that you will learn.

PREPOSITION:
Voy a comer **antes de salir.**

I'm going to eat before leaving.

CONJUNCTION:
Voy a comer **antes (de) que salgamos.**

I'm going to eat before we leave.

Práctica

A. Dé Ud. frases nuevas según las indicaciones.

1. —Ud. espera una llamada (*call*) muy importante de su amigo Luis, ¿verdad?
—Sí, es verdad. No salgo esta tarde _____ llame Luis. (*a menos que, antes de que, en caso de que, sin que*)

2. —Ud. acaba de comprar una casa nueva. ¿Invita a todos sus amigos a pasar por casa?
—Sí, quiero que vengan todos para que (ellos) _____. (*nadar en la nueva piscina, divertirse, ver la casa, conversar, celebrarlo conmigo*)

B. Use la conjunción entre paréntesis para unir las dos oraciones. Haga todos los cambios necesarios.

1. Vamos a las montañas. Llueve. (a menos que)
2. Voy al centro. Tú me acompañas. (con tal que)
3. Dígale a Jaime que él se quede. (Laura) regresa. (en caso de que)
4. Los padres trabajan tanto. Sus hijos viven cómodamente. (para que)
5. Alquilemos aquella casa. Otra persona la alquila. (antes de que)
6. No me caso contigo. Vendes tu motocicleta. (a menos que)
7. Voy a alquilar el apartamento. Tiene dos alcobas. (con tal que)
8. Compre Ud. pan ahora. No tienen pan en la otra tienda. (en caso de que)
9. Les doy tanta tarea (*homework*). Uds. aprenden. (para que)
10. Ojalá que nos mudemos de casa. Empiezan las clases. (antes de que)

C. ¿Cómo se dice en español?

1. We go there to have fun.

En los países hispánicos el primer piso significa *second floor*. El piso que está al nivel de la calle se llama la planta baja. En esta calle de Fuenterrabia (España), la planta baja es la entrada al domicilio, pero es frecuente encontrar en la planta baja tiendas de todo tipo y hasta restaurantes y bares, teatros y cines, agencias de automóviles.

© Josip Ciganovic/Courtesy of the Ministerio de Información y Turismo

2. We go there so that the kids can have fun.

3. They're going to swim before cleaning (they clean) the garage.

4. They're going to swim before we clean the garage.

5. Don't leave without talking to her.

6. Don't leave without her talking to you.

D. Complete las oraciones en una forma lógica.

    1. Voy a graduarme en _____ a menos que _____.

    2. Este verano voy a _____ a menos que _____.

    3. Voy a seguir estudiando español el semestre que viene con tal que _____.

    4. Voy a seguir viviendo en esta ciudad con tal que _____.

    5. En caso de que me llame el presidente, dígale que _____.

    6. En caso de que llueva mucho, (no) voy a _____.

    7. Asisto a la universidad para/para que _____.

    8. Nunca estudio sin/sin que _____.

    9. Siempre me baño antes de/antes de que _____.

    10. No voy a pagar el alquiler este mes a menos que _____ arregle _____.

E. Los Sres. Cortina quieren alquilar un apartamento, pero no quieren pagar el alquiler alto que les pide el dueño. Al dueño de la casa de apartamentos le caen muy bien los Sres. Cortina, pero no quiere bajar el alquiler. ¿Pueden ponerse de acuerdo los Sres. Cortina y el dueño? Use estas frases como guía en la conversación sobre el apartamento.

LOS SRES. CORTINA: No alquilamos el apartamento a menos que _____.

EL DUEÑO: Bajo el alquiler con tal que _____.

LOS SRES. CORTINA: Alquilamos el apartamento con tal que _____.

EL DUEÑO: No puedo bajar el alquiler a menos que _____.

UN PASO MÁS

Actividades

—*¿Te has suscrito° tú a una revista° de decoración?*   **¿Te...** *Have you subscribed / magazine*

A. Una casa sin muebles. Invente un cuento que explique el dibujo. Use estas preguntas como guía.

1. ¿Quiénes son estos señores? ¿Dónde viven?
2. ¿Acaban de mudarse? Dónde vivían antes?
3. ¿Por qué se suscribió la señora a una revista de decoración?
4. ¿Qué muebles necesitan?
5. ¿Por qué no tienen muebles?
6. ¿Es probable que tengan muebles en el futuro inmediato? Explique.
7. Si estos señores le piden a Ud. que les dé consejos para la decoración de su casa, ¿qué les va a aconsejar Ud.? ¿Deben comprar muebles nuevos o muebles usados? ¿antigüedades (*antiques*)? ¿Qué colores deben emplear? ¿Cuáles son las primeras cosas que ellos deben hacer o comprar para decorar la sala? ¿las últimas?

B. Más refranes. There are many Spanish proverbs and expressions that begin with **No hay.** What is the English equivalent of these?

1. No hay monte tan alto que un asno cargado de (*loaded with*) oro no lo suba.
2. No hay mal que cien años dure (*lasts*).
3. No hay mal que por bien (*for a good purpose*) no venga.
4. No hay peros que valgan.
5. No hay mucho que no se acabe, ni poco que no se alcance (*reach, attain*).
6. No hay regla (*rule*) sin excepción.
7. No hay peor sordo (*deaf person*) que el que no quiere oir.
8. No hay mejor espejo (*mirror*) que el amigo viejo.

Now invent some **refranes** of your own that use the same structure.

9. No hay clase (universidad, profesor) que _____.
10. No hay amigo (hombre, mujer, niño) que _____.
11. No hay mentira (problema, dolor) que _____.
12. No hay compañero de cuarto (vecino, dueño, inquilino) tan malo (pobre, rico, inteligente, corrupto) que _____.
13. No hay _____.

VOCABULARIO

VERBOS

interesar (like **gustar**) to interest, be interesting
mudarse to move (*from one residence to another*)
quejarse (de) to complain (about)

SUSTANTIVOS

la alcoba bedroom
la alfombra rug
el alquiler rent
el ascensor elevator
el baño bathroom
la casa de apartamentos apartment house
el centro center; downtown

la cocina kitchen
el comedor dining room
la cómoda bureau, chest of drawers
el cuarto room
el/la dueño/a landlord; landlady
las escaleras stairs
el escritorio desk
el estante bookcase
el garaje garage
el/la inquilino/a renter, tenant
la lámpara lamp
la piscina swimming pool
el/la portero/a building manager, doorman
la sala living room
el sillón armchair

el televisor television set
el/la vecino/a neighbor
la vista view

ADJETIVOS

cómodo/a comfortable

PALABRAS Y EXPRESIONES ÚTILES

a menos que unless
antes (de) que before
con tal que provided that
en caso de que in case
para que so that
primer piso second floor (*first floor up*)
sin que without

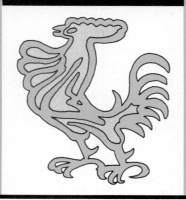

CAPÍTULO·24

DE VIAJE

VOCABULARIO: PREPARACIÓN

CRUZAR LA FRONTERA

el viajero

DECLARAR LAS COMPRAS

la inspectora (de aduanas)

REGISTRAR LAS MALETAS

PAGAR LOS DERECHOS / UNA MULTA

ir al extranjero / *to go abroad* **viajar al/en el extranjero** / *to travel abroad* ◆ **la aduana** / *customs* **los derechos de aduana** / *customs duty* **la nacionalidad** / *nationality* **el pasaporte** / *passport*

A. Llene los espacios para describir lo que ocurre cuando pasamos por la aduana.

Cuando cruzamos una ___, es necesario pasar por la ___. Primero el ___ nos pide el ___. A veces pregunta también: «¿De qué ___ es Ud.?» También pregunta si tenemos algo que (*to*) ___. Por ejemplo, los Estados Unidos permite traer ___ libres de impuestos por un valor total de trescientos dólares. Si llevamos más de eso, tenemos que pagar ___. Después de varias preguntas, el inspector ___ las maletas. Si llevamos algo ilegal, el inspector toma el objeto y nos pone una ___ o llama a la policía.

B. Cuando los viajeros contestan así, ¿cuál fue la pregunta del inspector de aduanas?

   1. Soy española, de Toledo.
   2. No sabía yo que era ilegal traer fruta fresca.
   3. Solamente estos libros y estos cigarrillos para uso personal.
   4. Espere Ud. un momento. Mi esposa tiene la llave.
   5. No compré esta cámara en el extranjero. La compré aquí antes de salir.

En la estación de trenes/de autobuses			
el andén	platform	**el maletero**	porter
el billete (de ida)	(one-way) ticket	**la salida**	departure
el billete de ida y vuelta	round-trip ticket	**la taquilla**	ticket office
el horario	timetable, schedule		
la litera	berth (*on a train*)	**cambiar de (tren,**	to change (trains,
la llegada	arrival	**autobús)**	buses)

C. Definiciones. Defina estas palabras en español.

   1. litera   **3.** andén   **5.** maletero   **7.** aduana   **9.** frontera
   2. horario   **4.** taquilla   **6.** salida   **8.** nacionalidad   **10.** llegada

D. ¿Cierto o falso? Corrija las oraciones falsas.

   1. Para subir a un tren, hay que pasar al andén.
   2. Si un billete de ida cuesta cien pesos, un billete de ida y vuelta debe costar trescientos pesos.
   3. Después de llegar al andén, los viajeros tienen que pasar por la taquilla.
   4. El horario indica las salidas y las llegadas.
   5. Registran las maletas cuando viajamos en los Estados Unidos.

E. ¿Qué hace Ud.?

   1. Si tengo que cambiar de tren durante un viaje,
     a. no llevo mucho equipaje.
     b. busco un maletero en el andén para que lleve mi equipaje.
     c. facturo el equipaje y dejo que la compañía lo cambie.
   2. Si tengo que hacer un largo viaje por tren, de noche, prefiero
     a. comprar un billete de primera clase.
     b. volar.
     c. comprar un billete de segunda clase con litera.
   3. Cuando voy a la taquilla a comprar un billete de ida y vuelta en tren y encuentro que no tengo suficiente dinero para comprarlo,

      a. compro un billete de ida solamente.

      b. voy en autobús, porque es más barato.

      c. vuelvo a casa a buscar más dinero.

4. Cuando no estoy seguro/a de la hora de la salida del tren,

      a. se la pregunto a un maletero.

      b. pido un horario.

      c. vuelvo a la taquilla a preguntar.

5. La última cosa que pregunto después de comprar un billete es

      a. la hora de la salida y de la llegada.

      b. el número del andén.

      c. si hay que cambiar de autobús / de tren.

F. Preguntas

1. ¿Viajó Ud. alguna vez en el extranjero? ¿Qué países visitó? ¿Qué hizo? ¿Viajó muchísimo? ¿Estudió? ¿Trabajó? ¿Hizo muchas compras? ¿Es posible que Ud. vaya al extranjero este verano?

2. ¿Tiene Ud. pasaporte? ¿Qué hay que hacer para conseguirlo? ¿Dónde se consigue?

3. ¿Cruzó Ud. alguna vez la frontera entre el Canadá y los Estados Unidos? ¿entre México y los Estados Unidos? ¿Qué le preguntó el/la inspector(a) de aduanas? ¿Tuvo que declarar algunas compras? ¿Le registró las maletas? ¿Tuvo Ud. que pagar derechos?

4. ¿Cómo viajó Ud. en su último viaje? ¿en autobús? ¿en tren? ¿en avión? ¿Salió y llegó según el horario previsto (*published*)? ¿Dónde compró el billete?

> En los horarios de tren se emplea el mismo sistema para indicar la hora que usan los militares: el sistema de veinticuatro horas. Así no hay necesidad de decir «de la mañana (tarde/ noche)». Ponen 2.20 si el tren sale a las 2.20 de la mañana y 14.20 si sale a las 2.20 de la tarde. Ponen 10.30 si sale a las 10.30 de la mañana y 22.30 si sale a las 10.30 de la noche.

Bernard Pierre Wolff/Photo Researchers, Inc.

MINIDIÁLOGOS Y ESTRUCTURA

59

Indicative and subjunctive after *aunque*

Antes de aterrizar

AZAFATA: Su atención, por favor, señoras y señores. Les vamos a entregar ahora las planillas de inmigración y de la declaración de aduana. Llénenlas y ténganlas a mano con sus pasaportes antes de que aterricemos. Muchas gracias.

VIAJERA: Señorita, por favor. ¿Es necesario que declare la cámara fotográfica y la grabadora, *aunque* no *son* para vender?

AZAFATA: Con tal que no las traiga de regalo o para comerciar, no tiene que pagar derechos. Pero declárelas de todos modos, *aunque sean* para su uso personal.

VIAJERO: ¿Y hasta cuántas cámaras se permiten para uso personal?

AZAFATA: No sé exactamente, pero ¡creo que menos de las diez que Ud. tiene!

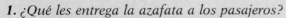

1. ¿Qué les entrega la azafata a los pasajeros?

2. ¿Qué tienen que hacer los pasajeros?

3. ¿Qué pregunta la viajera?

4. ¿Cuándo tiene que pagar derechos un viajero?

5. ¿La cámara y la grabadora de la viajera son para su uso personal? ¿y las cámaras del viajero?

The subjunctive is used after the conjunction **aunque** (*although, even though*) when the speaker wishes to imply doubt

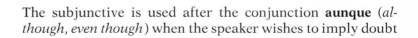

Before landing ATTENDANT: *Your attention please, ladies and gentlemen. We will be passing out the immigration and customs-declaration forms. Fill them out and have them within easy reach, along with your passports, before we land. Thank you very much.* TRAVELER: *Please, Miss. Is it necessary for me to declare my camera and tape recorder even though I don't intend to sell them?* ATTENDANT: *Provided that you're not bringing them as a gift or for business reasons, you don't have to pay duty. But declare them anyway, although they may be for your personal use.* TRAVELER: *And (up to) how many cameras are permitted for personal use?* ATTENDANT: *I don't know exactly, but I think fewer than the ten that you have!*

or uncertainty. When there is no doubt or uncertainty, **aun-que** is followed by the indicative. Compare:

No me gusta **aunque sea** amigo de Rita.	*I don't like him although he may (might) be Rita's friend.*
No me gusta **aunque es** amigo de Rita.	*I don't like him even though (even if) he is Rita's friend.*

Práctica

A. Dé Ud. frases nuevas según las indicaciones.

1. Los amigos de Ud. quieren ir a Puerto Vallarta en autobús, pero Ud. no. Si insisten, ¿qué les va a decir Ud.?

   —No voy en autobús aunque *Uds.* sigan insistiendo. (*Ramón, tú, Ud., Catalina y Juan, vosotros*)

2. La inspectora de aduanas insiste en registrar su maleta, pero Ud. no puede encontrar la llave. ¿Qué le dice a Ud. la inspectora?

   —Aunque Ud. _____, no va a salir de aquí sin abrir la maleta. (*pasar la noche aquí, ofrecer pagar los derechos máximos, no tener ninguna compra que declarar, ser pariente del presidente, quejarse al director*)

B. Últimas palabras famosas. Complete Ud. las frases a la izquierda con las palabras a la derecha.

1. Julieta: Aunque sea uno de los Capuletos,
2. Un estudiante: Aunque haya examen mañana,
3. El maletero: Aunque no podamos encontrar su maleta,
4. El segundo de los tres cochinitos (*little pigs*): Aunque sea débil (*weak*) de construcción,
5. Una amiga: Aunque maneje a setenta millas por hora,
6. El turista que pasa por la aduana: Aunque el inspector registre muy bien mi maleta,
7. El viajero que toma el tren: Aunque no estemos en la estación a la hora de salida que ponen en el horario,

   a. no va a encontrar la grabadora que no declaré.
   b. quiero conocer a aquel joven.
   c. no se preocupe Ud. Nunca se nos pierde el equipaje.
   ch. no te preocupes; no hay policías por aquí.
   d. no importa. Los trenes nunca salen a tiempo.
   e. no voy a estudiar más esta noche.
   f. voy a hacer mi casa de madera.

C. ¿Cómo se dice en español?

1. although they do complain
2. although they may complain
3. although we cross the border
4. although we may cross the border

5. Even though he may be rich, he can't solve all the world's problems.
6. Even though George is rich, he can't solve all my problems.
7. You must declare these even though they may be for your personal use only.
8. Even though they are for your personal use, you have to declare them.
9. I won't take the train, even though it may cost less.

D. Su amigo/a está enamoradísimo/a de (*madly in love with*) Ud. y quiere que los dos se casen en seguida. Ud. no quiere casarse con nadie, y menos con este/a amigo/a. Explíquele su punto de vista, completando esta frase.

—**No me caso contigo aunque** _____.

E. Complete las oraciones en una forma lógica.

1. Aunque _____ lo niegue, él/ella es _____.
2. Aunque yo _____, no importa.
3. No voy a _____ aunque _____.
4. Aunque _____, no lo/la voy a comprar.

60
Subjunctive and indicative after conjunctions of time

Uno, dos, tres... Describa Ud. lo que está pasando—y lo que va a pasar—en este dibujo. Use las preguntas como guía.

1. ¿Quién es el viajero? ¿Cómo es?
2. ¿Quiénes lo esperan?
3. ¿Cómo es el inspector?
4. ¿Qué problema va a haber?
5. ¿Cómo va a resolverse (*to be resolved*) el problema?

Ahora cuente Ud. la historia de otra manera, completando estas oraciones en una forma lógica.

1. El viajero cree que, tan pronto como (as soon as) *pase por _____, (él) _____.*

2. En cuanto (as soon as) *el inspector vea _____, (él) _____.*

3. Aunque el viajero sea _____, va a tener que _____.

4. Después de que el viajero pague _____, el inspector _____.

In a dependent clause after a conjunction of time, the subjunctive is used to express a future action or state of being, that is, one that is still pending or has not yet occurred. The events in the dependent clauses are conceptualized—not real-world—events. Conjunctions of time include:

cuando	*when*	**hasta que**	*until*
después (de) que	*after*	**tan pronto como**	*as soon as*
en cuanto	*as soon as*		

The indicative is used after conjunctions of time to describe a habitual action or an action in the past. Compare:

Future action (subjunctive):
Voy a salir **en cuanto llegue** Felipe.   *I'll leave as soon as Felipe arrives.*

Habitual action (indicative):
Siempre salgo **en cuanto llega** Felipe.   *I always leave as soon as Felipe arrives.*

Past action (indicative):
Anoche salí **en cuanto llegó** Felipe.   *Last night, I left as soon as Felipe arrived.*

The subject and verb are frequently inverted in the subordinate clause following conjunctions of time.

¡**OJO!** *Even though it is a time conjunction,* **antes de que** *always requires the subjunctive (Section 58).*

Note that the subjunctive is used with conjunctions of time even when there is no change of subject in the dependent clause.

Voy a salir tan pronto como **termine.**   *I'm going to leave as soon as I finish.*

However, the prepositions **después de** + *infinitive* and **hasta** + *infinitive* are more frequently used than the conjunctions **después (de) que** and **hasta que** when there is no change of subject in the dependent clause. Compare:

Voy a salir **después de comer.**   *I'm leaving after I eat (after eating).*
Voy a salir **después de que coman ellos.**   *I'm leaving after they eat.*

Práctica

A. Dé Ud. frases nuevas según las indicaciones.

1. —En el avión los viajeros tienen que llenar la planilla de inmigración. ¿Cuándo la tienen que entregar?
   —Van a entregar las planillas ____ aterrice el avión. (*tan pronto como, cuando, después de que, en cuanto, No... hasta que*)

2. —El inspector quiere que Ud. le entregue el pasaporte. ¿Qué le dice Ud. al inspector?
   —Le entrego el pasaporte tan pronto como yo ____. (*encontrarlo, encontrar la llave de mi maleta, cerrar mi maleta, dármelo mi esposo/a, recordar dónde lo tengo*)

B. Use la conjunción entre paréntesis para unir las dos oraciones. Haga todos los cambios necesarios.

1. Voy a decidirlo. Cruzo la frontera. (cuando)
2. Juana va a mudarse. Su amiga regresa del Perú. (después de que)
3. No digas nada. Julio paga el billete. (hasta que)
4. El inspector va a registrar la maleta. Mi esposo la abre. (en cuanto)
5. Van a construir una nueva casa de apartamentos. El gobierno les da el permiso. (tan pronto como)
6. Espere Ud. aquí. El entrevistador llega. (hasta que)
7. Vamos a acostarnos. Mi esposo encuentra la litera. (tan pronto como)

C. Cambie según las indicaciones.

> **MODELO** *Llamé* cuando *llegué.* (*voy a llamar*) →
> *Voy a llamar* cuando *llegue.*

1. Mi hijo *nació* después de que mi esposo volvió de Guatemala. (*va a nacer*)
2. *Tuvimos que caminar* mucho cuando cambiamos de tren. (*vamos a caminar*)
3. En cuanto sabes la respuesta, *siempre me la dices.* (*dímela*)
4. *El año pasado, llegamos tarde* a la estación cuando fuimos al extranjero. (*este año vamos a llegar temprano*)
5. *Anoche compramos* el billete en cuanto se abrió la taquilla. (*hoy vamos a comprar*)

D. ¿Cómo se dice en español?

1. I'm going to do it when he gets here.
2. They always write when they're traveling abroad.
3. We're going to study until they call.
4. As soon as I have the time, I'm going to buy the tickets.
5. He read until he fell asleep.
6. She's going to give us the answers after we hand in the test.
7. We always turn off all the lights when we leave the house.
8. Rent that apartment as soon as you can.

E. Describa Ud. lo que pasa en los dibujos, completando las frases. Luego, describa Ud. su propia vida.

1. Pablo va a estudiar hasta que _____.
   Esta noche yo voy a estudiar hasta que _____.
   Siempre estudio hasta que _____.
   Anoche estudié hasta que _____.

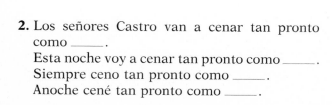

2. Los señores Castro van a cenar tan pronto como _____.
   Esta noche voy a cenar tan pronto como _____.
   Siempre ceno tan pronto como _____.
   Anoche cené tan pronto como _____.

3. Lupe va a viajar al extranjero en cuanto _____.

Voy a _____ en cuanto _____.

Siempre _____ en cuanto _____.

De niño/a _____ en cuanto _____.

F. Preguntas

1. ¿Qué piensa Ud. hacer después de graduarse de la universidad? ¿Qué le van a regalar sus padres/amigos cuando Ud. se gradúe? ¿Qué recibió Ud. cuando se graduó de la escuela secundaria?

2. Cuando Ud. tenga el tiempo y el dinero, ¿adónde va a ir? ¿Adónde fue Ud. el año pasado cuando estaba de vacaciones? Cuando todavía vivía Ud. con su familia, ¿adónde iban Uds. de vacaciones?

G. ¿Qué excusas puede Ud. ofrecer en estas situaciones?

Su amigo/a quiere que Ud. le ayude con sus maletas en el andén.

Yo lo voy a hacer tan pronto como _____.

Su amigo/a quiere que Ud. le acompañe al cine.

Yo te puedo acompañar _____.

UN PASO MÁS

Lectura cultural:

Dos museos hispánicos

De todos los museos del mundo hispánico, los dos más conocidos° son el Museo del Prado en Madrid y el Museo Nacional de Antropología en la ciudad de México.   **más...** *best known*

    El Museo del Prado se reconoce como uno de los museos más importantes del mundo. Su historia está íntimamente ligada° al amor al arte de los reyes españoles. Apasionados por el arte, casi todos los reyes, desde Isabel la Católica, compraban gran número de obras° para sus colecciones privadas. Por eso, cuando se abrió el Museo del Prado en 1819, las 311 pinturas exhibidas eran de las colecciones reales. Ahora el Prado tiene una colección de más de 2.000 pinturas,   *linked*   *works (of art)*

↑ *Fusilamiento del 2 de mayo,* Goya. Museo del Prado.

← *Las Meninas,* Velázquez. Museo del Prado.

360 esculturas y 4.000 dibujos de° España, Italia, Bélgica, Holanda, Alemania, Francia y otros países.

    Siendo la galería nacional de España, el Prado tiene colecciones magníficas de los grandes pintores españoles del Siglo de Oro°. Hay 35 obras de El Greco (1548–1625), quien interpretaba las escenas religiosas de una manera única. También hay 50 obras de Velázquez (1599–1660), incluso la famosísima «Las Meninas°», que está exhibida en su propia sala. De los otros grandes pintores españoles hay 40 obras de Murillo (1617–1682), pintor de escenas religiosas, y 118 de Goya (1746–1828) más° 485 dibujos de éste°. Las pinturas de Goya se caracterizan sobre todo por su visión satírica de la política y de la sociedad de su época. La exhibición de las «pinturas negras» de Goya—pinturas que presentan una visión pesimista del hombre y de la civilización en general—es una de las más impresionantes del museo.

    El Museo Nacional de Antropología, situado en el Parque de Chapultepec en la ciudad de México, es tal vez el mejor lugar del mundo para conocer la América de la época precolombina°. Este museo—el edificio en sí° es una obra de arte—se abrió en 1964 y contiene riquezas estupendas de las antiguas civilizaciones indígenas de México y Centroamérica. Las salas de exhibiciones, organizadas según las civilizaciones, están situadas alrededor de° un enorme patio. Las exhibiciones incluyen de todo, desde las piedras° y fósiles de las primeras civilizaciones preclásicas (1700–200

dibujos... sketches from

Siglo... *Golden Age*

Ladies in Waiting

plus / *the latter*

pre-Columbian, before Columbus / *itself*

alrededor... *around*
stones

↑ Famoso techo (*roof*) del patio
interior del Museo Nacional de
Antropología, Ciudad de México.

Calendario azteca, →
Museo Nacional de
Antropología, Ciudad
de México.

a.C.°) hasta los tesoros° aztecas encontrados por los españoles cuando llegaron a Tenochtitlán, la capital azteca,
en 1519.

    Además de figuras, urnas y otros artículos de valor artís-
tico, se encuentran en el museo esculturas de algunos de los
dioses° principales y magníficas reproducciones de algunos
de los templos más importantes. Por ejemplo, en la Sala de
Teotihuacán se ve una estatua que pesa cincuenta y siete
toneladas° y que representa a Chalchuitlicue, el dios de la
lluvia°. En la Sala Azteca se encuentra el famosísimo
«Calendario azteca». Esta obra, además de ser calendario,
es un monumento al sol, cuya° cabeza aparece en el centro
del calendario.

    Las obras del Museo de Antropología son de tremenda
importancia para el mundo y, en particular, para los mexicanos, descendientes de estas antiguas civilizaciones.

antes de Cristo / *treasures*

gods

tons

rain

whose

Comprensión

Conteste las preguntas en oraciones completas.

1. ¿Qué relación existe entre los reyes españoles y algunas de
las pinturas del Museo del Prado?

2. ¿Todas las pinturas que están en el Prado son de pintores
españoles?

3. ¿Quiénes son algunos de los pintores españoles cuyas
(*whose*) obras se pueden ver en el Prado?

4. ¿Cuáles son algunas de las pinturas más importantes del Prado?
5. ¿Dónde está el Museo Nacional de Antropología?
6. ¿Qué tipo de arte se encuentra en el Museo Nacional de Antropología?
7. ¿Cómo se organizan las obras en el museo?
8. ¿Cuáles son algunas de las cosas que el visitante puede ver allí?
9. Además de ser calendario, ¿qué representa esa escultura?

Ejercicios escritos

A. Escriba una descripción de un museo que Ud. conoce. Use estas preguntas como guía.

1. ¿Dónde está el museo?
2. ¿Qué tipo de museo es?
3. ¿Cuáles son algunas de las obras o exhibiciones más famosas del museo?
4. ¿Qué le gusta más a Ud. de este museo?
5. Si una persona tiene sólo una hora para ver este museo, ¿qué debe ver?

B. Describa una de las obras de arte que se ven en las fotos de esta lectura.

VOCABULARIO

VERBOS

aterrizar (c) to land
cruzar (c) to cross
declarar to declare
entregar (gu) to hand in, over
preocuparse to worry
registrar to search, examine

SUSTANTIVOS

la **aduana** customs
el **andén** platform, track
el **autobús** bus
el **billete (de ida)** (one-way) ticket

la **cámara** camera
los **derechos** customs duty
la **frontera** border, frontier
la **grabadora** tape recorder
el **horario** schedule
la **inmigración** immigration
el/la **inspector(a)** inspector
el **inspector/la inspectora de aduanas** customs inspector
la **litera** berth (*on a train*)
la **llegada** arrival
el **maletero** porter
la **nacionalidad** nationality

la **planilla** form
la **salida** departure; exit
la **taquilla** ticket office
el **tren** train
el/la **viajero/a** traveler

PALABRAS Y EXPRESIONES ÚTILES

aunque although
después (de) que after
en cuanto as soon as
hasta que until
tan pronto como as soon as

CAPÍTULO·25

¿DÓNDE NOS QUEDAMOS?

VOCABULARIO: PREPARACIÓN

la huéspeda

el botones/el mozo

el hotel de lujo

HOTEL DE LA PAZ

la recepción

los huéspedes

el hotel de primera (segunda) clase

PENSIÓN FUENTES

el huésped

la pensión

confirmar / *to confirm* **quedarse** / *to remain, stay (as a guest)* **reservar** / *to reserve* ◆ **los cheques de viajero** / *traveler's checks* **una habitación** / *room* **para una persona** / *single* **con/sin baño/ducha** / *with/without bath/shower* **la pensión** / *boarding house* **pensión completa** / *room and full board (all meals)* **media pensión** / *room with breakfast and one other meal* **la propina** / *tip* ◆ **con (____ días de) anticipación** / *(____ days) in advance* **desocupado/a** / *vacant, unoccupied, free*

A. Describa Ud. las cosas y los cuartos que se ven en el dibujo.

B. ¿El **Hotel María Cristina** o la **Pensión Libertad?** De estas frases, ¿cuáles describen un hotel grande e internacional? ¿una pensión pequeña y modesta?

1. Tiene todas las comodidades (*comforts*) que se encuentran en los mejores hoteles.
2. Los botones llevan el equipaje a la habitación.
3. Muchos de los huéspedes y del personal hablan solamente una lengua, el español.
4. Hay que reservar una habitación con muchos días de anticipación.
5. Los dependientes confirman la reservación del huésped.
6. Generalmente se puede llegar sin reservaciones y encontrar una habitación desocupada.
7. Hay que gastar mucho dinero en propinas.
8. Los huéspedes suben (*carry up*) su propio (*own*) equipaje, o el dueño les ayuda a subirlo.
9. Hablan muchos idiomas en la recepción.
10. Todas las habitaciones tienen ducha y, a veces, baño completo con ducha.
11. Se puede pedir una habitación con todas las comidas incluidas (pensión completa).
12. Generalmente es necesario compartir (*to share*) el baño con otros huéspedes.
13. Tiene un comedor grande y elegante.
14. Es posible que los huéspedes coman con la familia, en el comedor o en la cocina.

C. Ud. va de vacaciones. ¿En qué orden va a hacer estas cosas?

_____ a. El mozo me sube el equipaje y le doy una propina.
_____ b. Decido adónde quiero ir y por cuánto tiempo.
_____ c. En la recepción me dan la llave de la habitación.
_____ ch. Reservo una habitación para _____ con baño y ducha.
_____ d. Llego al hotel y despido al taxista, dándole una propina.
_____ e. Cuando quiero pagar la cuenta, le pregunto a la recepcionista si aceptan tarjetas de crédito y cheques de viajero.
_____ f. Antes del viaje, confirmo las reservaciones y compro cheques de viajero.
_____ g. Llamo al hotel y pregunto los precios de las habitaciones.
_____ h. Pregunto si hay una habitación desocupada para la semana del _____.

D. ¿**Qué se puede hacer?** Si Ud. se encuentra en estas situaciones, ¿cómo va a resolver el problema? Hay más de una respuesta posible.

1. Ud. reservó una habitación, pero el recepcionista no puede encontrar la reservación.
   a. Me voy a otro hotel.
   b. Insisto en hablar con el hotelero.

   c. Me quejo en voz alta mientras la busca otra vez.

   ch. _____

2. Ud. llega al único hotel del pueblo y encuentra que la única habitación desocupada cuesta muchísimo más de lo que quiere pagar.

   a. Regateo con el hotelero, pidiéndole que baje el precio.

   b. Busco a alguien para compartir el cuarto.

   c. Duermo en el coche.

   ch. _____

3. Ud. está viajando con un amigo. Ud. quiere quedarse en un hotel de lujo con todas las comodidades—con aire acondicionado, televisor y refrigerador en la habitación—, pero su amigo quiere quedarse en una pensión y prefiere una habitación sin baño porque es más barata.

   a. Lo dejo lo más pronto posible.

   b. Voy a la pensión pero me pongo de muy mal humor.

   c. Insisto en que nos quedemos en un hotel de lujo, pero pago más de la mitad (*half*) de la cuenta.

   ch. _____

4. Ud. quiere pagar su cuenta y salir, pero sólo tiene cheques de viajero. El hotel no los acepta. Además, es domingo y los bancos están cerrados.

   a. Me quedo un día más.

   b. Salgo sin pagar.

   c. Le pido al hotelero que me haga el favor de aceptar los cheques de viajero y lloro tanto que no me lo puede negar.

   ch. _____

5. La pensión en que Ud. quiere quedarse ofrece tres posibilidades. ¿Cuál va a escoger?

   a. habitación sin comida

   b. pensión completa

   c. media pensión

En muchos hoteles hispánicos hay que llenar una tarjeta de registro y entregar el pasaporte en la recepción. En los hoteles pequeños los huéspedes dejan la llave con la recepción al (*upon*) salir del hotel y la piden al regresar. Aquí se ve la recepción y conserjería de un hotel elegante de Barcelona, España.

Sybil Shelton/Monkmeyer Press Photo Service

MINIDIÁLOGOS Y ESTRUCTURA

61
Past participle used as adjective

El mejor hotel del pueblo

VIAJERA: ¿Cuánto le debo, pues?

TAXISTA: Son treinta y cinco pesos, señorita.

VIAJERA: Tome cuarenta, pero no se vaya por favor. Tengo una habitación *reservada* en este hotel, pero quiero confirmar la reservación.

TAXISTA: Con tal que regrese pronto, aquí me quedo. (Cinco minutos más tarde)

VIAJERA: Todo está bien. Tienen *preparada* mi habitación y parece que es un hotel con todas las comodidades.

TAXISTA: Menos mal que Ud. hizo la reservación con anticipación porque durante el mes de agosto hay muy pocas habitaciones *desocupadas*.

VIAJERA: ¿Por qué ocurre eso? ¿Por el buen tiempo que hace por aquí?

TAXISTA: No, señorita. ¡Porque el otro hotel del pueblo está *cerrado* durante el mes de agosto!

1. ¿Cuánto le da la viajera al taxista de propina?

2. ¿Por qué no quiere la viajera que el taxista se vaya?

3. ¿Está preparada la habitación de la viajera?

4. ¿En qué mes hay pocas habitaciones desocupadas en ese pueblo? ¿Por qué?

The best hotel in town TRAVELER: *How much do I owe you, then?* CAB DRIVER: *(It's) Thirty-five pesos, Miss.* TRAVELER: *Here's forty, but don't leave, please. I have a room reserved in this hotel, but I want to confirm the reservation.* CAB DRIVER: *As long as you come back soon, I'll stay. (Five minutes later.)* TRAVELER: *Everything is fine. They have the room ready and it seems to be a hotel with all the comforts.* CAB DRIVER: *It's good that you made the reservation in advance because during the month of August there are very few unoccupied rooms.* TRAVELER: *Why is that? Because of the nice weather around here?* CAB DRIVER: *No, Miss. Because the other hotel in town is closed in August!*

Forms of the past participle

Hablar	Comer	Vivir
habl**ado** (*spoken*)	com**ido** (*eaten*)	viv**ido** (*lived*)

The past participle of most English verbs ends in *-ed*—for example, *to walk → walked; to close → closed*. However, many English past participles are irregular: *to sing → sung; to write → written*. In Spanish the *past participle* (**participio pasado**) is formed by adding **-ado** to the stem of **-ar** verbs and **-ido** to the stem of **-er** and **-ir** verbs. An accent mark is used on **-ido** when the stem ends in **-a, -e,** or **-o:**

caído   creído   leído   oído   (son)reído   traído

The following Spanish verbs have irregular past participles.

abrir:	**abierto**	morir:	**muerto**
cubrir:	**cubierto**	poner:	**puesto**
decir:	**dicho**	resolver:	**resuelto**
describir:	**descrito**	romper:	**roto**
descubrir:	**descubierto**	ver:	**visto**
escribir:	**escrito**	volver:	**vuelto**
hacer:	**hecho**		

The past participle used as an adjective

In both English and Spanish the past participle can be used as an adjective to modify a noun. Like other Spanish adjectives, the past participle must agree in number and gender with the noun modified.

Tengo una bolsa **hecha** en El Salvador.   *I have a purse made in El Salvador.*

El español es una de las lenguas **habladas** en los Estados Unidos.   *Spanish is one of the languages spoken in the United States.*

The past participle is frequently used with **estar** to describe conditions that are the result of a previous action.

La puerta **está abierta.**   *The door is open.*
Todos los lápices **estaban rotos.**   *All the pencils were broken.*

¡OJO! *English past participles often have the same form as the* *past tense:* I **closed** the book. The thief stood behind the **closed** door. *The Spanish past participle is never identical in form or use to a past tense. Compare:*

Cerré la puerta.	*I **closed** the door.*
Ahora la puerta está **cerrada**.	*Now the door is **closed**.*

Práctica

A. Dé Ud. frases nuevas según las indicaciones. Use el participio pasado de los verbos.

1. —Eugenio, su amigo español, dejó muchos recuerdos de su visita a los Estados Unidos. ¿Qué tiene Ud. en casa que le recuerde su visita?

—Aquí tengo un libro _____ por Eugenio. (*usar, mandar, recomendar, pagar, comprar, leer, traer*)

2. —¿Qué objetos tiene Ud. de Latinoamérica?

—Tengo *una bolsa* hecha en el Ecuador. (*un vestido, una figurita, unos vasos, unas florecitas de papel*)

B. Describa Ud. las condiciones en las situaciones siguientes, siguiendo el modelo.

> **MODELO**   La nieve va a *cubrir* la *tierra*. →
> *La tierra no está cubierta de nieve todavía.*

1. Natalia tiene que *escribir* una *carta*.
2. Los Sres. García tienen que *abrir* la *tienda*.
3. *David y Marta* van a *casarse* mañana.
4. Pablo tiene que *cerrar* la *ventana*.
5. Los turistas tienen que *facturar* el *equipaje*.
6. Delia tiene que *poner* la *mesa*.
7. Linda tiene que *reservar* una *habitación*.
8. Es posible que *descubran* el *error*.
9. Tenemos que *resolver* este *problema*.

Walter D. Hartsough

Muchos creen que es más interesante quedarse en una pensión o en un hotel pequeño que en un hotel grande. El servicio puede ser menos completo, pero es más personal. Es posible que la comida sea menos elegante, pero es comida auténtica de la región. Y hay oportunidad de conocer bien a la gente en un ambiente informal y amistoso. Aquí se ve un hotel pequeño de Guadalajara, México.

C. Many Spanish sayings contain past participles. Study the drawings and see if you can express the following sayings in English. Then answer the questions that follow.

1. En boca cerrada no entran moscas.

2. Aburrido como una ostra.

3. Cuando está abierto el cajón, el más honrado es ladrón.

1. A veces, ¿es mejor no decir nada?

2. ¿Llevan una vida muy interesante las ostras?

3. ¿Cometen todos los delitos (*crimes*) las personas deshonestas?

D. ¿Cómo se dice en español?

1. money saved   **5.** a repeated phrase   **9.** a confirmed reservation

2. a signed check   **6.** the fired employee   **10.** the angry guests

3. the paid bills   **7.** dead flies   **11.** an occupied bathroom

4. the lost luggage   **8.** a reserved room

E. Describa Ud. estos dibujos.

1.

2.

3.

F. Preguntas

1. ¿Tiene Ud. algo hecho en Francia? ¿en un país latinoamericano? ¿en España? ¿en el Japón?

2. ¿Sabe Ud. el nombre de un libro escrito por un autor latinoamericano? ¿por un autor español?

3. En su casa, ¿hay algo roto?

4. En su casa, ¿el televisor está puesto constantemente? ¿el estéreo? ¿la radio?

5. ¿El Nuevo Mundo ya estaba descubierto en 1700? ¿La penicilina ya estaba descubierta en 1960?

6. ¿Está abierta la ventana de su cuarto en este momento? ¿Está abierta la puerta? ¿su libro de español?

7. ¿Está Ud sentado/a en este momento? ¿Está dormido/a?

G. Dé Ud. el nombre de:
1. algo contaminado
2. una persona bien/mal organizada
3. una persona cansada
4. un edificio bien/mal construido
5. un grupo explotado
6. algo que puede estar cerrado o abierto
7. un curso acelerado
8. un servicio necesitado por muchas personas
9. un tipo de transporte usado por muchas personas
10. algo deseado por muchas personas

62
Present perfect tense

Ana **está lavando** los platos.
El abuelo **está preparando** la cena.
El avión **está llegando** al aeropuerto.

→ Ana **ha lavado** los platos.
→ El abuelo **ha** _____.
→ El avión _____.

Clara **está leyendo** el periódico.
El botones **está subiendo** las maletas.
La autora **está escribiendo** la novela.

→ Clara **ha leído** el periódico.
→ El botones **ha** _____.
→ La autora _____.

Forms of the present perfect			
he hablad**o**	*I have spoken.*	**hemos** hablad**o**	*we have spoken*
has hablad**o**	*you have spoken*	**habéis** hablad**o**	*you (pl.) have spoken*
ha hablad**o**	*you have spoken,*	**han** hablad**o**	*you (pl.) have spoken,*
	he/she has spoken		*they have spoken*

In English the present perfect is a compound tense consisting of a present tense form of the verb *to have* plus the past participle: *I have written, you have spoken,* and so on.

In the Spanish *present perfect* (**presente perfecto**) the past participle is used with the present tense forms of **haber,** the equivalent of English *to have* in this construction. **Haber,** an auxiliary verb, is not interchangeable with **tener.**

In general, the use of the Spanish present perfect parallels that of the English present perfect.

No **hemos estado** aquí antes.	*We haven't been here before.*
Me he divertido mucho.	*I've had a very good time.*
Ya **le han escrito** la carta.	*They've already written her the letter.*

The masculine singular form of the past participle is always used with **haber,** regardless of the gender or number of the subject. The past participle always appears immediately after the appropriate form of **haber** and is never separated from it. Object pronouns and **no** are always placed directly before the form of **haber.**

The present perfect of **hay** is **ha habido** (*there has/have been*).

¡**OJO!** *Acabar + de +* the infinitive—*not the present perfect tense—is used to state that something* has just *occurred.*

Acabo de firmar el cheque.	*I've just signed the check.*

Práctica

A. Dé Ud. frases nuevas según las indicaciones. Use el participio pasado de los verbos.

1. —¿Se ha preparado Ud. para la clase hoy?
   —Sí, he *leído* la lección. (*escribir, empezar, estudiar, comprender, aprender*)

2. —¿Quién más se ha preparado muy bien?
   —*José* se ha preparado muy bien. (*tú, el/la profesor[a], los estudiantes, Luis, Carmen y Pilar, vosotros*)

3. —Son las ocho de la mañana, pero Lidia ha hecho muchas cosas ya. ¿Qué ha hecho esta mañana?

—Esta mañana Lidia *se ha despertado.* (*levantarse, bañarse, vestirse, desayunar, correr, leer, reir*)

4. —Muchos fueron al extranjero durante sus vacaciones. ¿Quién no ha vuelto todavía?
—*Tomás* no ha vuelto todavía. (*yo, ellos, Carlos, nosotros, tú, vosotros*)

B. Ud. y su amigo/a visitan la ciudad de Guadalajara, México. Es el segundo día de su visita. ¿Qué han hecho Uds.? Usando una forma de **haber** + el participio pasado, dé oraciones basadas en estas palabras.

1. ver la ciudad entera
2. visitar la Plaza de los Mariachis
3. conocer a mucha gente interesante
4. confirmar el vuelo de vuelta
5. comprar boletos para ir al teatro para esta noche
6. comer en un restaurante buenísimo

C. Los Sres. Avendaño han preparado una semana de vacaciones en La Paz, Bolivia. ¿Qué han hecho?

1. comprar los cheques de viajero
2. arreglar el viaje con el agente
3. pedir una habitación para dos personas con media pensión
4. escribir a los parientes que viven allí
5. hacer planes para una semana estupenda
6. hacer las maletas
7. despedirse de los hijos
8. llamar a un taxi para que los lleve al aeropuerto

D. Margarita lo/la llama a Ud. por teléfono. Quiere saber lo que Ud. está haciendo. Con otro/a estudiante, forme y conteste preguntas, según el modelo.

A diecisiete minutos por avión de la Ciudad de Panamá está la isla de Contadora y este hotel elegantísimo. Tiene piscinas, restaurantes, bares, una discoteca, un casino, un campo de golf, canchas de tenis y playas agradables.

MODELO   cenar → MARGARITA: Estás *cenando*, ¿no?
          UD.: No, ya he *cenado*.

1. cocinar   **2.** descansar   **3.** lavar los platos   **4.** leer el periódico   **5.** poner la mesa

Ahora Margarita tiene unos recados (*messages*) de Jorge.

MODELO   que lo llames →
          MARGARITA: Jorge dice *que lo llames*.
          UD.: Pero ya *lo he llamado*.

6. que le mandes una invitación a Pablo   **9.** que veas ___(película)___
7. que hables con Concepción   **10.** que escribas la composición esta tarde
8. que vayas a su casa

E. ¿Cómo se dice en español? ¿Qué ha hecho Ud. en clase esta semana?

There has been a lot of work in class. I still have three exercises to (**que**) write for tomorrow. I've just done the first one, but I haven't finished the second and third.

F. Preguntas

  1. ¿Qué ha hecho Ud. hoy? ¿Ha hablado con un(a) amigo/a? ¿Ha estudiado? ¿Ha comido? ¿Ha dicho algo interesante?
  2. ¿Qué ha hecho Ud. esta semana? ¿Ha ido a una fiesta? ¿Ha bailado? ¿Ha cantado? ¿Ha tomado Coca Cola/cerveza/vino? ¿Ha visto una película?
  3. ¿Ha escrito Ud. una carta este mes? ¿Ha visitado un museo? ¿Ha salido de la ciudad? ¿Se ha levantado antes de las 6? ¿antes de las 5? ¿Por qué tan temprano? ¿Ha depositado dinero en el banco? ¿Ha vendido algo? ¿Ha comprado algo nuevo?

G. ¿Qué han hecho estas personas?

1.   **2.**   **3.**

H. Complete las oraciones en una forma lógica.

  1. Quiero/tengo que ____ pero no he ____ todavía.
  2. Esta mañana, ya he ____. Todavía no he ____.
  3. Este año, mis padres han ____.
  4. En clase este semestre, hemos ____ algunas veces.
  5. Hoy he ____ un rato.
  6. Nunca he ____.
  7. Me han dicho que ____, pero no es verdad.
  8. Me han dicho que ____ y es verdad, aunque parezca (*it may seem to be*) mentira.

UN PASO MÁS

Actividades

we had

A. Hagamos *camping.* Ud. va a hacer *camping* con un(a) amigo/a este fin de semana. Ud. hace *camping* con mucha frecuencia, pero la otra persona no lo ha hecho nunca. ¿Qué le va a decir Ud. a su amigo/a sobre los problemas y dudas siguientes? ¿Qué consejos le va a dar?

MODELO He visto un oso. → *¡Corre!*

1. ¡Nos hemos perdido!
2. No tenemos fósforos.
3. ¡Ay, Dios! Ha llovido y todas nuestras cosas en la tienda están mojadas.
4. Me ha picado un mosquito.
5. ¿Oíste ese ruido?
6. Quiero bañarme. ¿Dónde está el cuarto de baño?

7. Me caí al río y estoy mojadísimo/a.

8. Tengo miedo. Me han dicho que hay muchas serpientes en este parque.

9. ¡Mira! He encontrado una planta verde de tres hojas. Es muy bonita, pero ahora me empiezan a picar (*itch*) las manos.

B. ¿Cómo es nuestro hotel? Muchos hoteles piden que sus huéspedes llenen un formulario como el siguiente, indicando lo bueno y lo malo del hotel. Piense Ud. en un hotel/motel/pensión que conoce o que otra persona le ha descrito. ¿Cómo lo/la evalúa Ud.? ¿Quiere quedarse allí otra vez? ¿Por qué sí o por qué no?

Hotel Colón

Favor de llenar, cerrar y entregar en la recepción.

Fecha _____   Habitación _____

	Excelente	Bueno	Regular	Malo
1. ¿Cómo fue atendida su reservación?				
2. ¿Cómo se efectuó su registro [*registration*]? ¿con rapidez? ¿con cortesía?				
3. ¿Cómo encontró su habitación? ¿limpia? ¿cómoda y agradable?				
4. ¿Cómo encontró nuestro restaurante? ¿la comida? ¿el servicio?				
5. ¿Cómo encontró nuestra lavandería [*laundry*]? ¿calidad? ¿rapidez de servicio? ¿cortesía del personal?				
6. ¿Qué opina Ud. de la cortesía y eficiencia del siguiente personal? ¿botones? ¿telefonistas? ¿recepcionistas? ¿camareras [*maids*]?				

¿Es ésta su primera estancia [*stay*] en nuestro hotel? _____

Observaciones: _____

VOCABULARIO

VERBOS

compartir to share
confirmar to confirm
cubrir to cover
descubrir to discover
reservar to reserve
subir to carry (*something*) up

SUSTANTIVOS

  el botones bellhop
  la comodidad comfort
  el cheque de viajero
    traveler's check
  la ducha shower
  la habitación room
el/la hotelero/a innkeeper, hotel
    keeper
el/la huésped(a) guest (*in a*

    hotel)
  la mosca fly
  el mozo bellhop
  la propina tip
  la recepción front desk
el/la recepcionista receptionist,
    desk clerk

ADJETIVOS

cubierto/a covered
descrito/a described
descubierto/a discovered
desocupado/a vacant, free,
  unoccupied
dicho/a said
escrito/a written
hecho/a done, made
muerto/a dead

puesto/a put, placed, set,
  turned on
resuelto/a resolved, solved
roto/a broken
visto/a seen
vuelto/a returned (*to a place*)

**PALABRAS Y EXPRESIONES
ÚTILES**

con anticipación in advance
**una habitación para una per-
sona (dos personas)** a single
  (double) room
media pensión room with
  breakfast and one other meal
pensión completa room and
  full board (all meals included)

UN POCO DE TODO 5
Un repaso de los capítulos 21–25

A. *Form complete sentences based on the words given in the order given. Use the present of the first verb and the present perfect of the second. Add other words if necessary. Two slashes (//) indicate the break between sentences.*

1. yo / ir / llenar / solicitud / ahora // (yo) nunca / llenar / solicitud / tan / largo
2. ella / ir / cambiar / puesto // nunca / cambiar / puesto / antes
3. hoy / Sr. Gómez / ir / faltar / clase // nunca / faltar / antes
4. nosotros / ir / reírse / muchísimo / en aquel / película // nunca / ver / película / con / actor cómico
5. tú / pedir / paella / ¿verdad? // ¿ / nunca / pedirla / ?
6. tú / cruzar / frontera / entre / Canadá / Estados Unidos / durante / viaje / ¿no? // ¿ / nunca / cruzarla / antes / ?

B. *Form complete sentences based on the words given in the order given. Use **tú** commands where appropriate and the superlative form of the italicized adjectives. Add other words if necessary. Two slashes (//) indicate the break between sentences.*

1. no / comprar / primero / carro / que / (tú) ver // comprar / mejor
2. primero / película / de / aquel / actriz / ser / *bueno* / pero / segundo / *malo*
3. Raquel, / subir / segundo / maleta // no / subir / primera
4. decirme / tu / apellidos // no decirme / tu / nombre
5. aunque / Ud. / no / tener / nada *importante* / que / declarar, / abrir / maleta / pequeño / por favor
6. nosotros / ir / mudarse / tan pronto como / encontrar / piso / *moderno* / que / nos / interesar
7. se / llegar / Badajoz / en cuanto / se cruzar / frontera
8. vender / tu / televisor *grande* / y / comprar / ese / pequeño

C. *Rearrange the words given to form complete sentences. Do not add any words.*

1. vivido / construidas / siempre / en / hemos / bien / casas
2. lección / la / lee / quinta / pero / sexta / no / la / leas
3. mañana / llené / por / solicitud / la / una / larguísima
4. me / el / ha / primer / caído / pesadísimo / aspirante
5. preséntame / altísimo / a / panameño / ese
6. empieces / te lo / no / expliquemos / antes de que
7. llame Ud. / más / en caso de que / tarde / vuelva

D. *¿Cómo se dice en español?*

1. We've never shared a room with anyone before.
2. Hand in (**tú**) the immigration forms before the plane lands.
3. The doorman says that we shouldn't rent the apartment on the second floor before we see the apartment on the fourth floor.
4. We've moved to Argentina so that Ana can get a better job.
5. Although those tenants may make a lot of noise, they're extremely nice.
6. It's the cheapest lamp in the store. There aren't any that cost less.
7. Don't buy (**tú**) that TV set made in Hong Kong until you see one made in the United States.
8. Don't put on (**tú**) your coat until it's time to go.

UN POCO DE TODO 5
Un repaso de los capítulos 21–25

E. *Working with another student, ask and answer questions according to the model.*

MODELO escribir la carta a máquina →
      PAULA: ¿Ya está *escrita a máquina la carta?*
      MIGUEL: No, no *la* he *escrito* todavía.
      PAULA: Pues, ¡*escríbela* inmediatamente!

1. poner la mesa
2. confirmar las reservaciones
3. entregar las planillas
4. sacudir los muebles
5. resolver tu dilema
6. alquilar el apartamento del primer piso
7. preparar los platos para la cena
8. facturar el equipaje

F. *Es muy importante que un aspirante tenga las habilidades y la experiencia necesarias para el puesto que solicita. ¿Qué experiencia deben tener los siguientes aspirantes?*

1. Se necesita hotelero que tenga _____.
              que sepa/pueda _____.
2. Se busca inspector de aduanas que sea _____.
              que no _____.
3. Se necesita recepcionista que sepa _____.
              que pueda _____.
4. Se busca profesor(a) de español que tenga _____.
              que sepa/pueda _____.

G. *How many different ways can the following employees explain these situations to their customers or clients, who are quite upset?*

1. *El/La recepcionista del hotel:* —Aunque su habitación esté confirmada, Uds. no la pueden ocupar hasta que _____.
2. *El/La empleado/a de la estación de autobuses:* —Aunque se anuncie la salida para las once, el autobús no va a salir hasta que _____.
3. *El/La portero/a de una casa de apartamentos:* —Aunque Uds. se quejen al dueño, no puedo arreglar el baño hasta que _____.

H. *Complete las oraciones en una forma lógica.*

1. He comprado un(a) _____ hecho/a en _____.
2. Nunca he estado en una ciudad tan contaminada (bien organizada, mal organizada) como _____.
3. Nunca he conocido a una persona nacida en _____.
4. Quiero un esposo/a que _____.
5. Busco un apartamento que _____.
6. Nunca he conocido a nadie que _____.
7. En el _____ año de la secundaria, viajé a _____. Fue una ciudad/un país _____ísimo/a.
8. Pon _(programa de televisión)_ —es estupendo. Pero no pongas _____. Es aburridísimo.

CAPÍTULO 26

LA CIUDAD Y EL CAMPO

VOCABULARIO: PREPARACIÓN

el campesino   la campesina

trabajar en la finca

la vaquera   el vaquero

el caballo

montar a caballo

el gallo   madrugar

el ranchero

la vaca

la gallina

bello/a / *beautiful* **denso/a** / *dense* **puro/a** / *pure* ◆ **encantar** / *to enchant* **me encanta** / *I like very much*
recorrer / *to pass through; to cover* (territory, miles, and so on) ◆ **la autopista** / *freeway* **el delito** / *crime*
la naturaleza / *nature* **la población** / *population* **el ritmo (acelerado) de la vida** / *(fast) pace of life,*
living **los servicios financieros (legales/públicos)** / *financial (legal/public) services* **la soledad** / *solitude*

A. De las siguientes frases, ¿cuáles corresponden al campo? ¿a la ciudad?

1. El aire es más puro y hay menos contaminación.
2. La naturaleza se ve más bella.
3. El ritmo de la vida es más acelerado.
4. Hay menos autopistas y menos tráfico.
5. Los delitos son más frecuentes.
6. Los servicios financieros y legales son más asequibles (*available*).
7. Hay pocos transportes públicos.
8. La población es menos densa.

B. ¿Cierto o falso? Corrija las oraciones falsas.

1. Es posible encontrar vacas y caballos en una finca.
2. Hay muchas autopistas en una finca.
3. Un vaquero trabaja en un rancho.
4. Es improbable que un vaquero sepa montar a caballo.
5. Generalmente los campesinos se acuestan temprano y madrugan.
6. La única manera de recorrer largas distancias en la ciudad es en coche.
7. Un ranchero es un campesino.
8. En la ciudad, los gallos nos despiertan por la mañana.
9. Las vacas nos dan leche.
10. De las gallinas conseguimos huevos.

C. Dé Ud. una definición de estas palabras.

> **MODELO**   ranchero → *Es el dueño de un rancho.*

1. autopista   **3.** delito   **5.** naturaleza   **7.** soledad
2. campesino   **4.** finca   **6.** población   **8.** vaquero

D. Pancho cree que la vida del campo es ideal. No puede ver ni una sola ventaja de vivir en la ciudad. Gabriela, la amiga de Pancho, es una mujer muy cosmopolita. Le encanta la ciudad y no puede decir nada bueno de la vida del campo. ¿Quién dijo las siguientes frases? ¿Qué desventaja puede citar la otra persona en cada caso?

1. No hay buenos servicios públicos.
2. Hay más actividades culturales—teatro, conciertos y museos.
3. Es posible vivir en soledad y con tranquilidad allí.
4. No me gusta levantarme temprano; allí hay que madrugar para terminar el trabajo.
5. Me encanta recorrer la ciudad de noche en una autopista.
6. Necesito vivir en contacto con la naturaleza.
7. Cuando la nieve cubre las calles, las ciudades están paralizadas.

E. Preguntas

1. ¿A Ud. le gusta montar a caballo? ¿Tiene su propio (*own*) caballo? ¿Cómo se llama? Le gusta recorrer largas distancias a caballo?
2. ¿Su familia vive en una finca? ¿Qué animales tienen Uds.?

3. ¿Es ranchero su padre/hermano/tío? ¿Cuántos vaqueros trabajan en el rancho?

4. ¿A Ud. le gusta madrugar? Por lo general, ¿a qué hora se levanta? ¿Y los fines de semana?

5. ¿Tiene que viajar mucha distancia para llegar a la universidad? ¿Qué medio de transporte usa? ¿Cuánto tiempo dura (*lasts*) el viaje? ¿Tiene que ir por la autopista?

Ways of Expressing the Word *Time*

hora:	specific hour or time of day	
	¿Qué **hora** es?	What time is it?
	Es **hora** de comer.	It's time to eat.
un rato:	a short period of time	
	Hablamos **un rato**.	We spoke (for) a time (a little while).
	¿Vas a pasar por casa **un ratito** esta tarde?	Will you stop by the house for a short time (a few minutes) this afternoon?
vez:	time, occasion	
	una vez, dos veces,	once, twice (two times),
	muchas veces, pocas veces	many times (often), infrequently
	a veces	at times
	otra vez	another time (again)
tiempo:	*time* in a general or abstract sense	
	El tiempo vuela.	Time flies.
	¿Tienes **tiempo** de/para ayudarme?	Do you have time to help me?

F. Llene el espacio con la palabra apropiada para expresar la palabra *time*.

1. ¡Por Dios, Anita! Come más rápido. Ya es _____ de salir.

2. Perdone, señorita, pero ¿puede Ud. repetir ese número una _____ más?

3. Si tienes _____, podemos tomar un café y hablar un _____.

4. ¿Otra _____? ¿Cuántas _____ tengo que decirte que no hagas eso?

5. Bebí un vaso de leche y después de leer un _____ me acosté.

6. Muchos mexicanos preguntan: «¿Qué horas son?» pero los españoles generalmente preguntan: «¿Qué _____ es?».

7. Lo siento mucho, pero no tengo _____ para acompañarte esta _____.

G. Pregúntele a otro/a estudiante.

1. ¿A qué hora vas a despertarte mañana?

2. ¿Qué haces cuando es hora de estudiar?

3. ¿Qué haces cuando tienes mucho tiempo libre? ¿y cuando tienes sólo un rato libre?

4. Si un amigo o una amiga va a llegar tarde, ¿estás dispuesto/a (*willing*) a esperar un rato?

5. En un mes, ¿cuántas veces faltas a tus clases?

6. ¿Faltas a veces cuando no estás enfermo/a?

7. ¿Cuál es más importante, el tiempo o el dinero?

8. ¿Siempre tienes tiempo de divertirte con tus amigos?

9. Cuando no entiendes un capítulo del texto, ¿lo lees otra vez?

MINIDIÁLOGOS Y ESTRUCTURA

63
Past perfect tense

Cambio de paso

RAFAEL: Antes de mudarme al campo, yo siempre *había usado* el carro para ir a todas partes. Nunca *había tenido* tiempo de apreciar la naturaleza. Y nunca *había madrugado* tanto.

LINDA: Pues, antes de mudarme a la ciudad, yo siempre *había vivido* en una finca. Nunca *había visto* tantas autopistas en un solo lugar. Y nunca *había tenido* la oportunidad de visitar museos ni de ver obras de teatro y películas con tanta frecuencia.

RAFAEL: Es verdad que la ciudad tiene muchas ventajas, pero yo me siento más a gusto ahora.

LINDA: Y yo estoy a gusto precisamente en la ciudad que tú has dejado. Como dicen, ¡no hay nada escrito sobre gustos!

1. ¿Quién no había vivido antes en la ciudad?
2. ¿Quién no había apreciado las flores y las montañas?
3. ¿Quién había tenido menos oportunidades de participar en actividades culturales en el pasado?
4. ¿Quién no se había levantado temprano con frecuencia?
5. ¿Quién no había visto tantas autopistas en un solo lugar?
6. ¿Quién había manejado mucho?
7. ¿Dónde se siente más a gusto Linda? ¿y Rafael?

Change of pace RAFAEL: *Before I moved to the country, I had always used the car to go everywhere. I had never had time to appreciate nature. And I had never gotten up early so often.* LINDA: *Well, before I moved to the city, I had always lived on a farm. I had never seen so many freeways in one place. And I had never had the chance to visit museums or see plays and movies so frequently.* RAFAEL: *It's true that the city has a lot of advantages, but I'm more comfortable now.* LINDA: *And I'm at home precisely in the city that you left. As they say, there's no accounting for tastes!*

Walter D. Hartsough

© Charles Harbutt/Archive Pictures, Inc.

↑ Aquí en esta foto de una calle de la Ciudad de México se ve la mezcla de gente y de modos de vivir que caracteriza el ambiente urbano del mundo hispánico.

← En el mundo hispánico, finca es la palabra más universal para *ranch*. En México un rancho es una finca pequeña. Un rancho grande se llama una hacienda en México, un hato en Venezuela, una estancia en España, el Uruguay y la Argentina, y un fundo en Chile. Muchas palabras españolas relacionadas con las fincas y los rebaños (*herds*) han llegado al inglés sin muchos cambios: rancho, corral, mesteño, la reata, pinto, rodeo, vaquero. Esta estancia está en el sur de España, cerca de Marón de la Frontera.

Forms of the past perfect

había hablado	*I had spoken*	**habíamos** hablado	*we had spoken*
habías hablado	*you had spoken*	**habíais** hablado	*you (pl.) had spoken*
había hablado	*you had spoken, he/she had spoken*	**habían** hablado	*you (pl.) had spoken, they had spoken*

The English past perfect consists of the past tense of *to have* plus the past participle: *I had written, you had written,* and so on.

In Spanish the *past perfect* (**pluscuamperfecto**) is formed with the imperfect of **haber** plus the past participle.

Ya **había cenado** cuando llegó Juan.
I had already eaten dinner when Juan arrived.

Habíamos visto aquella película antes de 1950.
We had seen that movie before 1950.

The past perfect tense is used to emphasize the fact that an action (**Ya había cenado, Habíamos visto**) took place before another action, event, or moment in the past (**llegó Juan, 1950**).

Práctica

A. Dé Ud. frases nuevas según las indicaciones.

1. —¿Quién había estudiado español antes del semestre pasado?
   —*Carmen* (no) había estudiado español antes del semestre pasado. (*tú, yo, Armando, nosotros, Ud., vosotros*)
2. —¿Qué cosas no habían hecho Uds. antes del año pasado?
   —Antes del año pasado, no habíamos _____. (*asistir a la universidad, montar a caballo, visitar Patagonia, viajar a Moscú, comer flan, conocer al/a la profesor[a]*)
3. —Jaimito es un niño acusón (*tattle-tale*). Siempre le dice a su madre las cosas que ha hecho—y que no ha hecho—su hermana mayor. ¿Qué le dijo a su madre ayer?
   —Jaimito le dijo que su hermana *había dicho una mentira*. (*mirar la televisión toda la tarde, perder sus libros, romper un vaso, faltar a clase, comer todo el pastel*)

B. Working with another student, ask and answer questions according to the model.

MODELO   leer la lección para mañana →
COMPAÑERO: Ayer, cuando llamé, estabas *leyendo la lección para mañana,* ¿no?
UD.: No, ya *la* había *leído.*

1. escuchar las noticias
2. bañarse
3. preparar la cena
4. hacer las maletas
5. mirar ___ (programa de televisión)

C. ¿Cómo se dice en español?

1. I had already written to you when I received your letter.
2. The solitude of country life had always enchanted her.
3. We had eaten there once before.
4. She had worked on the farm all her life.
5. They had returned from school early that day.

D. Describa Ud. su juventud (*youth*). Antes de tener dieciocho años, ¿qué había hecho? ¿Qué no había hecho?

E. Complete las oraciones en una forma lógica.

1. Antes de 1492 Cristóbal Colón no _____.
2. Antes de 1938 la Segunda Guerra Mundial no _____.
3. Antes de 1500 Shakespeare no _____.
4. Antes de 1950 mis padres (no) _____.
5. Antes de 1975 yo (no) _____.

64

Present perfect subjunctive

Una cuestión de perspectiva

LOS VERDADEROS VAQUEROS
Espero que ya *hayan montado* a caballo...
   por lo menos una vez. ¡Los principiantes
   son tan pesados!
Espero que ya *hayan visto* un toro de
   cerca... o se van a morir de miedo.

Esa gente de la ciudad viene aquí sólo
   para divertirse. Dudo que estos dos
   jamás *hayan hecho* algún trabajo
   físico.

LOS VAQUEROS «AFICIONADOS»
Dudo que jamás *hayan salido* del rancho.
   Es probable que *hayan pasado* toda la
   vida aquí.
Es posible que no *hayan viajado* nunca
   por una autopista. ¡Qué susto van a
   tener la primera vez!
Estos vaqueros no saben nada de las
   actividades culturales. No creo que
   jamás *hayan asistido* a un concierto ni
   a una exhibición de arte.

¿Quién cree...

1. que los otros son una molestia?

2. que los otros no saben nada de actividades culturales?

3. que los otros van a tener miedo de algo?

4. que los otros son perezosos?

5. que los otros han viajado muy poco?

A question of perspective REAL COWBOYS: *I hope they've ridden horse-back . . . at least once. Beginners are such bores!* THE DUDES: *I doubt if they've ever left the ranch. It's likely they've spent all their lives here.* REAL COWBOYS: *I hope they've already seen a bull up close . . . or they're going to die of fright.* THE DUDES: *It's possible they've never been on a freeway. What a scare they'll get the first time!* REAL COWBOYS: *Those city people come here only to have a good time. I doubt that these two have ever done any physical work.* THE DUDES: *These cowboys don't know anything about culture. I don't think they've ever been to a concert or an art exhibit.*

Forms of the present perfect subjunctive	
haya hablado	**hayamos** hablado
hayas hablado	**hayáis** hablado
haya hablado	**hayan** hablado

The *present perfect subjunctive* (**perfecto del subjuntivo**) is formed with the present subjunctive of **haber** plus the past participle. It is used to express *I have spoken* (*written*, and so on) when the subjunctive is required. Although its most frequent equivalent is *I have* + *past participle*, its exact equivalent in English depends on the context in which it occurs.

Es posible que lo **haya hecho.**	*It's possible (that) he may have done (he did) it.*
Me alegro de que **hayas venido.**	*I'm glad (that) you have come (you came).*
Es bueno que lo **hayan repetido.**	*It's good that they repeated (have repeated) it.*

Note that the English equivalent of the present perfect subjunctive can be expressed as a simple or as a compound tense: *did/have done; come/have come; repeated/have repeated.*

Práctica

A. Dé Ud. frases nuevas según las indicaciones.

1. —Todos quieren mudarse. ¿Quién ha encontrado ya un apartamento?
   —Es posible que *Lucía* haya encontrado un apartamento. (*tú, Uds., Roberto y Hernando, nosotros, yo, vosotros*)
2. —Ricardo está de vacaciones en el campo. ¿Qué ha hecho Ricardo en la finca donde está de huésped?
   —Es probable que *haya recorrido toda la finca.* (*ver unos animales interesantes, montar a caballo, trabajar con los vaqueros, hacer muchas cosas nuevas, escribirme una tarjeta postal*)

B. Conteste, empezando las respuestas con las palabras entre paréntesis.

1. ¿Ha alquilado Armando un rancho en el campo? (Dudo que _____.)
2. ¿Han vendido esa alfombra tan elegante? (Tal vez _____.)
3. ¿Se han mudado Uds. al cuarto piso? (Sí, y me alegro mucho de que _____.)
4. ¿Han pagado ellos el gas y la luz este mes? (No creo que _____.)
5. ¿Se han sentado los campesinos a comer ya? (Sí, es probable que _____.)
6. ¿Ha subido el número de delitos en la ciudad? (Es probable que _____.)
7. ¿Han alquilado un carro o una motocicleta? (Espero que _____.)
8. ¿Ya hemos perdido el vuelo? (Sí, es probable que _____.)

9. ¿No sabes? Se ha muerto el ranchero. (Siento que _____.)

10. ¿Ha puesto Julián el caballo en el corral? (No, no creo que _____.)

C. ¿Cómo se dice en español?

I'm glad that he has returned from his year in Uruguay, and I hope that he has brought us a souvenir. I don't think that he's found a house yet. I doubt if he's looked for one in the city. It's more likely (**probable**) that he's gone back to the country. He's always preferred the tranquility of life there.

D. Lupe ha ganado cien mil dólares en la lotería y ha ido de compras. ¿Qué cree Ud. que ha comprado?

1. Es probable que Lupe haya comprado _____. (*una casa grande, una casa en _____, una casa de _____, una casa con _____*)

2. No creo que Lupe haya comprado _____. (*una casa pequeña, una casa en _____, una casa de _____, una casa con _____*)

E. Sounds made by animals are often but not always represented in similar ways in Spanish and in English. Complete the following sentence, matching the animals with the written representation of the sound they may have made.

Es probable que el/la _____ haya dicho _____.

MUUU
AHIIIII
GUAU GUAU
MIAU
CUA CUA
PÍO PÍO
CLOC CLOC
QUI-QUI-RI-QUÍ
GRR

vaca   caballo   gallina   pollito   león   gato   perro   pato   gallo

F. Complete las oraciones en una forma lógica.

1. Yo siento que mis padres hayan _____.

2. Mis padres sienten que yo haya _____.

3. Es probable que mi amigo/a _____ ya haya _____, pero no sé.

4. Es posible que mi amigo/a _____ ya haya _____, pero lo dudo.

5. Es bueno que hayamos _____ este año.

6. Es malo que hayamos _____ este año.

7. Me alegro de que nuestro equipo haya _____.

8. Temo que el presidente haya _____.

UN PASO MÁS

Lectura cultural:

La urbanización hispanoamericana

Las últimas estrellas° de la noche apenas° habían desaparecido cuando el Sr. Raquejo, su esposa y sus seis hijos se despidieron de su casita en el campo y de los vecinos para empezar el largo viaje a la capital. Habían oído que la ciudad les podía ofrecer una nueva vida, que había trabajo y la oportunidad de vivir en una casa decente, de ganar un buen sueldo y de darles a los niños una buena educación. Aunque el campo les había ofrecido el aire fresco y la tranquilidad de la naturaleza, también les había dado trabajo duro° sin mucho pago. Ya era hora de cambiar de vida, de mudarse a la capital para mejorar° sus condiciones de vida.

   Aunque hay otros factores que han contribuido al crecimiento° rapidísimo de las ciudades hispanoamericanas, esta llegada de campesinos a la ciudad es uno de los problemas urbanos más graves que tiene Hispanoamérica. Los campesinos no encuentran, desgraciadamente°, «El Dorado»; al contrario, tienen que enfrentarse al° desempleo, a la falta de vivienda° adecuada para los pobres y a la miseria. No tienen la educación necesaria para obtener buenos puestos y, por eso, viven en los barrios° pobres. Allí, muchos cocinan y duermen todos juntos en viviendas de un solo cuarto. Para ganar dinero, el señor vende cigarrillos en las calles, la señora lava ropa y los niños—quienes raras veces° asisten a la escuela—limpian zapatos en el centro comercial de la ciudad.

   El lujo y la grandeza, que siempre han caracterizado a ciertos sectores de Hispanoamérica, coexisten al lado de tal pobreza. Desde la ciudad de México hasta Buenos Aires hay ciudades de rascacielos° modernos, elegantes palacios y suntuosas iglesias. En las afueras° hay casas modernas y elegantes con todas las comodidades. Grandes sistemas de autopistas conectan los varios sectores de las ciudades que, como toda ciudad moderna, sufren problemas de contaminación del aire y de tráfico incontrolable.

   Según los demógrafos, varias de las ciudades de Hispanoamérica van a estar entre las diez ciudades más grandes del

stars / scarcely

hard

to improve

growth

unfortunately
enfrentarse a *to confront*
housing

neighborhoods

raras... *rarely*

skyscrapers
outskirts

Tanto en España como en Hispanoamérica ha habido (*there has been*)
en los años recientes un desarrollo
(*development*) tremendo en la construcción de edificios de apartamentos y de casas, especialmente
en las ciudades. Los edificios nuevos tienden a ser ultramodernos y,
por lo tanto (*thus*), han cambiado
bastante la apariencia de las ciudades hispanas. Aquí se ve una
vista de panorama de San Juan,
Puerto Rico.

© 1981 Peter Menzel/Stock, Boston

mundo en el año 2000. La ciudad de México, con una población metropolitana actual de más de catorce millones de
habitantes, es ahora la tercera ciudad del mundo. Igualmente, ciudades como Caracas, Bogotá, Lima, Santiago y
Buenos Aires siguen creciendo° de una manera extraor-   *growing*
dinaria. Como los otros países del mundo, las naciones hispanoamericanas van a tener que esforzarse° para hacer de   *to make an effort*
estas gigantescas metrópolis lugares apropiados para la
vida sana y moderna.

Comprensión

Conteste en oraciones completas.

1. ¿Por qué va la familia Raquejo a la ciudad?
2. ¿Qué les había dado la vida del campo a los señores Raquejo?
3. ¿Por qué están creciendo las ciudades hispanoamericanas
tan rápidamente?
4. ¿Cómo son las condiciones de vida de los pobres en las
ciudades hispanoamericanas?
5. ¿Cómo se gana la vida una familia pobre?
6. ¿En qué consisten los contrastes de las ciudades hispanoamericanas?
7. En cuanto a población, ¿cómo se comparan las ciudades hispanoamericanas con otras ciudades grandes del
mundo?

8. ¿Qué importancia tiene la ciudad de México?
9. ¿Qué problema general tienen las ciudades hispano-americanas?

Ejercicios escritos

A. Describe the largest city with which you are familiar. Include the following items in your description:

1. dónde está
2. su importancia nacional e internacional
3. población: tamaño (*size*), grupos étnicos o culturales
4. lugares de interés
5. industrias
6. política

B. Escriba un párrafo sobre uno de estos temas:

1. Las ventajas de vivir en la ciudad
2. Las ventajas de vivir en el campo

VOCABULARIO

VERBOS

encantar (*like* **gustar**) to enchant
madrugar (gu) to get up early
montar a caballo to ride horseback
recorrer to pass through; to cover (*territory, miles, and so on*)

SUSTANTIVOS

la **autopista** freeway
el **caballo** horse
el/la **campesino/a** farmworker
el **delito** crime
la **finca** farm

la **gallina** hen, chicken
el **gallo** rooster
la **naturaleza** nature
la **población** population
el **ranchero** rancher
el **rato** short period of time
el **ritmo** rhythm, pace
el **servicio** service
la **soledad** solitude
el **tiempo** time
la **vaca** cow
el/la **vaquero/a** cowhand

ADJETIVOS

acelerado/a fast, accelerated

bello/a beautiful
denso/a dense
financiero/a financial
legal legal
público/a public
puro/a pure

PALABRAS Y EXPRESIONES ÚTILES

a gusto comfortable, at home
dos veces twice
muchas veces frequently, a lot
pocas veces infrequently
una vez once
ya already

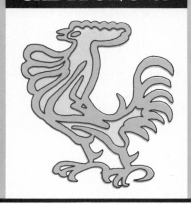

CAPÍTULO 27

EL DINERO

VOCABULARIO: PREPARACIÓN

EN EL BANCO

el alquiler / *rent* **la cuenta corriente** / *checking account* **la cuenta de ahorros** / *savings account* **la factura** / *bill* **los gastos** / *expenses* **el presupuesto** / *budget* **la tarjeta de crédito** / *credit card* ◆ **ahorrar** / *to save (money)* **aumentar** / *to increase* **cargar (a la cuenta de uno)** / *to charge (to someone's account)* **cobrar** / *to cash (a check); to charge (someone for an item or service)* **dejar de + *infinitive*** / *to stop (doing something)* **economizar** / *to economize* **gastar** / *to spend (money)* **pagar al contado/con cheque** / *to pay cash/by check*

A. ¿Cómo pagan estas personas?

1.   **2.**   **3.**

B. ¿Qué va a hacer Ud. en las siguientes situaciones?

1. Los gastos mensuales (*monthly*) de Ud. están aumentando y Ud. necesita dos trabajos. ¿Cuál va a ser su segundo empleo?

   a. camarero/a   b. *barman*   c. dependiente/a   ch. detective   d. otra cosa

2. Ud. no tiene suficiente dinero para mantener su presupuesto actual (*current*); tiene que economizar. ¿Qué deja Ud. de comer, de tomar o de usar?

   a. bebidas alcohólicas   b. carne   c. cigarrillos   ch. gasolina   d. otra cosa

3. Ud. es el/la presidente/a. ¿Qué hace para combatir la inflación?

   a. Prohíbo más aumentos de precios.

   b. Prohíbo aumentos de sueldos.

   c. Pongo un límite a las ganancias (*earnings*) de las compañías.

  ch. No hago nada.

   d. otra cosa

El pluriempleo (*moonlighting*) es una realidad de la vida hispánica. Los sueldos, muy modestos en comparación con los gastos para las necesidades más básicas, obligan a que mucha gente tenga un segundo puesto. Para algunas personas, es una manera de comprar un coche o un televisor, pero para otras es la única manera de sobrevivir (*to survive*) económicamente. Esta mujer de Bilbao (España) aumenta sus ingresos (*income*) vendiendo huevos y legumbres en el mercado.

4. El/la dueño/a de su apartamento le aumenta el alquiler un 50 por ciento. ¿Cómo reacciona Ud.?
   a. Decido comprar una casa.
   b. Me mudo a otro apartamento.
   c. Me quejo pero pago el aumento.
   ch. Pago el aumento pero dejo de mantener el apartamento.
   d. otra cosa
5. Ud. tiene que economizar con respecto a la comida. ¿Qué va a hacer?
   a. Me hago vegetariano/a.
   b. Me invito a comer en casa de los amigos.
   c. Dejo de comer dos días a la semana.
   ch. Me hago miembro de una cooperativa.
   d. otra cosa

C. De estas frases, ¿cuáles describen la situación económica de Ud.?

1. Es imposible ahorrar dinero.
2. Uso demasiado mis tarjetas de crédito; por eso tengo muchas facturas que pagar.
3. Es mejor pagar al contado que cargarlo todo a mi cuenta.
4. Necesito dos empleos para poder pagar todas mis facturas.
5. Si mi producto favorito sube un 50 por ciento de precio, dejo de comprarlo.
6. Si el dependiente de una tienda me cobra demasiado, me quejo en seguida.
7. Si no tengo dinero a fines del mes, saco dinero de mi cuenta de ahorros.
8. Mi cuenta corriente siempre tiene mucho dinero a fines del mes.

D. Indique una respuesta para cada pregunta o situación. Luego invente un contexto para cada diálogo. ¿Dónde están las personas que hablan? ¿en un banco? ¿en una tienda? ¿Quiénes son? ¿clientes? ¿cajeros? ¿dependientes?

1. ¿Cómo prefiere Ud. pagar?
2. ¿Hay algún problema?
3. Me da su pasaporte, por favor. Necesito verlo para poder cobrar su cheque.
4. ¿Quiere usar su tarjeta de crédito?
5. ¿Va a depositar este cheque en su cuenta corriente o en su cuenta de ahorros?
6. ¿Adónde quiere Ud. que mandemos la factura?

   a. En la cuenta de ahorros, por favor.
   b. Me la manda a la oficina, por favor.
   c. No, prefiero pagar al contado.
   ch. Sí, señorita, Ud. me cobró demasiado por el jarabe.
   d. Aquí lo tiene Ud.
   e. Cárguelo a mi cuenta, por favor.

E. Dé una definición de estas palabras.

1. presupuesto   2. cajero   3. gastos   4. cuenta corriente

MINIDIÁLOGOS Y ESTRUCTURA

65

Future verb forms

¡Hay que reducir los gastos! ¿Qué vamos a hacer?

MADRE: *Tomaré* el autobús en vez de usar el carro.

ANDRÉS: *Comeremos* más ensalada y menos carne y pasteles.

PADRE: Los niños no *irán* al cine con tanta frecuencia.

JULIETA: *Dejaré* de fumar.

MADRE: Los niños *gastarán* menos en dulces.

PADRE: No *cargaré* nada a nuestras cuentas. Lo *pagaré* todo al contado.

JULIETA: *Bajaremos* el gas.

GABRIELA: Y yo me *iré* a vivir con los abuelos. Allí *habrá* de todo como siempre, ¿verdad?

1. ¿Quién dejará de usar el carro? ¿de fumar?

2. ¿Qué comerá la familia? ¿Qué no comerá?

3. ¿Cómo gastará menos dinero el padre? ¿y los niños?

4. ¿Adónde irá a vivir Gabriela? ¿Por qué?

Hablar		Comer		Vivir	
hablaré	hablaremos	comeré	comeremos	viviré	viviremos
hablarás	hablaréis	comerás	comeréis	vivirás	viviréis
hablará	hablarán	comerá	comerán	vivirá	vivirán

Future actions or states of being can be expressed with the **ir** + **a** + *infinitive* construction (Section 14) or with the future. In English the future is formed with the auxiliary verbs *will* or *shall: I will/shall speak.* The *future* (**futuro**) of most Spanish verbs is formed by adding the future endings to the

---

It's necessary to cut down on expenses! What are we going to do?
MOTHER: *I'll take the bus instead of using the car.* ANDRÉS: *We'll eat more salad and less meat and desserts.* FATHER: *The kids won't go to the movies so much.* JULIETA: *I'll stop smoking.* MOTHER: *The kids will spend less on candy.* FATHER: *I won't charge anything. I'll pay for everything in cash.* JULIETA: *We'll turn down the heat.* GABRIELA: *And I'll go to live with our grandparents. There they'll have (*there will be*) everything as usual, right?*

infinitive: **-é, -ás, -á, -emos, -éis, -án.** No auxiliary verbs are needed.

The future of the following verbs is formed by adding the future endings to irregular stems.

decir:	**dir-**			decir	
hacer:	**har-**			**diré**	**diremos**
poder:	**podr-**	**-é**		**dirás**	**diréis**
poner:	**pondr-**	**-ás**		**dirá**	**dirán**
querer:	**querr-**	**-á**			
saber:	**sabr-**	**-emos**			
salir:	**saldr-**	**-éis**			
tener:	**tendr-**	**-án**			
venir:	**vendr-**				

The future of **hay** is **habrá** (*there will be*).[1]

Remember that present tense forms (indicative and subjunctive) can be used to express the immediate future. Compare:

Llegaré a tiempo.	*I'll arrive on time.*
Llego a las ocho mañana. ¿Vienes a buscarme?	*I arrive at eight tomorrow. Will you pick me up?*
No creo que Pepe **llegue** a tiempo.	*I don't think Pepe will arrive on time.*

¡OJO! *When English* will *refers not to future time but to the willingness of someone to do something, Spanish uses a form of the verb* **querer,** *not the future.*

¿Quieres cerrar la puerta, por favor?	*Will you please close the door?*

Práctica

A. Dé Ud. frases nuevas según las indicaciones.

   1. —En el viaje que Uds. van a hacer a México, todos hablarán español, ¿verdad?
      —Sí, *Juan* hablará español. (*yo, Uds., nosotros, el/la profesor[a], yo, nosotros, tú, vosotros*)

---

[1]The *future perfect tense* (**futuro perfecto**) is formed with the future of the auxiliary verb **haber** (**habré, habrás, habrá, habremos, habréis, habrán**) plus the past participle. It is used to express what will have occurred at some point in the future.

Para mañana, ya **habré hablado** con Miguel.	*By tomorrow, I will already have talked with Miguel.*

2. —¿Quién se levantará temprano para verlo todo?
　—*Estela* se levantará temprano. (*el/la profesor*[*a*], *yo, nosotros, tú, Uds., vosotros*)

B. Dé Ud. frases nuevas según las indicaciones.

1. —Son las tres de la tarde, un viernes, y todos han recibido el cheque semanal (*weekly*). ¿Qué van a hacer los empleados con el cheque antes de las cinco?
　—*Jorge* cobrará el cheque. (*tú y yo, Juan y Ana, Ud., tú, yo, vosotros*)

2. —Y después de cobrar el cheque, ¿qué harán los empleados?
　—*Comprarán comestibles.* (*pagar las facturas, hacer un presupuesto, depositar un poco en la cuenta de ahorros, decir que nunca tienen lo suficiente, _____*)

C. Ud. es astrólogo/a, y puede predecir (*predict*) el futuro. ¿Qué predicciones puede Ud. formar usando una palabra o frase—en su forma correcta—de cada columna? Use el futuro de los verbos.

yo		conseguir	pagar todas las facturas algún día
el/la profesor(a)	(no)	querer	casarse, mudarse a _____, retirarse
mis amigos		tener	un aumento de salario por fin
_____		poder	en un país hispano, en _____
		ser	casado/a, soltero/a, rico/a, famoso/a
		vivir	ahorrar dinero para comprar _____
			muchos/pocos hijos, ningún hijo
			médico/a, abogado/a, _____

D. Ud. quiere imitar todas las acciones de su amigo Gregorio. Cuando Gregorio dice que va a hacer algo, diga Ud. que lo hará también, usando el futuro.

　MODELO　Gregorio va a gastar menos este mes. →
　　　　　　Yo también gastaré menos.

1. Gregorio va a mudarse de su apartamento.
2. Va a hacer un presupuesto y lo va a seguir.
3. Va a saber todas las respuestas en el próximo examen.
4. Va a salir para la playa este fin de semana.
5. Va a ir a la fiesta esta noche.
6. Va a decirle a Graciela que vaya a la fiesta también.
7. Va a casarse algún día.
8. Va a poner todo su dinero en una cuenta de ahorros.

E. ¿Cómo se dice en español? Un grupo de turistas está en una tienda en Guatemala. Usando el futuro, explique cómo pagarán sus compras.

Mr. Adams says (that) he will pay in cash. Mrs. Walsh will use her credit card. Ms. Smith says that she will have to cash a check at (**en**) the bank. Mr. Collins says that the shop will have to send the bill to his home.

F. Haga una descripción del mundo del año 2500, completando estas frases:

1. (No) Habrá _____. (pobreza [*poverty*], guerras, igualdad [*equality*] para todos, un solo gobierno para todo el mundo, gasolina, otros tipos de energía, _____)

2. La gente (no) vivirá en _____.
           tendrá _____.
           se quejará de _____.
           hablará _____.
           comerá _____.

3. Nosotros (no) viajaremos a/en _____.
           usaremos más/menos _____.
           podremos _____.
           comeremos _____.

¿Está Ud. de acuerdo con las predicciones de sus compañeros de clase? Exprese su opinión, completando estas frases:

Estoy de acuerdo en que _____ en el futuro.
No creo que _____ en el futuro. (¡OJO! subjuntivo)

66
Future of probability

Rico por un día

MANOLO: ¿Qué es esto? *¿Estarán aumentando* los sueldos?
BEGOÑA: No creo... *habrá* un error.
MANOLO: Error o no, para el lunes lo *habré gastado* todo y...
BEGOÑA: Hombre, no lo vas a cobrar. Lo vas a devolver a la compañía, ¿no?
MANOLO: ¡Ay, qué aguafiestas eres! ¡Por favor, déjame el placer de pensar en cómo lo gastaría!

---

1. ¿Qué piensa Manolo cuando ve su cheque?

2. ¿Qué opina Begoña?

3. ¿Qué piensa hacer Manolo?

4. ¿Qué recomienda Begoña?

Rich for a day. MANOLO: *What's this? Can it be that they're raising salaries?* BEGOÑA: *I don't think so . . . it must be a mistake.* MANOLO: *Mistake or not, I'll have it spent by Monday and . . .* BEGOÑA: *Hey, you're not going to spend it. You're going to give it back to the company, aren't you?* MANOLO: *What a drag you are! Please, leave me the pleasure of thinking about how I would spend it!*

¿Dónde **estará** Cecilia?　　Cecilia **estará** en la autopista.
I wonder where Cecilia is.　*Cecilia is probably (must be)*
(Where can Cecilia be?)　　*on the highway. (I bet Cecilia*
　　　　　　　　　　　　　is on the highway.)

In addition to indicating future actions, the future often expresses probability or conjecture in the present. This construction is called the *future of probability* (**futuro de probabilidad**). English *probably, I guess, I bet,* and *I wonder* are not directly expressed in Spanish; their sense is contained in the future form of the verb used.

Práctica

A. ¿Cómo se dice en español? Use el futuro de probabilidad.

1. It's probably four o'clock.
2. He probably is a teller.
3. They must know the answer.
4. She must be in Phoenix.
5. They probably have a lot of bills.
6. I wonder where she will go.
7. I wonder how old he is.
8. I wonder who has the credit cards.

B. Cambie por el futuro para expresar probabilidad o conjetura.

1. La doctora le da un antibiótico.
2. Cobran mucho en aquella tienda.
3. ¿Cuánto es el alquiler?
4. Hay un 10 por ciento de descuento.
5. Tiene muchos gastos.
6. Salen mañana para el campo.
7. ¿Mantienen su presupuesto?
8. No vienen esta tarde.
9. ¿Está enfermo?

C. Describa Ud. a estas personas. ¿Quiénes serán? ¿Dónde estarán?

Para cobrar un cheque en el mundo hispánico, hay que «llenar las formas antes de ir al cajero», como dice este letrero de un banco mexicano. Para cobrar un cheque de viajero, el procedimiento es a veces más complicado. Se aprueba el cheque con el pasaporte del turista, se calcula el cambio (*exchange rate*) del día y, por fin, un cajero le entrega el dinero.

D. Using the future of probability, speculate about the life of a member of your class or of a well-known person. Use these questions as a guide.

1. ¿Dónde vivirá?
2. ¿Cuántos años tendrá?
3. ¿Estará casado/a? ¿Tendrá hijos?
4. ¿Cuánto ganará?
5. ¿Ahorrará mucho dinero?

UN PASO MÁS

Actividades

EXPOSICIÓN DE BARCOS

© King Features Syndicate, Inc., 1977. World rights reserved.

—*Quizá si dejo° el café y tú te vas a trabajar en bicicleta...*

I stop drinking

A. Para conseguir más dinero. What can you do to get extra cash or to save money? Some possibilities are shown in the cartoon.

MODELO   dejar el café →
Si dejo el café, estaré menos nervioso/a, pero será más difícil despertarme por la mañana.

1. pedirles dinero a mis amigos
2. cometer un robo
3. alquilar un cuarto de mi casa a otras personas
4. buscar otro empleo
5. quejarme al jefe sobre el sueldo
6. vender mi _____
7. dejar de _____
8. _____

B. Using foreign currency when traveling outside of the United States can be confusing. Often tourists have no concrete sense of what foreign currency is worth or how much they are paying for an item or a service, even though they know the current conversion factor used to exchange money at the bank.

Here are the exchange rates (**cambios**) for the currencies of several Spanish-speaking countries. These rates of exchange fluctuate; they may be different by the time you read this. Check the current rate on the financial page of your daily newspaper.

México: 1 peso = $.02 U.S.A.
(approximately 50 pesos = $1.00;
500 pesos = $10.00)
España: 1 peseta = $.0098 U.S.A.
(approximately 100 ptas. = $1.00;
1000 ptas. = $10.00)
Colombia: 1 peso = $.0165 U.S.A.
(approximately 60 pesos = $1.00;
600 pesos = $10.00)

Familiarize yourself with these exchange rates by determining the following equivalents.

¿Cuánto valen?

1. 250 ptas.	**a.** $2,50	**b.** $25,00
2. 3000 ptas.	**a.** $30,00	**b.** $60,00
3. 19.000 ptas.	**a.** $190,00	**b.** $19,00
4. 9.000 pesos (Méx.)	**a.** $1.800,00	**b.** $180,00
5. 250 pesos (Méx.)	**a.** $50,00	**b.** $5,00
6. 100 pesos (Méx.)	**a.** $4,50	**b.** $2,00
7. 120 pesos (Col.)	**a.** $12,00	**b.** $2,00
8. 2.400 pesos (Col.)	**a.** $40,00	**b.** $400,00

¿Una ganga? Are the following people getting a bargain, or are they paying an exorbitant price by U.S. standards? Refer to the rates of exchange if necessary.

1. Los señores Dale van a Bogotá, donde tienen una habitación en el Hotel Ritz. Pagan ochocientos pesos al día.
2. Mary McVey va a México y encuentra una habitación en un hostal de estudiantes. Paga ochenta pesos al día. Está incluido el desayuno.
3. Alan Sachs vive en Madrid. Allí en una tienda de lujo paga cinco mil pesetas por una cartera de cuero (*leather*) para su padre.
4. Karen Judd cena en un restaurante español. Cena muy bien, aunque el restaurante no es de lujo. Le cobran ciento noventa pesetas.
5. Wayne Curtis toma un taxi en Guadalajara, México. Hace un viaje de unos cuarenta kilómetros y paga ciento veinte pesos.
6. Eric Burlingame va a Colombia. Allí compra un suéter por seiscientos cincuenta pesos colombianos.
7. Los señores Walsh van a ver la Pirámide del Sol en México. En una pequeña tienda compran un libro sobre las civilizaciones precolombinas. Es un libro grande y elegante, con muchas fotografías en colores. Pagan doscientos pesos mexicanos.

VOCABULARIO

VERBOS

aumentar to increase
cargar (gu) to charge (*to an account*)
cobrar to cash (*a check*); to charge (*someone for an item or service*)
dejar de (+ inf.) to stop (*doing something*)
depositar to deposit
economizar (c) to economize
mantener (ie) (mantengo) to maintain

reducir (reduzco) to reduce, cut down

SUSTANTIVOS

el banco bank
el/la cajero/a teller
la cuenta account
la cuenta corriente checking account
la cuenta de ahorros savings account
la factura bill
el futuro future

los gastos expenses
el presupuesto budget

ADJETIVOS

actual current, up-to-date

PALABRAS Y EXPRESIONES ÚTILES

a fines de at the end of
al contado cash
con cheque by check
por ciento percent

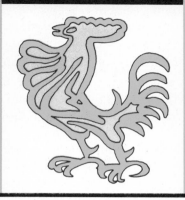

CAPÍTULO 28

EL MUNDO ACTUAL

VOCABULARIO: PREPARACIÓN

JOSÉ LUIS MARTÍN MENA/El Ideal Gallego, Spain

LOS PROBLEMAS ACTUALES
acabar / *to run out* **conservar** /
to conserve **construir**[1] / *to build,*
construct **contaminar** / *to*
pollute **desarrollar** / *to develop*
destruir[1] / *to destroy* **durar** / *to*
last **proteger (protejo)** / *to*
protect **valer (valgo)** / *to be*
worth ◆ **el desarrollo** / *develop-*
ment **la (des)igualdad** /
(in)equality **el edificio** / *building*
la energía / *energy* **la esperanza** /
hope **el gobierno** / *government*
la guerra / *war* **el medio**
ambiente / *environment* **la**
necesidad / *need, necessity* **el**
petróleo / *oil, petroleum* **el**
rascacielos / *skyscraper* **el recurso**
natural / *natural resource*

[1]Note the present indicative conjugation of **construir: construyo, construyes, construye, construimos, construís,
construyen. Destruir** is conjugated in the same way.

A. Describa lo que pasa en el dibujo. ¿Cuál es el mensaje (*message*) del dibujo? ¿Está Ud. de acuerdo? ¿Cree Ud. que se ve el mundo de hoy o el mundo del futuro en el dibujo? ¿o un mundo que no existirá nunca?

B. ¿Qué palabras o frases asocia Ud. con las palabras siguientes?

1. desarrollo   **3.** desigualdad   **5.** medio ambiente   **7.** rascacielos
2. guerra   **4.** esperanza   **6.** recurso natural   **8.** gobierno

C. Familias de palabras. Llene los espacios con las palabras apropiadas según el modelo.

MODELO   Para que haya DESARROLLO, hay que
          <u>desarrollar</u>.

1. Si algo es DURADERO, puede ＿＿＿ mucho tiempo.
2. Algo que se NECESITA es una ＿＿＿.
3. Si algo ＿＿＿ mucho, tiene gran VALOR.
4. Si dos cosas son IGUALES, existe una ＿＿＿ entre ellas.
5. Los productos PETROLEROS se hacen del ＿＿＿.
6. Cuando se ＿＿＿ un recurso natural, se dice que se ha ACABADO.

D. ¿Está Ud. de acuerdo con las ideas siguientes? Defienda sus opiniones.

1. Para conservar energía debemos bajar la calefacción (*heat*) en invierno y usar menos el aire acondicionado en verano.
2. Es mejor calentar la casa con una estufa de leña (*wood stove*) que con gas o electricidad.
4. Debemos proteger nuestras «zonas verdes» y establecer más parques públicos para las futuras generaciones.
4. Es más importante explotar los recursos naturales que proteger el medio ambiente.
5. Para gastar menos gasolina, debemos tomar el autobús, caminar más y formar *car pools*.
6. No debemos importar petróleo de otros países.
7. El gobierno debe ponerles multas muy fuertes a las compañías y a los individuos que contaminan el aire.
8. Debemos adoptar una manera de vivir más sencilla.
9. No es necesario destruir la naturaleza para desarrollar lugares para el futuro.
10. Se deben explotar todos nuestros recursos naturales al máximo para satisfacer las necesidades de la gente de hoy.

E. ¿Cómo es el lugar donde Ud. vive?

1. ¿Está muy contaminado el aire? ¿Es muy puro? ¿A qué se debe (*is due*) el estado del aire?
2. ¿Existe un medio ambiente agradable o desagradable? Explique.
3. ¿Hay muchos rascacielos y autopistas donde Ud. vive? ¿Hay muchas zonas verdes y parques? ¿Hay un desarrollo acelerado o lento (*slow*)?
4. ¿Qué hace la gente para proteger el medio ambiente? ¿Forman sociedades? ¿Se quejan al gobierno? ¿a las industrias?

F. ¿Qué piensa Ud. del mundo actual? Hágale las siguientes preguntas a un(a) compañero/a de clase. Luego dígale al resto de la clase lo que piensa su compañero/a.

1. ¿Cuáles contaminan más, las industrias o los coches? ¿Es importante que dejen de contaminar el medio ambiente? ¿Por qué?
2. ¿Es posible que se nos acaben los recursos naturales algún día? ¿Qué podemos hacer si se acaba el petróleo? ¿Es importante que se desarrollen otros tipos de energía, como la energía del sol o del viento o la energía atómica? ¿Qué otras posibilidades hay?
3. ¿Hay desigualdades en el mundo? ¿Cuáles son? ¿Hay esperanza de que se eliminen algún día? ¿Cómo será posible conseguir esto?
4. ¿Tendremos otra guerra en el futuro? ¿Dónde empezará? ¿Cuál será la causa? ¿Cuánto tiempo durará? ¿Hay alguna manera de dejar de hacer guerras? ¿de evitar (*to avoid*) otra guerra mundial?

MINIDIÁLOGOS Y ESTRUCTURA

67

Conditional verb forms

¿Es posible escapar?

Necesito salir... creo que me *gustaría* ir a Puerto Rico o a algún otro lugar del Caribe... no *haría* nada de trabajo... *podría* nadar... *tomaría* el sol... *comería* platos exóticos... *vería* lugares naturales bonitos... *sería* ideal... Pero... al fin y al cabo *tendría* que volver a lo de siempre... a los rascacielos de la ciudad... al tráfico... al medio ambiente contaminado... al mundo del trabajo... ¡y lo *tendría* que pagar todo!

1. *¿Cómo respondería la mujer? ¿Adónde le gustaría ir?*
2. *¿Qué haría en el Caribe?*
3. *¿Duraría su idilio mucho tiempo?*
4. *¿Es posible escapar?*

Is it possible to escape? *I need to get away . . . I think I'd like to go to Puerto Rico or to some other place in the Caribbean . . . I wouldn't do any work . . . I could swim . . . I would sunbathe . . . I would eat exotic food . . . I would see beautiful natural sites . . . it would be ideal . . . But . . . in the end, I would have to return to the usual routine . . . to the city skyscrapers . . . to the traffic . . . to the polluted environment . . . to the working world . . . and I would have to pay for it all!*

Hablar		Comer		Vivir	
hablar**ía**	hablar**íamos**	comer**ía**	comer**íamos**	vivir**ía**	vivir**íamos**
hablar**ías**	hablar**íais**	comer**ías**	comer**íais**	vivir**ías**	vivir**íais**
hablar**ía**	hablar**ían**	comer**ía**	comer**ían**	vivir**ía**	vivir**ían**

Conditional actions or states of being are expressed with the conditional. In English the conditional uses the auxiliary verb *would: I would speak.* The Spanish *conditional* (**condicional**) is formed by adding the conditional endings to the infinitive: **-ía, -ías, -ía, -íamos, -íais, -ían.** No auxiliary verb is needed.

Verbs that form the future on an irregular stem use the same stem to form the conditional.

				decir	
decir:	**dir-**				
hacer:	**har-**			dir**ía**	dir**íamos**
poder:	**podr-**	-ía		dir**ías**	dir**íais**
poner:	**pondr-**	-ías		dir**ía**	dir**ían**
querer:	**querr-**	-ía			
saber:	**sabr-**	-íamos			
salir:	**saldr-**	-íais			
tener:	**tendr-**	-ían			
valer:	**valdr-**				
venir:	**vendr-**				

The conditional of **hay** is **habría** (*there would be*).[2]

Uses of the conditional

The conditional expresses what you would do in a particular situation, given a particular set of circumstances.

¿**Hablarías** francés en México?	*Would you speak French in Mexico?*

---

[2]The *conditional perfect tense* (**condicional perfecto**) is formed with the conditional of the auxiliary verb **haber** (**habría, habrías, habría, habríamos, habríais, habrían**) plus the past participle. It expresses what would have happened at some time in the past.

Habríamos tenido que buscarla en el aeropuerto.	*We would have had to pick her up at the airport.*
¿Qué **habría hecho** Ud.?	*What would you have done?*

No, **hablaría** español.   *No, I would speak Spanish.*

The conditional tense is also used in English and Spanish to make a request sound softer, more polite.

¿Te **gustaría** almorzar con nosotros?	*Would you like to have lunch with us?*
Sí, me **gustaría** pero no puedo.	*Yes, I would like to but I can't.*
Deberías estudiar más.	*You really ought to study more. (It would be a good idea for you to study more.)*

¡OJO! *When **would** implies **used to** in English, Spanish uses the imperfect.*

Íbamos a la playa todos los veranos.	*We would go to the beach every summer.*

[*Práctica A, B, C*]

The conditional is often used in Spanish to express probability or conjecture about past events or states of being, just as the future is used to indicate probability or conjecture about the present. This use of the conditional is called the **condicional de probabilidad.**

¿Dónde **estaría** Cecilia?	*I wonder where Cecilia was. (Where could Cecilia have been?)*
Cecilia **estaría** en la autopista.	*Cecilia was probably on the highway.*

[*Práctica D, E, F, G, H*]

Práctica

A. Dé Ud. frases nuevas según las indicaciones.

1. —¿Adónde irían Uds. para sus vacaciones?
   —*Cristina* (no) iría a la playa. (*yo, Ud., tú, Uds., nosotros, vosotras*)
2. —Hay que conservar energía. ¿Quién dijo que lo haría?
   —*Juan* dijo que lo haría. (*tú, Armando, yo, Uds., nosotros, vosotros*)
3. —El Sr. Cortina dijo que no podríamos proteger el medio ambiente por completo. ¿Quién estaría de acuerdo con él?
   —*Anita* (no) estaría de acuerdo con él. (*los senadores, nosotras, yo, Ud., tú, vosotros*)
4. —¿Qué haría Ud. si fuera (*you were*) presidente/a?
   —*Yo bajaría los impuestos. (ponerles multas a algunas industrias, desarrollar los transportes públicos, eliminar la desigualdad, ayudar a los pobres. ____)*

B. Cambie por el condicional.

1. Salimos pronto.	**5.** No tengo tiempo.
2. Digo que sí.	**6.** No te quejas, ¿verdad?
3. Lo saben los señores Santos.	**7.** Uds. deben ahorrar más.
4. ¿Puedes hacerlo?	**8.** No, no vale tanto.

C. ¿Cómo se dice en español? Invite Ud. a un amigo a cenar.

Would you like to have dinner with us tonight? I know you would enjoy yourself and that you would meet some interesting people. You really ought to come.

Ahora, siguiendo la forma de esta invitación, invite a un(a) compañero/a de clase a hacer algo con Ud.

D. Lea el párrafo siguiente.

Había una mujer detrás de un mostrador (*counter*). Llegó un hombre con una maleta. El hombre parecía (*seemed*) nervioso y la maleta parecía pesar mucho. El hombre habló con la mujer y luego sacó dinero de su cartera. Se lo dio a la mujer, quien le dio un papelito. El hombre le dio a la mujer la maleta y fue a sentarse. Parecía muy agitado. Escuchaba los anuncios que se oían periódicamente mientras escribía rápidamente una tarjeta postal.

¿Qué pasaría aquí? Conteste, usando el condicional de probabilidad. Si quiere, puede inventar más detalles.

1. ¿Dónde estarían el hombre y la mujer?
2. ¿Quién sería la mujer? ¿y el hombre?
3. ¿Por qué estaría nervioso el hombre?
4. ¿Qué tendría el hombre en la maleta?
5. ¿Qué preguntaría el hombre a la mujer?
6. ¿Por qué le daría dinero a la mujer?
7. ¿Qué le daría la mujer al hombre?
8. ¿Por qué le daría el hombre la maleta a la mujer?
9. ¿Qué serían los anuncios?
10. ¿A quién le escribiría el hombre?

E. ¿Cómo se dice en español?

I wonder why they would want to build a factory (**fábrica**) there. They would have to destroy a lovely natural environment. And the buildings would pollute the lake. They probably want to develop the area (**el área**), but they're going to destroy it!

F. Explique Ud. por qué no va a hacer estas cosas.

1. Pagaría el alquiler, pero _____.
2. Economizaría más, pero _____.
3. Me mudaría de apartamento, pero _____.
4. Tomaría francés el semestre que viene, pero _____.
5. Manejaría un coche más pequeño, pero _____.
6. Conservaría más energía, pero _____.
7. Dejaría de _____ pero _____.
8. Me gustaría _____ pero _____.
9. Viviría en el campo/la ciudad, pero _____.

La mecanización y los servicios del mundo urbano van llegando aun a las zonas más rurales del mundo hispano. Aquí el dueño de una pequeña finca de Colombia observa mientras los obreros conectan los cables eléctricos.

David Mangurian/Courtesy of the Inter-American Development Bank

G. ¿Cómo sería el mundo si Ud. pudiera (*could*) controlarlo todo? Haga frases con una palabra o frase de cada columna.

yo	haber	(la) pobreza
la gente	tener	(las) guerras
el gobierno (no)	vivir en	(la) (des)igualdad
nosotros	ser	un gobierno mundial
_____	eliminar	gasolina
	desarrollar	casas _____
	quejarse de	otros tipos de energía
		esperanza para un futuro mejor
		_____

H. Preguntas

1. ¿Qué le gustaría a Ud. comer esta noche?
2. ¿Qué lengua hablaría una persona de Pekín? ¿de Moscú? ¿del Canadá? ¿de Lisboa? ¿de Guadalajara?
3. ¿Qué haría Ud. para obtener mucho dinero? ¿y para gastar mucho dinero?
4. ¿Cuánto dinero necesitaría Ud. para pagar todas sus facturas?
5. ¿Dónde le gustaría a Ud. vivir? ¿Por qué?
6. ¿Votaría Ud. por Walter Cronkite para presidente? ¿por Barbara Walters? ¿Por qué?
7. ¿Qué persona famosa le gustaría ser? ¿Por qué?
8. ¿Qué tipo de persona sería Abrahán Lincoln? ¿Florencia Nightingale? ¿Hernán Cortés? ¿Cristóbal Colón? ¿la reina Isabel?
9. ¿Dónde estaría su profesor(a) de español a las once anoche?
10. ¿Qué le gustaría decirle al presidente?

¿Recuerda Ud.?

Remember that unstressed possessive adjectives in Spanish show the number (singular or plural) of the thing possessed in all persons and the gender (masculine or feminine) of the thing possessed in the **nosotros** *and* **vosotros** *forms (Section 19). The unstressed possessive adjectives always precede the thing possessed.*

| SINGULAR | mi | tu | su | nuestro/a | vuestro/a | su |
| PLURAL | mis | tus | sus | nuestros/as | vuestros/as | sus |

Son mis libros.   *They're my books.*
Es su gobierno.   *It's his (her, your, their) government.*
Son nuestras casas.   *They're our houses.*

¿Cómo se dice en español?
1. It's his suitcase.
2. They're his suitcases.
3. It's my money.
4. It's our money.
5. It's their money.
6. It's your money. (**Ud.**)
7. They're our suitcases.
8. They're your suitcases. (**tú**)
9. It's her money.
10. It's our suitcase.
11. They're our dogs.
12. They're your dogs. (**tú**)

68
Stressed possessive adjectives and possessive pronouns

1. ¿Quién es el dueño del mundo en esta visión del futuro?
2. ¿A quién le va a dar todo el padre robot?

Stressed possessive adjectives

Forms of the stressed possessive adjectives			
mío/a/os/as	*my (of mine)*	**nuestro/a/os/as**	*our (of ours)*
tuyo/a/os/as	*your (of yours)*	**vuestro/a/os/as**	*your (of yours)*
suyo/a/os/as	*your (of yours), his (of his), her (of hers), its*	**suyo/a/os/as**	*your (of yours), their (of theirs)*

Stressed forms (**las formas tónicas**) of the possessive are, as the term implies, more emphatic than the *unstressed forms* (**las formas átonas**), discussed in Section 19. The stressed forms are used when in English you would emphasize the possessive with your voice or when you want to express English *of mine* (*of yours, of his,* and so on).

Es **mi** amigo.	*He's my friend.*
Es **un** amigo **mío.**	*He's **my** friend.* / *He's a friend of mine.*
¿Es **su** perro?	
¿Es **el** perro **suyo?**	*Is it **her** dog?*

The stressed forms of the possessive adjective follow the noun, which must be preceded by a definite or indefinite article or by a demonstrative adjective. Like the unstressed forms of the possessive adjectives, the stressed forms agree with the noun modified in number and gender.

[*Práctica A*]

Possessive pronouns

Aquí está mi banco. ¿Dónde está **el suyo?**	*Here is my bank. Where is yours?*
Sus bebidas están preparadas; **las nuestras,** no.	*Their drinks are ready; ours aren't.*
No es el **pasaporte** de Juan; es **mío.**	*It isn't Juan's passport; it's mine.*

The stressed possessive adjectives—but not the unstressed possessives—can be used as possessive pronouns: **la maleta suya → la suya.** The article and the possessive form agree in gender and number with the noun to which they refer. The definite article is frequently omitted after forms of **ser: Es suya.**

[*Práctica B, C, D, E, F*]

Práctica

A. Dé Ud. frases nuevas según las indicaciones.

1. —El carro de Antonio está roto. ¿Y el suyo?
   —¿El *carro* mío? Ya lo he arreglado. (*lámparas, estéreo, cámara, frenos, transmisión*)
2. —¿Ya han encontrado todo el equipaje?
   —El maletín de Juan, sí, pero las maletas *mías*, no. (*de ellos, tus, nuestras, de Antonia, vuestras*)

B. Dé Ud. frases nuevas según las indicaciones.

1. —Alguien ha dejado una cámara en el suelo. ¿Es de Ud.?
   —No, no es *mía*. (*de Juan, de Uds., de Alicia, de Ud., de ti, de vosotros*)
2. —Ud. ha perdido varios objetos. ¿Son suyos estos objetos que tienen en la recepción? ¿La radio?
   —No, no es *mío*. El *mío* es más pequeño. (*guitarra, zapatos, llave, televisor, maletas, diamante* [*m.*])

C. Haga preguntas según el modelo.

> **MODELO**   Voy a lavar mi carro esta tarde. ¿Y tú? →
> *¿Vas a lavar el tuyo también?*

1. No puedo pagar mis facturas este mes. ¿Y tú?
2. No han confirmado sus reservaciones. ¿Y Juan?
3. He dejado mis cheques en casa. ¿Y tú?
4. No puedo encontrar mi caballo. ¿Y ellos?
5. Podremos usar nuestro carro. ¿Y Julio?
6. Tú has declarado todas tus compras. ¿Y ellas?
7. Nosotros no perdimos nuestro tren. ¿Y Uds.?
8. Ya he reservado mi habitación. ¿Y tú?

D. ¿Cómo se dice en español?

1. She's a friend of his.
2. These are our tickets.
3. This berth is mine, not yours.
4. That isn't your building; it's mine.
5. She has her hopes and I have mine.
6. We have our needs and they have theirs.

E. Ask another student the following questions. He or she should answer using the stressed forms of the possessive adjective or the possessive pronoun.

1. ¿Cuáles son más interesantes, mis clases o las tuyas?
2. ¿Cuál es más fácil, mi horario o el tuyo?
3. ¿Prefieres mi carro o el tuyo?
4. ¿Cuál es más barato, mi apartamento o el tuyo?
5. ¿Cuál es más grande, mi familia o la tuya?
6. ¿Cuál es mejor, mi puesto o el tuyo?

F. Piense Ud. en algo que Ud. tiene o en alguien que conoce. Luego descríbalo/la a la clase, sin mencionar su nombre. Sus compañeros tienen que decir qué/quién es.

> MODELO   La mía contiene muchas tarjetas de crédito.
> La mía es de cuero (*leather*) y metal.
> La mía está debajo de mi silla en este momento.
>
> *(una bolsa)*

UN PASO MÁS

Lectura cultural:

El futuro económico de Hispanoamérica—comentarios especulativos

Por lo general, cuando hablamos del sistema económico de los países hispanoamericanos, pensamos en economías de un solo producto—el café colombiano o la banana de las repúblicas centroamericanas. Esta imagen viene en gran parte de la historia de la explotación por los intereses internacionales de los productos latinos más deseables y valiosos°.   *valuable*

Esta explotación empezó con la Conquista, época en que España sacaba oro y plata de los territorios americanos. Después de ganar la independencia de España en el siglo XIX, las nuevas naciones hispanoamericanas—políticamente débiles°—llegaron a ser un lugar de explotación económica para los países industriales europeos y para los Estados Unidos. Los casos clásicos son la explotación extensa del cobre° chileno, del petróleo venezolano y de la fruta centroamericana.   *weak*

copper

Actualmente los hispanoamericanos parecen tener una clara conciencia° de ese pasado de explotación por extranjeros e insisten más en el derecho de tener voz en su propio destino económico. Por lo tanto,° ya no es ridículo hacer la siguiente pregunta: ¿formarán algún día los países de Hispanoamérica una de las regiones más importantes económicamente del mundo? Cuando se considera la gran cantidad de recursos naturales que quedan por desarrollarse° en Hispanoamérica, es muy fácil responder que sí.   *awareness*

Por... *For that reason*

quedan... *remain to be developed*

Para realizar° tal° desarrollo económico, sin embargo, habrá que resolver los muchos problemas internos que son,   *to bring about / such a*

Con el descubrimiento de las vastas reservas de petróleo en Venezuela, la Argentina y México, la situación económica de estos países promete mejorarse. Sin embargo, todavía quedan muchos problemas por resolver: el aumento enorme de la población, la desigualdad en la distribución de la riqueza nacional, el desempleo y la inflación que continúan sin alivio (*relief*). El propósito de esta manifestación de obreros mexicanos es conseguir mejores servicios públicos.

© *Joan Liftin/Archive Pictures, Inc.*

en gran parte, el resultado de una historia de poca gente con mucha riqueza y mucha gente que no tiene nada. El reciente descubrimiento del petróleo en México es sólo un ejemplo de la riqueza natural que tiene Hispanoamérica. Existen también grandes depósitos de petróleo en Venezuela y la Argentina. Sin duda, esta riqueza hispano-americana tendrá muchísimo valor en esta edad de crisis de energía.

Además del petróleo, las tierras hispanoamericanas contienen grandes depósitos de cobre, plata, hierro°, plomo°,   *iron / lead*
estaño° y tungsteno; todos son productos que necesitará el   *tin*
mundo aun más industrializado del futuro.

Serán importantes también las industrias agrícolas y pesqueras° de Hispanoamérica. Con sus vastos territorios   *fishing*
cultivables y con la pesca—en especial a lo largo de la costa del Pacífico—las naciones hispanoamericanas, con el desarrollo apropiado, podrían producir comida para su propio consumo y para la exportación.

Comprensión

Conteste en oraciones completas.

1. ¿Cuál es la imagen tradicional de la economía hispanoamericana?
2. ¿A qué se debe esa imagen?
3. ¿Cuándo y cómo empezó la explotación de los recursos naturales de Hispanoamérica?
4. ¿Qué les pasó económicamente a las naciones hispanoamericanas después de ganar la independencia de España?

5. ¿Por qué es posible pensar que Hispanoamérica será una región de gran importancia económica?
6. ¿Qué será necesario hacer para realizar el desarrollo económico de Hispanoamérica?
7. ¿Por qué son de importancia los depósitos de petróleo en Hispanoamérica?
8. ¿Cuáles son algunos otros recursos naturales de Hispanoamérica?
9. ¿Por qué tendrán importancia en el futuro las industrias agrícolas y pesqueras de Hispanoamérica?

Ejercicios escritos

A. ¿Cuántos productos importados usa Ud.? ¿De qué países son? ¿Le gustaría usar más? ¿menos? Complete Ud. estas oraciones.

Uso ＿＿ de ＿＿. Me gustaría poder comprar en los Estados Unidos ＿＿ de ＿＿. No usaría ＿＿ de ＿＿.

B. Escriba un párrafo sobre uno de los temas siguientes.

1. ¿Cómo serán nuestras casas en el año 2000? ¿Cómo serán nuestros edificios?
2. ¿Cómo serán nuestros coches en el año 2000? ¿Cómo será el transporte público?
3. ¿Cómo será la situación política y económica de los Estados Unidos en el año 2000?
4. ¿Cómo serán nuestras ciudades en el año 2000?

VOCABULARIO

VERBOS

conservar to conserve
construir (construyo) to build, construct
contaminar to pollute
desarrollar to develop
destruir (destruyo) to destroy
durar to last
eliminar to eliminate
escapar to escape

parecer (parezco) to seem
proteger (protejo) to protect
valer (valgo) to be worth

SUSTANTIVOS

el desarrollo development
la (des)igualdad (in)equality
el edificio building
la energía energy

la esperanza hope
el gobierno government
la industria industry
el medio ambiente environment
la necesidad need, necessity
el petróleo oil, petroleum
el rascacielos skyscraper
el recurso natural natural resource

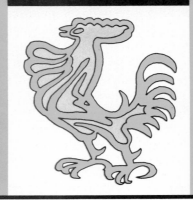

CAPÍTULO 29

LOS HISPANOS EN LOS ESTADOS UNIDOS

VOCABULARIO: PREPARACIÓN

emigrar

CUSTOMS ADUANA

maría Pérez

llevar todos los bienes

Pérez

establecerse

Welcome to English I

aprender un nuevo idioma

LOS INMIGRANTES **la costumbre** / *custom* **la cultura** / *culture* **el/la exiliado/a** / *person in exile, expatriate* **la patria** / *native land, homeland* **las raíces (la raíz)** / *roots* **el/la refugiado/a** / *refugee* **la tierra natal** / *native land, place of birth* ◆ **bilingüe** / *bilingual* **por necesidad** / *out of necessity* ◆ **acostumbrarse (a)** / *to get used (to)* **añorar** / *to long for* **establecerse (establezco)** / *to establish oneself* **mantener (ie) (mantengo)** / *to support (a family, and so on)*

A. Escoja (*choose*) la mejor manera de completar cada oración.

1. **Querer a su patria** significa que uno quiere a _____.
   a. su papá   b. su tierra natal   c. su iglesia

2. Si una persona **añora** su patria _____.
   a. no quiere verla   b. desea dejarla   c. desea estar allí otra vez

3. **Emigrar** significa _____.
   a. salir de su páis   b. llegar a otro país   c. quedarse en su país

4. Un **exiliado** es una persona que ha salido de su país _____.
   a. por gusto   b. porque le gusta viajar   c. por razones políticas

5. **Mantener a su familia** significa _____.
   a. pagar todos los gastos de la familia
   b. establecer una familia
   c. tener una familia grande

6. Las **costumbres** de un país son _____.
   a. su ropa más típica   b. los precios en el mercado   c. parte de su cultura

B. Un exiliado cubano. Escoja las mejores palabras para completar esta historia.

Miguel García es un médico excelente que (*estableció/ emigró/añoró*) de Cuba después de la revolución de Fidel Castro. Miguel quería mucho a su patria pero no podía vivir con el nuevo sistema político. Así, salió de Cuba por (*gusto/necesidad*) y llegó con su familia a los Estados Unidos en 1963. Trajeron solamente la ropa que tenían puesta. El gobierno cubano tampoco les dejó sacar dinero, así que (*so*) llegaron sin un centavo.

La vida empieza otra vez cuando uno es un (*ciudadano/refugiado*) político. Miguel tenía sus (*refugiados/países/raíces*) en Cuba. Cuando se estableció en los Estados Unidos, tuvo que experimentar (*to experience*) muchos cambios. El (*idiota/idioma*), por ejemplo, representó un obstáculo para Miguel. Sabía bastante (*a fair amount of*) gramática inglesa, pero hablarlo con facilidad... eso era otra cosa. También tuvo que buscar trabajo. Aunque era médico en su país, tuvo que trabajar en una fábrica (*factory*) para poder (*emigrar/ mantener*) a su esposa y a sus tres hijos. Mientras tanto (*meanwhile*) hizo la residencia en medicina y se examinó (*he took exams*) en el estado de Florida, donde vivía. Por fin consiguió un buen puesto en un hospital de Miami.

Además, los García tuvieron que (*acostarse/acostumbrarse*) a una vida y a una cultura completamente diferentes, especialmente en cuanto a (*as far as*) las (*costumbres/costas*) y las comidas. Por ejemplo, en (*los Estados Unidos/su tierra natal*) se comía (arroz) congrí, lechón asado, plátanos fritos, pasta de guayaba[1], café expreso y muchos otros platos. También adaptaron una vida (*monolingüe/bilingüe*). Hablaban español en casa pero inglés en la calle.

Después de muchos años de exilio, Miguel y su familia se han (*acostumbrado/ renunciado*) a la vida en los Estados Unidos. Ahora son ciudadanos de este país aunque (*mantendrán/añorarán*) siempre su tierra natal.

---

[1]**arroz...** rice mixed with black beans, roast (suckling) pig, fried plantains (large, coarse bananas used for cooking), guava paste

Aproximadamente el 15 por ciento de la población de la ciudad de Nueva York es de origen puertorriqueño. La esperanza de los inmigrantes es que sus hijos y nietos, con una mejor preparación, puedan mejorar su nivel de vida. Este padre puertorriqueño de Nueva York está muy orgulloso de sus dos hijos.

Estos niños chicanos estudian en una escuela primaria de Dallas, Texas. Reciben una educación bilingüe y estudian no sólo la historia de este país sino también la de México. Mientras la niña aprende a deletrear (*to spell*) los nombres de los meses del año en inglés y en español, el niño mira un dibujo de la bandera de México y otra del padre Hidalgo, padre de la independencia mexicana.

C. Los chicanos son personas de descendencia mexicana o mexicano-americana que viven en los Estados Unidos y que consideran que los Estados Unidos es su patria. De las frases siguientes, dos no describen a los chicanos. ¿Cuáles son las frases falsas?

1. Los chicanos viven solamente en California y Tejas.

2. Muchos de los chicanos del oeste son descendientes de mexicanos que se establecieron allí en el siglo XIX o antes.

3. Todos los chicanos con apellidos hispanos hablan el idioma español.

4. Muchos chicanos católicos tienen la costumbre de venerar a la Virgen de Guadalupe.

5. Como tienen sus raíces culturales en México, los chicanos comen muchas comidas mexicanas como pan dulce y chocolate, tacos y tortillas, frijoles y arroz.

6. El Cinco de Mayo es una fiesta mexicana celebrada por muchos chicanos.[2]

_____

[2]1. *Falso.* Los chicanos se han establecido en casi todas partes de los Estados Unidos. 2. *Verdad.* 3. *Falso.* Algunos chicanos son bilingües, pero otros son monolingües. No todas las personas con apellidos españoles hablan español. 4. *Verdad.* La Virgen de Guadalupe es la santa patrona de México. 5. *Verdad.* 6. *Verdad.* En México esta fiesta conmemora la batalla de Puebla, el 5 de mayo de 1863, entre los franceses que invadían el país y las fuerzas mexicanas.

D. ¿Cuánto sabe Ud. de los puertorriqueños? Complete las frases con una de las siguientes palabras.

Boriquén	ciudadanos	estado	densa
Nueva York	estadounidense	España	la Babel de Hierro (*Babel of Iron*)

1. _____ fue el nombre de la isla de Puerto Rico cuando Cristóbal Colón llegó allí en 1493. Ahora los puertorriqueños se llaman borinqueños.
2. Puerto Rico fue una colonia de _____ durante 400 años.
3. En los Estados Unidos los puertorriqueños no son inmigrantes; son _____.
4. Se les dio la ciudadanía _____ a los puertorriqueños en 1917.
5. La población de la isla de Puerto Rico es muy _____.
6. Un 15 por ciento de la población de la ciudad de _____ es de origen puertorriqueño.
7. _____ es el nombre que los puertorriqueños dan a la ciudad de Nueva York.
8. Es posible que Puerto Rico sea un _____ de la Unión algún día. Ahora es un Estado Libre Asociado.[3]

E. Preguntas

1. ¿Cuál es su tierra natal, su patria? ¿y la de (*that of*) sus padres? ¿la de sus abuelos? ¿Son diferentes algunas de las costumbres de este país y las de la tierra natal de su familia? ¿Hay personas bilingües en su familia? ¿Qué idiomas hablan?
2. ¿De qué países han emigrado muchas personas a los Estados Unidos? ¿De qué países han venido muchos refugiados políticos? ¿Conoce Ud. a algún refugiado? ¿Ha podido traer sus bienes o los tuvo que dejar en su tierra natal? ¿Dónde se ha establecido esta persona? ¿Añora su patria? ¿Tiene raíces muy profundas en su cultura?
3. ¿Conoce Ud. a alguien que haya salido de los Estados Unidos? ¿Emigran con frecuencia los estadounidenses? ¿Por qué saldrían? ¿Dónde podrían acostumbrarse fácilmente? ¿Por qué?

Pero and *Sino*

Sino means *but* when *but* implies *but rather* or *but on the contrary*. Thus **sino** is used to contradict or give the opposite of a preceding negative.

No es **rico sino pobre.**	*He isn't rich but (rather) poor.*
No van **al cine sino a la playa.**	*They're not going to the movies but (rather) to the beach.*

When there is no contradiction, **pero** (*but, on the other hand, yet*) is used, even after a negative.

No es rico, **pero** es amable.	*He isn't rich, but he's nice.*

F. Llene los espacios con la palabra apropiada: **pero** o **sino**.

1. La casa que me gusta no es blanca _____ amarilla.

---

[3]1. Boriquén 2. España 3. ciudadanos 4. estadounidense 5. densa 6. Nueva York 7. la Babel de Hierro 8. estado

2. No tengo bolígrafo ____ lápiz.

3. Tengo un lápiz ____ no tengo bolígrafo.

4. El idioma materno de Carlos no es el inglés ____ el español.

5. Pepe no tiene mucho dinero ____ vive bien.

6. Félix no comió allí por gusto ____ por necesidad.

7. Nuestro abogado no es simpático ____ es muy inteligente.

8. Ramón no trabaja mucho ____ gana mucho dinero.

9. Los García no querían quedarse ____ emigrar.

10. El Canadá no es su tierra natal ____ su país de exilio.

11. No voy a cargarlo a mi cuenta ____ pagarlo al contado.

12. Lo querían conservar ____ lo destruyeron.

G. Llene los espacios para formar oraciones lógicas.

1. ___(nombre)___ no es soltero/a sino ____.

2. ___(nombre)___ no es antipático/a sino ____.

3. Yo no soy ____ sino ____.

4. Yo no soy de ____ sino de ____.

5. Este verano no voy a ____ sino a ____.

6. No quiero ser ____ sino ____.

7. A mí no me importa ser rico/a pero ____.

8. La Habana no está en México sino ____.

MINIDIÁLOGOS Y ESTRUCTURA

¿Recuerda Ud.?

To learn the forms of the past subjunctive (presented in Section 69), you will need to know the forms of the preterite well, especially the third-person plural. Regular -ar verbs end in -aron and regular -er/-ir verbs in -ieron in the third-person plural of the preterite. Stem-changing -ir verbs show the second change in the third person: servir (i, i) → sirvieron; dormir (ue, u) → durmieron. Verbs with a stem ending in a vowel change the i to y: leyeron, cayeron, construyeron. Many common verbs have irregular stems in the preterite: quisieron, hicieron, dijeron, and so on. Four common verbs are totally irregular in this tense: ser/ir → fueron, dar → dieron, ver → vieron.

Cambie por la tercera persona del plural del pretérito.

1. habla	5. pierde	9. estoy	13. traigo	17. digo
2. como	6. dormimos	10. tenemos	14. dan	18. destruimos
3. vives	7. río	11. vamos	15. sé	19. creo
4. juegan	8. leemos	12. visten	16. puedo	20. mantienen

69
Past subjunctive

Semejantes pero diferentes

MAMÁ: A comer, todos.

RAÚL: ¡Qué bien huele!, mamá. El arroz, los frijoles, el mole... Pero, ¿dónde están las tortillas de maíz?

MAMÁ: ¿De maíz? Pediste que las *hiciera* de harina y así las hice.

RAÚL: No, mamá. Juanita las quería de harina; yo quería que las *prepararas* de maíz. Son las mejores, ¿no sabes?

MAMÁ: Ay, mi hijo... creo que en todo el mundo no hay dos gemelos que tengan gustos tan diferentes. Ándale pues, la próxima vez te las preparo de maíz.

1. ¿Quién ha preparado la comida?

2. ¿Cómo quería Raúl que su mamá hiciera las tortillas?

3. ¿De qué quería Juanita que las hiciera?

4. ¿En qué son semejantes Raúl y Juanita? ¿En qué no son semejantes?

Miles de hispanos han emigrado a los Estados Unidos, donde se han establecido en los estados industriales del norte, en los estados del oeste y suroeste, y en la Florida, a sólo 90 millas de Cuba. Traen consigo (*with them*) la lengua, la cultura, las costumbres y los valores tradicionales de su tierra natal. Esta mujer cubana vive en el barrio cubano de la ciudad de Miami, que se llama la Pequeña Habana.

In Spanish, although there are two simple indicative past tenses (preterite and imperfect), there is only one simple subjunctive past tense, **el imperfecto del subjuntivo** (*past subjunctive*). Its exact English equivalent depends on the context in which it is used.

Similar but different MAMÁ: *Let's eat, everybody.* RAÚL: *Gee, it smells good, mom. Rice, beans, the* mole *. . . But where are the corn tortillas?* MAMÁ: *Corn? You asked me to make them from (wheat) flour, and that's what I did.* RAÚL: *No, mom. Juanita wanted them out of (wheat) flour; I wanted you to make them from corn. They're the best, don't you think?* MAMÁ: *Oh, my son . . . I think that in all the world there aren't two twins who have such different tastes. OK, I'll make them from corn the next time.*

Forms of the past subjunctive

Past subjunctive of regular verbs[4]					
HABLAR: hablar~~on~~		**COMER: comier~~on~~**		**VIVIR: vivier~~on~~**	
hablara	hablár**amos**	comiera	comiér**amos**	viviera	viviér**amos**
hablar**as**	hablar**ais**	comier**as**	comier**ais**	vivier**as**	vivier**ais**
hablara	hablar**an**	comiera	comier**an**	viviera	vivier**an**

The past subjunctive endings **-a, -as, -a, -amos, -ais, -an** are identical for **-ar, -er,** and **-ir** verbs. These endings are added to the third-person plural of the preterite indicative, minus its **-on** ending. For this reason, the forms of the past subjunctive reflect the irregularities of the preterite.

Stem-changing verbs
   -Ar and **-er** verbs: no change

empezar (ie):	empezar~~on~~ →	**empezara, empezaras, empezara, empezáramos, empezarais, empezaran**
volver (ue):	volvier~~on~~ →	**volviera, volvieras, volviera volviéramos, volvierais, volvieran**

   -Ir verbs: all persons of the past subjunctive reflect the vowel change found in the third-person plural of the preterite.

dormir (ue, u):	durmier~~on~~ →	**durmiera, durmieras, durmiera, durmiéramos, durmierais, durmieran**
pedir (i, i):	pidier~~on~~ →	**pidiera, pidieras, pidiera, pidiéramos, pidierais, pidieran**

Spelling changes
   i → y (caer, construir, creer, destruir, leer, oir)

creer:	creyer~~on~~ →	**creyera, creyeras, creyera, creyéramos, creyerais, creyeran**

---

[4]An alternate form of the past subjunctive (used primarily in Spain) ends in **-se: hablase, hablases, hablase, hablásemos, hablaseis, hablasen.** This form will not be practiced in *¿Qué tal?*

Verbs with irregular preterites

dar:	dier~~on~~	→ **diera, dieras, diera, diéramos, dierais, dieran**
decir:	dijer~~on~~	→ **dijera**
estar:	estuvier~~on~~	→ **estuviera**
haber:	hubier~~on~~	→ **hubiera**[5]
hacer:	hicier~~on~~	→ **hiciera**
ir:	fuer~~on~~	→ **fuera**
poder:	pudier~~on~~	→ **pudiera**
poner:	pusier~~on~~	→ **pusiera**
querer:	quisier~~on~~	→ **quisiera**
saber:	supier~~on~~	→ **supiera**
ser:	fuer~~on~~	→ **fuera**
tener:	tuvier~~on~~	→ **tuviera**
traer:	trajer~~on~~	→ **trajera**
venir:	vinier~~on~~	→ **viniera**

Uses of the past subjunctive

The past subjunctive usually has the same applications as the present subjunctive but is used for past events.

Quiero que **jueguen** por la tarde.	*I want them to play in the afternoon.*
Quería que **jugaran** por la tarde.	*I wanted them to play in the afternoon.*
Siente que no **estén** allí.	*He's sorry (that) they aren't there.*
Sintió que no **estuvieran** allí.	*He was sorry (that) they weren't there.*
Dudamos que se **equivoquen.**	*We doubt that they will make a mistake.*
Dudábamos que se **equivocaran.**	*We doubted that they would make a mistake.*

Remember that the subjunctive is used:

1. after expressions of *willing, emotion,* and *doubt*

---

[5]The *past perfect subjunctive* (**pluscuamperfecto del subjuntivo**) is formed with the past subjunctive of **haber (hubiera, hubieras, hubiera, hubiéramos, hubierais, hubieran)** plus the past participle. It is the equivalent of English *had spoken, (gone, done).* The use of the past perfect subjunctive will not be stressed in *¿Qué tal?*

2. after many *impersonal expressions*

3. after **ojalá (que)**

4. after **tal vez/quizá(s)** and **aunque** to imply *doubt* or
uncertainty

5. after *nonexistent* and *indefinite antecedents*

6. after certain *conjunctions:* **a menos que, antes (de) que,
con tal que, en caso de que, para que, sin que.**

¿Era necesario que **regatearas?**	*Was it necessary for you to bargain?*
Ojalá que tuvieran tiempo para ver Granada.	*I hope they had time to see Granada.*
No había nadie que **pudiera** resolverlo.	*There wasn't anyone who could (might have been able to) solve it.*
Los padres trabajaron **para que** sus hijos **asistieran** a la universidad.	*The parents worked so that their children might go to the university.*

[*Práctica A, B, C*]

¡OJO! *When describing the past, the past indicative forms—
not the past subjunctive—are used after conjunctions of time:*
**cuando, después (de) que, en cuanto, hasta que, tan pronto
como.**

Julio me **llamó cuando llegó.**	*Julius called me when he arrived.*

[*Práctica D*]

Deber, poder, and **querer**

The past subjunctive forms of **deber, poder,** and **querer** are
used to soften a request or statement.

Debieras estudiar más.	*You really should study more.*
¿Pudieran Uds. traérmelo?	*Could you bring it for me?*
Quisiéramos hablar con Ud. en seguida.	*We would like to speak with you immediately.*

[*Práctica E, F, G, H*]

Práctica

A. Cambie por el imperfecto del subjuntivo.

1. emigré	**4.** cubrimos	**7.** fuisteis	**10.** cargué	**13.** leí
2. añoraron	**5.** recorriste	**8.** mantuve	**11.** dieron	**14.** pediste
3. pareció	**6.** destruimos	**9.** economicé	**12.** hizo	**15.** sonreímos

B. Dé Ud. frases nuevas según las indicaciones.

1. —¡Felicitaciones! Casi estamos al final de este curso. ¿Quién dudaba que fuera posible?
   —*Victor. Él* no creía que pudiéramos hacerlo. (*tú, ellos, Ud., yo, nosotros, vosotros*)

2. —Su amigo cubano Rodolfo le contó a Ud. la historia de la inmigración de su familia a la Florida. ¿Qué le dijo Ud.?
   —Ojalá que *todos* se acostumbraran sin problemas. (*tú, Uds., Juan, Ángel y Ana, tus padres*)

3. —El Sr. Meléndez los invitó a Uds. a cenar en casa con su familia. ¿Por qué?
   —El Sr. Meléndez quería que *nosotros* conociéramos algunas de las costumbres de su familia. (*Juan, ellos, yo, todos, María*)

4. —Cuando Ud. estudiaba en la secundaria, ¿qué le gustaba?
   —Me gustaba que nosotros _____. (*estudiar idiomas, leer libros interesantes, ver películas en la clase de historia, hacer experimentos en la clase de física, bailar durante el almuerzo, divertirnos después de las clases*)

5. —¿Cómo era la vida de Ud. de niño/a?
   —Cuando yo era niño/a, mis padres querían que yo _____. (*ser bueno/a, estudiar mucho, creer en Santa Claus, ponerse la ropa vieja para jugar, no jugar en las calles, no comer tantos dulces, tener amigos que se portaran bien*)

C. Cambie según las indicaciones.

> MODELO *Quieren* que yo les escriba en su idioma.
> (*querían*) → *Querían* que yo les *escribiera* en su idioma.

1. Pablo *insiste* en que yo le dé consejos. (*insistía*)
2. *Preferimos* que digas la verdad. (*preferíamos*)
3. Me *alegro* de que lo sepas. (*alegraba*)
4. *Siento* que no tengas tiempo de visitar tu tierra natal. (*sentía*)
5. *Dudamos* que emigren por necesidad. (*dudábamos*)
6. No *creen* que te duela mucho. (*creían*)
7. *Es* probable que un profesor chicano enseñe la clase. (*era*)
8. No me *gusta* que duerman tanto. (*gustaba*)
9. *Necesitan* un secretario que sea bilingüe. (*necesitaban*)
10. No *hay* nadie que añore su patria como él. (*había*)
11. Tal vez estén allí *hoy*. (*ayer*)
12. No *quiero* que se construya ese rascacielo tan cerca de aquí. (*quería*)

D. Combine the following pairs of sentences, using the conjunction in parentheses. Make any other necessary changes. ¡OJO! Remember that the past indicative—not the past subjunctive—is used after conjunctions of time. (Exception: **antes de que.**)

1. Nunca corría allí. El perro me acompañaba. (a menos que)
2. Me escribieron. Se establecieron. (en cuanto)
3. Me lo ofreció. Yo pude pedírselo a él. (antes de que)
4. Luis dijo que me despertaría. Yo lo desperté al día siguiente. (con tal que)
5. No pasaron a la sala de espera. El maletero facturó su equipaje. (hasta que)
6. Se casaron. Sus padres anunciaron su noviazgo. (después de que)

   7. Te lo dije. Te reíste. (para que)

   8. El refugiado no quería perder sus costumbres. Volvió a su patria. (en caso de que)

   9. Se sorprendieron. Vieron a su hijo en aquel lugar. (cuando)

   10. Nunca comían en aquel restaurante. El Sr. Gutiérrez les pagaba la cuenta. (sin que)

   11. Salimos. Vinieron. (tan pronto como)

   12. Les dimos una fiesta. Fueron a España (antes de que)

E. ¿Cómo se dice en español?

   1. You really should visit the Jiménez family in El Paso.

   2. Could you call me tonight?

   3. I would like to see the green skirt.

F. ¿Cómo completarían estas personas las frases siguientes?

   1. *Cristóbal Colón:* Casi todos dudaban que

   2. *Neil Armstrong:* Yo esperaba que un día

   3. *Miss Piggy:* Mis padres esperaban que un día yo

   4. *Franklin Delano Roosevelt:* Yo temía que

   5. *El rey Tut:* Dudaba que

   6. *Marie Curie:* Pocos creían que yo

   a. hubiera otra guerra mundial.

   b. el mundo fuera redondo (*round*).

   c. descubrieran mi tumba.

   ch. hiciera un descubrimiento magnífico.

   d. llegara a ser una actriz famosa.

   e. el hombre llegara a la luna.

G. Describe the experiences and feelings of someone who has recently come to this country by completing the following sentences.

   1. Antes de llegar, Antonio temía que

   _____.

   Antes de emigrar, Antonio esperaba que _____.

   Era posible que Antonio _____.

- no poder encontrar trabajo él y su esposa
- no acostumbrarse todos fácilmente a la nueva cultura
- no aprender sus hijos el idioma
- tener ellos que dejarlo todo
- encontrar la familia una vida mejor
- haber más libertad política aquí
- quedarse en su tierra natal
- no tener que establecerse en otro país

   2. Ahora se alegra de que _____.

   Ahora insiste en que _____.

- haber emigrado todos
- hablar los dos idiomas sus hijos
- mantenerse en casa las costumbres viejas
- estar contentos todos en el nuevo país
- mantener contacto con los parientes en la tierra natal
- conocer los hijos sus raíces

H. Preguntas

   1. ¿Insistió su profesor(a) en que Uds. estudiaran anoche? ¿Era importante que lo hicieran? ¿Era posible que no lo hicieran? ¿Por qué?

2. ¿De qué tenía Ud. miedo cuando era pequeño/a? ¿Era posible que ocurrieran las cosas que Ud. temía? ¿Era probable que ocurrieran?

3. ¿Qué quería el gobierno que hicieran los ciudadanos el año pasado? ¿Quería que usaran menos gasolina? ¿que pagaran los impuestos? ¿que manejaran menos rápidamente? ¿Ud. lo hizo todo?

4. ¿Qué tipo de clases buscaba Ud. para este semestre? ¿clases que fueran fáciles? ¿interesantes? ¿Las encontró Ud.?

5. ¿Qué buscaban los primeros inmigrantes que vinieron a los Estados Unidos? ¿un lugar donde pudieran practicar su religión? ¿un lugar donde fuera posible escaparse de las obligaciones financieras? ¿donde hubiera una abundancia de recursos naturales? ¿menos leyes (*laws*)? ¿más libertad? ¿menos gente? ¿más espacio?

UN PASO MÁS

Actividades

A. ¿Sabía Ud.? ¿Qué sabe Ud. de los grupos étnicos de los Estados Unidos? Tome el siguiente *test*. Las respuestas se encuentran después del *test*.

1. Según el censo de 1970 casi _____ de americanos—o sus padres—nacieron en otro país.
   - a. dos millones
   - b. catorce millones
   - c. treinta y cuatro millones

2. De las personas que han emigrado a los Estados Unidos, _____ son hispanos.
   - a. el 60 por ciento
   - b. el 15 por ciento
   - c. el 5 por ciento

3. Hay más de _____ de hispanos en los Estados Unidos.
   - a. 50 millones
   - b. 12 millones
   - c. 35 millones

4. De los hispanos que viven en los Estados Unidos, el _____ por ciento son puertorriqueños, el _____ por ciento son mexicano-americanos y el _____ por ciento son cubanos.
   - a. 15, 60, 6
   - b. 30, 40, 10
   - c. 50, 25, 25

5. En San Antonio, Tejas, más del _____ de la población es de descendencia mexicana.
   - a. 20 por ciento
   - b. 35 por ciento
   - c. 50 por ciento

6. En Nueva Orleans hay más de ____ hispanos, muchos
de ellos de Centro América.
a. 10 mil   c. 500 mil
b. 100 mil

7. En Hartford, Connecticut, el ____ por ciento de los estudiantes son hispanos; la mayoría son de familias
puertorriqueñas o cubanas.
a. 6   c. 34
b. 15

B. Estereotipos. Las ideas estereotípicas sobre personas de
varias regiones y naciones o de ciertos grupos étnicos son
muy comunes. Es posible que haya un poquito de verdad
en algunas imágenes estereotípicas, pero por lo general
son inexactas. Lo podría expresar así un mexicano: «No
somos perezosos como nos pinta el estereotipo del cacto,
el burrito y el indio durmiendo la siesta».

¿Qué ideas estereotipadas tiene la gente de otros países
sobre nosotros? Escriba un párrafo describiendo a un
estadounidense desde el punto de vista de una persona de
otro país. ¿Qué parte del estereotipo es más o menos exacta? ¿Qué parte es inexacta o falsa?

—*Ha ganado el primer premio°
en el baile de disfraces°.*

prize / costume

1. c 2. b 3. b 4. a 5. c 6. b 7. c

VOCABULARIO

VERBOS

acostumbrarse (a) to get used
(to)
añorar to long for
emigrar to emigrate
establecerse (me establezco) to
establish oneself
mantener (ie) (mantengo) to
support (a family)
significar (qu) to mean

SUSTANTIVOS

el arroz rice
los bienes possessions
(*property*)
la costumbre custom
el/la cubano/a Cuban

la cultura culture
el/la chicano/a Chicano
el/la exiliado/a person in exile,
expatriate
el exilio exile
el idioma language
el/la inmigrante immigrant
la isla island
el/la mexicano-americano/a
Mexican-American
la patria native land,
homeland
el/la puertorriqueño/a Puerto
Rican
la raíz (*pl.* raíces) root

el/la refugiado/a refugee
la tierra natal native land,
place of birth

ADJETIVOS

bilingüe bilingual
monolingüe monolingual
natal native, of birth
político/a political

**PALABRAS Y EXPRESIONES
ÚTILES**

por gusto willingly
por necesidad out of necessity
sino but (rather)

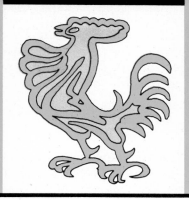

CAPÍTULO 30

EN EL EXTRANJERO

VOCABULARIO: PREPARACIÓN

el champú / *shampoo* **el jabón** / *soap* **la pasta dental** / *toothpaste* ◆ **los fósforos** / *matches* **el papel para cartas** / *stationery* **el paquete** / *package* **la revista** / *magazine* **el sello** / *stamp* **el sobre** / *envelope* **la tarjeta postal** / *postcard* ◆ **el batido** / *drink similar to a milkshake* **una copa/un trago** / *(alcoholic) drink* **el pastelito** / *small pastry*

Even though the place names in the drawing on page 447 seem familiar, the actual places may be very different in another country. The following letter will show you one aspect of "culture shock" as it was experienced by an American university student.

Barcelona

Querido Joe:

¡Cuánto siento que no hayas podido venir con nosotros en este viaje a España! Para que sigas practicando el español, te escribo en este idioma.

Quiero contarte el *shock* cultural que estoy pasando. Por ejemplo, en los EE.UU.[1] siempre compro el champú en el supermercado. Pero esta mañana tuve que ir a una farmacia para comprarlo. Aprendí que allí sólo venden medicinas y productos de higiene— jabón, pasta dental, champú, etcétera. No venden la variedad de cosas—dulces, tarjetas postales, etcétera—que se venden en las farmacias de los EE.UU.

Después necesitaba sellos para mandar unas cartas y le pregunté a un señor que esperaba en la parada del autobús dónde estaba el correo para poder comprarlos. Me dijo que no tenía que ir hasta el correo porque los sellos también se venden en las tabacaleras. Como había una tabacalera enfrente, entré. Allí no sólo vendían fósforos, cigarrillos y puros (*cigars*) sino también sellos, sobres y tarjetas postales.

También quería comprar una revista y no tuve que ir lejos porque en la misma (*same*) calle había un quiosco. Aquí hay muchas de estas tiendecitas donde se venden cosas como periódicos, libros, revistas, etcétera. Claro que también se pueden comprar estas cosas y más—lápices, papel para cartas, etcétera—en las papelerías.

Bueno, Joe, después de hacer todas estas compras, estaba muy cansado. Como era la una de la tarde, empezaron a cerrar todas las tiendas. Así tomé el metro y volví a la pensión. Aquí estoy, descansando un rato antes de la comida.

Pues, eso es todo por el momento. Te escribo otra vez la semana que viene.

Tu amigo,

David

A. Conteste según la carta.

1. ¿Dónde se compra el champú? ¿el jabón?

2. ¿Cuál es la diferencia entre una farmacia de los Estados Unidos y una farmacia de España?

---

[1]**EE.UU.** is one way to abbreviate **Estados Unidos. E.U.** and **USA** are also used.

3. ¿Dónde se puede comprar sellos en España? (Mencione dos lugares.)
4. Si se necesitan cigarrillos o fósforos, ¿adónde se va?
5. ¿Qué es un quiosco? ¿Qué cosas se venden allí?
6. ¿Qué venden en una papelería?

B. ¿Cierto o falso? Corrija las oraciones falsas.

1. Se puede comprar batidos y pastelitos en una pastelería.
2. Para tomar una copa, hay que ir a un quiosco.
3. Se va a un quiosco para mandar paquetes.
4. Es más rápido ir a pie que tomar el metro.
5. Se va a un café a comprar champú.
6. Si yo necesito pasta dental, voy al correo.
7. Se puede comprar fósforos en una tabacalera.
8. Un batido se hace con vino.

C. Preguntas

1. ¿Adónde va Ud. a comprar sellos en los Estados Unidos? ¿pasta dental? ¿champú y jabón? ¿sobres, papel para cartas y tarjetas postales? ¿fósforos?
2. ¿Hay un café cerca de su casa? ¿una papelería? ¿una pastelería? ¿una tabacalera?
3. ¿Qué se puede comprar en una farmacia aquí en los EE.UU.?
4. ¿Adónde va Ud. a tomar una copa o un trago? ¿a tomar un batido? ¿a comprar un periódico o una revista?
5. ¿Hay un metro donde vive Ud.? ¿Es bueno el servicio que tenemos aquí? ¿Hay una estación del metro cerca de su casa? ¿Hay una parada del autobús?

Esta boca del metro se encuentra en la ciudad de Barcelona, España. La escalera movediza (*escalator*) lleva a los pasajeros a una calle del centro, donde hay tiendas elegantes, restaurantes de primera clase y buenos hoteles.

Charles Marden Fitch/Taurus Photos

MINIDIÁLOGOS Y ESTRUCTURA

70
Conditional sentences

Si doña Ana *saliera* en la televisión,
  ...*estaría* muy nerviosa.
  ...les *diría* «hola» a todos sus amigos.
  ...*expresaría* sus ideas políticas.
  ...se *consideraría* una persona famosa.
  ...*recibiría* muchas cartas después.

Si yo *saliera* en la televisión,
  ...*aparecería* en ___(programa)___
  ...*estaría* muy ___(adjetivo)___
  ...*diría* _____
  ...*expresaría* _____

Dependent Clause: *Si* Clause	Independent Clause
Si <u>imperfect subjunctive</u>,	<u>conditional</u>

When a clause introduced by **si** (*if*) expresses a supposition, a hypothetical situation, or a contrary-to-fact situation, **si** is always followed by the past subjunctive. In such sentences, the verb in the independent clause is usually in the conditional, since the sentence expresses what one *would do or say* if the **si** clause were true.

Si yo **fuera** tú, no **haría** eso.	*If I were you, I wouldn't do that.*[2]
Si se levantaran más temprano, **podrían** llegar a tiempo.	*If they got up earlier, they would be able to arrive on time.*

If doña Ana appeared on television, . . . she would be very nervous. . . . she would say "hello" to all of her friends. . . . she would express her political views. . . . she would consider herself a famous person. . . . she would receive a lot of letters later. If I appeared on television. . . . I would appear on _____. . . . I would be very _____. . . . I would say _____. . . . I would express _____.

---

[2]English speakers frequently use the subjunctive after *if* (*If I were you . . .*) in conditional sentences, but this usage, like the use of the subjunctive in general, is inconsistent in contemporary English speech.

Iría a las montañas **si tuviera** tiempo.	*He would go to the mountains if he had the time.*

When the **si** clause is in the present tense, the present indicative is used—not the present subjunctive.

Si tiene tiempo, **irá** a las montañas.	*If he has time, he'll go to the mountains.*

Como si (*as if, as though*) is always followed by the past subjunctive because it always indicates a condition contrary to fact.

Connie habla **como si fuera** española.	*Connie speaks as though she were Spanish.*

Práctica

A. Dé frases nuevas según las indicaciones.

1. —Su amigo Pablo necesita consejos. ¿Qué le dice Ud.?
   —Si yo _____, no lo haría. (*ser tú, estar allí, tener ese problema, tener que decidir, vivir allí*)
2. —¿Qué harían Uds. si estuvieran de vacaciones ahora?
   —Si estuviéramos de vacaciones, nosotros _____. (*tomar el sol en la playa, no tener que estudiar, poder pasarlo bien, no venir a clase, estar en un café, mandar unas tarjetas postales*)
3. —Su amiga Carlota es muy orgullosa (*proud*). ¿Cómo habla ella?
   —Carlota habla como si (ella) _____. (*ser rica, siempre tener razón, ser un experto en todo, saberlo todo*)

B. ¿Qué haría? ¿Adónde iría Ud.? Complete las oraciones en una forma lógica.

1. Si necesitara comprar papel para cartas, iría a _____.
2. Si necesitara sellos, los compraría en _____.
3. Si tuviera que emigrar, iría a _____.
4. Si tuviera sed, iría a _____ y _____ un batido.
5. Si yo _____, comería un *sándwich* en un _____.
6. Si quisiera ir a _____, iría en avión.
7. Si quisiera tomar _____, esperaría en la estación.
8. Si _____ un libro, lo buscaría en la biblioteca.
9. Si necesitara fósforos, los _____ en _____.
10. Si quisiera tomar el autobús, lo _____ en _____.

C. Exprese según el modelo.

MODELO Si tengo tiempo, iré. → *Si tuviera tiempo, iría.*

1. Llegaremos más rápidamente si doblas en esta esquina.
2. Si te equivocas, perderás todo el dinero.
3. Si no ganan, se enojarán.

4. No te lo perdonaré si me interrumpes.

5. Si te estacionas aquí, no tendremos que cruzar la calle.

6. Dejará de fumar si se enferma.

D. ¿Qué haría Ud. en estas situaciones? Explique su respuesta.

    1. Los señores Medina están durmiendo. De repente se oye un ruido. Un hombre con máscara y guantes (*gloves*) entra silenciosamente en la alcoba. **Si yo fuera** _____.

    2. Celia está estudiando para un examen muy importante. Su compañera de cuarto se enferma y la tiene que llevar al hospital. Celia no puede seguir estudiando para el examen y, a la mañana siguiente, no está lista para tomar el examen. **Si yo fuera** _____.

    3. Los padres de Ana no quieren que se case con su novio Antonio, que vive en otro estado. Un día, Ana recibe una carta de Antonio, la lee y de repente sale de la casa. Deja la carta, abierta, en la mesa. **Si yo fuera** _____.

E. ¿Cómo se dice en español?

    1. as if he were rich

    2. as if they had a lot of time

    3. as if we were in Argentina

    4. as if they knew all the answers

    5. as if he were the candidate

F. Complete las oraciones en una forma lógica.

    1. Si yo fuera presidente/a, yo _____.

    2. Si yo estuviera en _____, _____.

    3. Si tuviera un millón de dólares, _____.

    4. Si yo pudiera _____, _____.

    5. Si yo fuera _____, _____.

    6. Si _____, (no) me casaría con él/ella.

    7. Si _____, estaría contentísimo/a.

    8. Si _____, estaría enojadísimo/a.

G. Si el mundo fuera diferente... Adaptarse a un nuevo país o a nuevas circunstancias es difícil, pero también es una aventura interesante. ¿Qué ocurriría si el mundo fuera diferente?

    MODELO   Si yo fuera la última persona en el mundo
                    → *tendría que aprender a hacer muchas cosas.*
                    sería la persona más importante—y más
                          ignorante—del mundo.
                    me adaptaría fácilmente/difícilmente.
                    los animales y yo nos haríamos buenos amigos.

    1. Si yo pudiera tener solamente un(a) amigo/a, _____.

2. Si yo tuviera que pasar un año en una isla desierta, _____.

3. Si yo fuera (nombre de otra persona), _____.

4. Si el presiden*te* fuera presiden*ta*, _____.

5. Si yo viviera en otro país, _____.

6. Si fuera el año 2080, _____.

7. Si yo tuviera que pasar el resto de mi vida en una prisión, _____.

8. Si yo pudiera pedir y recibir cualquier cosa—pero solamente una cosa—_____.

9. Si yo fuera la persona más poderosa (*powerful*) del mundo, _____.

10. Si fuera el año 1776, _____.

11. Si los estudiantes fueran profesores y los profesores fueran estudiantes, _____.

71

Sequence of tenses with the subjunctive

Una fiesta estudiantil

ALBERTO: ¿Trajiste los discos?

EDUARDO: ¿Yo? Yo no. Alguien le *dijo* a Margarita que los *trajera* ella.

MARGARITA: A mí no. Me *pidieron* que yo *hiciera* un pastel. *Es* probable que los *traiga* Roberto.

ALBERTO: *Dudo* que se lo *hayamos pedido* a Roberto. Él trae la cerveza. Además, a él no le gusta nada bailar. ¿Qué hacemos?

MARGARITA: Mira, a mí no me importa volver a casa a buscarlos—*con tal que* no *coman* Uds. *antes de que* yo *vuelva.*

ALBERTO: Bueno, por lo menos te podemos prometer que sin ti no vamos a empezar a bailar.

1. ¿Quién trajo los discos?

2. ¿Alguien le dijo a Margarita que los trajera?

3. ¿Qué le pidieron a Margarita que hiciera?

4. ¿Es probable que Roberto traiga los discos? ¿Por qué no?

5. ¿Quién está dispuesto a volver a casa?

6. ¿Qué teme Margarita?

7. ¿Qué le promete Alberto?

A student party ALBERTO: *Did you bring the records?* EDUARDO: *Me? I didn't. Someone told Margarita to bring them.* MARGARITA: *Not me. They told me to make a cake. Roberto is probably bringing them.* ALBERTO: *I doubt that we asked Roberto. He's bringing the beer. Besides, he doesn't like to dance at all. What'll we do?* MARGARITA: *Look, I don't mind going back home to get them—provided that you don't eat before I get back.* ALBERTO: *Well, at least we can promise you that we're not going to start to dance without you.*

When the subjunctive is required in a subordinate clause, the subjunctive tenses appear with the indicative tenses in the following combinations:

Independent (indicative) clause	Dependent (subjunctive) clause
present present perfect } future	present subjunctive, present perfect subjunctive or past subjunctive
imperfect preterite } past perfect conditional	past subjunctive or past perfect subjunctive

When the verb in the independent clause is a *present, present perfect, future,* or *command* form, *any of the subjunctive tenses* can occur, depending on the meaning the speaker wishes to convey.

Me alegro de que
{ **estés** aquí ahora.
hayas estado aquí hoy.
estuvieras allí anoche.

I'm glad that
{ *you are here now.*
you have been here today.
you were there last night.

Cenaremos tan pronto como
{ lleguen.
hayan llegado.

We'll have dinner as soon as
{ *they arrive.*
they have arrived

When the verb in the independent clause is a *past* or *conditional* form, either the *past subjunctive* or the *past perfect subjunctive* is used in the dependent clause; *past requires past.*

Me alegraba de que
{ **estuvieras** allí.
hubieras estado allí.

I was glad that
{ *you were there.*
you had been there.

Quería que nos **quedáramos.**   *He wanted us to stay. (He wanted that we stay.)*

Esperaba que **viniéramos.**   *She hoped (that) we would come.*

Práctica

A. Dé Ud. frases nuevas según las indicaciones.

1. Carmen *no permitía* que sus niños jugaran en la calle. (*no permite, no permitirá, no permitió, nunca ha permitido*)
2. *Es* necesario que se acostumbren a la vida aquí. (*era, será, fue, sería, ha sido*)
3. *Esperaban* que saliera el vuelo. (*esperan, esperarán, esperaron*)

B. Llene los espacios con una forma correcta del verbo indicado.

1. *añorar:*   Es probable que ellos _____ su patria.
   Era probable que ellos _____ su patria.
2. *aprender:*   Él estudiará el idioma hasta que lo _____ bien.
   Él estudió el idioma hasta que lo _____ bien. (¡OJO!)
3. *conocer:*   Van a visitar su pueblo natal para que los hijos _____ a sus raíces.
   El verano pasado visitaron su pueblo natal para que los hijos _____ sus raíces.
4. *saber:*   En toda la clase no hay ni una persona que _____ lo que es un quiosco.
   En toda la clase no había ni una persona que _____ lo que era un quiosco.
5. *acostumbrarse:* No es fácil que tú _____ a la nueva cultura.
   No sería fácil que tú _____ a la nueva cultura.

C. ¿Cómo se dice en español?

1. They want us to send the package.
2. They wanted us to send the package.
3. I doubt that he is here.
4. I doubted that he was here.
5. I doubt that he has been here.
6. It's necessary for us (**que nosotros**) to leave.
7. It was necessary for us to leave.
8. It will be necessary for us to leave.

D. Llene los espacios con la forma apropiada del verbo—indicativo o subjuntivo.

Ayer, Carmen (*llegar*) _____ tarde a la oficina, a las nueve y veinticuatro. (*entrar*) _____ sin que su jefe la (*ver*) _____ . A las seis de la tarde, mientras ella se (*preparar*) _____ para salir, el jefe le (*pedir*) _____ que se (*quedar*) _____ para que los dos (*terminar*) _____ un proyecto importante. Fue una lástima que Carmen (*tener*) _____ que quedarse hasta tan tarde ayer. Ojalá que mañana (*poder*) _____ salir temprano.

E. ¿Cómo se dice en español? Exprese esta historia sobre sus amigos, los Sres. Casiano, que vinieron a los Estados Unidos de Puerto Rico.

We're sorry that they had to leave all of their belongings. We insist that they accept (**aceptar**) our help. It will be easy for them (**que ellos**) to support themselves just as soon as they have found employment. They would like to stay with us until they get their own (**propio**) apartment. It will be easier for them when they learn the language.

F. Describa este dibujo, completando estas frases y añadiendo (*adding*) otras.

John se encontraba ____. No hablaba ____ y no había nadie que ____. Esperaba que ____ pero dudaba que ____. Era lástima que ____. Ojalá que ____.

G. Complete las oraciones en una forma lógica.

1. En la secundaria yo siempre quería que mis amigos ____. Ahora quiero que mis amigos ____.
2. ¡Qué malo que mi amigo/a __(nombre)__ (no) haya ____!
3. Antes me gustaba que mis profesores ____. Ahora prefiero que ____.
4. En el año 1900 no había nadie que pudiera ____. Ahora no hay nadie que ____.
5. Cuando era joven buscaba libros que ____. Ahora busco libros que ____.
6. Mi vida sería diferente si ____.
7. Antes mis padres insistían en que yo ____. Ahora insisten en que yo ____.
8. Hoy salí de casa antes de que ____. Mañana no saldré hasta que ____.

UN PASO MÁS

Lectura cultural 1:

La monarquía española

La historia de la monarquía española cuenta entre sus episodios algunos de los éxitos° y algunos de los fracasos° más notables de todas las monarquías europeas.   successes / failures

   Los Reyes Católicos. La monarquía empezó con los Reyes Católicos, Fernando de Aragón (1479–1516) e Isabel de Castilla (1474–1504). Estos dos monarcas lograron° la unificación política y religiosa de España. También fue Isabel quien le dio a Cristóbal Colón la ayuda financiera que él necesitaba para su viaje de descubrimiento al Nuevo Mundo.   *achieved*

Los Hapsburgos. Cuando murió en 1516, Fernando dejó su corona a su nieto Carlos, quien también heredó el trono del Imperio Romano de su padre, Felipe I, de la casa alemana de los Hapsburgos. Así Carlos llegó a ser Carlos V de Alemania y Carlos I de España, el rey más poderoso de Europa. Entre sus dominios contó territorios de España, Alemania, Austria, Italia, y los Países Bajos°. Se continuaron durante su reinado las exploraciones en el Nuevo Mundo, y España estaba en el apogeo° de su poder. Pero los problemas internos, y también las constantes guerras en el extranjero, le costaron a España bastante° dinero y muchas vidas.

Países... Netherlands, Flanders

height

a lot of

Otro rey hapsburgo de gran importancia fue Felipe II (1556–1598). Estableció la capital permanente en Madrid y también hizo construir° el gran palacio de El Escorial. Felipe II ocupó el trono español durante las grandes dis-

hizo... had built

putas en Europa entre los católicos y los protestantes. Poco a poco España iba perdiendo° dinero y fuerzas militares. Al fin, con la derrota° de la Armada Invencible por Inglaterra en 1588, se veía el final de la grandeza imperial española.

iba... continued to lose
defeat

Los Borbones. Esta casa francesa ganó control de la monarquía española en 1700. El mejor rey de los Borbones fue Carlos III (1759–1788). Bajo su dirección la política española era progresista y reformista. Se nacionalizó la instrucción y se estableció el servicio de correos. También se llevaron a cabo° proyectos de industrialización y de cultura.

se... were accomplished

El siglo XIX fue de grandes trastornos° políticos, entre ellos el intento de fundar una república (1873–1874). A finales del siglo, España cayó al punto más bajo de su decadencia política al perder la guerra con los Estados Unidos en 1898 y con ella las Islas Filipinas, Puerto Rico y Cuba— casi todo el resto de sus dominios extrapeninsulares.

upheavals

En el siglo XX hubo un segundo intento de fundar una república (1931). Luego, después de tres años de sangrienta° guerra civil (1936–1939), el dictador Francisco Franco, el «Generalísimo», ganó el control en 1939.

bloody

La monarquía actual. El monarca actual de España es el rey don Juan Carlos I, quien subió al trono en España después de la muerte de Franco en 1975. Mucha gente creía que el nuevo rey iba a seguir la política conservadora establecida por Franco durante su régimen (1939–1975). Sin embargo, Juan Carlos está haciendo cambios de espíritu liberal y democrático en España.

Comprensión

Conteste en oraciones completas.

1. ¿Qué importancia tuvo el reinado de Fernando e Isabel en la historia española?
2. ¿Cuáles fueron los dos títulos reales del nieto del rey Fernando? ¿De quiénes heredó los títulos?
3. ¿Cómo era la situación política de España durante el reinado de Carlos V?
4. ¿Qué monumento hizo construir Felipe II?
5. ¿Qué acontecimiento de gran importancia ocurrió en 1588?
6. ¿Qué avances se hicieron en España durante el reinado de Carlos III?
7. ¿Qué conflicto tuvo España con los Estados Unidos en el siglo XIX?
8. ¿En qué año empezó la guerra civil?
9. ¿Quién fue Francisco Franco?
10. Describa el gobierno actual de España.

El rey Juan Carlos de España, con la reina Sofía.

Jean Gaumy/Magnum Photos

Ernesto «Che» Guevara (1928–1967), líder guerrillero.

© Henri Cartier-Bresson/Magnum Photos

Ejercicios escritos

A. Write a brief description of an outstanding president of the United States. Use the following phrases as a guide in writing your description.

> **1.** su nombre y las fechas de su presidencia
> **2.** sus contribuciones a los Estados Unidos y al mundo
> **3.** los problemas de su presidencia

B. Read a recent newspaper or magazine article on Juan Carlos and write five sentences in Spanish, giving information that you learned from your reading.

Lectura cultural 2:

La revolución hispanoamericana

Desde la primera gran revolución del siglo XX, la de México (que empezó en 1910), hasta las luchas° recientes en Nicaragua, el siglo XX en Hispanoamérica ha sido una era de esfuerzos para lograr° profundos cambios políticos, económicos y sociales. Algunas manifestaciones de estos esfuerzos son los movimientos indigenistas° en países como Perú, Bolivia y Ecuador; la guerra de guerrillas° en Venezuela, Colombia, Guatemala, Nicaragua y El Salvador; y las revoluciones que han ocurrido en México, Chile y Cuba.

fighting

to gain

supporting the interests of the Indian
guerra... *guerrilla warfare*

En algunos países, la lucha por lograr el poder político y económico ha visto la participación activa de los guerrilleros. Uno de ellos, Ernesto «Che» Guevara de la Argentina, se dedicó a la guerra de guerrillas en todo el continente, en especial en Guatemala, Cuba y Bolivia, y aun en África. Su teoría de la guerra de guerrillas ayudó a las fuerzas° de Fidel Castro en la revolución cubana. Se cree que Guevara fue muerto° en Bolivia mientras trataba de llevar hasta allá su movimiento guerrillero.

forces

killed

Otro guerrillero fue el padre Camilo Torres, cura° izquierdista que ganó un gran número de seguidores entre la gente urbana de Colombia. Predicaba° la reforma social con mucha emoción y religiosidad. Por fin el padre dejó la iglesia y se unió definitivamente con los guerrilleros. Fue muerto por las fuerzas armadas in 1965.

priest

He advocated

De todas las revoluciones latinoamericanas, la revolución mexicana ha producido, quizá, los cambios más profundos. No ha resuelto todos los problemas de México, pero ha tenido mucho efecto sobre el nacionalismo y el orgullo° que *pride* ahora sienten los mexicanos. Esta revolución, que derrocó° *overthrew* al gobierno dictatorial de Porfirio Díaz, resultó en la nacionalización de la tierra mexicana, programas de reforma agraria (redistribución de la tierra) y una constitución democrática y permanente para los ciudadanos mexicanos.

El caso de Cuba es bastante diferente porque la revolución resultó en un gobierno comunista, encabezado° por Fidel *headed* Castro. Al derrocar al dictador Fulgencio Batista en 1959, Castro se declaró comunista. Propuso un programa que le diera a Cuba la igualdad social, el desarrollo económico y la independencia política. Desde 1959, con la ayuda de Rusia, Cuba ha tratado de seguir ese programa.

Lo importante de todos estos movimientos revolucionarios es que, en la mayor parte de los casos, los líderes cuentan con la colaboración de la gente campesina y de los infortunados de las áreas urbanas para implementar sus programas revolucionarios.

Comprensión

¿Cierto o falso? Corrija las oraciones falsas.

1. Che Guevara y Camilo Torres eran curas que practicaban la guerra de guerrillas en África.
2. Guevara participó en la revolución mexicana.
3. Muchos colombianos urbanos estaban de acuerdo con la filosofía política de Camilo Torres.
4. Las fuerzas armadas colombianas mataron a Camilo Torres porque él era demasiado religioso.
5. La revolución mexicana ha resuelto todos los problemas de México.
6. El nacionalismo y el orgullo de los mexicanos se deben en parte a la revolución.
7. Las revoluciones en México y Cuba derrocaron a gobiernos dictatoriales.
8. Cuba ha seguido el programa de Castro con la ayuda de España.
9. Los movimientos revolucionarios dependen en gran parte de la colaboración de los campesinos y de la gente urbana pobre.

Ejercicios escritos

A. ¿Qué piensa Ud. de las revoluciones? Exprese sus opiniones en el siguiente párrafo.

Las revoluciones son ____. Ocurren en los países del Tercer Mundo porque ____. (No) Podrían ocurrir en un país como los Estados Unidos porque ____. Las revoluciones (no) tienen que ser violentas porque ____. Si hubiera una revolución en nuestro país, yo (no) participaría activamente porque ____.

B. Escriba Ud. una carta al editor de un periódico o una revista, apoyando (*supporting*) o criticando uno de los siguientes temas:

1. el establecimiento de relaciones diplomáticas con Cuba
2. las relaciones diplomáticas entre los Estados Unidos y la China
3. el reconocimiento formal del idioma español como segunda lengua de los Estados Unidos
4. la ayuda militar de los Estados Unidos a El Salvador
5. ____

VOCABULARIO

VERBOS

contar (ue) to count
prometer to promise

SUSTANTIVOS

el batido drink similar to a milkshake
el cambio change
la copa (alcoholic) drink
el correo post office
el champú shampoo
la estación del metro subway stop, station

los fósforos matches
el jabón soap
el papel para cartas stationery
el paquete package
la parada del autobús bus stop
la pasta dental toothpaste
la pastelería pastry shop
el pastelito small pastry
el quiosco kiosk
la revista magazine
el sello stamp

el sobre envelope
la tabacalera tobacco stand/shop

ADJETIVOS

poderoso/a powerful

PALABRAS Y EXPRESIONES ÚTILES

como si as if, as though

UN POCO DE TODO 6
Un repaso de los capítulos 26–30

A. *Cambie por el pasado.*

1. Si se establece pronto, estará contento.
2. Siguen negando que haya muchos crímenes.
3. No creo que destruyan el rascacielos.
4. Es muy probable que añores tu patria, ¿no?
5. Siento que no puedan mantenerse fácilmente.
6. Será difícil que construyan el edificio tan rápidamente.
7. ¿Quién será? —No creo que sea un empleado nuestro.
8. Dudo que los míos lleven mi nombre.

B. *Choose the verb that best completes the following sentences.*

1. Tomás está trabajando en el patio. Dígale que _____ a la casa en seguida. Tiene una llamada (*call*) urgente.
   a. volviera   b. vuelva   c. haya vuelto
2. Tenía que encontrar la dirección del rancho. Pregunté por todas partes, pero no había nadie que la _____.
   a. sepa   b. haya sabido   c. supiera
3. ¿La factura? La estarán preparando ahora para que yo la _____ mañana.
   a. haya pagado   b. pague   c. pagara
4. Esa compañía destruiría el medio ambiente del lugar si no _____ por los esfuerzos del gobierno.
   a. sea   b. es   c. fuera
5. Es lástima que tengan que esperar tanto para emigrar. Ojalá que _____ pronto.
   a. emigraran   b. emigren   c. hayan emigrado
6. ¿Ya lo sabes? Me sorprende que ya te lo _____.
   a. digan   b. hayan dicho   c. se digan
7. Iba a decirte que no _____ tanto este mes.
   a. cargaras   b. cargues   c. cargas
8. Prométeme que me vas a llamar tan pronto como _____ algo.
   a. sabes   b. sepas   c. supieras
9. ¿Por qué no me llamaste tan pronto como lo _____?
   a. hayas sabido   b. hubieras sabido   c. supiste
10. Están hablando como si _____ eliminar el programa.
    a. quieren   b. quieran   c. quisieran

C. *What is, or was, your reaction to these situations? Begin with* **Yo prefiero que** *or* **Yo quería que,** *as appropriate. Use the information given in parentheses.*

1. Anoche mi amigo y yo fuimos a ver una película italiana. (mexicana)
2. Susana quiere que vayamos al rancho. Pedro insiste en que vayamos a las montañas. (playa)
3. Nosotros emigramos por fin en el año 1977. (más temprano)

UN POCO DE TODO 6
Un repaso de los capítulos 26–30

4. La tía Elena insiste en que vayamos en carro. Los niños quieren volar. (en autobús)
5. El verano pasado, mi amigo y yo alquilamos una casa vieja y en malas condiciones. (nueva, con todas las comodidades)
6. Nuestros niños son monolingües. (bilingües)
7. Depositamos cien dólares en la cuenta de ahorros todos los meses. (más)
8. Ana quería visitar a mi familia. Roberto quería visitar a la suya. (las dos familias)

D. *¿Cómo se dice en español?*

1. I didn't ask them to go to the metro station but rather to the bus stop.
2. I'm glad that you've (**Uds.**) read my book. I hope you liked theirs, too.
3. I wonder why they waste so much energy.
4. If I had to move there, I would get used to the customs very quickly.
5. You (**tú**) sound (speak) as if you like to get up at dawn!
6. I had studied only a short while, but it was time to go to class.

E. *Working with another student, ask and answer questions according to the model.*

MODELO llegar el trece de junio / tres →
  ELVIRA: *Llegaré el trece de junio.*
  PABLO: ¿No dijiste que *llegarías el tres?*
  ELVIRA: ¡Que no! Dije que *llegaría el trece.* Es posible que hayas entendido mal.

1. estar en el café a las dos / doce
2. estudiar con Juan / Juana
3. ir de vacaciones en julio / junio
4. verte en casa / en clase
5. comprar la blusa rosada / roja

F. *Complete las oraciones en una forma lógica.*

1. Algún día seré _____. No me gustaría ser _____.
2. Este verano iré a _____. No me gustaría ir a _____.
3. Esta noche yo _____. No me gustaría _____.
4. Este año voy a ganar _____ dólares. Me gustaría ganar _____.
5. Este año he _____, pero antes de 1975 nunca había _____.
6. En esta clase no hay ningún estudiante que haya _____.
7. Nunca he conocido a nadie que haya _____.
8. Siempre he querido conocer a alguien que haya _____.

PASO FINAL
Preparaciones para un año en el extranjero

If you are planning a trip abroad, it is a good idea to find out as much as possible about the country and city where you will be staying. What is the weather like? What things can you buy there? What special accommodations are there for students?

The following reading is a letter written in response to a letter of inquiry from an American student who is planning to spend a year studying in Madrid.

Madrid, 4 de julio

Querida Patti,

Me alegro muchísimo de que vengas a pasar el año entero aquí en Madrid. Hace mucho tiempo que no nos vemos° y estaré contentísima de verte de nuevo°—esta vez en mi país. Me hiciste muchas preguntas y quiero contestarlas todas para que no tengas muchas sorpresas cuando llegues.

Hace... we haven't seen each other for a long time / de... again

Primero, el alojamiento°. Podrías vivir en un colegio mayor°, pero yo, por mi parte, prefiero una pensión. Si te interesa, puedes quedarte en la misma donde yo vivo. La gente y la señora son muy amables y la pensión está muy bien situada en la Moncloa—la zona estudiantil—muy cerca de la Ciudad Universitaria[1]. Es un sitio° estupendo, con restaurantes y bares divertidísimos por todas partes—y también hay pastelerías excelentes; te lo digo porque te conozco y sé lo golosa que eres°. Y desde allí se llega fácilmente al centro, porque está situada entre la boca° del metro y las paradas de los autobuses.

lodging
colegio... dormitory

place

lo... what a sweet tooth you have
entrance

Hablando de comida, debo decirte que las tres comidas están incluidas en el precio de la habitación. La comida es casera°, pero riquísima. Seguro que te gustaría. Sin embargo, si algún día te apeteciera° una hamburguesa y un batido, podrías ir—¿adónde crees?—¡pues al Burger King de la calle Princesa, que está muy cerca!

home-cooked
te... you felt like (eating)

Con respecto a tu segunda pregunta—qué debes traer y qué no debes traer—te voy a dar algunos consejos. Recuerda que no vas a estar en la Costa del Sol sino en Madrid y si no traes ropa de invierno, te vas a congelar°. El clima aquí va de un extremo al otro y empieza a hacer frío en el mes de octubre. Se dice que en Madrid hay nueve meses de invierno y tres de infierno... y por algo lo dirán°.

to freeze

por... they must have a reason for saying it.

---

[1]**La Moncloa** is the district of Madrid where the University of Madrid is located. The campus itself is called **la Ciudad Universitaria.**

En cuanto a las otras cosas que piensas traer, yo te aconsejaría que no trajeras ningún aparato eléctrico, porque la corriente aquí es diferente de la de los EE.UU. Todas las cosas que vas a necesitar las puedes comprar cuando llegues. Hay muchas tiendas—papelerías, tabacaleras, librerías, farmacias y más—cerca de la pensión, y también hay quioscos donde puedes comprar el último número de *Time* si te cansas° del español.

te... you grow tired

También hiciste varias preguntas sobre tus cursos. De verdad no sé mucho de los cursos que vas a tomar. Tu plan de estudios ha sido preparado por el Centro Iberoamericano de Cooperación y Desarrollo[2] para estudiantes norteamericanos. Es probable que tengas clases por la mañana y, quizá, también por la tarde, como las tienen muchos de los otros programas para extranjeros. Lo que sí sé° es que el Centro queda muy cerca de la Moncloa y podrás ir caminando a tus clases y volver a comer al mediodía° sin problema.

Lo... What I do know

midday

Me dijiste que llegas por la mañana el día 20 de agosto. Si hay cambio de vuelo, no dejes de avisarme, pues pienso ir a buscarte al aeropuerto. Y por ahora nada más. Si tienes cualquier° otra pregunta, no dejes de escribirme. Esperando verte muy pronto, recibe un saludo muy afectuoso de

any

tu amiga

Pilar

¿Que necesita Ud. saber? Siguiendo el modelo de la carta de Pilar, escriba una de las siguientes cartas:

1. Ud. es un(a) estudiante latinoamericano/a que viene a los Estados Unidos por primera vez a pasar un año, como mínimo. Escriba una carta a la familia con la cual (*with which*) va a vivir. Preséntese (*introduce yourself*) y pida informes sobre el país—el clima, las costumbres, etcétera—y sobre la familia. ¿Qué debe traer? ¿Qué no debe traer? ¿Qué debe saber del lugar donde va a vivir? ¿De los estudiantes de su universidad?
2. Ud. es miembro de la familia con la cual un(a) estudiante extranjero/a va a pasar un año. Escríbale, dándole los informes que pueda necesitar.
3. Ud. es un(a) estudiante norteamericano/a que va a pasar el próximo año académico en Latinoamérica o en España. Escriba una carta a un amigo que está estudiando allí este año. Pídale informes sobre el país y sobre la vida de un estudiante—en total, todo lo que Ud. necesita saber para prepararse para el año.

---

[2]The **Centro Iberoamericano de Cooperación y Desarrollo,** located on the edge of the **Ciudad Universitaria,** sponsors cultural events and also organizes programs for foreign students (**cursos para extranjeros**). Many foreign university programs hold their classes in its facilities.

APPENDIX 1

Answers to *Un poco de todo exercises*

UN POCO DE TODO 1: Un repaso de los capítulos 1–5
A. 1. Ellos no desean tomar unas cervezas (una cerveza). **2.** Uds. bailan con unos estudiantes franceses. **3.** ¿Compramos los lápices mañana? **4.** Hablan (Habláis) con las dependientas, ¿no? **5.** ¿Hay sólo unas estudiantes extranjeras en las clases (la clase)? **6.** No venden (vendéis) los coches de los abuelos, ¿verdad? **7.** Aprendemos unas palabras importantes todos los días. **8.** ¿Leen (Leéis) las lecciones de español?
B. 1. Ella no busca el dinero. **2.** ¿Enseña Ud. (Enseñas tú) sólo un curso de alemán? **3.** Necesito un libro de texto. **4.** La mujer estudia sicología. **5.** ¿Paga Ud. (Pagas tú) sólo cien pesos? **6.** Se abre el libro en clase, ¿no? **7.** Insiste en comer ahora. **8.** ¿Lleva Ud. (Llevas tú) cinco cuadernos porque asiste (asistes) a cinco clases?
C. 1. Uds. compran papel para la clase. **2.** ¿Trabaja Paco aquí en la librería todos los días? **3.** El Dr. Gil y yo regresamos a la universidad mañana. Sr. Gil, yo regreso a la universidad mañana. **4.** Tú siempre insistes en trabajar más. **5.** Los tíos viven en Venezuela, ¿verdad? **6.** Ud. comprende el español del Perú, ¿no? **7.** Hay muchas ciudades interesantes en Honduras. **8.** Carlos es un mal actor, pero es amable. **9.** Son los libros del (de la, de un) estudiante. **10.** Carmen regresa al mercado por la tarde.
D. 1. Ella es amiga de Mario. **2.** ¿Trabaja Ud. aquí? **3.** No es para ti. **4.** (Ellos) Viven conmigo. **5.** Es un coche viejo, ¿no? (¿verdad?)
E. 1. Acapulco / mexicana / español **2.** París / francesa / francés **3.** Roma / italiana / italiano **4.** San Francisco / norteamericana / inglés **5.** Madrid / española / español **6.** Londres / inglesa / inglés **7.** Berlín / alemana / alemán **8.** Lisboa / portuguesa / portugués
F. 1. un abuelo **2.** un(a) dependiente/dependienta **3.** la tía de Juan **4.** estudiantes **5.** un(a) secretario/a

UN POCO DE TODO 2: Un repaso de los capítulos 6–10
A. 1. Vamos a jugar al tenis con Uds. (vosotros/as) mañana. **2.** Esos chicos están nadando con sus amigos. **3.** Mis (Nuestros) padres nunca están de acuerdo conmigo (con nosotros/as). **4.** ¿Por qué piensan (pensáis) que estos platos son buenos? **5.** Si no dormimos ocho horas, estamos cansadas todo el día. **6.** Mañana salimos para Panamá. Vamos a volver en primavera. **7.** Queremos verla (verlas) mañana, por favor.
B. 1. Voy a ver ese equipo el domingo. **2.** El jugador está delante del estadio en este momento. **3.** Voy a llamar a mi (nuestro) compañero si tengo tiempo. **4.** Prefiero cenar con Ud. (contigo) si no piensa (piensas) salir temprano. **5.** No conozco al dueño, pero sé que es deportista. **6.** ¿Con quién juego el lunes? **7.** Acabo de abrirlo. ¿Por qué lo está (estás) cerrando Ud. (tú)?
C. 1. Esta tarde ellos van a volver con nuestros tíos. **2.** Yo no conozco a ningún francés. **3.** El camarero está trayéndolo. **4.** ¿Hay alguien en la iglesia? Yo no oigo a nadie. **5.** ¿No dice Ud. nada, Sra. Medina? **6.** ¿El teléfono del profesor? Yo no lo sé. **7.** Antonia empieza a ser una jugadora excelente.
D. 1. La gente está diciéndolo (lo está diciendo). **2.** No vemos ningún vaso en el suelo. **3.** ¿Sabes si ellos conocen a mi amiga? **4.** No los veo en este momento. **5.** La señorita Padilla (Gómez) no puede oír al señor Gómez (Padilla). **6.** No sé tocar ese instrumento tampoco.
E. 1. Yo la conozco; ella siempre sabe las respuestas. **2.** ¡Acabamos de invitarla (a ella)! **3.** ¿La salsa? Voy a prepararla. (La voy a preparar.) **4.** ¿Las albóndigas? Él las está preparando (Está preparándolas) ahora mismo. **5.** ¿De quién(es) son estos calcetines?
F. 1. ¿Piensas hacer un viaje al Polo Norte? / Sí, salgo para el Polo Norte el _____. / ¿No hace mucho frío en ese lugar? / Sí, por eso voy a poner suéteres en mi maleta. / ¡Los vas a necesitar! **2.** ¿Piensas hacer un viaje a Puerto Rico? / Sí, salgo para Puerto Rico el _____. / ¿No hace mucho calor (sol) en ese país (esa isla)? / Sí, por eso voy a poner camisetas en mi maleta. / ¡Las vas a necesitar! **3.** ¿Piensas hacer un viaje a Colorado? / Sí, salgo para Colorado el _____. / ¿No hace mucho frío (viento) en ese estado? / Sí, por eso voy a poner un abrigo en mi maleta. / ¡Lo vas a necesitar! **4.** ¿Piensas hacer un viaje a Puerto Vallarta? / Sí, salgo para Puerto Vallarta el _____. / ¿No hace mucho calor (sol) en esa ciudad? Sí, por eso voy a poner un traje de baño en mi maleta. ¡Lo vas a necesitar! **5.** ¿Piensas hacer un viaje a la Florida? / Sí, salgo para la Florida el _____. / ¿No hace mucho sol (calor) en ese estado? / Sí, por eso voy a poner una raqueta (de tenis) en mi maleta. / ¡La vas a necesitar!

UN POCO DE TODO 3: Un repaso de los capítulos 11–15
A. 1. No sean Uds. demasiado serios. **2.** No les arreglen los coches. **3.** ¿Les gustan esas ciudades? No son tan peligrosas como ésta(s). **4.** No me (nos) digan Uds. la verdad, por favor. **5.** Los buscamos pero no los encontramos. ¿Nos los mandaron (mandasteis)? **6.** Uds. vienen a revisárnoslas, ¿verdad?
B. 1. No me gusta este asiento. **2.** No le compre tantos recuerdos al niño. **3.** Tal vez no le guste a Ud. volar por la noche. **4.** Llévele el boleto a él. No me lo dé a mí. **5.** Me hizo más de cincuenta tortillas.
C. 1. Yo prohíbo que Uds. compren aquella lavadora. **2.** Ojalá que no haya ninguna demora. **3.** Nosotros esperamos que Julio firme. **4.** Ellos niegan que Adolfo sea un buen mecánico. **5.** Tal vez sea la batería—yo no estoy seguro/a. **6.** El agente va a pedirnos que le demos el pago inicial hoy.
D. 1. ¿La cafetera? Yo se la di a mis padres. **2.** Pablo conoció a Claudia en Buenos Aires, pero él nunca la invitó a salir. **3.** Carlos empezó a doblar demasiado tarde. **4.** Yo traté de explicárselo a ellos, pero no me escucharon. **5.** Tú no regresaste a casa con tantas compras como Elena. **6.** La semana pasada ellos gastaron tanto dinero como sus hijos.
E. 1. No le sirva Ud. vino al niño. **2.** Léame Ud. las palabras en la página 542. **3.** A Vicente le gusta llegar a clase a tiempo. **4.** Háganlo Uds. para mí ahora. **5.** A ti no te gustó

eso, ¿verdad?
F. 1. Sentimos que Uds. no puedan estar allí. **2.** Dudo que sea necesario trabajar tanto. **3.** Me sorprende que él fume. **4.** Es verdad que la carretera es mejor, pero ese camino es más interesante. **5.** Estamos seguros (de) que la criada limpió la casa entera. **6.** No quiero que María mande la tarjeta postal. **7.** Léanoslo (Ud.). Luego fírmeselo a él.
G. 1. Quiero que el Sr. Gómez le explique el contrato al Sr. Gil. / Muy bien, señor. Se lo voy a decir. / Y si no se lo explica el Sr. Gómez, explíqueselo Ud., por favor. **2.** Quiero que el criado sacuda los muebles de la oficina. / Muy bien, señor. Se lo voy a decir. / Y si no los sacude el criado, sacúdalos Ud., por favor. **3.** Quiero que Fabián les mande una tarjeta postal a los Carrillo. / Muy bien, señor. Se lo voy a decir. / Y si no se la manda Fabián, mándesela Ud., por favor. **4.** Quiero que Amanda le venda un coche a ese señor. / Muy bien, señor. Se lo voy a decir. / Y si no se lo vende Amanda, véndaselo Ud., por favor. **5.** Quiero que Cecilia visite a Ramiro en el hospital. / Muy bien, señor. Se lo voy a decir. / Y si no lo visita Cecilia, visítelo Ud., por favor.

UN POCO DE TODO 4: Un repaso de los capítulos 16–20
A. 1. Se divirtió mucho porque la película era muy cómica. **2.** Se despidieron temprano porque querían ver las noticias. **3.** ¡Casi se murieron de hambre! No había nada de comida. **4.** Se perdió en el centro cuando buscaba su casa. **5.** Pidió paella porque su amigo le dijo que estaba buena. **6.** Tomó un poquito de jarabe y dijo que no le gustaba. **7.** Se quitó el abrigo porque tenía calor. **8.** Leyó la lección, apagó las luces y se durmió.
B. 1. Ana me dio una cadenita de oro para mi hijo. **2.** Nosotros no oímos el noticiero por el ruido. **3.** La niña dijo unas palabras en español para su abuelito. **4.** El esposo le trajo a su mujer un relojcito de plata para su cumpleaños. **5.** Cuando mi (la) prima se hizo rica, compró una casita de verano para su (la) familia. **6.** Miguel nos vendió el coche por 2.000 dólares. **7.** ¿Tu amigo vino a la fiesta con sus hermanitas? **8.** Carmen fue a Buenos Aires por avión.
C. 1. La enfermera le dio al (a la) paciente una aspirina porque tenía una fiebre alta. **2.** El médico dijo que era necesario hacer ejercicio. **3.** Se nos acabó la gasolina y no pudimos llegar

a tiempo. **4.** Por fin el niño empezó a respirar sin dificultad pero todavía tosía. **5.** Yo no quería comprar nada pero el lunes fui de compras con la Sra. Medina. **6.** Lorenzo se acostó temprano ayer porque tenía que levantarse a las siete. **7.** Ellos no se llevaban bien y por eso él se negó a ir a visitarlo. **8.** El/la paciente tosía mucho y estaba muy mareado/a.
D. 1. Él fue por el doctor porque su hija/niña tenía un terrible dolor de estómago (dolor de estómago terrible). **2.** Se escribieron mucho. **3.** ¡Por Dios! ¿No le dijo (dijiste) las últimas noticias por teléfono esta mañana? **4.** Se sentía tan enfermo que me dijo: «Quedémonos en casa.» **5.** Enterémonos de lo que piensan los obreros. **6.** ¡No nos equivoquemos esta vez! Es un problema serio. **7.** Se nos quedaron (Dejamos) las aspirinas en casa y se nos cayó (dejamos caer) el jarabe. ¿Dónde está la farmacia?
E. 1. Para ti, ¿qué fue lo más interesante de tu cumpleaños? / Fui a comer a La Chinita. / ¿Por qué fuiste allí? / Porque quería comer comida mexicana. **2.** Para ti, ¿qué fue lo más interesante de tu niñez? / Viví en el Perú. / ¿Por qué viviste en el Perú? / Porque trabajaba mi padre allí. **3.** Para ti, ¿qué fue lo más interesante de tus vacaciones? / Fui a esquiar en las montañas. / ¿Por qué fuiste allí? / Porque quería divertirme y respirar aire puro allí. **4.** Para ti, ¿qué fue lo más interesante de la fiesta? / Bailé la noche entera. / ¿Por qué bailaste tanto? / Porque tenía ganas de bailar.

UN POCO DE TODO 5: Un repaso de los capítulos 21–25
A. 1. Yo voy a llenar una solicitud ahora. Nunca he llenado una solicitud tan larga. **2.** Ella va a cambiar de puesto. Nunca ha cambiado de puesto antes. **3.** Hoy el Sr. Gómez va a faltar a clase. Nunca ha faltado antes. **4.** Nosotros vamos a reírnos muchísimo en aquella película. Nunca hemos visto una película con ese actor cómico. **5.** Tú pides la paella, ¿verdad? ¿Nunca la has pedido? **6.** Tú cruzas la frontera entre el Canadá y los Estados Unidos durante el viaje, ¿no? ¿Nunca la has cruzado antes?
B. 1. No compres el primer carro que ves (veas). Compra el mejor. **2.** La primera película de aquella actriz fue buenísima, pero la segunda fue malísima. **3.** Raquel, sube la segunda maleta. No subas la primera. **4.** Dime tus apellidos. No me digas tu nombre. **5.** Aunque Ud. no tenga nada importantísimo que declarar,

abra la maleta pequeña, por favor. **6.** Nosotros vamos a mudarnos tan pronto como encontremos un piso modernísimo que nos interese. **7.** Se llega a Badajoz en cuanto se cruce la frontera. **8.** Vende tu televisor grandísimo y compra ese pequeño.
C. 1. Siempre hemos vivido en casas bien construidas. **2.** Lee la quinta lección, pero no leas la sexta. **3.** Llené una solicitud larguísima por la mañana. **4.** El primer aspirante me ha caído pesadísimo. **5.** Preséntame a ese panameño altísimo. **6.** No empieces antes de que te lo expliquemos. **7.** Llame Ud. en caso de que vuelva más tarde.
D. 1. Nunca hemos compartido un cuarto con alguien (nadie) antes. **2.** Entrega las planillas de inmigración antes de que aterrice el avión. **3.** El portero dice que no alquilemos el apartamento del primer piso antes de ver el apartamento en el (del) cuarto piso. **4.** Nos hemos mudado a la Argentina para que Ana pueda conseguir un trabajo (puesto) mejor. **5.** Aunque esos/aquellos inquilinos hagan mucho ruido, son simpatiquísimos. **6.** Es la lámpara más barata de la tienda. No hay ninguna que cueste menos. **7.** No compres ese/aquel televisor hecho en Hong Kong hasta que veas uno hecho en los Estados Unidos. **8.** No te pongas el abrigo hasta que sea hora de salir.
E. 1. ¿Ya está puesta la mesa? / No, no la he puesto todavía. / Pues, ¡ponla inmediatamente! **2.** ¿Ya están confirmadas las reservaciones? / No, no las he confirmado todavía. / Pues, ¡confírmalas inmediatamente! **3.** ¿Ya están entregadas las planillas? / No, no las he entregado todavía. / Pues, ¡entrégalas inmediatamente! **4.** ¿Ya están sacudidos los muebles? / No, no los he sacudido todavía. / Pues, ¡sacúdelos inmediatamente! **5.** ¿Ya está resuelto tu dilema? / No, no lo he resuelto todavía. / Pues, ¡resuélvelo inmediatamente! **6.** ¿Ya está alquilado el apartamento del primer piso? / No, no lo he alquilado todavía. / Pues, ¡alquílalo inmediatamente! **7.** ¿Ya están preparados los platos para la cena? / No, no los he preparado todavía. / Pues, ¡prepáralos inmediatamente! **8.** ¿Ya está facturado el equipaje? / No, no lo he facturado todavía. / Pues, ¡factúralo inmediatamente!

UN POCO DE TODO 6: Un repaso de los capítulos 26–30
A. 1. Si se estableciera pronto, estaría contento. 2. Seguían negando que hubiera muchos crímenes. 3. No creía que destruyeran el rascacielos. 4. Era muy probable que añoraras tu patria, ¿no? 5. Sentía que no pudieran mantenerse fácilmente. 6. Sería difícil que construyeran el edificio tan rápidamente. 7. ¿Quién sería? —No creía que fuera un empleado nuestro. 8. Dudaba que los míos llevaran mi nombre.
B. 1. b 2. c 3. b 4. c 5. b 6. b 7. a/b 8. b 9. c 10. c
C. 1. Yo quería que fuéramos a ver una película mexicana. 2. Yo prefiero que vayamos a la playa. 3. Yo quería que emigráramos más temprano. 4. Yo prefiero que vayamos en autobús. (Yo prefiero ir en autobús.) 5. Yo quería que alquiláramos una casa nueva, con todas las comodidades. 6. Yo prefiero que sean bilingües. 7. Yo prefiero que depositemos más. 8. Yo quería visitar a las dos familias. (Yo quería que visitáramos a las dos familias.)
D. 1. No les pedí que fueran a la estación del metro sino a la parada del autobús. 2. Me alegro de que Uds. hayan leído mi libro. Espero que a Uds. les haya gustado (gustara) el suyo también. 3. ¿Por qué gastarán tanta energía? 4. Si tuviera que mudarme allí, me acostumbraría (a las costumbres) muy pronto. 5. ¡Hablas como si te gustara madrugar! 6. Yo había estudiado sólo un rato, pero era hora de salir para la clase.
E. 1. Estaré en el café a las dos. / ¿No dijiste que estarías allí a las doce? / ¡Que no! Dije que estaría allí a las dos. Es posible que hayas entendido mal. 2. Estudiaré con Juan. / ¿No dijiste que estudiarías con Juana? / ¡Que no! Dije que estudiaría con Juan. Es posible que hayas entendido mal. 3. Iré de vacaciones en julio. / ¿No dijiste que irías de vacaciones en junio? / ¡Que no! Dije que iría en julio. Es posible que hayas entendido mal. 4. Te veré en casa. / ¿No dijiste que me verías en clase? / ¡Que no! Dije que te vería en casa. Es posible que hayas entendido mal. 5. Compraré la blusa rosada. / ¿No dijiste que comprarías la blusa roja? / ¡Que no! Dije que compraría la rosada. Es posible que hayas entendido mal.

APPENDIX 2

Answers to ¿Recuerda Ud.? Exercises

Answers are listed by chapter number and the number of the grammar section which the **¿Recuerda Ud.?** precedes.

CAPÍTULO 2: SECTION 3
1. Bien, gracias. ¿Y tú? 2. Bien, gracias. ¿Y usted?
CAPÍTULO 5: SECTION 12
1. Busco un diccionario bueno. 2. Elena necesita libros también. 3. Cantamos en la clase de español. 4. Juan y Bárbara regatean en el mercado. 5. Ud. estudia mucho. 6. Trabajamos en la universidad. 7. Yo compro los tacos y tú pagas las cervezas. 8. Vosotros habláis español muy bien.
CAPÍTULO 7: SECTION 15
SER 1. Tomás es profesor. 2. (Él) Es alto y guapo. 3. (Él) Es de España. 4. (Él) No es francés. 5. Es el suéter de María. 6. No es para ti (para Ud./Uds.). 7. La mesa es muy barata. 8. Es de plástico. 9. Es necesario estudiar. 10. ¿Son las dos y media?

ESTAR 1. ¿Dónde está el parque? 2. Está cerca de la iglesia. 3. ¿Cómo están Uds.? 4. Estoy bien, gracias. 5. Ella está muy enferma hoy. 6. No estamos de acuerdo contigo (con Ud./Uds.).
CAPÍTULO 8: SECTION 19
1. El hombre alto es el novio de Carmen. 2. ¿De quién es este dinero? 3. El vestido de Linda es verde. 4. Es el coche de Rafael.
CAPÍTULO 9: SECTION 23
1. Ceno a las siete. 2. Ceno aquí. 3. (Él) Comprende español. 4. (Él) Comprende español. 5. Pago las (mis) cuentas. 6. Pago las (mis) cuentas mañana. 7. Viven en California. 8. Viven en California este año. 9. Pedimos la paella. 10. Pedimos la paella.
CAPÍTULO 11: SECTION 28
1. No la quiero. No lo quiero. 2. Lo/La buscan (están buscando). Están buscándolo/la. Los/las buscan (están buscando). Están buscándolos/las. Te buscan (están buscando). Están buscándote. Os buscan (están buscando). Están buscándoos. 3. Sí, las necesitamos. Sí, los necesitamos. 4. ¿Por qué no me ayudas? ¿Por qué no los/las ayudas? ¿Por qué no la ayudas? ¿Por qué no lo ayudas? 5. Vamos a comprarlo. Vamos a comprarla. 6. ¡No lo creo!
CAPÍTULO 11: SECTION 29
1. Sí, me gusta (No, no me gusta) la clase de español. 2. Sí, me gusta (No, no me gusta) jugar al béisbol. 3. Me gusta más estudiar (ir a fiestas).
CAPÍTULO 14: SECTION 36
1. Nos mandan (están mandando) los libros. Están mandándonos los libros. 2. Los mandan (van a mandar) mañana. Van a mandarlos mañana.

3. ¿Me puedes leer el menú? ¿Puedes leerme el menú? **4.** ¿Lo puedes leer ahora, por favor? ¿Puedes leerlo ahora, por favor? **5.** Te compro un café (una taza de café). **6.** Me puedes (podéis) pagar más tarde. Puedes (Podéis) pagarme más tarde. **7.** Juan no le (les) da (va a dar) el dinero. Juan va a darle (darles) el dinero. **8.** No lo va a tener hoy. No va a tenerlo hoy. **9.** Acaban de servirles la cena (la comida). Les acaban de servir la cena (la comida). **10.** Pueden servirla ahora. La pueden servir ahora. **11.** ¡Te lo (los) veo! **12.** ¡Hábleme, por favor!

CAPÍTULO 17: SECTION 44
1. Compraron un coche. **2.** Les di el pago inicial. **3.** Saqué la basura. **4.** Comieron en casa. **5.** Pagué la cuenta. **6.** Uds. leyeron el periódico. **7.** Oyeron su (la) risa. **8.** Fuimos a su (la) fiesta. **9.** Nos divertimos. **10.** Me los/las hizo (ella). **11.** Nos levantamos a las siete. **12.** Luego nos bañamos.

CAPÍTULO 17: SECTION 46
1. Espero que nos levantemos temprano. **2.** Ellos esperan que paguemos. **3.** Ella prefiere que no durmamos aquí. **4.** Ellos quieren que nos divirtamos. **5.** ¿Quiere Ud. (Quieres) que pidamos? **6.** Él nos dice que no juguemos aquí.

CAPÍTULO 20: SECTION 52
1. Ud. respiró; Ud. respiraba **2.** yo saqué; yo sacaba **3.** nosotros tosí-mos; nosotros tosíamos **4.** ellos rompieron; ellos rompían **5.** tú fuiste; tú eras **6.** nosotros fuimos; nosotros íbamos **7.** yo quise; yo quería **8.** él durmió; él dormía **9.** yo jugué; yo jugaba **10.** ellos pusieron; ellos ponían **11.** Ud. se despidió; Ud. se despedía **12.** nosotros supimos; nosotros sabíamos **13.** ella hizo; ella hacía **14.** Uds. dijeron; Uds. decían **15.** vosotros empezasteis; vosotros empezabais

CAPÍTULO 21: SECTION 53
1. Tráiganme Uds. el libro. **2.** No se lo den Uds. (a ella). **3.** Cómprenos Ud. cerveza. **4.** No se la compre Ud. (a ellos). **5.** Dígales Ud. la verdad (a ellos). **6.** Dígasela Ud. (a ellos). **7.** No se la diga Ud. (a ellos) nunca. **8.** No renuncien/dejen Uds. el puesto. **9.** Abra Ud. el libro. **10.** Escúchenme Uds.

CAPÍTULO 22: SECTION 55
1. Mi hermana es más alta que yo. **2.** Esta clase es más importante que ésa. **3.** ¡Yo estoy menos aburrido/a que tú/Ud.! **4.** Él gana un sueldo más alto (mejor) allí. **5.** Mis amigos son menores que él. **6.** Hoy es peor que ayer. **7.** Patricia es más bonita que yo. **8.** Pero yo soy más inteligente que ella. **9.** Ellos pagan impuestos más bajos.

CAPÍTULO 23: SECTION 57
1. Ojalá que él gane un poco más. **2.** Ojalá que comamos pronto. **3.** Ojalá que (ellos) practiquen el piano. **4.** Ojalá que (tú) apagues las luces. **5.** Ojalá que durmamos bien esta noche. **6.** Ojalá que Ud. se sienta mejor mañana. **7.** Ojalá que los niños nos conozcan. **8.** Ojalá que el jefe no lo despida. **9.** Ojalá que os sentéis aquí. **10.** Ojalá que yo sepa la respuesta. **11.** Ojalá que podamos ir al cine. **12.** Ojalá que él tenga dinero. **13.** Ojalá que ella esté en casa. **14.** Ojalá que salgan pronto. **15.** Ojalá que Uds. no se caigan. **16.** Ojalá que él lo/la vea. **17.** Ojalá que la clase empiece pronto. **18.** Ojalá que haya más asientos.

CAPÍTULO 28: SECTION 68
1. Es su maleta. (Es la maleta de él.) **2.** Son sus maletas. (Son las maletas de él.) **3.** Es mi dinero. **4.** Es nuestro dinero. **5.** Es su dinero. (Es el dinero de ellos.) **6.** Es su dinero. (Es el dinero de Ud.) **7.** Son nuestras maletas. **8.** Son tus maletas. **9.** Es su dinero. (Es el dinero de ella.) **10.** Es nuestra maleta. **11.** Son nuestros perros. **12.** Son tus perros.

CAPÍTULO 29: SECTION 69
1. hablaron **2.** comieron **3.** vivieron **4.** jugaron **5.** perdieron **6.** durmieron **7.** rieron **8.** leyeron **9.** estuvieron **10.** tuvieron **11.** fueron **12.** vistieron **13.** trajeron **14.** dieron **15.** supieron **16.** pudieron **17.** dijeron **18.** destruyeron **19.** creyeron **20.** mantuvieron

APPENDIX 3

Verbs

A. Regular Verbs: Simple Tenses

INFINITIVE / PRESENT PARTICIPLE / PAST PARTICIPLE	INDICATIVE					SUBJUNCTIVE		IMPERATIVE
	PRESENT	IMPERFECT	PRETERITE	FUTURE	CONDITIONAL	PRESENT	IMPERFECT	
hablar / hablando / hablado	hablo	hablaba	hablé	hablaré	hablaría	hable	hablara	
	hablas	hablabas	hablaste	hablarás	hablarías	hables	hablaras	habla tú,
	habla	hablaba	habló	hablará	hablaría	hable	hablara	no hables
	hablamos	hablábamos	hablamos	hablaremos	hablaríamos	hablemos	habláramos	hable Ud.
	habláis	hablabais	hablasteis	hablaréis	hablaríais	habléis	hablarais	hablemos
	hablan	hablaban	hablaron	hablarán	hablarían	hablen	hablaran	hablen
comer / comiendo / comido	como	comía	comí	comeré	comería	coma	comiera	
	comes	comías	comiste	comerás	comerías	comas	comieras	come tú,
	come	comía	comió	comerá	comería	coma	comiera	no comas
	comemos	comíamos	comimos	comeremos	comeríamos	comamos	comiéramos	coma Ud.
	coméis	comíais	comisteis	comeréis	comeríais	comáis	comierais	comamos
	comen	comían	comieron	comerán	comerían	coman	comieran	coman
vivir / viviendo / vivido	vivo	vivía	viví	viviré	viviría	viva	viviera	
	vives	vivías	viviste	vivirás	vivirías	vivas	vivieras	vive tú,
	vive	vivía	vivió	vivirá	viviría	viva	viviera	no vivas
	vivimos	vivíamos	vivimos	viviremos	viviríamos	vivamos	viviéramos	viva Ud.
	vivís	vivíais	vivisteis	viviréis	viviríais	viváis	vivierais	vivamos
	viven	vivían	vivieron	vivirán	vivirían	vivan	vivieran	vivan

B. Regular Verbs: Perfect Tenses

INDICATIVE						SUBJUNCTIVE		
PRESENT PERFECT	PAST PERFECT	PRETERITE PERFECT	FUTURE PERFECT	CONDITIONAL PERFECT		PRESENT PERFECT	PAST PERFECT	
he	había	hube	habré	habría		haya	hubiera	
has	habías	hubiste	habrás	habrías		hayas	hubieras	
ha hablado	había hablado	hubo hablado	habré hablado	habría hablado		haya hablado	hubiera hablado	
hemos comido	habíamos comido	hubimos comido	habremos comido	habríamos comido		hayamos comido	hubiéramos comido	
habéis vivido	habíais vivido	hubisteis vivido	habréis vivido	habríais vivido		hayáis vivido	hubierais vivido	
han	habían	hubieron	habrán	habrían		hayan	hubieran	

C. Irregular Verbs

INFINITIVE PRESENT PARTICIPLE PAST PARTICIPLE	INDICATIVE					SUBJUNCTIVE		IMPERATIVE
	PRESENT	IMPERFECT	PRETERITE	FUTURE	CONDITIONAL	PRESENT	IMPERFECT	
andar andando andado	ando andas anda andamos andáis andan	andaba andabas andaba andábamos andabais andaban	anduve anduviste anduvo anduvimos anduvisteis anduvieron	andaré andarás andará andaremos andaréis andarán	andaría andarías andaría andaríamos andaríais andarían	ande andes ande andemos andéis anden	anduviera anduvieras anduviera anduviéramos anduvierais anduvieran	anda tú, no andes ande Ud. andemos anden
caer cayendo caído	caigo caes cae caemos caéis caen	caía caías caía caíamos caíais caían	caí caíste cayó caímos caísteis cayeron	caeré caerás caerá caeremos caeréis caerán	caería caerías caería caeríamos caeríais caerían	caiga caigas caiga caigamos caigáis caigan	cayera cayeras cayera cayéramos cayerais cayeran	cae tú, no caigas caiga Ud. caigamos caigan
dar dando dado	doy das da damos dais dan	daba dabas daba dábamos dabais daban	di diste dio dimos disteis dieron	daré darás dará daremos daréis darán	daría darías daría daríamos daríais darían	dé des dé demos deis den	diera dieras diera diéramos dierais dieran	da tú, no des dé Ud. demos den
decir diciendo dicho	digo dices dice decimos decís dicen	decía decías decía decíamos decíais decían	dije dijiste dijo dijimos dijisteis dijeron	diré dirás dirá diremos diréis dirán	diría dirías diría diríamos diríais dirían	diga digas diga digamos digáis digan	dijera dijeras dijera dijéramos dijerais dijeran	di tú, no digas diga Ud. digamos digan
estar estando estado	estoy estás está estamos estáis están	estaba estabas estaba estábamos estabais estaban	estuve estuviste estuvo estuvimos estuvisteis estuvieron	estaré estarás estará estaremos estaréis estarán	estaría estarías estaría estaríamos estaríais estarían	esté estés esté estemos estéis estén	estuviera estuvieras estuviera estuviéramos estuvierais estuviera	está tú, no estés esté Ud. estemos estén
haber habiendo habido	he has ha hemos habéis han	había habías había habíamos habíais habían	hube hubiste hubo hubimos hubisteis hubieron	habré habrás habrá habremos habréis habrán	habría habrías habría habríamos habríais habrían	haya hayas haya hayamos hayáis hayan	hubiera hubieras hubiera hubiéramos hubierais hubieran	
hacer haciendo hecho	hago haces hace hacemos hacéis hacen	hacía hacías hacía hacíamos hacíais hacían	hice hiciste hizo hicimos hicisteis hicieron	haré harás hará haremos haréis harán	haría harías haría haríamos haríais harían	haga hagas haga hagamos hagáis hagan	hiciera hicieras hiciera hiciéramos hicierais hicieran	haz tú, no hagas haga Ud. hagamos hagan

C. Irregular Verbs (continued)

INFINITIVE PRESENT PARTICIPLE PAST PARTICIPLE	INDICATIVE PRESENT	IMPERFECT	PRETERITE	FUTURE	CONDITIONAL	SUBJUNCTIVE PRESENT	IMPERFECT	IMPERATIVE
ir yendo ido	voy vas va vamos vais van	iba ibas iba íbamos ibais iban	fui fuiste fue fuimos fuisteis fueron	iré irás irá iremos iréis irán	iría irías iría iríamos iríais irían	vaya vayas vaya vayamos vayáis vayan	fuera fueras fuera fuéramos fuerais fueran	ve tú, no vayas vaya Ud. vayamos vayan
oír oyendo oído	oigo oyes oye oímos oís oyen	oía oías oía oíamos oíais oían	oí oíste oyó oímos oísteis oyeron	oiré oirás oirá oiremos oiréis oirán	oiría oirías oiría oiríamos oiríais oirían	oiga oigas oiga oigamos oigáis oigan	oyera oyeras oyera oyéramos oyerais oyeran	oye tú, no oigas oiga Ud. oigamos oigan
poder pudiendo podido	puedo puedes puede podemos podéis pueden	podía podías podía podíamos podíais podían	pude pudiste pudo pudimos pudisteis pudieron	podré podrás podrá podremos podréis podrán	podría podrías podría podríamos podríais podrían	pueda puedas pueda podamos podáis puedan	pudiera pudieras pudiera pudiéramos pudierais pudieran	
poner poniendo puesto	pongo pones pone ponemos ponéis ponen	ponía ponías ponía poníamos poníais ponían	puse pusiste puso pusimos pusisteis pusieron	pondré pondrás pondrá pondremos pondréis pondrán	pondría pondrías pondría pondríamos pondríais pondrían	ponga pongas ponga pongamos pongáis pongan	pusiera pusieras pusiera pusiéramos pusierais pusieran	pon tú, no pongas ponga Ud. pongamos pongan
querer queriendo querido	quiero quieres quiere queremos queréis quieren	quería querías quería queríamos queríais querían	quise quisiste quiso quisimos quisisteis quisieron	querré querrás querrá querremos querréis querrán	querría querrías querría querríamos querríais querrían	quiera quieras quiera queramos queráis quieran	quisiera quisieras quisiera quisiéramos quisierais quisieran	quiere tú, no quieras quiera Ud. queramos quieran
saber sabiendo sabido	sé sabes sabe sabemos sabéis saben	sabía sabías sabía sabíamos sabíais sabían	supe supiste supo supimos supisteis supieron	sabré sabrás sabrá sabremos sabréis sabrán	sabría sabrías sabría sabríamos sabríais sabrían	sepa sepas sepa sepamos sepáis sepan	supiera supieras supiera supiéramos supierais supieran	sabe tú, no sepas sepa Ud. sepamos sepan
salir saliendo salido	salgo sales sale salimos salís salen	salía salías salía salíamos salíais salían	salí saliste salió salimos salisteis salieron	saldré saldrás saldrá saldremos saldréis saldrán	saldría saldrías saldría saldríamos saldríais saldrían	salga salgas salga salgamos salgáis salgan	saliera salieras saliera saliéramos salierais salieran	sal tú, no salgas salga Ud. salgamos salgan

Infinitive / Present Participle / Past Participle	Present	Imperfect	Preterite	Future	Conditional	Present Subjunctive	Imperfect Subjunctive	Imperative
ser siendo sido	soy eres es somos sois son	era eras era éramos erais eran	fui fuiste fue fuimos fuisteis fueron	seré serás será seremos seréis serán	sería serías sería seríamos seríais serían	sea seas sea seamos seáis sean	fuera fueras fuera fuéramos fuerais fueran	sé tú, no seas sea Ud. seamos sean
tener teniendo tenido	tengo tienes tiene tenemos tenéis tienen	tenía tenías tenía teníamos teníais tenían	tuve tuviste tuvo tuvimos tuvisteis tuvieron	tendré tendrás tendrá tendremos tendréis tendrán	tendría tendrías tendría tendríamos tendríais tendrían	tenga tengas tenga tengamos tengáis tengan	tuviera tuvieras tuviera tuviéramos tuvierais tuvieran	ten tú, no tengas tenga Ud. tengamos tengan
traer trayendo traído	traigo traes trae traemos traéis traen	traía traías traía traíamos traíais traían	traje trajiste trajo trajimos trajisteis trajeron	traeré traerás traerá traeremos traeréis traerán	traería traerías traería traeríamos traeríais traerían	traiga traigas traiga traigamos traigáis traigan	trajera trajeras trajera trajéramos trajerais trajeran	trae tú, no traigas traiga Ud. traigamos traigan
venir viniendo venido	vengo vienes viene venimos venís vienen	venía venías venía veníamos veníais venían	vine viniste vino vinimos vinisteis vinieron	vendré vendrás vendrá vendremos vendréis vendrán	vendría vendrías vendría vendríamos vendríais vendrían	venga vengas venga vengamos vengáis vengan	viniera vinieras viniera viniéramos vinierais vinieran	ven tú, no vengas venga Ud. vengamos vengan
ver viendo visto	veo ves ve vemos veis ven	veía veías veía veíamos veíais veían	vi viste vio vimos visteis vieron	veré verás verá veremos veréis verán	vería verías vería veríamos veríais verían	vea veas vea veamos veáis vean	viera vieras viera viéramos vierais vieran	ve tú, no veas vea Ud. veamos vean

D. Stem-changing Verbs

INFINITIVE PRESENT PARTICIPLE PAST PARTICIPLE	INDICATIVE					SUBJUNCTIVE		IMPERATIVE
	PRESENT	IMPERFECT	PRETERITE	FUTURE	CONDITIONAL	PRESENT	IMPERFECT	
pensar (ie) pensando pensado	pienso piensas piensa pensamos pensáis piensan	pensaba pensabas pensaba pensábamos pensabais pensaban	pensé pensaste pensó pensamos pensasteis pensaron	pensaré pensarás pensará pensaremos pensaréis pensarán	pensaría pensarías pensaría pensaríamos pensaríais pensarían	piense pienses piense pensemos penséis piensen	pensara pensaras pensara pensáramos pensarais pensaran	piensa tú, no pienses piense Ud. pensemos piensen
volver (ue) volviendo vuelto	vuelvo vuelves vuelve volvemos volvéis vuelven	volvía volvías volvía volvíamos volvíais volvían	volví volviste volvió volvimos volvisteis volvieron	volveré volverás volverá volveremos volveréis volverán	volvería volverías volvería volveríamos volveríais volverían	vuelva vuelvas vuelva volvamos volváis vuelvan	volviera volvieras volviera volviéramos volvierais volvieran	vuelve tú, no vuelvas vuelva Ud. volvamos vuelvan

D. Stem-changing Verbs (continued)

INFINITIVE PRESENT PARTICIPLE PAST PARTICIPLE	INDICATIVE					SUBJUNCTIVE		IMPERATIVE
	PRESENT	IMPERFECT	PRETERITE	FUTURE	CONDITIONAL	PRESENT	IMPERFECT	
dormir (ue, u) durmiendo dormido	duermo	dormía	dormí	dormiré	dormiría	duerma	durmiera	duerme tú,
	duermes	dormías	dormiste	dormirás	dormirías	duermas	durmieras	no duermas
	duerme	dormía	durmió	dormirá	dormiría	duerma	durmiera	duerma Ud.
	dormimos	dormíamos	dormimos	dormiremos	dormiríamos	durmamos	durmiéramos	durmamos
	dormís	dormíais	dormisteis	dormiréis	dormiríais	durmáis	durmierais	duerman
	duermen	dormían	durmieron	dormirán	dormirían	duerman	durmieran	
sentir (ie, i) sintiendo sentido	siento	sentía	sentí	sentiré	sentiría	sienta	sintiera	siente tú,
	sientes	sentías	sentiste	sentirás	sentirías	sientas	sintieras	no sientas
	siente	sentía	sintió	sentirá	sentiría	sienta	sintiera	sienta Ud.
	sentimos	sentíamos	sentimos	sentiremos	sentiríamos	sintamos	sintiéramos	sintamos
	sentís	sentíais	sentisteis	sentiréis	sentiríais	sintáis	sintierais	sientan
	sienten	sentían	sintieron	sentirán	sentirían	sientan	sintieran	
pedir (i, i) pidiendo pedido	pido	pedía	pedí	pediré	pediría	pida	pidiera	pide tú,
	pides	pedías	pediste	pedirás	pedirías	pidas	pidieras	no pidas
	pide	pedía	pidió	pedirá	pediría	pida	pidiera	pida Ud.
	pedimos	pedíamos	pedimos	pediremos	pediríamos	pidamos	pidiéramos	pidamos
	pedís	pedíais	pedisteis	pediréis	pediríais	pidáis	pidierais	pidan
	piden	pedían	pidieron	pedirán	pedirían	pidan	pidieran	
reír (i, i) riendo reído	río	reía	reí	reiré	reiría	ría	riera	ríe tú,
	ríes	reías	reíste	reirás	reirías	rías	rieras	no rías
	ríe	reía	rió	reirá	reiría	ría	riera	ría Ud.
	reímos	reíamos	reímos	reiremos	reiríamos	riamos	riéramos	riamos
	reís	reíais	reísteis	reiréis	reiríais	riáis	rierais	rían
	ríen	reían	rieron	reirán	reirían	rían	rieran	
seguir (i, i) siguiendo seguido	sigo	seguía	seguí	seguiré	seguiría	siga	siguiera	sigue tú,
	sigues	seguías	seguiste	seguirás	seguirías	sigas	siguieras	no sigas
	sigue	seguía	siguió	seguirá	seguiría	siga	siguiera	siga Ud.
	seguimos	seguíamos	seguimos	seguiremos	seguiríamos	sigamos	siguiéramos	sigamos
	seguís	seguíais	seguisteis	seguiréis	seguiríais	sigáis	siguierais	sigan
	siguen	seguían	siguieron	seguirán	seguirían	sigan	siguieran	

VOCABULARIES

The **Spanish-English Vocabulary** contains all the words that appear in the text, with the following exceptions: (1) most identical cognates that do not appear in the chapter vocabulary lists; (2) verb forms; (3) diminutives in **-ito/a;** (4) absolute superlatives in **-ísimo/a;** and (5) most adverbs in **-mente.** Active vocabulary is indicated by the number of the chapter in which it is first listed (PP = **Pasos preliminares**); vocabulary that is glossed in the text is not considered to be active vocabulary and is not numbered. Only meanings that are used in this text are given. The **English-Spanish Vocabulary** includes all words and expressions in the chapter vocabulary lists and all vocabulary necessary to do the translation exercises in the text and in the **Workbook** that accompanies the text.

The gender of nouns is indicated, except for masculine nouns ending in **-o** and feminine nouns ending in **-a.** Stem changes and spelling changes are indicated for verbs: **dormir (ue, u); llegar (gu).**

Words beginning with **ch, ll,** and **ñ** are found under separate headings, following the letters **c, l,** and **n,** respectively. Similarly, words containing **ch, ll,** and **ñ** are placed alphabetically after words containing **c, l,** and **n.** For example, **coche** follows **cóctel, calle** follows **calor,** and **añadir** follows **anuncio.**

The following abbreviations are used:

adj.	adjective	*inf.*	infinitive	*p.p.*	past participle
adv.	adverb	*inv.*	invariable in form	*pl.*	plural
approx.	approximately			*poss.*	possessive
coll.	colloquial	*interj.*	interjection	*prep.*	preposition
conj.	conjunction	*irreg.*	irregular	*pret.*	preterite
d.o.	direct object	*L. A.*	Latin America	*pron.*	pronoun
f.	feminine	*lit.*	literally	*refl. pron.*	reflexive pronoun
fam.	familiar	*m.*	masculine	*s.*	singular
form.	formal	*Mex.*	Mexico	*Sp.*	Spain
gram.	grammatical term	*n.*	noun	*sub. pron.*	subject pronoun
i.o.	indirect object	*obj. of prep.*	object of a preposition	*v.*	verb

Spanish-English Vocabulary

a *prep.* to (PP); at (*with time*) (PP)
abajo below
abandonar to abandon
abierto/a *p.p.* open(ed) (7)
abogado/a lawyer (22)
aborto abortion
abrigo coat (6)
abril *m.* April (PP)
abrir to open (5)
absoluto/a absolute
abuelo/a grandfather/grandmother (3)

abuelos *m. pl.* grandparents (3)
abundancia abundance
aburrido/a: estar aburrido/a to be bored (7); **ser aburrido/a** to be boring (7)
acá here
acabar to finish (16); **acabar de +** *inf.* to have just (*done something*) (lo); **acabarse** to run out of (16)
académico/a academic
acaso: por si acaso just in case (18)
accidente *m.* accident
acción *f.* action
aceite *m.* oil (13)
acelerado/a accelerated (26)

acelerar to accelerate, speed up
aceptado/a accepted
aceptar to accept
acompañar to accompany, to go with
acondicionador *m.* air conditioner
aconsejar to advise
acontecimiento event (18)
acordarse (ue) (de) to remember (19)
acordeón *m.* accordion
acostar (ue) to put to bed (16); **acostarse** to go to bed (16)
acostumbrarse (a) to get used, accustomed (to) (29)
actividad *f.* activity

activo/a active
actor *m.* actor
actriz *f. (pl.* **actrices)** ...ress
actual current, presen ay, up-to-date (27)
actualmente *adv.* at present
acuerdo agreement; **de acuerdo** agreed; **estar de acuerdo (con)** to be in agreement (with) (6); **ponerse de acuerdo** to reach an agreement
acusón, acusona tattle tale
adaptación *f.* adaptation
adaptarse to adapt oneself to; get used to
adecuado/a adequate
además besides, in addition (14)
adiós good-bye (PP)
adivinar to guess
adjetivo adjective
adobe *m.* adobe
¿adónde? where (to)? (6)
adoptar to adopt
aduana *s.* customs (24)
adverbio *adverb*
aéreo/a *adj.* air, of or pertaining to air travel
aerolínea airline (11)
aeropuerto airport (11)
afectar to affect
afectuoso/a affectionate
afeitar to shave (16); **afeitarse** to shave oneself (16)
afirmativo/a affirmative
africano/a African
afuera outside
afueras: en las afueras in/on the outskirts
agencia agency (12); **agencia de empleos** employment agency
agente *m.* agent; **agente de viajes** travel agent (12)
agitado/a agitated, irritated; stormy
agosto August (PP)
agradable agreeable, pleasant
agrario/a agrarian
agrícola *inv.* agricultural
agua *f. (but* **el agua)** water (10)
aguacate *m.* avocado
aguafiestas *m.,f. s.* wet blanket
aguar (gü) to spoil (*a party*)
agustino/a Augustinian
ahí there
ahijado/a godchild; godson/goddaughter
ahora now (3); **ahora mismo** right now (9); **ahora bien** now then, well now
ahorrar to save (money) (12)
ahorros: cuenta de ahorros savings account
aire *m.* air; **aire acondicionado** air conditioning
aire acondicionador *m.* air conditioner (15)
ajedrez *m.* chess
ají *m.* chili pepper
al (*contraction of* **a** + **el**) to the; **al** + *inf.* upon, while, when + *verb form*

Alá Allah
albóndiga meatball
alcanzar (c) to get up to; to reach
alcoba bedroom (23)
alcohólico/a alcoholic
alegrarse (de) to be happy (about) (16)
alegre happy (4)
alemán, alemana German; **alemán** *m.* German (*language*) (2)
Alemania Germany
alergia allergy
alerta *inv.* alert
alfabeto alphabet
alfombra rug (23)
álgebra *f. (but* **el álgebra)** algebra
algo something, anything (9)
alguien someone, anyone (9)
algún alguno/a/os/as some, any (9)
allá there
allí there (5)
almacén *m.* department store (5)
almorzar (ue) (c) to have lunch (8)
aló hello (*answering telephone*)
alojamiento lodging
alquilar to rent (12)
alquiler *m.* rent (23)
alrededor de *prep.* around
alternativa alternative
alto/a tall (4); **en voz alta** aloud, out loud; **más alto** louder; **alto** *n.* stop, pause
altura height
aluminio aluminum
ama de casa *f. (but* **el ama)** housekeeper
amable kind, nice (4)
amar to love
amarillo/a yellow (6)
ambición *f.* ambition
ambiente environment, atmosphere; **medio ambiente** environment (28)
ambos/as both
ambulancia ambulance
americanizado/a *p.p.* Americanized
americano/a American
amigo/a friend (1)
amistad *f.* friendship (7)
amor *m.* love (7)
ampliar to broaden, round out
amplio/a large, ample, spacious
amueblar to furnish
analista *m.,f.* analyst
anaranjado/a *adj.* orange (6)
ancho/a wide
andar to run, function (*with machines*)
andén *m.* (train) platform, track (24)
ángel *m.* angel
anillo ring (*jewelry*) (16)
animal *m.* animal
aniversario anniversary
anoche last night (15)
anteayer the day before yesterday (15)
anteojos *m. pl.* spectacles, eyeglasses (16)
antes *adv.* sooner, before; **antes de** *prep.* before (7); **antes (de) que**

conj. before (7) (23); **antes que nada** first of all, before anything (else)
antibiótico antibiotic (20)
anticipación *f.* anticipation; **con (_____ días de) anticipación** (_____ days) in advance (25)
anticuado/a old-fashioned, outdated
antigüedades *f. pl.* antiques
antiguo/a old
antipático/a unpleasant (4)
antojitos *m. pl.* appetizers (*Mex.*) (10)
antónimo antonym
antropología anthropology
anunciar to announce
anuncio ad; announcement
añadir to add
año year (PP); **tener _____ años** to be _____ years old (PP); **(Día del) Año Nuevo** New Year's (Day); **el año que viene** next year
añorar to long for, to miss (29)
apagar (gu) to turn off (19)
aparato apparatus, appliance
aparecer (zc) to appear
apartamento apartment; **casa de apartamentos** apartment house
apellido surname, family name, last name (21)
apenas scarcely
apendicitis *f. s.* appendicitis
apetecer (zc): apetecerle a uno to feel like (eating); to crave
apetito appetite
apodo nickname
apogeo height (*of fame, power, and so on*)
apoyar to support
apreciar to appreciate, esteem, value
aprender to learn (5)
aprobar (ue) to pass
apropiado/a appropriate
aproximadamente approximately
aquel, aquella *adj.* that (over there); **aquél, aquélla** *pron.* that one (over there)
aquello that, that thing, that fact
aquellos/as *adj.* those (over there); **aquéllos/as** *pron.* those (over there)
aquí here (2); **aquí mismo** right here; **por aquí** around here
árabe *m.* Arab; Arabic (*language*)
aragonés, aragonesa Aragonese
araña spider
árbol *m.* tree
área plot of land; area
arena sand
argentino/a Argentine, Argentinian
armada *n.* fleet, squadron
armado/a armed
arquitectura architecture
arrancar (qu) to start (*with cars*) (13)
arreglar to fix, repair (13); to arrange
arrogante arrogant, overbearing
arrollar to roll
arroz *m.* rice (29)
arte *m., f.* art
artículo article; **artículo definido**

definite article; **artículo indefinido** indefinite article
artista *m., f.* artist
artístico/a artistic
asado/a roasted (10)
asar to roast
ascensor *m.* elevator (23)
asequible available
asesinato murder, assassination (18)
así so, thus, that way; **así que** so . . .
así así so-so (PP)
asiento seat (11)
asistir (a) to attend, to go (to) (*a class, social function, and so on*) (5)
asno donkey
asociación *f.* association
asociar to associate
aspecto aspect
aspiradora sweeper (15)
aspirante *m., f.* candidate (*for a job*), applicant (21)
aspirina aspirin (19)
astrólogo/a astrologer
astronauta *m., f.* astronaut
astronomía *f.* astronomy
asunto matter
ataque *m.* attack
atención *f.* attention
atender (ie) to take care of
aterrizar (c) to land (24)
Atlántico Atlantic
atleta *m., f.* athlete
atómico/a atomic
atrasado/a late; slow, backward
aumentar to increase (27)
aumento raise, increase (22)
aun even; **aun más** even more
aún still, yet
aunque although (24)
auténtico/a authentic
autobús *m.s.* bus (24)
automático/a automatic
automóvil *m.* car, automobile (14)
autopista freeway (26)
autor(a) author, writer
autostop: hacer autostop to hitchhike
avance *m.* advance
avenida avenue
aventura adventure
avergonzado/a embarrassed (17)
avión *m.* plane (11)
avisar to advise, warn
axial axial, pertaining to an axis
¡ay! *interj.* alas!
ayer yesterday (15)
ayudar to help (10)
azafata female flight attendant (11)
azteca *m., f.* Aztec
azúcar *m.* sugar (7)
azul blue (6)

bachiller *m.* title given to one who has completed the **bachillerato**
bachillerato course of studies equivalent to high school/junior college

bailar to dance (2)
baile *m.* dance
bajar (de) to get down (from), to get off (of) (11)
bajo/a short (*in height*) (4); low; **clase baja** lower class; **bajo** *prep.* under
banco bank (27)
bañar to bathe (16) **bañarse** to take a bath (16)
baño bath; bathroom; restroom (23); **cuarto de baño** bathroom
bar *m.* bar
barato/a inexpensive, cheap (5)
barbería barber shop
barbero barber
barco ship, boat (12)
barman *m.* bartender
barra, bar, railing
barrio neighborhood
basado/a based
base: a base de based on
básquetbol *m.* basketball
bastante rather, quite, enough, sufficient, a lot
basura garbage (15); **sacar la basura** to take out the garbage
batalla battle
batería battery (13)
batido milk shake (30)
bautismo baptism
bautizar (c) to baptize
bautizo baptism
bebé *m.* baby
beber to drink (5)
bebida *n.* drink (3)
beca scholarship
béisbol *m.* baseball
beisbolista *m., f.* baseball player
Bélgica Belgium
bello/a beautiful (26)
biblioteca library (1)
bicicleta bicycle
bien *adv.* well (PP); **muy bien** very well, fine (PP); **está bien** it's okay, fine (7); **ahora bien** now then, well now; **bien** + *adj.* very + *adj.*; **¡qué bien!** great!
bienes *m. pl.* possessions, property (29)
bienvenido/a welcome
bilingüe bilingual (29)
billete *m.* ticket; **billete de ida** one-way ticket (24); **billete de ida y vuelta** round-trip ticket
biología biology
biológico/a biological
bistec *m.* steak (9)
blanco/a white (6)
blando/a bland, mild, soft
bloque *m.* block
blusa blouse (6)
boca mouth (20); entrance (*to subway*)
boda wedding (7)
boleto ticket (11)
bolígrafo (ballpoint) pen (1)
bolillo roll (10)
boliviano/a Bolivian
bolsa purse (6); bag

bomba bomb
bonito/a pretty (4)
bordo: a bordo on board
borinqueño/a *n.* a native of Puerto Rico
bota boot (6)
botar to throw out
botella bottle
botones *m. s.* bellhop (25)
boxeo boxing
brazo arm (19)
breve short (*in length*)
brillante bright, brilliant
brindar to toast (*with drink*) (17)
buen, bueno/a good (4); **buenos días** good morning (PP); **buenas tardes** good afternoon/evening (PP); **buenas noches** good evening/night (PP); **muy buenas** good afternoon/evening; **bueno** *adv.* well, okay
burocracia bureaucracy
burro donkey
busca: en busca de in search of
buscar (qu) to look for (2)

caballo horse (26)
cabeza head (19)
cabo: llevar a cabo to carry out; **al fin y al cabo** finally, in the end
cacto cactus
cada *inv.* each, every
caer (*irreg.*) to fall (16); **caer bien/mal** to make a good/bad impression (21); **caerse** to fall down (19)
café *m.* coffee; café (9)
cafetera coffeepot (15)
cafetería cafeteria, café
cajero/a cashier (27)
cajón *m.* drawer
calcetines *m. pl.* socks (6)
calculador(a) *m., f.* calculator, calculating machine
cálculo calculus
calefacción *f.* heating
calendario calendar
calentar (ie) to heat, warm
calidad *f.* quality
caliente hot
calma *n.* calm
calmado/a quiet, calm
calmante *m.* sedative
calor *m.* heat (PP); **tener calor** to be (feel) warm (hot) (PP); **hace calor** it's hot (*weather*) (PP)
calle *f.* street (8)
cama bed (15); **hacer la cama** to make the bed
cámara camera (24)
camarero/a waiter/waitress (9); **camarero** male flight attendant (11); **camarera** (hotel) maid
camarón *m.* shrimp, prawn (10)
cambiar (de) to change (13)(22); **cambiar de lugar** to move (*something*) (19)
cambio change (30); (rate of)

exchange (*currency*); **en cambio** on the other hand; **cambio de paso** change of pace; **transmisión de cambios** manual shift
caminar to walk (18)
camino street, road (13)
camión *m.* truck
camisa shirt; **camisa sport** sports shirt (6)
camiseta T-shirt
campaña campaign
campesino/a farm worker (26); *adj.* country
camping: hacer camping to go camping
campo *n.* country (12); field
cana gray hair, white hair
Canadá *m.* Canada
canal *m.* channel, canal (18)
cancelar to cancel
canción *f.* song (9)
candidato/a candidate (18)
canoa canoe
cañón *m.* canyon; **el Gran Cañón** the Grand Canyon
cansado/a tired (7)
cansarse to get tired
cantar to sing (2)
cántaros: llover a cántaros to rain cats and dogs
cantidad *f.* quantity, amount
capital *f.* capital (city)
capitalista *m., f.* capitalist
capitán *m.* pilot, captain
capítulo chapter
cara face
característica characteristic
caracterizar (c) to characterize
cargar (gu) to charge (*to an account*) (27); to load
cariño affection
cariñoso/a affectionate (7)
carne *f.* meat (9)
caro/a expensive (5)
carretera highway (13)
carro car (*L.A.*)
carta letter (5)
cartera wallet (6)
casa house (3); **regresar a casa** to return home; **(estar) en casa** (to be) (at) home (6); **casa de apartamentos** apartment house (23)
casado/a married (4)
casarse to get married (16)
casero/a family-style, home-style
casi almost (18)
caso case; **en caso de que** in case (23)
castellano/a Castilian
Castilla Castile, a province of Spain
catalán *m.* Catalan (*language spoken in the Spanish region of Catalonia*)
catedral *f.* cathedral
católico/a Catholic
catorce fourteen (PP)
causa cause
cebra zebra
celebración *f.* celebration

celebrar to celebrate
cena supper, evening meal (9)
cenar to have/eat supper, dinner (9)
censo census
centavo cent
centro center; downtown (23)
centroamericano/a Central American
cerca *adv.* near, close by; **cerca de** *prep.* near, close to (7)
cero zero (PP)
cerrado/a closed (7)
cerrar (ie) to close (8)
cerveza beer (2)
ciclismo cycling
cien, ciento one hundred (PP); **por ciento** percent (27)
ciencia science (2); **ciencias políticas** *f. pl.* political science
cierto/a certain; true (14)
cigarrillo cigarette
cigüeña stork
cinco five (PP)
cincuenta fifty (PP)
cine *m.* movie theater, movies (6)
cinturón *m.* belt; **cinturón de seguridad** seat belt
circunstancia circumstance; incident
cita date (7); appointment (7)
citar to quote, cite
ciudad *f.* city (4)
ciudadano/a citizen (21)
ciudadela citadel
civilización *f.* civilization
clarinete *m.* clarinet
claro/a clear; **está claro** it's clear, obvious; **claro** of course
clase *f.* class (1); **primera clase** first class (12); **clase turística** tourist class (12)
clásico/a classic
cliente *m., f.* client (1)
clima *m.* climate
clínica clinic
club *m.* club
cobrar to cash (*a check*); to charge (*someone for an item or service*) (27)
cobre *m.* copper
cocina kitchen (23)
cocinar to cook (15)
coco bogeyman
cóctel *m.* cocktail party; cocktail (*drink*)
coche *m.* car (3)
cochino pig
cognado cognate
cola tail; line **hacer cola** to stand in line
colaboración *f.* collaboration, help
colección *f.* collection
coleccionar to collect
colectivo *n.* shared taxi
colegial *m., f.* student at a **colegio**; *adj.* of or pertaining to a **colegio**
colegio elementary or secondary school (21); **colegio mayor** dormitory
colocar (qu) to place
colombiano/a Colombian

color *m.* color (6)
columna column
combatir to fight
comedor *m.* dining room (23)
comentar to comment (on)
comentario commentary
comer to eat (5)
comercial commercial
comerciante *m., f.* merchant (22)
comerciar to trade
comestibles *m. pl.* food
cometer to commit
cómico/a comic, funny, amusing
comida food (3); midday meal (10)
comisión *f.* comission
¿cómo? how? (4); how's that again?; **¿cómo es _____?** What is _____ like? (4); **¿cómo está(s)?** how are you? (PP); **¿cómo se dice?** how do you say?; **¿cómo se llama Ud.?, ¿cómo te llamas?** what is your name? (PP); **¿cómo que...?** what do you mean . . . ? **¡cómo no!** of course!
como as a; like; since; **como si** as if (30); **como si nada** as if nothing were wrong
cómoda bureau, chest of drawers (25)
comodidad *f.* comfort (25)
cómodo/a comfortable (23)
compadrazgo relationship between parents and godparents
compañero/a companion, friend; **compañero/a de cuarto** roommate (10)
compañía company (22)
comparación *f.* comparison
comparar to compare
compartir to divide into equal parts; to share (25)
competente competent
complemento object (*gram.*); **complemento directo** direct object; **complemento indirecto** indirect object
completar to complete
completo/a *adj.* complete
complicado/a complicated
componer (*like* **poner**) to compose
comportamiento behavior
composición *f.* composition
compra *n.* purchase (14); **de compras** shopping (5)
comprar to buy (2)
comprender to understand (5)
comprensión *f.* understanding
compromiso commitment, engagement
común common, usual, ordinary
comunicación *f.* communication
comunicar(se) to communicate (18)
comunista *m., f.* communist
con *prep.* with (1); **con tal que** *conj.* provided that (23)
conceder to give, bestow, grant
concentrarse to concentrate
concepto idea, concept
conciencia consciousness, awareness

concierto concert
condición *f.* condition
condicional conditional
condimentado/a seasoned
conductor(a) driver
conectar to connect
confirmado/a confirmed
confirmar to confirm (25)
conflicto conflict
confrontación *f.* confrontation
confrontar to confront
confundido/a confused
congelador *m.* refrigerator, freezer (15)
congelar to freeze
congestionado/a congested (20)
conjugar (gu) to conjugate
conjunción *f.* conjunction
conmemorar to commemorate
conmigo with me
conocer (zc) to know, be acquainted with (10)
conocido/a known, well-known
conquista conquest
conquistador(a) conqueror
conseguir (i, i)(ga) to get, obtain (21)
consejero/a counselor (1)
consejo advice (6)
conservador(a) conservative
conservar to conserve, save (28)
considerar to consider, think
consigna baggage check
consistir (en) to consist (of)
constante firm, persevering, loyal, constant
constipado/a chilled, suffering from cold
constitución *f.* constitution
construcción *f.* construction
construido/a *p.p.* constructed, built
construir (y) to construct (28)
consultar to consult
consultorio (doctor's) office (20)
consumo consumption, use (*of a product*)
contacto contact
contado: al contado cash (27)
contaminación *f.* pollution (PP)
contaminado/a contaminated, polluted
contaminar to pollute (28)
contar (ue) to count (30); to tell (about)
contener (*like* **tener**) to contain, hold (13)
contento/a happy (7)
contestar to answer (8)
contexto context
contigo with you
continente *m.* continent
continuar to continue
contracción *f.* contraction (*gram.*)
contraer (*like* **traer**) to contract; **contraer matrimonio** to marry, get married
contrario: al contrario on the contrary; **de lo contrario** if that were not the case

contraste *m.* contrast
contrato contract (14)
contribución *f.* contribution
contribuir (y) to contribute
controversista *inv.* controversial
convencional conventional
conversación *f.* conversation
conversar to converse
cooperativa *n.* cooperative (*organization*)
copa (alcoholic) drink (30)
coral *m.* coral
corazón *m.* heart (20)
corbata tie (clothing)
coro choir, chorus
corona crown
corporación *f.* corporation
corral *m.* corral
correcto/a correct, right
corredor(a) broker, agent, salesperson; **corredor(a) de casas** real estate agent
correo mail; post office (30); **oficina de correos** post office
correr to run (8)
corresponder to correspond
corriente *f.* (electrical) current; **cuenta corriente** checking account
corrupto/a corrupt
corte *f.* (royal) court
cortés courteous
cortesía courtesy, politeness
corto/a short (*in length*) (4)
cosa thing (1)
cosmopolita *inv.* cosmopolitan
costa coast
costar (ue) to cost (12)
costo *n.* cost
costumbre *f.* custom (29)
crear to create
creativo/a creative
crecer (zc) to grow
crecimiento growth
crédito: tarjeta de crédito credit card
creer (y) (en) to think, believe (in) (5)
criado/a servant (15)
criminal *m.* criminal
crisis *f. s.* crisis
cristal *m.* crystal
criticar (qu) to criticize
crudo/a raw, uncooked
cruel cruel, hardhearted
cruzar (c) to cross (24)
cuaderno notebook (1)
cuadro painting
¿cuál? what? which? (6); **¿cuál(es)?** which one(s)?
cualidad *f.* quality
cualquier any
cuando when; **de vez en cuando** from time to time
¿cuándo? when? (7)
cuanto how much; **en cuanto** *conj.* as soon as (24); **en cuanto a** *prep.* with regard to, regarding
¿cuánto/a? how much? (7)
¿cuántos/as? how many? (7)

cuarenta forty (PP)
cuarto/a *adj.* fourth (21); **cuarto** *n.* room (23); **cuarto de baño** bathroom; **(las dos) y cuarto** (two) fifteen, quarter after (two) (*with time*) (PP); **(las dos) menos cuarto** a quarter till (two) (PP)
cuatro four (PP)
cuatrocientos/as four hundred (PP)
cubano/a Cuban (29)
cubierto/a *p.p.* covered (25)
cubrir to cover (25)
cuenta check, bill (9); account (27); **cuenta corriente** checking account (27); **cuenta de ahorros** savings account (27); **más de la cuenta** more than one should have; **darse cuenta de** to realize
cuero leather
cuerpo body (19)
cuestión *f.* question, matter
cuidado care; **con cuidado** carefully; **¡cuidado!** careful!, be careful!; **tener cuidado** to be careful
cuidarse to take care of oneself (20)
culebra snake
cultivar to cultivate, grow
cultura culture (29)
cumpleaños *m. s.* birthday (6)
cura *m.* priest
curioso/a curious
curso course (*of study*), class (2)
cuyo/a *poss.* whose

CH

champán *m.* champagne
champú *m.* shampoo (30)
chaqueta jacket (6)
cheque *m.* check (22); **cheque de viajero** traveler's check (25); **con cheque** by check (27)
chicano/a Chicano/a (29)
chico/a *n.* child; boy/girl (8)
chicos *m. pl.* children
chileno/a Chilean
chimpancé *m.* chimpanzee
chino/a Chinese; **chino** *m.* Chinese (*language*)
chiste *m.* joke
chocolate *m.* chocolate
choque *m.* accident

D

daño harm; **hacerse daño** to hurt oneself
dar (*irreg.*) to give (6); **dar a luz** to give birth; **darse cuenta (de)** to realize; **darse la mano** to shake hands (16)
de *prep.* of (PP); from (3); **de joven (niño/a)** as a youth (child) (19)
debajo *adv.* underneath, below; **debajo de** *prep.* under, below

deber to owe, must ought; **deber +** *inf.* should, must, ought to (do something) (5)

débil weak; **puntos débiles** weak points

decadencia decadence

decente decent

decidir to decide (15)

décimo/a *adj.* tenth (21)

decir (*irreg.*) to say, tell (9); **es decir** that is to say

decisión *f.* decision

declaración *f.* declaration

declarar to declare (24)

decoración *f.* (interior) decoration, decor

decorar to decorate

dedicarse (qu) to dedicate oneself

dedo finger

definición *f.* definition

definido/a definite; **artículo definido** definite article

dejar to leave (behind) (19); to quit (21); **dejar caer** to drop; **dejar de + *inf.*** to stop (doing something) (27); **no deje(s) de + *inf.*** don't forget to (do something)

del (*contraction of* **de + el**) of/from the

delante de *prep.* in front of (7)

delicioso/a delicious

delito crime (26)

demasiado *adv.* too, too much (12)

democracia democracy

demócrata *m., f.* Democrat

democrático/a democratic

demógrafo demographer

demonio demon, devil

demora *n.* delay (11)

demostrativo/a demonstrative; **adjetivo demostrativo** demonstrative adjective; **pronombre demostrativo** demonstrative pronoun

denso/a dense (26)

dental: pasta dental toothpaste

dentista *m., f.* dentist

dentro de *prep.* inside

departamento department

depender (de) to depend (on)

dependiente/a clerk

deporte *m.* sport (8)

deportista *m., f.* sportsman/ woman (8)

deportivo/a *adj.* sporting, sports

depositar to deposit (27)

depósito deposit

derecha: a la derecha (de) to the right (of) (*direction*) (7); **salir a derechas** to turn out right

derecho *n.* right; law; **derechos** *m. pl.* customs duty (24); **derecho** *adv.* (straight) ahead; **todo derecho** straight ahead

derrocar (qu) to overthrow

derrota *n.* defeat

desagradable disagreeable

desaparecer (zc) to disappear

desarrollar to develop (28)

desarrollo development (28)

desastre *m.* disaster

desayunar to eat breakfast

desayuno *n.* breakfast (10)

descansado/a rested

descansar to rest (6)

descendencia *f. s.* descendants, offspring

descendiente *m., f.* descendant (*individual*)

descontento/a unhappy

descortés discourteous (17)

describir to describe (14)

descripción *f.* description

descrito/a *p.p.* described (25)

descubierto/a *p.p.* discovered (25)

descubrimiento discovery

descubrir to discover (25)

descuento discount

desde *prep.* from; **desde que** *conj.* since

deseable desirable

desear to want (2)

desempleo unemployment

deseo desire, wish

desgracia disgrace, misfortune

desgraciadamente unfortunately

deshonesto/a dishonest

desierto/a deserted

desigualdad *f.* inequality (28)

desinflado/a: llanta desinflada flat tire

desleal disloyal, unloyal

desocupado/a unoccupied, vacant, free (25)

despedir (i, i) to fire, dismiss (22); **despedirse (de)** to say good-bye (19)

despegar (gu) to take off (*with planes*) (12)

despertador *m.* alarm clock (19)

despertar (ie) to wake (*someone up*) (16); **despertarse** to awaken, wake up (16)

después de *prep.* after (7); **después (de) que** *conj.* after (24)

destinación *f.* destination

destino destination; destiny

destruido/a destroyed

destruir (y) to destroy (28)

desventaja disadvantage (22)

detalle *m.* detail

detective *m.* detective

determinado/a determined; specific

detrás de *prep.* behind (7)

devolver (ue) (*like* **volver**) to return, refund, give back

día *m.* day (1); **buenos días** good morning (PP); **hoy día** nowadays; **todos los días** every day

diagnosticar (qu) to diagnose

diagnóstico diagnosis

dialecto dialect

diálogo dialog

diamante *m.* diamond

diario/a daily

dibujo cartoon; sketch, drawing

diccionario dictionary (1)

diciembre *m.* December (PP)

dictador *m.* dictator (18)

dicho/a *p.p.* said (25)

diecinueve nineteen (PP)

dieciocho eighteen (PP)

dieciséis sixteen (PP)

diecisiete seventeen (PP)

dieta diet; **a dieta** on a diet

diez ten (PP)

diferencia difference

diferente different

difícil difficult, hard (4)

dificultad *f.* difficulty

diga hello (*answering telephone*)

digestión *f.* digestion

dignidad *f.* dignity

diligente diligent; industrious

diminutivo diminutive

dinero money (1)

Dios *m. s.* God; **por Dios** for heaven's sake

diplomático/a diplomatic

diptongo diphthong

dirección *f.* address (21); director's office; direction, guidance

directo/a direct

director(a) manager, director (22)

dirigir (j) to direct

disco record (*musical*); **frenos de disco** disc brakes

discoteca disco(theque)

discreto/a discreet

discurso speech (*to a group*)

discusión *f.* discussion

disfraz *m.* (*pl.* **disfraces**) costume; **baile de disfraces** costume party

dispuesto/a (a) disposed, willing (to)

disputa dispute

disputar to dispute

distancia distance

distinto/a different

distraído/a distracted, absent-minded (19)

divertido/a amusing, funny, pleasant (11)

divertir (ie, i) to amuse, entertain (16); **divertirse** to have a good time, enjoy oneself (16)

divorciarse to get divorced

divorcio *n.* divorce (7)

doblar to turn (13)

doble double

doce twelve (PP)

docena dozen

doctor(a) doctor

documentar to document

dólar *m.* dollar

doler (ue) to hurt (19)

dolor *m.* pain; **tener dolor de** to have a pain in (20)

doméstico/a domestic (15)

domingo Sunday (PP)

dominio dominion, domain

don *title of respect used with a man's first name*

donde where

¿dónde? where? (3); **¿de dónde son?** where are they from? (3); **¿de dónde?** from where? (3); **¿adónde?** where (to)?

doña *title of respect used with a woman's first name*
dormir (ue, u) to sleep (8); **dormirse** to fall asleep (16)
dos two
doscientos/as two hundred (PP)
drama *m.* drama, play
dramático/a dramatic
droga drug; medicine
ducha shower (25)
duda doubt; **no hay duda** there's no doubt (14)
dudar to doubt (13)
dueño/a owner (10); landlord/landlady (23)
dulce *m.* sweet; **pan dulce** sweet roll; **dulces** *pl.* candy, candies (5)
dulcería sweet shop (5)
duradero/a lasting, durable
durante *prep.* during; for (*a period of time*)
durar to last (28)
duro/a hard

E

e and (*used instead of* **y** *before words beginning with* **i** *or* **hi**)
economía economy
económico/a economical (13)
economizar (c) to economize (27)
ecuador *m.* equator
ecuatoriano/a Ecuadorian
edad *f.* age; **Edad Media** Middle Ages
edificio building (28)
educación *f.* education
educar (qu) to educate, to teach
efecto effect; **en efecto** in effect
efectuar to carry out
eficiencia efficiency
eficiente efficient
¿eh? *tag phrase with approximate English equivalent of* okay?
ejemplo: por ejemplo for example (18)
ejercicio exercise (5); **hacer ejercicio** to exercise, get exercise
el the (*m. definite article*)
él *sub. pron.* he; *obj. of prep.* him
elección *f.* election
electivo/a elective
electricidad *f.* electricity
eléctrico/a electric
elefante *m.* elephant
elegante elegant
eliminar to eliminate (28)
ella *sub. pron.* she; *obj. of prep.* her
ellos/as *sub. pron.* they; *obj. of prep.* them
embarazada *inv.* pregnant
embargo: sin embargo however, nevertheless
embarque *m.* embarkation, shipment (*of cargo, etc.*)
emigración *f.* emigration
emigrante *m., f.* emigrant

emigrar to emigrate (29)
emoción *f.* emotion
emperador *m.* emperor
empezar (ie) (c) to begin (8); **empezar a** + *inf.* to begin to (*do something*)
empleado/a employee (22)
emplear to use
empleo job, employment
emplumado/a plumed, feathered
empujar to push
en *prep.* in (PP); on (1); at (2)
enamorado/a in love; **Día de los Enamorados (de San Valentín)** Valentine's Day
enamorarse (de) to fall in love (with)
encabezar (c) to head
encantador(a) charming
encantar to enchant (26)
enchilada enchilada (*pancake of maize with chili*) (*Guatemala, Mexico*)
enciclopedia encyclopedia
encontrar (ue) to find (12)
energía energy (1)
enero January (PP)
enfermarse to get sick (20)
enfermedad *f.* illness (20)
enfermero/a nurse (16)
enfermo/a sick (7)
enfrentarse to face, confront
enfrente *adv.* in front, opposite
enlace *m.* link
enojarse to get angry (17)
enorme enormous
ensalada salad (9)
enseñar to teach (2)
entender (ie) to understand
enterarse (de) to find out (about) (18)
entero/a whole, entire (15)
enterrar (ie) to bury
entonación *f.* intonation
entonces then, in that case; **en aquel entonces** at that time
entrada entrée, main course (9); (movie/theater) ticket; entryway
entrar (en) to enter, go in (6)
entre *prep.* between, among (4)
entregar (gu) to hand in, over (24)
entremeses *m. pl.* appetizers (9)
entrevista interview (21)
entrevistador(a) interviewer (21)
entrevistar to interview
envuelto/a *p.p.* wrapped
episodio episode
época era, time (*period*) (19)
equipaje *m.* baggage, luggage (11)
equipo team (*in sporting events*) (8)
equivocarse (qu) to be wrong, make a mistake (19)
error *m.* error
escala: hacer escalas to have/make stopovers
escalera stepladder
escaleras *f. pl.* stairs, steps (23)
escapar to escape, get away (28)
escape *m.* escape

escena scene
esclusa lock, sluice (*of a canal*)
escoger (j) to choose, select
escondido/a hidden
escribir to write (5); **escribir a máquina** to type (21)
escrito/a *p.p.* written (25)
escritorio desk (23)
escuchar to listen (to) (7)
escuela school (19); **escuela primaria** elementary school; **escuela secundaria** high school
escultura sculpture, carved work
ese, esa *adj.* that; **ése, ésa** *pron.* that one
esencial essential
esforzarse (ue) (c) to make an effort
esfuerzo effort
eso that, that thing, that fact; **eso es** that's right; **por eso** therefore
esos/as *adj.* those; **ésos/as** *pron.* those (ones)
espacio space
espacioso/a spacious, roomy
España Spain
español(a) Spanish; **español** *m.* Spanish (*language*) (2)
especial special
especialización *f.* specialization, "major" (*field of study*)
especializarse (c) to major (*in an academic area*) (22)
especulativo/a speculative, thoughtful
espejo mirror
espera: sala de espera waiting room
esperanza hope (28)
esperar to wait (for), to expect (10); to hope (13)
espíritu *m.* spirit
espiritual spiritual
esposo/a husband/wife (3); **esposas** *f. pl.* handcuffs
esquí *m.* ski
esquiar to ski (8)
esquina corner (*of a street*) (13)
establecerse (zc) to establish oneself (29)
establecimiento establishment
estación *f.* season (PP); station; **estación de gasolina** gas station (13); **estación del metro** metro (subway) stop (30)
estacionamiento parking (lot)
estacionar(se) to park (13)
estadio stadium (8)
estado state (3)
Estados Unidos *m. pl.* United States (3)
estadounidense *m., f.* person from the United States (18)
estancia stay; ranch
estante *m.* bookcase (23)
estaño tin
estar (*irreg.*) to be (6); **está bien** it's okay (7); **está claro** it's clear, obvious (7); **estar atrasado/a** to be late (11)
estatua statue

este, esta *adj.* this; **éste, ésta** *pron.* this one; **esta noche** tonight; **en este momento** right now; **este** uh, um (*vocalized pause*)
estéreo stereo
estereotipado/a stereotyped
estereotípico/a stereotypic
estereotipo stereotype
estilo style
esto this, this thing, this matter
estómago stomach (20)
estos/as *adj.* these; **éstos/as** *pron.* these (*ones*)
estrella star
estructura structure
estructural structural
estudiante *m., f.* student (1)
estudiantil *adj.* of or pertaining to student(s)
estudiar to study (2)
estudio study (*room*); **estudios** studies, schoolwork
estudioso/a studious
estufa stove (15)
estupendo/a wonderful, marvelous
etcétera et cetera
étnico/a ethnic
Europa Europe
europeo/a European
evaluar to evaluate
evitar to avoid
exacto *adv.* exactly
examen *m.* exam (3)
examinar to examine (20)
excelente excellent
excepción *f.* exception
excursión *f.* excursion, trip (12)
exhibición *f.* exhibition
exhibir to exhibit
exiliado/a expatriate, person in exile (29)
exilio exile (29)
existir to exist
éxito success; **tener éxito** to be successful
exótico/a exotic
experiencia experience
experimentar to experience, to experiment
experto/a expert
explicación *f.* explanation
explicar (qu) to explain
exploración *f.* exploration
explotación *f.* exploitation
explotar to exploit
exportación *f.* export, exportation
exposición *f.* exposition, show
expresar to express
expresión *f.* expression
extender (ie) to extend
extendido/a extended
extenso/a extensive
extranjero/a *adj.* foreign; *n.* foreigner (1); **extranjero** *n.* abroad; **ir al extranjero** to go abroad (12); **viajar en el extranjero** to travel abroad
extrañar to miss (*the presence of someone or something*)

extraño/a strange (14)
extraordinario/a extraordinary
extraterrestre extraterrestial
extremo/a extreme; **extremo** *n.* extreme

fábrica factory
fácil easy (4)
facilidad *f.* ease; ability, facility (*for learning or doing something*)
factura bill, invoice (27)
facturar to check (*luggage*) (11)
facultad *f.* college, school (*of a university*); **Facultad de Filosofía y Letras** Liberal Arts School; **Facultad de Derecho** College of Law
fachada facade
falda skirt (6)
falso/a false
falta lack
faltar to be absent, missing, lacking (17)
familia family (3)
familiar *m.* relation, member of the family; *adj.* of or pertaining to the family
familiarizado/a familiar, familiarized
famoso/a famous
fantástico/a fantastic
farmacia drugstore, pharmacy (5)
fascinante fascinating
fascinar to fascinate; to enchant
fatal fatal, terrible, bad
favor *m.* favor; **por favor** please (PP); **favor de** + *inf.* please (*do something*)
favorito/a favorite
febrero February (PP)
fecha date (PP); **¿cuál es la fecha de hoy?** what is today's date? (PP); **con fecha de hoy** as of today
felicidad *f.* happiness; **felicidades** *f. pl.* congratulations
felicitaciones *f. pl.* congratulations
feliz (*pl.* **felices**) happy (17)
femenino/a feminine
fenomenal phenomenal
fenómeno phenomenon
feo/a ugly (4)
fiebre *f.* fever (20)
fiesta party (1)
figura figure
fijo/a fixed, permanent
filosofía philosophy
fin *m.* end (PP); **fin de semana** weekend (PP); **por fin** finally; **a fines de** at the end of (27); **al fin y al cabo** after all, in the end; **en fin** in short
final *n. m.* + *adj.* final; **al final** at the end
financiero/a financial (26)
finca farm (26)
firmar to sign (14)

física *f. s.* physics
flan *m.* custard
flauta flute
flor *f.* flower (9)
forma form, manner
formar to form
formulario questionnaire
fósforo match (30)
fósil *m.* fossil
foto(grafía) *f.* photo(graph)
fotográfico/a photographic
fracaso failure
fraile *m.* monk
francés, francesa French; **francés** *m.* French (*language*) (2)
Francia France
frase *f.* phrase; sentence
frecuencia frequency; **con frecuencia** frequently
frecuentemente frequently
frenos brakes (13); **frenos de disco** disc brakes
fresco/a fresh; **hace fresco** it's cool (*weather*) (PP)
frijoles *m. pl.* beans
frío/a *adj.* cold; **frío** *n.* cold(ness) (PP); **tener frío** to be (*feel*) cold (PP); **hace frío** it's cold (*weather*) (PP)
frito/a fried (10)
frontera border, frontier (24)
frustración *f.* frustration
fruta fruit (9)
fuego fire
fuerte strong; loud; **plato fuerte** main dish (10)
fuerza force
fumar to smoke (11); **sección de (no) fumar** (no) smoking section
función *f.* function, performance
funcionar to function; to run, work (*with machines*) (13)
fundar to found, establish
furioso/a furious (7)
fútbol *m.* soccer (8); **fútbol norteamericano** football (8)
futuro/a *adj.* future; **futuro** *n.* future (27)

G

ganar to win (8); to earn (22); **ganarse la vida** to earn a living
galería gallery
gallego Galician (*language*)
galleta cookie
gallina hen (26)
gallo rooster (26)
galón *m.* gallon
ganado cattle
ganancias *f. pl.* earnings
ganas: tener ganas de + *inf.* to feel like (*doing something*)
ganga *n.* bargain (14)
garaje *m.* garage (23)
garganta throat (20)
gas *m. s.* gas; heat
gasolina gasoline (13)
gasolinera gas station (13)

gastar to use, expend (13); to spend (*money*) (12)
gastos *n.* expenses (27)
gato cat
gazpacho tomato soup (*served cold*) (9)
gemelo/a twin
generación *f.* generation
general *adj.* general; **secretario/a general** registrar; **por lo general** generally, in general; **en general** generally, in general
generoso/a generous
gente *f. s.* people (8)
gentío crowd
geografía geography
geográfico/a geographic
geología geology
gesto gesture
gigantesco/a gigantic
gitano/a gypsy
gobernar (ie) to govern
gobierno government (28)
golf *m.* golf
goloso/a sweet-toothed; **ser goloso/a** to have a sweet tooth
gorila *m.* gorilla
gorra cap (*headwear*)
gótico/a Gothic
gozar (c) (de) to enjoy
grabadora tape recorder (24)
gracias thank you (PP); **muchas gracias** thank you very much, many thanks (PP)
gracioso/a funny, amusing
grado degree (*temperature*)
graduado/a graduate
graduarse to graduate (21)
gramática grammar
gramatical grammatical
gran, grande large, big, great (4)
grandeza greatness
granito granite
grave grave, important, serious
griego/a Greek; **griego** *n.* Greek (*language*)
gris gray (6)
grito shout
grupo group
guacamole *m.* avocado dip/sauce (10)
guagua bus (*Cuba, Puerto Rico*); baby (*Chile, Ecuador, Peru*)
guajolote *m.* turkey (*Mex.*)
guante *m.* glove
guapo/a handsome, good-looking (4)
guardabosques *m.s.* forest ranger
guardar to save (*a place*) (11)
guayaba guava
guerra war (18); **guerra civil** civil war; **Segunda Guerra Mundial** Second World War
guerrilla band or body of guerrillas
guerrillero/a guerrilla fighter; *adj.* of or pertaining to guerrilla warfare
guía guide; guide book; **guía telefónica** telephone book
guitarra guitar
gustar to be pleasing (11); **¿te**

gusta...? do you like . . . ? (PP); **me gusta...** I like . . . (PP)
gusto *n.* like; taste; preference; pleasure; **a gusto** comfortable, at home (26); **por gusto** willingly (29); **mucho gusto** pleased to meet you

H

haber *infinitive form of* **hay** (13); to have (*auxiliary*); **va a haber** there's going to be
habilidad *f.* ability, skill
habitación *f.* room (25); **una habitación para una persona (dos personas)** a single (double) room (25)
habitante *m., f.* inhabitant
habla *f.* (*but* **el habla**) speech (*language*); **de habla española** Spanish-speaking
hablar to speak, talk (2)
hacer (*irreg.*) to do, to make (7); **¿qué tiempo hace?** what's the weather like? (PP); **hace buen/mal tiempo** it's good/bad weather (PP); **hace calor (fresco, frío, sol, viento)** it's hot (cool, cold, sunny, windy) (*weather*) (PP); **hace _____ grados** it's _____ degrees (*temperature*); **hacer autostop** to hitchhike; **hacer camping** to go camping; **hacer cola** to stand in line (11); **hacer ejercicio** to exercise, get exercise (20); **hacer escalas** to have stopovers (11); **hacer la cama** to make the bed (15); **hacer las maletas** to pack one's suitcases (12); **hacer novillos** (*coll.*) to play hooky, truant (*lit. bullfighting*); **hacer un viaje** to take a trip (7); **hacer una pregunta** to ask a question; **hacerse** to become (17); **hacerse daño** to hurt oneself (19)
hacia toward
hambre *f.* hunger; **tener hambre** to be hungry (PP)
hamburguesa hamburger
hapsburgo/a Hapsburg
harina flour
hasta *prep.* until (PP); **hasta que** *conj.* until (24); **hasta luego** see you later (PP); **hasta mañana** until tomorrow, see you tomorrow (PP)
hay there is, there are (PP); **hay que** + *inf.* one must (*do something*), it's necessary to (*do something*) (15)
hecho/a *p.p.* made, done (25); **hecho** *n.* event; **trato hecho** it's a deal; **de hecho** in fact
helado ice cream (10)
hemisferio hemisphere
heredar to inherit
hermano/a brother/sister (3)
hermoso/a beautiful

hielo ice (7)
hierro iron (*metal*)
higiene *f.* hygiene
hijo/a child (3); son/daughter (3)
hipopótamo hippopotamus
hispánico/a *adj.* Hispanic
hispano/a *adj.* + *n.* Hispanic (*person*)
Hispanoamérica Spanish America
hispanoamericano/a Spanish American
historia history (2)
hockey *m.* hockey
hoja leaf
hola hi (PP)
hombre *m.* man (1); **¡hombre!** well!, man!
honor *m.* honor; **dama de honor** bridesmaid
honrado/a honest, upright
hora hour; **hora de** + *inf.* time to (*do something*) (9); **¿qué hora es?** what time is it? (PP); **¿a qué hora?** (at) what time? (PP); **por hora** per hour
horario schedule, time table (24)
hospital *m.* hospital
hostal *m.* hostel
hotel *m.* hotel
hotelero hotel keeper (25)
hoy today (PP); **hoy día** currently, nowadays
huelga strike (18)
huésped(a) guest (25)
huevo egg (10)
humanidad *f.* humanity
humanístico/a humanistic
humildad *f.* humility; modesty
humo smoke
humor *m.* humor
huracán *m.* hurricane

I

ibérico/a Iberian; **Península Ibérica** Iberian Peninsula
ida *n.* departure; **de ida y vuelta** *adj.* round-trip (12); **billete de ida** one-way ticket
identificar (qu) to identify
idílicamente idyllically
idilio (*poetic*) idyll romance; pastoral poem
idioma *m.* language (29)
idiota *m., f.* idiot
iglesia church (7)
igual equal, same
igualdad *f.* equality
igualmente likewise, similarly
ilegal illegal
imagen *f.* image
imaginar(se) to imagine
imitar to imitate
impaciente impatient
imperfecto/a imperfect; **imperfecto** *n.* imperfect (verb forms)
imperio empire
impermeable *m.* raincoat (6)

implementar to implement
importación *f.* importation, imports
importancia importance
importante important
importar to be important, matter; to import; **no importa** it doesn't matter
imposible impossible
impráctico/a impractical
impresión *f.* impression
impresionante impressive, amazing
impuesto tax (22)
inactivo/a inactive
incaico/a *adj.* Inca, Incan
incluido/a included
incluir (y) to include
incluso even, including
incómodo/a uncomfortable
incompetente incompetent
incontrolable uncontrollable
increíble incredible (14)
indefinido/a indefinite; **artículo indefinido** indefinite article
independencia independence; **Día de la Independencia** Independence Day
indicación *f.* indication
indicar (qu) to indicate, point out
indicativo indicative
indígena *inv.* indigenous
indio/a Indian
indirecto/a indirect; **complemento indirecto** indirect object
individualidad *f.* individuality
individuo individual, person
industria industry (28)
industrialización *f.* industrialization
inesperado/a unexpected
infantil of or pertaining to a child
infección *f.* infection
infierno hell
infinitivo infinitive
inflación *f.* inflation
inflamado/a inflamed
influir (y) to influence
informado/a informed
informalmente informally
informar to inform, advise, instruct (17); **informarse** to inquire, find out (17)
informe *m.* report; **informes** *pl.* information, news
infortunado/a unfortunate
ingeniería engineering (2)
ingeniero/a engineer
Inglaterra England
inglés, inglesa English; **inglés** *m.* English (*language*) (2)
ingrediente *m.* ingredient
inicial *adj.* initial; *n. f.* initial (*letter*)
iniciar to initiate
injusto/a unjust
inmediato/a immediate
inmigración *f.* immigration (24)
inmigrante *m., f.* immigrant (29)
inmortalizar (c) to immortalize
inocente *adj.* innocent; *n. m., f.* fool; **Día de los Inocentes** Fool's Day (December 28)

inquilino/a renter, tenant (23)
insecto insect
insistir en + *inf.* to insist on (*doing something*) (5) (12)
insomnio insomnia
inspector(a) inspector (24); **inspector(a) de aduanas** customs inspector (24)
instantáneo/a instantaneous; instant
institución *f.* institution
instituto institute; secondary school
instrucción *f.* instruction
instrumento instrument
intelectual intellectual
inteligente intelligent
intención *f.* intention
interés *m.s.* interest (18)
interesante interesting
interesar to interest, be interesting (23)
internacional international
interno/a internal
interpretación *f.* interpretation
interpretar to interpret
interrogativo/a interrogative
interrumpir to interrupt
íntimo/a close, intimate
inútil useless
invadir to invade
invencible invincible; **Armada Invencible** Invincible Armada
invención *f.* invention
inventar to invent
invierno winter (PP)
invitación *f.* invitation
invitado/a *adj.* invited; *n.* guest
invitar to invite (10)
ir (*irreg.*) to go (6); **irse** to leave, go away (17)
irritado/a irritated, annoyed
isla island (29); **Islas Canarias** *f. pl.* Canary Islands
istmo isthmus
Italia Italy
italiano/a Italian; **italiano** *m.* Italian (*language*) (2)
izquierda: a la izquierda (de) to the left (of) (*directions*) (7)
izquierdista *m., f.* of or pertaining to the left; leftist
izquierdo/a left (*direction*); **levantarse con el pie izquierdo** to get up on the wrong side of the bed

jabón *m.* soap (30)
jamás never (9)
jamón *m.* ham (9)
Japón *m.* Japan
japonés, japonesa Japanese; **japonés** *m.* Japanese (*language*)
jarabe *m.* (cough) syrup (20)
jarro jug, pitcher
jefe/a boss (19)
jesuita *inv.* Jesuit
jirafa giraffe

joven *adj.* young (4); *n. m., f.* young person
jubilación *f.* retirement
juego game; **Juegos Olímpicos** Olympic Games
jueves *m. s.* Thursday (PP)
jugador(a) *n. m., f.* player (8)
jugar (ue) (gu) (a) to play (*sports, games*) (8)
jugo juice (10)
julio July (PP)
junio June (PP)
juntos/as *adj.* together
jurar to swear
justo/a *adj.* precise, just, exact; **justo** *adv.* exactly
juventud *f.* youth

K

kilómetro kilometer (*approx. .62 miles*)

L

la the (*f. definite article*)
la *d.o.* you (*form s.*), her, it (*f.*)
laboratorio lab, laboratory
lado side; **al lado de** beside; **por otro lado** on the other hand
ladrón, ladrona thief
lagarto lizard
lago lake (17)
lámpara lamp (23)
lápiz *m.* (*pl.* **lápices**) pencil (1)
largo/a long (4); **a lo largo de** along, throughout (*the course of*)
las *d. o.* you (*form. pl.*), them (*f.*)
lástima *n.* pity, too bad; **¡qué lástima!** what a shame! (14); **es lástima** it's a shame (14)
lata (tin) can
latín *m.* Latin (*language*)
latino/a Latin (*person*)
latinoamericano/a Latin American
lavadora washer, washing machine (15)
lavandería laundry
lavaplatos *m. s.* dishwasher
lavar to wash (15); **lavarse** to wash oneself, get washed (16)
laxo/a lax, loose
le *i.o.* to/for you (*form. s.*), him, her, it
leal loyal (4)
lección *f.* lesson
leche *f.* milk (10)
lechuga lettuce (9)
leer (y) to read (5)
legal legal (26)
lejos de *prep.* far from (7)
lena spirit, vigor, inner strength
lengua language (2); tongue (20)
lento/a slow
leña firewood
león *m.* lion
les *i.o.* to/for you (*form. pl.*), them
letra letter (*of the alphabet*);

Facultad de Filosofía y Letras Liberal Arts School

levantar to lift, raise (16); **levantarse** to get up, stand up (16); **levantarse con el pie izquierdo** to get up on the wrong side of the bed (19)

ley *f.* law, decree

libertad *f.* liberty, freedom

libre free

librería bookstore (1)

libro book (1); **libro de texto** textbook (1)

licencia license (13); degree (*university*); **licencia de manejar** driver's license (13)

líder *m.* leader

ligado/a tied; bound

ligero/a light (*in weight*)

limitación *f.* limitation

límite *m.* limit; border; **límite de velocidad** speed limit

limón *m.* lemon

limonada lemonade

limpiar to clean; to wash (13)

limpio/a clean (7)

linaje *m.* lineage

línea line

lista list

listo/a: ser listo/a to be smart, clever (4); **estar listo/a (para)** to be ready (to)

litera berth (*on a train*) (24)

literatura literature

litro liter (*approx. 1.1 quarts*)

lo *d.o.* you (*form. s.*), him, it (*m.*); **lo que** what, that which (18); **lo** + *adj.* the _____ part/thing

loco/a crazy

lógico/a logical

lograr to achieve; to gain, obtain, attain

los *d.o.* you (*form. pl.*), them (*m.*)

lotería lottery

lubricar (qu) to lubricate

luchar to fight

luego then, next (6); later; **hasta luego** see you later (PP)

lugar *m.* place (1)

lujo luxury; **hotel de lujo** deluxe hotel (12)

luna moon (17); **luna de miel** honeymoon (7)

lunes *m. s.* Monday (PP)

luz *f.* (*pl.* **luces**) light (19); electricity; **dar a luz** to give birth

LL

llamar to call (10); **llamarse** to be named, called (16); **¿cómo se llama Ud.?, ¿cómo te llamas?** what is your name? (PP); **me llamo** _____ my name is _____ (PP)

llanta tire (13); **llanta desinflada** flat tire (13)

llave *f.* key (16)

llegada arrival (24)

llegar (gu) to arrive (5); **llegar a ser** to become (17)

llenar to fill (13); to fill out (*a form*) (21)

lleno/a full

llevar to wear (5); to carry; to take (*someone or something somewhere*) (5); **llevar a cabo** to carry out; **llevar una vida** _____ to lead a _____ life (20); **llevarse bien/mal (con)** to get along well/badly (with) (16)

llorar to cry (17)

llover (ue) to rain

llueve (*from:* **llover**) it is raining (PP)

lluvia *n.* rain

M

madera wood (3)

madre *f.* mother (3)

madrugar (gu) to get up early (26)

maestro/a teacher (19)

magnífico/a magnificent, wonderful

mago: los Reyes Magos the Magi, the three Wise Men

maíz *m.* corn

mal *m.* evil, badness

mal *adv.* badly (2); ill, not well; **menos mal** good thing, lucky

mal, malo/a *adj.* bad (4); **de mal humor** in a bad mood

maleta suitcase (12); **hacer la maleta** to pack one's suitcase

maletero porter (24)

maletín *m.* small suitcase

mamá mom, mother (3)

mandar to send (11); to order (12); **mandarle a uno a paseo** to send on one's way

mandato command

manejar to drive (13)

manera manner, way

manga sleeve

manifestación *f.* manifestation, public demonstration

mano *f.* hand (16); **darse la mano** to shake hands; **tener a mano** to have at/on hand

mantener (*like* **tener**) to maintain, support (*a family, and so on*) (27)

mañana *adv.* tomorrow (PP); *n.* morning; **hasta mañana** until tomorrow, see you tomorrow (PP); **de/por/en la mañana** in the morning (PP)

máquina machine (15); **escribir a máquina** to type

mar *m., f.* sea

maravilla *n.* wonder, marvel

marcado/a marked

mareado/a nauseated (20)

marinero sailor

martes *m. s.* Tuesday (PP)

marzo March (PP)

más more (2); most; **más** _____ **que** more _____ than; **es más** what's more; **¿qué más?** what else?; **más de la cuenta** more than one should

have; **sus más y sus menos** its/his/her good and bad points

máscara mask; **baile de máscaras** costume party

masculino/a masculine

matar to kill

matemáticas *f. pl.* mathmatics (2)

materia subject (*in school*) (2)

materno/a *adj.* maternal, motherly, mother

matrícula *f. s.* registration fees (2)

matrimonial *adj.* of or pertaining to marriage; **consejero/a matrimonial** marriage counselor

matrimonio marriage; married couple (7); **contraer matrimonio** to get married

máximo/a maximum

mayo May (PP)

mayor older (11)

mayoría majority

me *d.o.* me; *i.o.* to/for me; *refl. pron.* myself

mecánico/a mechanic (13)

media: (las tres) y media (three) thirty, half past (three) (*with time*) (PP)

mediante through, via

medias *f. pl.* stockings (6)

medicina medicine

médico/a doctor (20); *adj.* medical

medio/a *adj.* half, middle; intermediate; **clase media** middle class; **medio** *n.* means (14)

mediodía *m.* midday, noontime

medir (i, i) to measure

meditar to meditate

Mediterráneo Mediterranean

mejor better (11); best; **mejor dicho** rather

mejorar to improve

mencionar to mention

menor younger (11)

menos less; minus; least; **menos** _____ **que** less _____ than; **por lo menos** at least; **a menos que** unless (23); **ni mucho menos** not at all; **menos mal** good thing, lucky

mensaje *m.* message

mensual monthly

mente *f.* mind

mentira lie (21)

menú *m.* menu (10)

menudo: a menudo frequently

mercado market (5)

mes *m. s.* month (PP)

mesa table (1); **poner la mesa** to set the table

mesita end table

metal *m.* metal

metro subway

metrópoli *f.* metropolis, large city

metropolitano/a metropolitan

mexicano/a Mexican (4)

mexicano-americano/a Mexican-American (29)

México Mexico

mi *poss.* my

mí *obj. of prep.* me

miedo fear; **tener miedo (de)** to be afraid (of) (6)
miel *f.* honey; **luna de miel** honeymoon
miembro member
mientras while (19); **mientras tanto** meanwhile
miércoles *m. s.* Wednesday (PP)
mil *m.* a thousand, one thousand (PP)
militar *m.* soldier; *adj.* military
milla mile
millón (de) *m.* million (PP)
mina (*underground*) mine
minidiálogo minidialog
mínimo minimum
minuto minute (*time*)
mío/a *poss.* my, (of) mine
mirar to look (at), watch (6)
miseria misery
mismo/a self; same (21); **ahora mismo** right now; **aquí mismo** right here
mitad *f.* half
moda fashion; **de (última) moda** in (the latest) fashion (6)
modelo model
moderno/a modern
modesto/a modest
modismo idiom
modo fashion, manner; **de todos modos** anyway
mojado/a wet
mole (*m.*) **poblano de guajolote** *mole* in the style of Mexican city of Puebla (*turkey in a chocolate-based chili sauce*)
molestia *n.* bother
momentito just a minute/second
momento moment; **en este momento** at the moment, right now; **de momento** right now, for the time being
monarca *m.* monarch
monarquía monarchy
monasterio monastery
mono monkey
monolingüe monolingual (29)
monótono/a monotonous
montaña mountain (8)
montar a caballo to ride horseback (26)
monte *m.* mountain
monumento monument
morado/a purple (6)
morder (ue) to bite
moreno/a brunet(te) (7)
morirse (ue, u) to die (18)
morisco/a Moorish
moro/a *n.* Moor; *adj.* Moorish
mosca *n.* fly (25)
mostrador *m.* counter (*of a ticket window, store, and so on*)
motocicleta motorcycle
motor *m.* motor, engine
movimiento movement
mozo bellhop (25)
mucho/a *adj.* a lot of, many (14); *adv.* much, a lot (2)

mudarse to move (*from one residence to another*) (23)
muebles *m. pl.* furniture (15)
muerte *f.* death
muerto/a *p.p.* dead, died (25); killed
mujer *f.* woman (1); **mujer de negocios** businesswoman
multa fine, ticket (13); **poner una multa** to give a fine/ticket
mundial *adj.* world
mundo *n.* world (14)
muralla wall
museo museum
música music
muy very (PP)

nacer (zc) to be born (21)
nacimiento birth
nación *f.* nation
nacional national
nacionalidad *f.* nationality (24)
nacionalismo nationalism
nacionalización *f.* nationalization
nacionalizar (c) to nationalize
nada nothing, not anything (9); **de nada** you're welcome (PP); **antes que nada** first of all, before anything (else)
nadar to swim (8)
nadie no one, nobody, not anybody (9)
naranja *n.* orange (fruit)
naranjada orangeade, orange drink
nariz *f.* (*pl.* **narices**) nose (20)
natal native, of birth (29); **tierra natal** native land, place of birth (29)
naturaleza nature (26)
nave *f.* ship; nave
Navidad *f.* Christmas; **Feliz Navidad** Merry Christmas
necesario/a necessary
necesidad *f.* necessity, need (28); **por necesidad** out of necessity (29)
necesitar to need (2)
negar (ie) (gu) to deny (13); **negarse a + inf.** to refuse to (*do something*) (18)
negativo/a negative
negociación *f.* negotiation
negociador (a) *adj.* negotiating; *n.* negotiator, business agent
negocio business (22); **hombre/mujer de negocios** businessman/woman (22)
negro/a black (6)
neoyorquino/a New Yorker
nervioso/a nervous (7)
nevar (ie) to snow
ni neither; nor; **ni...ni** neither . . . nor
nieto/a grandson/granddaughter (3)
nieva (*from* **nevar**) it is snowing (PP)
nieve *f.* snow (8)

ningún, ninguno/a no, none, not any (9)
niñez *f.* (*pl.* **niñeces**) childhood
niño/a child; boy/girl (1)
niños *m. pl.* children
nivel *m.* level
no no (PP); not (1); **¿no?** right? don't they (you, etc.)? (5)
noche *f.* night (PP); **buenas noches** good evening/night (PP); **de/en/por la noche** in the evening, at night (PP); **de noche** at night, by night; **esta noche** tonight (6); **todas las noches** every night
nombrado/a named
nombrar to name
nombre *m.* (first) name (17)
normalmente normally
noroeste *m.* northwest
norte *m.* north
Norteamérica North America
norteamericano/a North American; from the United States (4)
nos *d.o.* us; *i.o.* to/for us; *refl. pron.* ourselves
nosotros/as *sub. pron.* we; *obj. of prep.* us
nota grade (*in a class*) (17)
noticia notice; piece of news; **noticias** news (18)
noticiero reporter, newsman (18)
novecientos/as nine hundred (PP)
novedad *f.* novelty; fad; happening, (recent) event
novela novel (10)
noveno/a ninth (21)
noventa ninety (PP)
noviazgo courtship, engagement (7)
noviembre *m.* November (PP)
novio/a boy/girlfriend (7); fiancé(e) (7); groom/bride (7)
nuestro/a *poss.* our; (of) ours
Nueva York New York
nueve nine (PP)
nuevo/a new (4); **de nuevo** again; **Año Nuevo** New Year
número number; issue (*of a magazine*); size (*shoes*)
nunca never (9)

o or (1)
objeto object
obligación *f.* obligation
obra work (*of art, literature, and so on*)
obrero/a worker, laborer (18)
observación *f.* observation
observar to observe
obstáculo obstacle
obtener (*like* **tener**) to get, obtain
ocasión *f.* occasion
occidental western, occidental
océano ocean
octavo/a *adj.* eighth (21)
octubre *n.* October (PP)

oculista *m., f.* eye doctor
ocupado/a busy, occupied (7)
ocupar to occupy
ocurrir to happen, occur
ochenta eighty (PP)
ocho eight (PP)
ochocientos/as eight hundred (PP)
odiar to hate (11)
oeste *m.* west
oficial official
oficina office (1) (22)
oficio trade
ofrecer (zc) to offer (18)
oír *(irreg.)* to hear (9)
ojalá (que) I hope (that) (12)
ojo eye (20); **¡ojo!** watch out!
olímpico/a olympic; **Juegos Olímpicos** Olympic Games
olvidar to forget (12); **olvidarse (de)** to forget (about) (19)
once eleven (PP)
opinar to argue, opine, judge
opinión *f.* opinion
oportunidad *f.* opportunity
optar (por) to opt (for)
oración *f.* sentence *(gram)*
orden *f.* order, command; *m.* order *(sequence)*
organizado/a organized
organizar (c) to organize
orgullo pride
orgulloso/a proud
orientación *f.* orientation
oriental Oriental, eastern
origen *m.* origin
orilla bank, shore
oro gold *(metal)* (16)
os *d.o.* you *(fam. pl. Sp.)*; *i.o.* to/for you *(fam. pl. Sp.)*; *refl. pron.* yourselves *(fam. pl. Sp.)*
oso bear
ostra oyster
otoño fall *(season)* (PP)
otro/a other, another (4); **otra vez** again (16)

P

paciencia patience
paciente *adj.* patient; *n. m., f.* patient (20)
Pacífico Pacific
padre *m.* father (3)
padres *m. pl.* parents (3)
padrino patron; godfather; sponsor; **padrino de boda** best man
padrinos *m. pl.* godparents
paella *paella (dish made with rice, shellfish, often chicken, and flavored with saffron)* (9)
pagar (gu) to pay (for) (2)
página page
pago payment; **pago inicial** down payment (14)
país *m. s.* country, nation (8)
paisaje *m.* countryside, landscape
pájaro bird

palabra word (5)
palacio palace
pan *m.* bread (10); **pan dulce** sweet roll (10)
panameño/a Panamanian
pantalones *m. pl.* pants (6)
panteón *m.* pantheon, mausoleum
papa *f.* potato (10); **papas fritas** French fries
papá *m.* dad, father (3)
papel *m.* paper (1); role; **hacer un papel** to play a role; **papel para cartas** stationery (30)
papelería stationery store (5)
paquete *m.* package (30)
par *m.* pair (6)
para *prep.* for (1); in order to: **para que** *conj.* so that (23)
parabrisas *m. s.* windshield (13)
paracaidista *m., f.* parachutist
parada stop; **parada del autobús** bus stop (30)
paralizado/a paralyzed
parar to stop (13)
pardo/a brown (6)
parecer (zc) to seem, appear (27); **¿qué te parece?** what do you think?
pared *f.* wall
pareja *f.* couple, partner
paréntesis *m. (pl. paréntesis)* parenthesis; **entre paréntesis** in parentheses
pariente/a *n.* relative (3)
parque *m.* park (6)
párrafo paragraph
parte *f.* part; **por todas partes** everywhere; **por mi parte** as for me
participio participle; **participio pasado** past participle
particular particular; private
partido game *(in sports)*, match (8)
pasado/a past, last *(in time)* (15)
pasaje *m.* passage, ticket (12)
pasajero/a passenger (11)
pasaporte *m.* passport (12)
pasar (por) to pass (by) (12); to come by *(for someone)* (12); to happen; to spend *(time)* (12); **pasar la aspiradora** to run the sweeper/vacuum cleaner; **pasarlo bien** to have a good time
pasear en bicicleta to ride a bicycle (8)
pasión *f.* passion
pasivo/a passive; **pasiva refleja** passive reflexive *(construction)*
paso step; pace; **cambio de paso** change of pace
pasta dental toothpaste (30)
pastel *m.* cake; pastry (9)
pastelería pastry shop (30)
pastelillo small turnover, pastry
pastelito small pastry (30)
pastilla pill; **pastilla para dormir** sleeping pill
pastor(a) pastor

patata potato
patria native land, homeland (29)
patriótico/a patriotic
patrón, patrona patron; **santo/a patrón(a)** patron saint
peatón *m.* pedestrian
pedido *n.* order
pedir (i, i) to ask for, order (8)
pegar (gu) to hit, strike (19)
peinado/a coiffed, having one's hair stylishly set and combed
película movie
peligro danger
peligroso/a dangerous (11)
pelo hair (22)
pelota ball
pena grief
penicilina penicillin
península peninsula; **Península Ibérica** Iberian Peninsula
pensar (ie) to think (8); **pensar** + *inf.* to intend to *(do something)* (8)
pensión *f.* boarding house (12); **media pensión** room with breakfast and one other meal (25); **pensión completa** room and full board (all meals included) (25)
peor worse (11); worst
pequeño/a small, little (4)
perder (ie) to lose (8); to miss *(a bus, plane, social function, and so on)*
pérdida waste
perdón pardon me, excuse me (PP)
perdonar to pardon, forgive
perezoso/a lazy (4)
perfecto/a perfect, fine
periódicamente periodically
periódico newspaper (5)
permanente permanent
permisión *f.* permission
permiso permission; **(con) permiso** pardon me, excuse me (PP)
permitir to permit, allow (12)
pero but (1)
perro dog (4)
persa *inv.* Persian
persona *f.* person (1)
personaje *m.* character *(of a story, play)*
personal *m.* personnel; *adj.* personal
personalidad *f.* personality
perspectiva perspective
peruano/a Peruvian
pesado/a boring (18)
pesar to weigh
pesca fishing
pescado *n.* fish (9)
peseta *unit of currency in Spain*
pesimista *inv.* pessimistic
peso *unit of currency in Mexico and several other Latin American countries;* weight
pesquero/a of or pertaining to fishing
petróleo petroleum, oil (28)
petrolero/a *m., f.* petroleum seller
picado/a chopped
picante spicy, hot (10)
picar (qu) to itch; to chop

picnic *m.* picnic
pie *m.* foot (19); **a pie** on foot, standing; **levantarse con el pie izquierdo** to get up on the wrong side of the bed; **ponerse de pie** to stand up, get up
piedra stone
pierna leg (19)
piloto pilot
ping pong *m.* ping pong
pingüino penguin
pino pine
pintar to paint
pintor(a) painter
pintura painting
pirámide *f.* pyramid
piscina swimming pool (23)
piso floor; **primer piso** second floor (*first floor up*) (23)
pizarra blackboard (9)
placer *m.* pleasure
plan *m.* plan
planear to plan
planeta *m.* planet
planilla form (24)
planta plant; floor (*of a building*)
plástico plastic
plata silver (*metal*) (16)
plátano banana
plato plate; dish (9); **plato fuerte** main dish; **plato del día** "special" of the day
playa beach (11)
plazo: a plazos on installments (14)
plomero/a plumber (22)
plomo lead (*metal*)
pluscuamperfecto past perfect (tense)
población *f.* population (26)
poblano: mole poblano *mole* in the style of the Mexican city of Puebla (*turkey in a chocolate-based chili sauce*)
pobre poor (4)
pobreza poverty
poco/a *adj.* little, few (4); **poco** *adv.* little, a little bit (2); **poco a poco** little by little
poder (ue) to be able, can (6); *n.m.* power
poderoso/a powerful (30)
poema *m.* poem
poeta *m., f.* poet/poetess
policía *m., f.* police officer (13) *f.* police (force)
político/a *m., f.* politician; **política** *n.f.s.* politics; *adj.* political; **ciencias políticas** *f. pl.* political science (29)
pollo chicken (9)
poner (*irreg.*) to put, to place (7); to turn on (*appliances*); **poner la mesa** to set the table (15); **poner una multa** to give a fine/ticket; **poner el despertador** to set the alarm clock; **ponerse** to put on (*clothing*) (16); **ponerse de acuerdo** to reach an agreement; **ponerse + *adj.*** to become, get + *adj.* (17); **ponerse de pie** to stand up, get up

por *prep.* in (*the morning, evening, and so on*) (2); for, per, by, through, during, on account of, for the sake of; **por ciento** percent (27); **por Dios** for heaven's sake (18); **por eso** that's why (8); **por favor** please (PP); **por fin** finally (18); **por hora** per hour; **por lo general** generally (4); **por lo menos** at least (18); **por supuesto** of course
¿por qué? why?
porcelana porcelain
porque because (3)
portarse to behave, act (17)
portátil portable
portería: portería automática: security system
portero/a building manager; doorman (23)
portugués, portuguesa Portuguese (4); **portugués** *m.* Portuguese (*language*)
posibilidad *f.* possibility
posible possible
posición *f.* position
positivo/a positive
postal: (tarjeta) postal post card
postre *m.* dessert (9)
práctica practice
practicar (qu) to practice; to participate in (*sports*)
práctico/a practical
precio price (1); **precio fijo** fixed price (5); **de todo precio** of all price ranges
precioso/a precious; lovely (14)
preciso/a necessary
precolombino/a pre-Columbian, before Columbus
predecir (*like* **decir**) to predict
predicar (qu) to preach
predicción *f.* prediction
preferencia preference
preferible preferable (14)
preferir (ie, i) to prefer (8)
pregunta question
preguntar to ask (19)
preludio prelude
premio prize
prensa press, news media (18)
preocupado/a worried
preocuparse to worry (24)
preparación *f.* preparation
preparado/a prepared
preparar to prepare (10)
preposición *f.* preposition
presencia presence
presentación *f.* introduction, presentation
presentar to introduce; to present
presente present
presidencia presidency
presidente/a president
prestar to lend
prestigio prestige
presupuesto budget (27)
pretérito preterite
primario/a principal; primary
primavera spring (*season*) (PP)
primer, primero/a *adj.* first (17); **el**

primero de _____ the first of (*month*); *adv.* first (of all)
primo/a cousin (3)
princesa princess
principalmente principally
principiante *m., f.* beginner, apprentice
prisa haste, hurry; **tener prisa** to be in a hurry (PP); **de prisa** in a hurry
prisión *f.* prison
privado/a private
probabilidad *f.* probability
problema *m.* problem (1)
producir (zc) to produce
producto product
profesión *f.* profession
profesional *m., f.* professional
profesor (a) professor (1)
profundo/a profound
programa *m.* program
progresista *inv.* progressive
progresivo/a progressive
prohibido estacionarse no parking
prohibir to prohibit, forbid (12)
prometer to promise (30)
pronombre *m.* pronoun; **pronombre reflexivo** reflexive pronoun
pronóstico prognosis
pronto soon (12); **tan pronto como** as soon as
pronunciación *f.* pronunciation
pronunciar to pronounce
propina tip (*given to a waiter, and so on*) (25)
propio/a *adj.* one's own
proponer (*like* **poner**) to propose
protagonista *m., f.* protagonist, main character
proteger (j) to protect (28)
proteína protein
protestante Protestant
provincia province
próximo/a next
proyecto project
prueba quiz; trial (*for a race*)
(p)sicología psychology
público/a *adj.* public (26); **público** *n.* public
pueblo village (9)
puerta door (5)
puertorriqueño/a Puerto Rican (29)
pues well . . . (2)
puesto/a *p.p.* put, placed (25); **puesto** *n.* position, place in line (11); job (21)
pulmones *m. pl.* lungs (20)
pulpo octopus
punto point; dot; **en punto** exactly, on the dot (*time*) (PP); **punto de vista** point of view
puntual punctual
puro/a *adj.* pure (26); **puro** *n.* cigar

que that (8); **lo que** what, that which
¿qué? what?, which? (4); **¿qué más?** what else?; **¿qué tal?** how are you

(doing)? (PP); **¡qué bien!** great!;
¡qué lástima! what a shame!; **¡qué
va!** good grief!, are you kidding?;
¡qué + *noun* + **más** + *adj.*! what
a(n) + *adj.* + *noun!* (**¡Qué hombre
más alto!** What a tall man!)
quedar to remain, be left (16); **no
nos queda(n)** _____ we do not
have any _____ left; **quedarse** to
stay, remain (18)
quehacer *m.* task, chore (15)
queja complaint
quejarse to complain (23)
querer (ie) to want (6); to love (*with
persons*) (16); **fue sin querer** it was
unintentional (19)
querido/a dear
queso cheese (9)
¿quién(es)? who? whom? (3); **¿de
quién?** whose? (3)
química chemistry
quince fifteen (PP)
quinientos/as five hundred
quinto/a *adj.* fifth (21)
quiosco kiosk (*small outdoor stand
where a variety of items are sold*) (30)
quitar to remove, take away (16);
quitarse to take off (*clothing*) (16);
to take out, withhold (22)
quizá(s) perhaps (14)

R

rabino rabbi
racional rational
radiador *m.* radiator
radical *m.* stem, radical (*gram.*)
radio *f.* radio
raíz *f.* (*pl.* **raíces**) root (29); stem,
radical (*gram.*)
ranchero rancher (26)
rancho ranch (26)
rapidez *f.* speed
rápido/a *adj.* fast; **rápido** *adv.* fast,
rapidly
raqueta racquet (8)
raro/a rare, unusual
rascacielos *m. s.* skyscraper (28)
rato short period of time (26); **un
rato** a while
raza race (*of people*); **Día de la Raza**
October 12 (Columbus Day)
razón *f.* reason; **tener razón** to be
right (PP); **no tener razón** to be
wrong (PP)
reacción *f.* reaction
reaccionar to react
real royal; real
realidad *f.* reality; **en realidad**
really
realista *inv.* realistic
realizar (c) to bring about, realize
rebelde *adj.* rebellious; *n. m., f.* rebel
recado message
recepción *f.* front desk (25)
recepcionista *m., f.* receptionist (25)
receta prescription (20)
recibir to receive (5)
reciente recent

recomendación *f.* recommendation
recomendar (ie) to recommend (12)
reconocer (zc) to recognize
reconocimiento recognition
recordar (ue) to remember; to bring
to mind (17)
recorrer to pass through; to cover
(*territory, miles, and so on*) (26)
recreo recreation; amusement
rector(a) president (*of a university*)
recuerdo memory (4); souvenir (12);
recuerdos *pl.* regards
recursos *m. pl.* resources; **recurso
natural** natural resource (28)
redistribución *f.* redistribution
redondo/a round
reducir (zc) to reduce, cut down (27)
reemplazar (c) to replace
reemplazo replacement, substitution
referencia reference
reforma *n.* reform
reformar to reform
reformista *m., f.* reformer
refrán *m.* proverb
refresco soft drink (10)
refrigerador *m.* refrigerator (15)
refugiado/a refugee (29)
refugio refuge
regalar to give (*as a gift*) (17)
regalo present, gift (3)
regatear to haggle, to bargain (5)
régimen *m.* regime
región *f.* region
registrar to search, examine (24)
registro registration; search
regla rule
regresar to return (2); **regresar a
casa** to go home (2)
reinado reign
reino kingdom
reírse (i, i) to laugh (17)
relación *f.* relation
religión *f.* religion
religioso/a religious
religiosidad *f.* religiosity, religious
conviction
reloj *m.* watch, clock (17)
remedio: no hay más remedio
nothing can be done about it
renta income
renunciar (a) to resign (from) (21)
reparación *f.* repair
repasar to review
repaso review
repente: de repente suddenly (20)
repetir (i, i) to repeat
reportero/a reporter (18)
representación *f.* representation
representar to represent; to present
(*a play, and so on*)
reproducción *f.* reproduction
república republic; **República
Dominicana** Dominican Republic
republicano/a republican
reputación *f.* reputation
requerir (ie, i) to require
reservación *f.* reservation
reservar to reserve (25)
resfriado cold (*illness*) (20)
resfriarse to get/catch a cold (20)

residencia residence; **residencia
estudiantil** dormitory (15)
resolver (ue) to solve, resolve (22)
respecto: con respecto a with
respect/regard to
respeto respect
respiración *f.* respiration, breathing
respirar to breathe (20)
responder to answer, respond
responsabilidad *f.* responsibility
responsable responsible
respuesta answer (10)
restaurante *m.* restaurant
resto rest, remainder
resuelto/a *p.p.* solved, resolved (25)
resultado result
resultar to result, follow
resumen *m.* summary
retirado/a retired
retirarse to retire, to withdraw
retraso tardiness; delay
reverente reverent
revisar to check, examine,
inspect (13)
revista magazine (30)
revolución *f.* revolution
rey *m.* king
rico/a rich (4)
ridículo/a ridiculous (14)
rígido/a rigid
río river
rioplatense from the River Plate
region
riqueza wealth; **riquezas** *pl.* riches
risa laughter (17)
ritmo rhythm (26)
robar to steal
roca rock
rojo/a red (6)
románico/a: lenguas románicas
Romance languages (*those languages
derived from Latin*)
romano/a Roman
romántico/a romantic
romper to break (16)
ropa clothing (5)
rosa rose (*flower*)
rosado/a pink (6)
roto/a *p.p.* broken (25)
rubio/a blond(e) (7)
ruido noise (15)
ruidoso/a noisy
rumano/a Rumanian
ruso/a Russian; **ruso** *m.* Russian
(*language*) (2)
ruta route
rutinario/a *adj.* routine

S

sábado Saturday (PP)
saber (*irreg.*) to know (10); to know
how to (*do something*) (10)
sacar (qu) to take out, remove (15);
to stick out (*one's tongue*) (20)
sacrificarse (qu) to make a sacrifice
sacudir (los muebles) to dust (*the
furniture*) (15)
sal *f.* salt

sala room; living room (23); **sala de espera** waiting room (11); **sala de clase** classroom
salario *s.* salary, wages
salida departure; exit (24)
salir (*irreg.*) to leave, go out (7); to appear; **salir a derechas** to turn out right
salsa sauce (10); **salsa de ají** chili pepper sauce
salud *f.* health (20)
saludar to greet
saludo greeting
sandalia sandal (6)
sándwich *m.* sandwich
sangriento/a bloody
sano/a healthy (20)
santo/a blessed; **todo el santo día** the whole blessed day
saquear to raid, plunder
Satanás *m.s.* Satan
satírico/a satirical
satisfacer (*like* **hacer**) to satisfy
saxofón saxophone
se (*impersonal*) one; *refl. pron.* yourself (*form.*), himself, herself, yourselves (*form.*), themselves
sea: o sea (que) in other words
secadora dryer (15)
secar (qu) to dry (15)
sección de (no) fumar (no) smoking section (11)
secretario/a secretary (1); **secretario/a general** registrar
sector *m.* sector
secundaria secondary; **la (escuela) secundario/a** high school
sed *f.* thirst; **tener sed** to be thirsty (PP)
seguida: en seguida immediately
seguidor(a) follower
seguir (i, i) to continue (12); to follow
según according to (15)
segundo/a *adj.* second (21); **Segunda Guerra Mundial** Second World War; **segundo** *n.* second (*time*)
seguridad *f.* security, safety
seguro/a sure, certain (14); **estar seguro** to be sure, certain (13); **seguro** *n.* insurance; **seguro que** of course
seis six (PP)
seiscientos/as six hundred (PP)
selva jungle
sello stamp (30)
semáforo stoplight (13)
semana week (PP); **fin de semana** *m.* weekend (PP)
semejante similar
semestre *m.* semester
senador *m.* senator
sencillo/a simple
sensación *f.* sensation
sensible sensitive
sentado/a seated, sitting
sentar (ie) to seat (16); **sentarse** to sit down (16); **¿nos sentamos?** shall we sit down?
sentir (ie, i) to regret; to feel sorry

(13); **sentirse** to feel (17)
seña sign, signal
señor (Sr.) Mr., sir (PP); gentleman
señora (Sra.) Mrs. (PP); lady
señores (Sres.) *m.pl.* Mr. and Mrs.; gentlemen
señorita (Srta.) Miss (PP); young lady
separar to separate
se(p)tiembre *m.* September (PP)
séptimo/a *adj.* seventh (21)
ser to be (3)
serio/a serious (17); **en serio** seriously
serpiente *f.* snake
servicio service (26); **servicios** restrooms
servir (i, i) to serve (8)
sesenta sixty (PP)
sesión *f.* session
setecientos/as seven hundred (PP)
setenta seventy (PP)
sexo sex
sexto/a *adj.* sixth (21)
si if (PP)
sí yes (PP)
siamés, siamesa Siamese
sicología psychology (2)
siempre always (4)
siesta nap, siesta; **dormir la siesta** to take a nap
siete seven (PP)
siglo century
significar (qu) to mean (29)
siguiente following, next
silencio silence
silla chair (9)
sillón *m.* armchair (23)
simpático/a nice; likeable (4)
sin *prep.* without (4); **sin que** *conj.* without (23); **sin embargo** however, nevertheless
sindicato (labor) union
sinfónico/a symphonic
sino but (rather) (29)
síntoma *m.* symptom
siquiatra *m., f.* psychiatrist (22)
sistema *m.* system
sitio place
situación *f.* situation
situado/a located
situar to place, locate
sobre *prep.* about, above, on; **sobre todo** above all, especially; *n.* envelope (30)
sobrino/a nephew/niece (3)
sociedad *f.* society
sociología sociology
socio-político/a sociopolitical
sofá *m.* sofa
sol *m.* sun (PP); **hace (mucho) sol** it is (very) sunny (PP); **tomar el sol** to sunbathe
solamente *adv.* only
solar: a solas alone, by one's self
soldado/a soldier
soledad *f.* solitude (26)
soler (ue) + *inf.* to tend to, to be in the habit of (*doing something*)
solicitar to solicit, ask for

solicitud *f.* application form (21)
solo/a *adj.* alone
sólo *adv.* only (2)
soltero/a single (*not married*) (4)
solución *f.* solution
sombra shade
sombrero hat
sonar (ue) to ring (20); to sound
sonreír (i, i) to smile (17)
sonrisa smile (17)
sopa soup (9)
sordo/a deaf
sorprender to surprise, be surprising (13)
sorpresa surprise
su *poss.* his, her, its, your (*form. s. + pl.*), their
subir (a) to go up (into/onto) (11); to get on/in (*a plane, car, and so on*) (11); to raise (22); to carry up (25)
subjuntivo subjunctive
suburbio suburb
sucio/a dirty (7)
Sud América South America
sudamericano/a South American
sueldo salary (22)
suelo floor, ground (9)
sueño sleepiness; dream; **tener sueño** to be sleepy (PP)
suerte *f.* luck; **¡qué mala suerte!** what bad luck! (19)
suéter *m.* sweater (6)
suficiente sufficient, enough; **lo suficiente** enough (20)
sufrir to suffer
sujeto subject (*gram.*)
suntuoso/a extremely elegant
superlativo/a superlative
supermercado supermarket
sur *m.* south
Suramérica South America
suroeste *m.* southwest
suscribir to subscribe
suspender to suspend
suspenso "F", failing grade
sustantivado/a nominalized
sustantivo noun
susto fright; terror
suyo/a your, of yours (*form. s. + pl.*); his, of his; her, (of) hers; its; their, (of) theirs

tabacalera tobacco stand/shop (30)
tacaño/a stingy, tight
taco taco (*tortilla filled with meat/vegetables*) (10)
tal such (a); **¿qué tal?** how are you (doing)? (PP); **tal vez** perhaps, maybe (14); **con tal que** provided that
talla size (*with clothing*)
tamaño size
también also (2)
tampoco neither, not either (9)

tan as, so; **tan _____ como** as _____ as; **tan pronto como** as soon as (24)

tanque *m.* tank (13)

tanto/a as much; **tanto/a _____ como** as much _____ as; **tanto** *adv.* as/so much (12); **mientras tanto** meanwhile; **no es para tanto** it is not that serious; **por lo tanto** thus

tantos/as as many; **tantos/as _____ como** as many _____ as

taquilla ticket office (24)

tarde *f.* afternoon, evening (PP); **buenas tardes** good afternoon/evening (PP); **de/en/por la tarde** in the afternoon/evening (PP); *adv.* late (7); **más tarde** later

tarea homework

tarjeta card; **tarjeta postal** post card (12); **tarjeta de crédito** credit card (12); **tarjeta de embarque** boarding pass

taxi *m.* taxi

taxista *m., f.* cab driver

taza cup

te *d.o.* you (*fam. s.*); *i.o.* to/for you (*fam. s.*); *refl. pron.* yourself (*fam. s.*)

té *m.* tea (9)

teatro theater

técnica technique

tejano/a Texan

Tejas Texas

telefónico/a of the telephone; **guía telefónica** phone book

telefonista *m., f.* telephone operator

teléfono telephone; telephone number (7)

telegrama *m.* telegram

telenovela soap opera

televidente *m., f.* television viewer

televisión *f.* television

televisor *m.* television set (23)

tema *m.* theme, topic

temblar (ie) to shake

temer to fear (13)

temperatura temperature

templado/a warm

templo temple

temporada season

temprano *adv.* early (7)

tendencia tendency

tener (*irreg.*) to have (6); **tener _____ años** to be _____ years old (PP); **tener calor/frío** to be (feel) warm/cold (PP); **tener cuidado** to be careful (6); **tener ganas de + *inf.*** to feel like (*doing something*) (6); **tener hambre** to be hungry (PP); **tener miedo (de)** to be afraid (of) (13); **tener prisa** to be in a hurry (6); **tener que + *inf.*** to have to (*do something*) (6); **tener razón** to be right (PP); **no tener razón** to be wrong (PP); **tener sed** to be thirsty (PP); **tener sueño** to be sleepy (PP)

tensión *f.* tension

teñir (i, i) to dye

teoría theory

tercer, tercero/a *adj.* third (21)

terminación *f.* ending; **terminaciones personales** personal endings (*of verbs*)

terminar to finish (15)

terraza terrace

territorio territory

terrorista *m., f., + adj.* terrorist

tesoro treasure

testigo witness, testifier (18)

texto text

ti *obj. of prep.* you (*fam. s.*)

tiempo (verb) tense; time (26); weather (PP); **a tiempo** on time (5); **¿qué tiempo hace?** what's the weather like? (PP); **hace (muy) buen/mal tiempo** the weather is (very) good/bad (PP)

tienda shop, store (5)

tierra land, earth; **tierra natal** native land, place of birth (29)

tigre *m.* tiger

tino common sense; knack

todo/a all, every, everything (13); **de todo** everything (5); **sobre todo** above all, especially; **todo derecho** straight ahead (13); **de todo precio** in all price ranges; **de todos modos** anyway; **por todas partes** everywhere; **todos los días** every day

tinto: vino tinto red wine

tío/a uncle/aunt (3)

típico/a typical

tipo kind

título title; degree

tiza chalk

tocar (qu) to play (*an instrument*) (10)

todavía still, yet (17)

tomar to take (2); to drink (2); to eat; **tomar el sol** to sunbathe; **tomarle el pelo** to pull someone's leg, to tease; **tomarle la temperatura a alguien** to take someone's temperature (20)

tomate *m.* tomato (9)

tonelada ton

tontería foolish thing

tonto/a silly, foolish (4)

toro bull

torpe clumsy

tortilla omelet (*Sp.*); tortilla (*round, flat bread made of corn or wheat flour*) (*Mex.*) (10)

tos *f. s.* cough (20)

toser to cough (20)

tostado: pan tostado toast

tostadora toaster (15)

total *adj.* total; *m.* total; **en total** in all

trabajador(a) hard-working (4); *n.* worker

trabajar to work (2)

trabajo job (21); work (21)

tradicional traditional

traer (*irreg.*) to bring (9)

tráfico traffic (13)

tragedia tragedy

trágico/a tragic, disastrous

trago (*alcoholic*) drink

traje *m.* suit, costume (6) **traje de**

baño swim/bathing suit

tranquilidad *f.* peace, tranquility

tranquilo/a calm, tranquil (12)

transmisión *f.* transmission; **transmisión de cambios** manual shift

transmitir to transfer, to transmit

transporte *m.* means of transportation (14)

trastorno upheaval

tratar de + *inf.* to try to (*do something*) (15); **tratarse de** to be a matter of

trece thirteen (PP)

treinta thirty (PP)

tremendo/a tremendous, extreme

tren *m.* train (24)

tres three (PP)

trescientos/as three hundred (PP)

tribu *f.* tribe, clan

trigueño/a brunet(te) (7)

triste sad (4)

tristeza sadness

trombón *m.* trombone

trompeta trumpet

tronco trunk, log

trono throne

tu *poss.* your (*fam. s.*)

tú *sub. pron.* you (*fam. s.*) (PP); **¿y tú?** and you? (PP)

tumba tomb

túnel *m.* tunnel

tungsteno tungsten

turco/a Turkish

turista *m., f.* tourist

turístico/a *adj.* tourist; **clase turística** tourist class

tutú *m.* tutu (*short skirt worn by a ballerina*)

tuyo/a *poss.* your, (of) yours (*fam. s.*)

U

últimamente lately, of late

último/a last (17); latest (18)

un, uno/a one (PP); a, an (*indefinite article*)

único/a only; unique

unidad *f.* unity

unidos: Estados Unidos United States

unificación *f.* unification

uniforme *m.* uniform; *adj.* uniform

unión *f.* union

unir to unite

universidad *f.* university (1)

universitario/a *adj.* university, of the university; *n.* university student

unos/as some, several, a few

urbano/a urban

urgente urgent (14)

usado/a used (14)

usar to use

uso *n.* use

usted (Ud., Vd.) *sub. pron.* you (*form. s.*) (PP); *obj. of prep.* you (*form. s.*) **¿y usted?** and you? (PP)

ustedes (Uds., Vds.) *sub. pron.* you (*form. pl.*); *obj. of prep.* you (*form. pl.*)
útil useful

vaca cow (26)
vacaciones *f. pl.* vacation; **estar de vacaciones** to be on vacation; **ir de vacaciones** to go on vacation (12)
valer to be worth (28); **¿cuánto vale?** how much is it (*worth*)?; **¿vale?** OK?
valiente brave, courageous
valioso/a valuable
valor *m.* value
valle *m.* valley
vaquero/a cowhand (26)
vara stick, rod
variación *f.* variation
variedad *f.* variety
varios/as several, some
varón *m.* male child, boy
vasco/a Basque
vaso (*drinking*) glass (7)
vasto/a vast
vecino/a neighbor (23)
vegetariano/a vegetarian
vehículo vehicle
veinte twenty (PP)
veinticinco twenty-five (PP)
veinticuatro twenty-four (PP)
veintidós twenty-two (PP)
veintinueve twenty-nine (PP)
veintiocho twenty-eight (PP)
veintiséis twenty-six (PP)
veintisiete twenty-seven (PP)
veintitrés twenty-three (PP)
veintiún, veintiuno/a twenty-one (PP)
velocidad *f.* speed, velocity
vencer (z) to overcome, conquer
vendedor(a) salesperson (14)
vender to sell (5)
venenoso/a poisonous
venezolano/a Venezuelan
venir (*irreg.*) to come (6)
venta sale

ventaja advantage
ventana window (15)
ver to see (9); **a ver** let's see
veracruzano/a from or pertaining to the city of Veracruz
verano summer (PP)
verbo verb
verdad *f.* truth (14); **¿verdad?** right?, do they?, isn't it? . . . (5); **de verdad** real, really
verdadero/a true, real (14)
verde green (6)
verduras *f. pl.* vegetables (10)
versión *f.* version
vestido dress (6)
vestir (i, i) to dress (16); **vestirse** to get dressed (16)
vez *f.* (*pl.* **veces**) time, occasion (17); **otra vez** again; **a veces** at times, sometimes; **tal vez** perhaps; **por primera/última vez** for the first/last time (18); **de vez en cuando** from time to time; **una vez** once (26); **dos veces** twice (26); **en vez de** instead of; **muchas veces** frequently, a lot (26); **pocas veces** infrequently, rarely (26)
viajar to travel (6); **viajar al extranjero** to travel abroad
viaje *m.* trip, voyage; **de viaje** on a trip; **hacer un viaje** to take a trip; **viaje por mar** ocean cruise (12)
viajero/a traveler (24); **cheque de viajero** traveler's check
vida life (7); **mi vida** dear (*expression of affection*)
viejo/a old (4)
viene: el año que viene next year
viento wind (PP); **hace (mucho) viento** it's (very) windy (PP)
viernes *m. s.* Friday (PP)
vino wine; **vino blanco** white wine (9); **vino tinto** red wine (9); **vino rosado** rosé wine (10)
violencia violence
violento/a violent
violín *m.* violin
violinista *m., f.* violinist
visión *f.* vision

visita visit; **de visita** on a visit
visitante *m., f.* visitor
visitar to visit (12)
vista view (23); **punto de vista** point of view
visto/a *p.p.* seen (25)
vivienda housing, lodgings
vivir to live (5)
vocabulario vocabulary
vocal *f.* vowel
volante *m.* (steering) wheel
volar (ue) to fly (11)
vólibol *m.* volleyball
volver (ue) to return (8)
vosotros/as *sub. pron.* you (*fam. pl. Sp.*); *obj. of prep.* you (*fam. pl. Sp.*)
votar to vote
voz *f.* (*pl.* **voces**) voice; **en voz alta** aloud, out loud; **voz activa** active voice; **voz pasiva** passive voice
vuelo flight (11)
vuelto/a *p.p.* returned (25)
vuestro/a *poss.* your (*fam. pl. Sp.*); (of) yours (*fam. pl. Sp.*)

y and (PP); plus
ya already, now (26); **ya no** no longer; **ya que** since
yanqui *m.* yankee
yate *m.* yacht
yo *sub. pron.* I
yoga *m.* yoga
yogurt *m.* yoghurt

zapatería shoe store (5)
zapato shoe (5)
zar, zarina *m., f.* tsar, tsarina
zona zone
zoología zoology

English-Spanish Vocabulary

abroad *adv.* **al extranjero**
absent: to be absent **faltar**
absent-minded **distraído/a**
accelerated **acelerado/a**
according: according to **según**
account **cuenta;** checking account **cuenta corriente;** savings account **cuenta de ahorros**
ache: to have a(n) _____ ache **tener dolor de _____**

acquainted: to be acquainted with **conocer (zc)**
addition: in addition **además**
address **dirección** *f.*
advance: (_____ days) in advance **con (_____ días de) anticipación**
advantage **ventaja**
advice **consejo**
affectionate **cariñoso/a**
afraid: to be afraid (of) **tener miedo (de)**
after *prep.* **después de;** *conj.* **después (de) que**

afternoon: good afternoon **buenas tardes**
again **otra vez**
agency **agencia**
agreement: to be in agreement (with) **estar de acuerdo (con)**
air conditioner **(aire) acondicionador** *m.*
airline **aerolínea**
airport **aeropuerto**
alarm clock **despertador** *m.*
allow **permitir**
almost **casi**

already **ya**
also **también**
although **aunque**
always **siempre**
among **entre**
amuse **divertir (ie, i)**
and **y**
angry **furioso/a, enojado/a;** to get
  angry **enojarse**
another **otro/a**
answer v. **contestar;** n. **respuesta**
antibiotic **antibiótico**
any **algún, alguno/a/os/as; cualquier**
anyone **alguien**
anything **algo;** not anything **nada**
apartment **apartamento;** apartment
  house **casa de apartamentos**
appetizers **entremeses** m. pl. (Sp.);
  antojitos (Mex.)
applicant **aspirante** m., f.
application (form) **solicitud** f.
appointment **cita**
April **abril** m.
arm **brazo**
armchair **sillón** m.
arrival **llegada**
arrive **llegar (gu)**
as **como;** as _____ as **tan _____**
  como; as soon as **en cuanto, tan**
  pronto como; as a child **de niño/a;**
  as if, as though **como si**
ask **preguntar;** to ask for **pedir (i, i)**
aspirin **aspirina**
assassination **asesinato**
at **en, a;** at least **por lo menos**
attend **asistir (a)**
August **agosto**
aunt **tía**
automobile **automóvil** m.
autumn **otoño**
avocado dip/sauce **guacamole** m.

B

bad **mal, malo/a**
badly **mal**
baggage **equipaje** m.
bank **banco**
bargain v. **regatear;** n. **ganga**
bath: to take a bath **bañarse**
bathe **bañar(se)**
bathroom **baño**
battery **batería**
be **ser** (irreg.); **estar** (irreg.); to be
  (feel) hot, cold, thirsty, hungry,
  sleepy, right, afraid, in a hurry
  tener calor, frío, sed, hambre,
  sueño, razón, miedo, prisa; to be
  _____ years old **tener _____**
  años; to be born **nacer (zc)**
beach **playa**
beautiful **bello/a**
because **porque**
become **hacerse; llegar a ser;**
  ponerse + adj.
bed **cama;** to go to bed **acostarse**
  (ue); to make the bed **hacer la**
  cama; to put to bed **acostar (ue)**

bedroom **alcoba**
beer **cerveza**
before prep. **antes de;** conj. **antes**
  (de) que
begin **empezar (ie) (c)**
behave **portarse**
behind **detrás de**
believe (in) **creer (y) (en)**
bellhop **mozo, botones** m. s.
berth (on a train) **litera**
besides **además**
best **mejor**
better **mejor**
between **entre**
big **grande**
bilingual **bilingüe**
bill **cuenta, factura**
birthday **cumpleaños** m. s.
black **negro/a**
blackboard **pizarra**
blond, blond **rubio/a**
blouse **blusa**
blue **azul**
blush v. **ponerse rojo/a**
boarding house **pensión** f.
boat **barco**
body **cuerpo**
book **libro**
bookcase **estante** m.
bookstore **librería**
boot **bota**
border **frontera**
bored **aburrido/a** (with ser)
boring **pesado/a; aburrido/a** (with ser)
born: to be born **nacer (zc)**
boss **jefe** m., **jefa** f.
boy **chico**
boy **niño**
boyfriend **novio**
brakes **frenos** m. pl.
bread **pan** m.
break v. **romper** (p. p. **roto**)
breakfast **desayuno**
breathe **respirar**
bride **novia**
bring **traer** (irreg.)
broken **roto/a**
brother **hermano**
brown **pardo/a**
brunet(te) **moreno/a, trigueño/a**
budget **presupuesto**
build **construir (y)**
building **edificio**
bureau (furniture) **cómoda**
bus stop **parada del autobús**
business **negocio;**
  businessman **hombre de negocios**
  m. s.; businesswoman **mujer** f. s.
  de negocios
busy **ocupado/a**
but **pero; sino**
buy **comprar**

C

café **café** m.
cake **pastel** m.
call **llamar**

called: to be called **llamarse;** what's
  your name? (lit. what do you call
  yourself?) **¿cómo se llama Ud.?,**
  ¿cómo te llamas?; my name is . . .
  (lit. I call myself . . .) **me llamo...**
calm **tranquilo/a**
can v. **poder (ue)**
candidate **aspirante** m., f.;
  candidato/a
candy, candies **dulces** m.
candy store **dulcería**
car **automóvil** m., **coche** m., **carro**
  (L. A.)
card: credit card **tarjeta de crédito**
  f.; post card **(tarjeta) postal** f.
care: to take care of oneself **cuidarse**
carry **llevar;** to carry up (take up)
  subir
case: in case **en caso de que;** just in
  case **por si acaso**
cash: to pay in cash **pagar al**
  contado; v. to cash (a check)
  cobrar (un cheque)
catch a cold **resfriarse**
cathedral **catedral** f.
center **centro**
century **siglo**
certain **cierto/a**
chain **cadena**
chair **silla**
change v. **cambiar;** n. **cambio**
channel (TV) **canal** m.
charge (to an account) **cargar (gu);**
  to charge (someone for an item or
  service) **cobrar**
charter **excursión** f.
cheap **barato/a**
check **cheque** m.; to check
  (luggage) **facturar (equipaje);** to
  check (inspect) **revisar**
cheese **queso**
chest (of drawers) **cómoda**
Chicano **chicano/a**
chicken **pollo**
child **niño/a, chico/a; chamaco/a**
  (Mex.)
children **hijos** m. pl.; **niños, chicos,**
  chamacos
chilly: it's chilly outside **hace fresco**
chore **quehacer** m.
church **iglesia**
citizen **ciudadano/a**
city **ciudad** f.
class **clase** f.; first class **primera**
  clase; tourist class **clase turística**
clean v. **limpiar;** adj. **limpio/a**
clear **claro/a;** it's clear (obvious,
  understood) **está claro**
clerk **dependiente** m., **dependienta** f.
clever **listo/a** (with ser)
client **cliente** m., f.
close v. **cerrar (ie)**
closed **cerrado/a**
clothes **ropa** f. s.
clothing **ropa**
coat **abrigo**
coffee **café** m.; coffeepot **cafetera**
cold (illness) n. **resfriado;** it's (very)
  cold (weather) **hace (mucho) frío;**

to be (very) cold (*people*) **tener (mucho) frío;** to get a cold **resfriarse**
color **color** *m.*
come **venir** (*irreg.*)
comfort **comodidad** *f.*
comfortable *adj.* **cómodo/a;** *adv.* **a gusto**
command **mandato**
communicate (with) **comunicarse (qu) (con)**
company **compañía**
complain (about) **quejarse (de)**
congested **congestionado/a**
conserve **conservar**
construct **construir (y)**
contain **contener (ie)** (*like* **tener**)
continue **seguir (i, i) (ga)**
contract *n.* **contrato**
cook *v.* **cocinar**
corner (*of a street*) **esquina**
cost *v.* **costar (ue)**
costume **traje** *m.*
cough *v.* **toser;** *n.* **tos** *f. s.*
counselor **consejero/a**
count *v.* **contar (ue)**
country **país** *m. s.;* country(side) **campo**
course **clase** *f.,* **curso;** main course (*of a meal*) **entrada;** of course **claro**
courtship **noviazgo**
cousin **primo/a**
cover *v.* **cubrir** (*p. p.* **cubierto**); to cover (*territory, miles, and so on*) **recorrer**
covered **cubierto/a**
cow **vaca**
cowhand **vaquero/a**
crime **delito**
cross *v.* **cruzar (c)**
cruise: ocean cruise **viaje por mar**
cry **llorar**
Cuban **cubano/a**
culture **cultura**
current *n.* **corriente** *f.; adj.* **actual**
custard **flan** *m.*
custom **costumbre** *f.*
customs (*at border crossings*) **aduana;** customs duty **derechos** *m. pl.*
cut **cortar;** to cut back, down **reducir (zc)**

D

dad **papá** *m.*
dance *v.* **bailar**; *n.* **baile** *m.*
dangerous **peligroso/a**
date (*specific day*) **fecha;** (*appointment*) **cita**
daughter **hija**
day **día** *m.;* the day before yesterday **anteayer**
dead **muerto/a**
December **diciembre** *m.*
decide **decidir**
declare **declarar**

delay **demora**
dense **denso/a**
deny **negar (ie) (gu)**
department store **almacén** *m.*
departure **salida**
deposit *v.* **depositar**
describe **describir** (*p. p.* **descrito**)
described **descrito/a**
desk **escritorio;** front desk (*hotel*) **recepción** *f.;* desk clerk **recepcionista** *m., f.*
dessert **postre** *m.*
destroy **destruir (y)**
develop **desarrollar**
development **desarrollo**
dictator **dictador** *m.*
dictionary **diccionario**
die **morir (ue, u)** (*p. p.* **muerto**)
difficult **difícil**
dining room **comedor** *m.*
dinner **cena**
director **director(a)**
dirty **sucio/a**
discover **descubrir** (*p. p.* **descubierto**)
discovered **descubierto/a**
dish **plato**
divorce **divorcio**
do **hacer** (*irreg.*) (*p. p.* **hecho**)
doctor **médico/a, doctor** *m.,* **doctora** *f.*
dog **perro**
domestic **doméstico/a**
done **hecho/a**
door **puerta**
doorman **portero**
dormitory **residencia estudiantil**
dot: on the dot **en punto**
doubt *v.* **dudar;** there's no doubt **no hay duda**
downtown **centro**
dress *v.* **vestirse (i, i);** *n.* **vestido**
dressed: to get dressed **vestirse (i, i)**
drink *v.* **beber, tomar;** *n.* **bebida;** (*alcoholic*) drink **copa, trago**
drive *v.* **manejar**
dry *v.* **secar (qu)**
dryer **secadora**
during **durante**
dust (furniture) *v.* **sacudir (los muebles)**

E

each **cada** *inv.*
early **temprano**
earn **ganar**
easily **fácilmente**
easy **fácil**
eat **comer**
economical **económico/a**
economize **economizar (c)**
egg **huevo**
eight **ocho**
eight hundred **ochocientos/as**
eighteen **dieciocho**
eighth **octavo/a**
eighty **ochenta**
elementary school **colegio**
elevator **ascensor** *m.*

eleven **once**
eliminate **eliminar**
embarrassed **avergonzado/a**
emigrate **emigrar**
employee **empleado/a**
enchant **encantar**
end: at the end of **a fines de**
energy **energía**
engagement (*to be married*) **noviazgo**
engineering **ingeniería**
English **inglés(a);** English (*language*) **inglés** *m.*
enjoy: to enjoy oneself **divertirse (ie, i)**
enjoyable **divertido/a**
enough **bastante, lo suficiente**
enter **entrar (en)**
entertain **divertir (ie, i)**
entire **entero/a**
entrée **entrada**
envelope **sobre** *m.*
environment **medio** (*m.*) **ambiente**
era **época**
escape *v.* **escapar**
establish **establecer (zc);** to establish oneself **establecerse**
event **acontecimiento; novedad** *f.*
every **cada, todo/a;** everyday **todos los días**
everything **todo; de todo**
exam **examen** *m.*
examine **examinar, registrar**
example **ejemplo;** for example **por ejemplo**
excursion **excursión** *f.*
excuse: excuse me **perdón; con permiso**
exercise *v.* **hacer ejercicio;** *n.* **ejercicio**
exile *n.* **exilio;** person in exile **exiliado/a**
exit **salida**
expenses **gastos** *m. pl.*
expensive **caro/a**
eye **ojo**

F

fall *v.* **caer** (*irreg.*); to fall asleep **dormirse (ue, u);** *n.* **otoño**
family **familia**
fan **aficionado/a;** sports fan **deportista** *m., f.*
far *adv.* **lejos;** far from *prep.* **lejos de**
farm **finca;** farmworker **campesino/a**
fashion: in (the latest) fashion **de (última) moda**
fast *adj.* **rápido/a, acelerado/a**
father **padre** *m.*
fear *v.* **temer**
February **febrero**
feel **sentirse (ie, i);** to feel sorry **sentir (ie, i);** to feel cold, warm/hot **tener frío, calor;** to feel like (doing something) **tener ganas de** + *inf.*

fever **fiebre** *f.*
few **pocos/as**
fiancé(e) **novio/a**
fifteen **quince**
fifth **quinto/a**
fifty **cincuenta**
fill **llenar**; to fill out (a form) **llenar (una solicitud)**
finally **por fin**
financial **financiero/a**
find **encontrar (ue)**
find: to find out (about) **enterarse (de); informarse (de)**
fine *n.* **multa**
finish **terminar; acabar**
fire *v.* **despedir (i, i)**
first **primero/a**
fish *n.* **pescado**
five **cinco**
five hundred **quinientos/as**
fix **arreglar**
flat tire **llanta desinflada**
flight **vuelo**; flight attendant **camarero** *m.*, **azafata** *f.*
floor **suelo**; (*of a building*) **piso**; second floor **primer piso**
fly *v.* **volar (ue)**; *n.* **mosca**
food **comida**
foolish **tonto/a**
foot **pie** *m.*
football **fútbol** (*m.*) **norteamericano**
for **para; por**
forbid **prohibir**
foreigner **extranjero/a**
forget **olvidar, olvidarse de**
form **forma; planilla**; application form **solicitud** *f.*
forty **cuarenta**
four **cuatro**
four hundred **cuatrocientos/as**
fourteen **catorce**
fourth **cuarto/a**
free (unoccupied) **desocupado/a**
freeway **autopista**
freezer **congelador** *m.*
French **francés(a)**; French (*language*) **francés** *m.*
frequently **muchas veces**
Friday **viernes** *m. s.*
fried **frito/a**
friend **amigo/a**
friendship **amistad** *f.*
from **de**
front: in front **enfrente**; in front of **delante de**; front desk **recepción** *f.*
frontier **frontera**
fruit **fruta**
fun(ny) **divertido/a**
furniture **muebles** *m. pl.*

G

game **juego**; game (*of tennis, football*), match **partido**
garage **garaje** *m.*
garbage **basura**
gas **gas** *m.*; **gasolina**; gas station **estación de gasolina** *f.*, **gasolinera**

general: in general **por lo general**
German **alemán(a)**; German (*language*) **alemán** *m.*
get **obtener** (*irreg.*); **ponerse** + *adj.*; to get a cold **resfriarse**; to get along well **llevarse bien**; to get down (from) **bajar (de)**; to get exercise **hacer ejercicio**; to get into/onto **subir (a)**; to get married **casarse**; to get sick **enfermarse**; to get up **levantarse**; to get up early **madrugar (gu)**; to get up on the wrong side of the bed **levantarse con el pie izquierdo**; to get used (to) **acostumbrarse (a)**
girl **niña; chica; chamaca** (*Mex.*)
girlfriend **novia**
give **dar** (*irreg.*); to give (*as a gift*) **regalar**
glass (*for drinking*) **vaso**
go **ir** (*irreg.*); to go away **irse**; to go home **regresar a casa**; to go in **entrar (en, a)**; to go on vacation **ir de vacaciones**; to go out **salir** (*irreg.*); to go to (school) **asistir a (la escuela)**; to go to bed **acostarse (ue)**; to go up **subir (a)**
gold *n.* **oro**
good **buen, bueno/a**; good morning **buenos días**; good afternoon/evening **buenas tardes**; good evening/night **buenas noches**
good-bye **adiós**
good-looking **guapo/a**
government **gobierno**
grade (*in a class*) **nota**
graduate *v.* **graduarse**
granddaughter **nieta**
grandfather **abuelo**
grandmother **abuela**
grandparents **abuelos** *m.pl.*
grandson **nieto**
gray **gris**
great **gran, grande**
green **verde**
groom **novio**
guest **invitado/a; huésped(a)**

H

haggle **regatear**
hair **pelo**
ham **jamón** *m.*
hand **mano** *f.*; to hand in/over **entregar (gu)**
handsome **guapo/a**
happening **novedad** *f.*
happy **alegre, contento/a, feliz** (*pl.* **felices**); to be happy (about) **alegrarse (de)**
hardworking **trabajador(a)**
hate *v.* **odiar**
have **tener** (*irreg.*); to have to (do something) **tener que** + *inf.*; to have breakfast **desayunar**; to have lunch **almorzar (ue) (c)**; to have supper **cenar**; to have

stopovers **hacer escalas**; to have a good time **divertirse (ie, i)**; to have just **acabar de** + *inf.*
he **él**
head (*anatomy*) **cabeza**
health **salud** *f.*
healthy **sano/a**
hear **oír** (*irreg.*)
heart **corazón** *m.*
heaven: for heaven's sake **por Dios**
heavy (*of food*) **fuerte**
help **ayudar**
her *poss.* **su**; *obj. of prep.* **ella**; *d.o.* **la**; to/for her (*i.o.*) **le**
here **aquí**
hi! **¡hola!**
highway **carretera**
his *poss.* **su**
history **historia**
hit *v.* **pegar (gu)**
hold **contener** (*like* tener)
home *n.* **casa; hogar** *m.*; (toward) home **a casa**; at home **en casa**
homeland **patria**
honeymoon **luna de miel**
hope **esperanza**
hope *v.* **esperar**; I hope (that) **ojalá (que)**
horse **caballo**
hot **caliente; picante** (*spicy*)
hotel **hotel** *m.*; hotel keeper **hotelero/a**
house **casa**
how? **¿cómo?**; how much? **¿cuánto/a?**; how many? **¿cuántos/as?**; how are you? **¿cómo está(s)?, ¿qué tal?**
hurt *v.* **doler (ue)**; to hurt oneself **hacerse daño**
husband **esposo**

I

I **yo**
ice **hielo**
ice cream **helado**
idea **idea**
illness **enfermedad** *f.*
immigrant **inmigrante** *m., f.*
immigration **inmigración** *f.*
impolite **descortés**
important **importante**; to be important **importar**
in **en**; in (the morning, etc.) **por (la mañana, etcétera)**
increase *v.* **aumentar**; *n.* **aumento**
incredible **increíble**
industry **industria**
inequality **desigualdad** *f.*
inexpensive **barato/a**
inform (about) **informar (de)**
infrequently **pocas veces**
innkeeper **hotelero/a**
insist (on doing something) **insistir (en** + *inf.*)
inspector **inspector(a)**; customs inspector **inspector(a) de aduanas**

installments: on installments **a plazos**
intend (to do something) **pensar (ie)** + *inf.*
interest *v.* **interesar;** *n.* **interés** *m.*
interesting: to be interesting **interesar**
interview *n.* **entrevista**
interviewer **entrevistador(a)**
invite **invitar**
it *obj. of prep.* **él/ella;** *d.o.* **lo/la**
Italian **italiano/a**

jacket **chaqueta**
January **enero**
job **trabajo, puesto, empleo**
juice **jugo**
July **julio**
June **junio**
just: to have just (done something) **acabar de** + *inf.;* just in case **por si acaso**

key **llave** *f.*
kind *adj.* **amable, simpático/a**
kiosk **quiosco**
kitchen **cocina**
know (*a fact, how to*) **saber** (*irreg.*); to know (*someone*); to be acquainted with **conocer (zc)**

lacking: to be lacking **faltar**
lake **lago**
lamp **lámpara**
land *v.* **aterrizar (c);** *n.* **tierra;** native land **patria, tierra natal**
landlady **dueña**
landlord **dueño**
language **lengua** *f.;* **idioma** *m.*
large **grande**
last *v.* **durar;** *adj.* **último/a;** last week **la semana pasada;** last night **anoche**
late *adv.* **tarde**
later **luego;** see you later **hasta luego**
laugh **reírse (i, i)**
laughter **risa**
lawyer **abogado/a**
lazy **perezoso/a**
lead: to lead a _____ life **llevar una vida _____**
learn **aprender**
least: at least **por lo menos**
leave **salir** (*irreg.*); **irse** (*irreg.*); to leave (behind) **dejar**
left **izquierdo/a;** to the left (of) **a la izquierda (de)**
leg **pierna**

less **menos**
letter **carta**
lettuce **lechuga**
library **biblioteca**
license **licencia**
lie *n.* **mentira**
life **vida**
lift *v.* **levantar**
light *n.* **luz** (*pl.* **luces**)
like: **gustar;** do you like . . .? **¿te gusta...?;** yes, I like . . . . **sí, me gusta....;** no, I don't like . . . . **no, no me gusta....**
line **línea; cola;** to wait (stand) in line **hacer cola**
listen (to) **escuchar**
little **poco/a;** a little (bit) **un poco**
live **vivir**
living room **sala**
long **largo/a;** to long for **añorar**
look (at) **mirar;** to look for **buscar (qu)**
lose **perder (ie)**
lot: a lot *adv.* **mucho;** *adj.* a lot of **mucho/a**
love *v.* **querer** (*irreg.*); *n.* **amor** *m.*
loyal **leal**
luck: what bad luck! **¡qué mala suerte!**
lungs **pulmones** *m. pl.*
luxury **de lujo**

machine **máquina**
made *p. p.* **hecho/a**
magazine **revista**
maintain (*a family, and so on*) **mantener** (*like* **tener**)
major *v.* **especializarse (c)**
make **hacer** (*irreg.*); to make the bed **hacer la cama;** to make a good/bad impression **caer bien/mal**
man **hombre** *m.*
manager **director(a);** building manager **portero/a**
many **muchos/as;** how many? **¿cuántos/as?**
March **marzo**
market **mercado**
marriage **matrimonio**
married **casado/a;** to get married **casarse**
matches **fósforos**
mathematics **matemáticas** *f. pl.*
May **mayo**
meal **comida**
mean **significar (qu)**
meat **carne** *f.*
meatballs **albóndigas**
mechanic **mecánico/a**
memory **recuerdo**
menu **menú** *m.*
merchant **comerciante** *m., f.*
metro stop **estación del metro**
Mexican **mexicano/a**

Mexican-American **mexicano-americano/a**
milk **leche** *f.*
milkshake **batido**
million **millón** *m.*
missing: to be missing **faltar**
Miss **señorita (Srta.)**
mistake *n.* **error;** to make a mistake **equivocarse (qu)**
Mister (Mr.) **señor (Sr.)**
mom **mamá**
Monday **lunes** *m. s.*
money **dinero**
monolingual **monolingüe**
moon **luna**
more **más**
morning: good morning **buenos días**
mother **madre** *f.*
mountain **montaña**
mouth **boca**
move (*from one residence to another*) **mudarse;** to move (*change location of something*) **cambiar de lugar**
movie **película;** movies (theater) **cine** *m.*
Mrs. **señora (Sra.)**
much *adj.* **mucho/a;** *adv.* **mucho;** how much? **¿cuánto/a?**
murder *n.* **asesinato**
museum: Anthropological Museum **Museo de Antropología**
must (do something) **deber** (+ *inf.*)
my *poss.* **mi**

name: (first) name **nombre** *m.;* last name **apellido**
named: to be named **llamarse**
nationality **nacionalidad** *f.*
native *adj.* **natal**
nature **naturaleza**
nauseated **mareado/a**
near *adv.* **cerca;** *prep.* **cerca de**
necessary **necesario/a, preciso/a;** it is necessary **es necesario/preciso, hay que**
necessity **necesidad** *f.;* out of necessity **por necesidad**
need *v.* **necesitar;** *n.* **necesidad** *f.*
neighbor **vecino/a**
neither **tampoco**
nephew **sobrino**
nervous **nervioso/a**
never **nunca, jamás**
new **nuevo/a**
news **noticias;** news media **prensa**
newscast **noticiero**
newspaper **periódico**
nice **amable, simpático/a**
niece **sobrina**
night **noche** *f.;* good night **buenas noches**
nine **nueve**
nine hundred **novecientos/as**
nineteen **diecinueve**
ninety **noventa**
ninth **noveno/a**

no *adv.* **no;** *adj.* **ningún, ninguno/a;** no one **nadie**
noise **ruido**
none **ningún, ninguno/a**
North American **norteamericano/a**
nose **nariz** *f.* (*pl.* **narices**)
not **no;** not any **ningún, ninguno/a;** not anybody **nadie;** not anything **nada;** not either **tampoco**
notebook **cuaderno**
nothing **nada**
novel **novela**
November **noviembre** *m.*
now **ahora**
nurse **enfermero/a**

O

obtain **conseguir (i, i) (gu)**
occasion (*time*) **vez** *f.* (*pl.* **veces**)
October **octubre** *m.*
of **de**
offer *v.* **ofrecer (zc)**
office **oficina;** doctor's office **consultorio**
oil **aceite** *m.*
oil **petróleo**
okay: it's okay **está bien**
old **viejo/a**
older **mayor**
on **en;** on (top of) **sobre**
once **una vez**
one **un(o), una**
one hundred **cien(to)**
only *adj.* **único/a;** *adv.* **sólo, solamente**
open *v.* **abrir** (*p.p.* **abierto**)
open(ed) **abierto/a**
or **o**
orange *adj.* **anaranjado/a**
order *v.* **mandar; pedir** (*with food*)
other **otro/a**
ought to (do something) **deber** + *inf.*
owner **dueño/a**

P

pack: to pack one's suitcases **hacer las maletas**
package **paquete** *m.*
pain **dolor** *m.;* to have a(n) _____ ache **tener dolor de** _____
pair **par** *m.*
pants **pantalones** *m. pl.*
paper **papel** *m.*
pardon: pardon me **con permiso; perdón**
parents **padres** *m. pl.*
park *v.* **estacionar(se);** *n.* **parque** *m.*
party **fiesta**
pass (by) **pasar (por)**
passage **pasaje** *m.*
passenger **pasajero/a**
passport **pasaporte** *m.*
past **pasado/a**

pastry **pastel** *m.;* pastry shop **pastelería**
patient *n.* **paciente** *m., f.*
pay (for) **pagar (gu)**
payment: down payment **pago inicial**
pen **bolígrafo**
pencil **lápiz** *m.* (*pl.* **lápices**)
people **gente** *f. s.*
percent **por ciento**
perhaps **quizá(s), tal vez**
permit *v.* **permitir**
person **persona**
petroleum **petróleo**
pharmacy **farmacia**
pink **rosado/a**
place *v.* **poner** (*irreg.*) (*p.p.* **puesto**); *n.* **lugar** *m.,* **sitio;** place (*in line*) **puesto**
plane **avión** *m.*
play (*instrument*) **tocar (qu);** to play (*sports*) **jugar (ue) (gu)**
player **jugador(a)**
please **por favor**
pleasing: to be pleasing **gustar**
plumber **plomero/a**
police (force) **policía** *f. s.;* police officer **policía** *m., f.*
political **político/a**
pollute **contaminar**
pollution: there's (a lot of) pollution **hay (mucha) contaminación**
poor **pobre**
population **población** *f.*
porter **maletero**
Portuguese **portugués, portuguesa;** Portuguese (*language*) **portugués** *m.*
position **puesto**
possessions (*property*) **bienes** *m. pl.*
post office **correo**
potato **papa, patata**
powerful **poderoso/a**
prefer **preferir (ie, i)**
preferable **preferible**
prepare **preparar**
prescription **receta**
present (*gift*) *n.* **regalo**
press *n.* **prensa**
pretty **bonito/a**
price **precio:** fixed price **precio fijo**
probably **probablemente**
problem **problema** *m.*
professor **profesor(a)**
prohibit **prohibir**
promise *v.* **prometer**
protect **proteger (j)**
provided: provided that **con tal que**
psychiatrist **siquiatra** *m., f.*
psychology **(p)sicología**
public *adj.* **público/a**
Puerto Rican **puertorriqueño/a**
purchase *n.* **compra**
pure **puro/a**
purple **morado/a**
purse **bolsa**
put **poner** (*irreg.*) (*p.p.* **puesto**); to put to bed **acostar (ue);** to put on (*clothing*) **ponerse**
pyramid **pirámide** *f.*

Q

quarter: it's a quarter after (two, three, . . .) **son las (dos, tres,...) y cuarto**
quit (doing something) **dejar de** + *inf.*

R

racket (*sports*) **raqueta**
raincoat **impermeable** *m.*
raining: it is raining **llueve;** to rain **llover (ue)**
raise *v.* **levantar; subir;** *n.* **aumento**
ranch **rancho**
rancher **ranchero**
rather **sino**
read **leer (y)**
real **verdadero/a**
receive **recibir**
receptionist **recepcionista** *m., f.*
recommend **recomendar (ie)**
red **rojo/a**
reduce **reducir (zc)**
refrigerator **refrigerador** *m.*
refugee **refugiado/a**
refuse **no querer** (*in pret.*); to refuse to (do something) **negarse (ie) (gu) a** (+ *inf.*)
registration fees **matrícula** *f. s.*
regret **sentir (ie, i)**
relative **pariente** *m.,* **parienta** *f.*
remain **quedar(se)**
remember **recordar (ue), acordarse (ue) (de)**
remove **quitar; sacar (qu)**
rent *v.* **alquilar;** *n. m.* **alquiler**
renter **inquilino/a**
repair **arreglar**
reporter **reportero/a**
reserve *v.* **reservar**
resign (from) **renunciar (a)**
resolved **resuelto/a**
resource: natural resource **recurso natural**
rest *v.* **descansar**
return **volver (ue)** (*p.p.* **vuelto**), **regresar;** to return (something to someone) **devolver (ue)**
returned **vuelto/a**
rhythm **ritmo**
rice **arroz** *m.*
rich **rico/a**
ride a bicycle **pasear en bicicleta**
ride horseback **montar a caballo**
ridiculous **ridículo/a**
right **derecho/a;** on/to the right (of) **a la derecha (de);** right now **ahora mismo, en este momento;** right? **¿no?, ¿verdad?;** to be right **tener razón**
ring *v.* **sonar (ue);** *n.* **anillo**
road **camino**
roasted **asado/a**
roll *n.* **bolillo**

room **cuarto, habitación** *f.;* waiting room **sala de espera;** dining room **comedor** *m.*
roommate **compañero/a de cuarto**
rooster **gallo**
root **raíz** *f.* (*pl.* **raíces**)
round-trip *adj.* **de ida y vuelta**
rug **alfombra**
run **correr;** (*with machines*) **funcionar;** to run out (of) **acabarse**
Russian **ruso/a**

sad **triste**
said *p.p.* **dicho/a**
salad **ensalada**
salary **sueldo**
salesperson **vendedor(a)**
same **mismo/a**
sandal **sandalia**
Saturday **sábado**
sauce **salsa**
save (a seat) **guardar (un asiento);** to save (*money, time*) **ahorrar**
say **decir** (*irreg.*) (*p.p.* **dicho**); to say good-bye (to) **despedirse (i, i) (de)**
schedule *n.* **horario**
school **escuela;** elementary school **colegio;** secondary school (**escuela**) **secundaria, colegio**
sciences **ciencias** *f. pl.*
search *v.* **registrar**
seat *v.* **sentar (ie);** *n.* **asiento**
second **segundo/a**
secretary **secretario/a**
see **ver** (*irreg.*) (*p.p.* **visto**)
seem **parecer (zc)**
seen *p.p.* **visto/a**
sell **vender**
send **mandar**
September **se(p)tiembre** *m.*
serious **serio/a**
servant **criado/a**
serve **servir (i, i)**
service **servicio**
set the table **poner la mesa**
seven **siete**
seven hundred **setecientos/as**
seventeen **diecisiete**
seventh **séptimo/a**
seventy **setenta**
shake hands **darse la mano**
shame: it's a shame **es lástima**
shampoo **champú** *m.*
share *v.* **compartir**
shave (oneself) **afeitar(se)**
she **ella**
ship **barco**
shirt **camisa**
shoe **zapato**
shop **tienda;** shoe shop **zapatería**
shopping: to go shopping **ir de compras**
short (*in height*) **bajo/a;** short (*in length*) **corto/a**
should (do something) **deber** + *inf.*
shower **ducha**
shrimp **camarones** *m. pl.*

sick **enfermo/a;** to get sick **enfermarse**
sign *v.* **firmar**
silly **tonto/a**
silver *n.* **plata**
sing **cantar**
single (*not married*) **soltero/a**
sister **hermana**
sit down **sentarse (ie)**
six **seis**
six hundred **seiscientos/as**
sixteen **dieciséis**
sixth **sexto/a**
sixty **sesenta**
size **tamaño**
ski *v.* **esquiar**
skirt **falda**
skyscraper **rascacielos** *m.s.*
sleep **dormir (ue, u)**
small **pequeño/a**
smart **listo/a**
smile *v.* **sonreír (i, i);** *n.* **sonrisa**
smoke **fumar**
smoking: (no) smoking section **la sección de (no) fumar**
snake **serpiente** *f.*
snow *v.* **nevar (ie);** *n.* **nieve** *f.*
so **así;** so-so **así así;** so that **para que;** so much **tanto**
soap **jabón** *m.*
soccer **fútbol** *m.*
socks **calcetines** *m. pl.*
soft drink **refresco**
solitude **soledad** *f.*
solve **resolver (ue)** (*p.p.* **resuelto**)
solved *p.p.* **resuelto/a**
some **algún, alguno/a/os/as**
someone **alguien**
something **algo**
son **hijo**
song **canción** *f.*
soon **pronto**
sorry: to feel sorry **sentir (ie, i)**
soup **sopa**
souvenir **recuerdo**
Spanish **español(a);** Spanish (*language*) **español** *m.*
speak **hablar**
spend (*time*) **pasar;** (*money*) **gastar**
spicy **picante**
sport **deporte** *m.*
spring **primavera**
stadium **estadio**
stairs **escaleras** *f. pl.*
stamp *n.* **sello**
stand (up) **levantarse**
start (*with cars*) **arrancar (qu)**
state **estado**
stationery **papel para cartas** *m.;* stationery store **papelería**
stay **quedarse**
steak **bistec** *m.*
stick out (one's tongue) **sacar (qu) (la lengua)**
still **todavía**
stockings **medias** *f. pl.*
stomach **estómago**
stop *v.* **parar;** to stop (doing something) **dejar de** + *inf.*
stoplight **semáforo**

store **tienda;** department store **almacén** *m.*
stove **estufa**
straight ahead **(todo) derecho**
strange **extraño/a**
street **calle** *f.*
strike (*another*) *v.* **pegar (gu)**
strike *n.* **huelga**
student **estudiante** *m., f.*
study **estudiar**
subject (*school*) **materia**
suddenly **de repente**
sugar **azúcar** *m.*
suit **traje** *m.*
suitcase **maleta**
summer **verano**
Sunday **domingo**
sunny: it's (very) sunny **hace (mucho) sol**
supper **cena**
sure **seguro/a**
surprise *v.* **sorprender**
sweater **suéter** *m.*
sweeper **aspiradora**
swim **nadar**
swimming pool **piscina**
syrup: cough syrup **jarabe** *m.*

T-shirt **camiseta**
table **mesa**
take **tomar; llevar;** to take away **quitar;** to take a trip **hacer un viaje;** to take care of oneself **cuidarse;** to take off (*clothing*) **quitarse;** to take off (*plane*) **despegar (gu);** to take out **sacar (qu)**
talk **hablar**
tall **alto/a**
tank **tanque** *m.*
tape recorder **grabadora**
task **quehacer** *m.*
tax *n.* **impuesto**
tea **té** *m.*
teach **enseñar**
teacher **maestro/a**
team **equipo**
telephone **teléfono;** telephone number **(número de) teléfono**
television **televisión** *f.;* television set **televisor** *m.*
tell **decir** (*irreg.*) (*p.p.* **dicho**)
teller **cajero/a**
temperature **temperatura**
ten **diez**
tenant **inquilino/a**
tenth **décimo/a**
textbook **libro de texto**
thank: thank you (very much) **(muchas) gracias**
that *adj.* **ese, esa; aquel, aquella;** that one *pron.* **ése, ésa; aquél, aquélla;** *conj.* **que;** that which **lo que**
their *poss.* **su**
there *adj.* **allí, allá; ahí;** there is/are

hay; there was/were **había;** there will be **habrá**

these *adj.* **estos, estas;** *pron.* **éstos, éstas**

they **ellos/as**

thing **cosa**

think **creer, pensar (ie)**

third **tercero/a**

thirteen **trece**

thirty **treinta**

this *adj.* **este, esta;** this one *pron.* **éste, ésta**

those *adj.* **esos, esas; aquellos, aquellas;** *pron.* **ésos, ésas; aquéllos, aquéllas**

thousand **mil**

three **tres**

three hundred **trescientos/as**

throat **garganta**

Thursday **jueves** *m. s.*

ticket **boleto;** ticket (*fine*) **multa;** ticket (*passage*) **pasaje** *m.;* one-way ticket **billete de ida;** round-trip ticket **billete de ida y vuelta;** ticket office **taquilla**

time **hora; vez** *f.* (*pl.* **veces**)**; tiempo; época;** at what time . . . ? **¿a qué hora... ?;** for the first/last time **por primera/última vez;** on time **a tiempo;** time (*short period of*) **un rato;** time to (do something) **hora de** + *inf.;* to have a good time **divertirse (ie, i);** at times **a veces**

tip **propina**

tire *n.* **llanta**

tired **cansado/a**

to **a**

toast (*with drink*) *v.* **brindar**

toaster **tostadora**

tobacco stand/shop **tabacalera**

today **hoy**

tomato **tomate** *m.*

tomorrow **mañana;** see you tomorrow **hasta mañana**

tongue **lengua**

tonight **esta noche**

too **también;** *adj.* too much **demasiado/a;** *adv.* too, too much **demasiado**

toothpaste **pasta dental**

traffic **tráfico**

train **tren** *m.*

tranquil **tranquilo/a**

tranquility **tranquilidad** *f.*

transportation (*means of*) **transporte** *m.*

travel *v.* **viajar;** travel agent **agente de viajes** *m., f.*

traveler **viajero/a;** traveler's check **cheque de viajero**

trip **viaje;** to take a trip **hacer un viaje**

true **verdadero/a**

truth **verdad** *f.*

try to (do something) **tratar de +** *inf.*

Tuesday **martes** *m. s.*

turn *v.* **doblar;** to turn on **poner;** to turn off **apagar (gu)**

twelve **doce**

twenty **veinte**

twice **dos veces**

two **dos**

two hundred **doscientos/as**

type *v.* **escribir a máquina**

ugly **feo/a**

uncle **tío**

understand **comprender, entender (ie)**

unintentional: it was unintentional **fue sin querer**

United States **Estados Unidos** *m. pl.;* person from the United States **estadounidense** *m. f.*

university **universidad** *f.*

unless **a menos que**

unoccupied **desocupado/a**

unpleasant **antipático/a**

until *prep.* **hasta;** *conj.* **hasta que**

up-to-date **actual**

urgent **urgente**

use *v.* **usar;** to use (up) **gastar**

used **usado/a**

vacant **desocupado/a**

vegetables **verduras**

very **muy**

view **vista**

village **pueblo**

visit *v.* **visitar**

wait for **esperar;** to wait in line **hacer cola**

waiter **camarero**

waiting room **sala de espera**

waitress **camarera**

wake: to wake up **despertar(se) (ie)**

walk *v.* **caminar**

wallet **cartera**

want **desear, querer** (*irreg.*)

war **guerra**

warm: it's (very) warm **hace (mucho) calor**

wash (oneself) **lavar(se)**

washer **lavadora**

waste *v.* **gastar**

watch *v.* **mirar;** *n.* **reloj** *m.*

water **agua** *f.*

we **nosotros/as**

wear **llevar**

weather: it's (very) good/bad weather outside **hace (muy) buen/mal tiempo**

wedding **boda**

Wednesday **miércoles** *m. s.*

week **semana;** weekend **fin de semana** *m.*

welcome: you're welcome **de nada**

well **bien;** well (now) **pues**

what? **¿qué?, ¿cuál?;** what (did you say)? **¿cómo?;** what time is it? **¿qué hora es?;** what is _____ like? **¿cómo es _____ ?;** what (that which) **lo que;** what is your name? **¿cómo se llama Ud.?, ¿cómo te llamas?**

when **cuando;** when? **¿cuándo?**

where **donde;** where? **¿dónde?;** (to) where? **¿adónde?;** (from) where **¿de dónde?**

which? **¿cuál?** (*pl.* **¿cuáles?**)

while **mientras**

white **blanco/a**

who? **¿quién?** (*pl.* **¿quiénes?**)

whole **entero/a**

whose? **¿de quién?**

why? **¿por qué?;** that's why **por eso**

wife **esposa**

willingly **por gusto**

win **ganar**

window **ventana**

windshield **parabrisas** *m.s.*

windy: it's (very) windy **hace (mucho) viento**

wine **vino;** red wine **vino tinto;** white wine **vino blanco**

winter **invierno**

with **con;** with me **conmigo;** with you **contigo**

withhold **quitar**

without *prep.* **sin;** *conj.* **sin que**

witness **testigo** *m., f.*

woman **mujer** *f.*

wonder *v.* **preguntarse**

wood **madera**

word **palabra**

work *v.* **trabajar;** (*with machines*) **funcionar**

worker **obrero/a**

world **mundo**

worry *v.* **preocuparse**

worse **peor**

worth: to be worth **valer**

write **escribir** (*p.p.* **escrito**)

written *p.p.* **escrito/a**

yellow **amarillo/a**

yes **sí**

yesterday **ayer;** the day before yesterday **anteayer**

yet **todavía**

you *sub. pron.* **tú** (*fam. s.*), **vosotros/as** (*fam. pl.*)**; usted (Ud.), ustedes (Uds.)** (*form.*)**;** *obj. of prep.* **ti, vosotros/as; Ud., Uds.;** *d.o.* **te, os; lo/la, los/las;** to/for you (*i.o.*) **te, os; le, les**

young **joven**

younger **menor**

your *poss.* **tu** (*fam. s.*), **vuestro/a** (*fam. pl.*)**; su** (*form.*)

zero **cero**

INDEX